Le thé se boit sans sucre

Marie Hourtoule

« Il ne faut pas tant regarder ce que l'on mange que celui avec lequel on mange. »

Épicure

« Une heure n'est pas qu'une heure, c'est un vase rempli de parfums, de sons, de projets et de climats. »

Marcel Proust, Le temps retrouvé

À ma mère, Simone Queyrie, qui m'a donné le goût de la littérature,

À mes enfants Charles, Élise et Louis-Swann,

Avertissement

Palper, goûter, humer, observer écouter, le repas en rythmant nos vies peuple notre imaginaire. Entre le temps qui passe et l'instant volé, l'acte se dévoile comme une mise en scène avec son décor, ses personnages et son livret. Le rideau s'ouvre : le lieu, les convives, plus encore que ce qui le compose, constituent autant de prétextes à des réflexions sur notre temps.

Dans les chroniques qui vont suivre, des personnages ayant existé ou existant sont cités. Les situations ont été ainsi perçues par l'auteur. Aucune malveillance ne s'y glisse, juste la narration de moments quelquefois facétieux, saugrenus, rêvés ou dérisoires. Des tranches de vie gourmandes suspendues entre l'ici et l'ailleurs où il est prouvé que l'observation de nos semblables s'avère souvent aussi inattendue que ce que l'on éprouve soi-même. Car, comme l'indiquait Claude Lévi-Strauss, la cuisine est un langage servant à communiquer, à un niveau inconscient, la structure d'une société. Ce que Platon, dans *La République,* expliquait déjà.

L'île Rouge

Il existe des voyages hantés par le sortilège, comme le fut pour moi une croisière sur le Nil ou la découverte de Madagascar. La cinquième île au monde vaut excursion initiatique. Les mille variétés d'orchidées de la forêt tropicale, les sept espèces de baobab contre une seule pour tout le continent africain, pour ne prendre que ces exemples, concouraient à ce qu'ici, tout soit exceptionnel. Les caméléons comptaient parmi les plus beaux du monde. Malheureusement, avec leurs allures de petits dragons bonhommes, nombre de Malgaches les considéraient comme des animaux maléfiques. Heureusement, ces maîtres de la dissimulation avaient inventé quelque chose de complètement nouveau en termes d'évolution : pour virer d'une couleur à l'autre, ils utilisaient des nanocristaux contenus dans leur peau. Et hop, ils passaient d'un camouflage efficace à une parade spectaculaire et du vert flashy au jaune criard en deux minutes à peine ! Les papillons y étaient aussi remarquables, comme le Comète qui pouvait mesurer près de trente centimètres de long. Sa vie d'adulte se limitait à cinq jours, le temps de se reproduire et, pour la femelle, de pondre ses œufs. Durant cette période, il ne mangeait plus, non pas qu'il n'eût pas faim ou qu'il fasse un régime, mais parce que sa pauvre trompe s'atrophiait. Pour la faune, les lémuriens restaient incontestablement les plus représentatifs de l'île. Les plus craquants des animaux de notre planète avaient, en fait, vécu heureux jusqu'à l'arrivée de l'homme vers 600 après J.C. Dès lors, la destruction de leur biotope et leur chasse intensive avaient fait disparaître à tout jamais plusieurs espèces. Sous leurs airs de peluches rigolotes, ces animaux étaient plus intelligents que vous ne le pensez. Ainsi, grands téméraires, les lémuriens n'avaient pas hésité à fuir le continent pour arriver dans la Grande Ile en utilisant des troncs flottants, du moins le supposait-on.

Ma première approche de ce pays avait eu lieu plusieurs années auparavant où, accompagnant mon mari en mission, j'avais séjourné à Nosy Bé. Cette île paradisiaque plantée dans l'Océan indien, au nord-ouest de Madagascar, regorgeait de lacs volcaniques, de plantations d'ylang-ylang et de récifs coralliens. Mais il n'existait alors que très peu d'infrastructures et, à l'ombre des manguiers, la cuisine biquotidienne rendit, au bout d'une dizaine de jours, notre vie pesante. Le choix se résumait à du canard ou à de la langouste, à de la langouste ou à du canard, et à l'aliment de base, le riz, tant il était vrai que toute la vie d'un Malgache tournait autour de cette céréale et que tout bon citoyen en mangeait au moins trois fois par jour. Riz blanc, riz rouge, riz gluant. Un verbe local était même réservé à cette seule action. Côté boisson, la fameuse «eau du riz», servie chaude ou froide, croyez-moi, ne nous faisait pas non plus bondir au ciel. Certes économique, mais tout autant insipide, ce breuvage appelé *Ranonapango* était récupéré au fond des marmites où avait précédemment cuit le riz (si, si!). Restait le *Toka Gasy*, le rhum local...

Des années avaient passé, nous étions en 2005 et je revenais dans l'île rouge dans le cadre d'un voyage officiel. À peine arrivée, j'avais rendez-vous, avant les festivités présidentielles, avec un descendant d'une grande famille industrielle française, ami d'une amie. Tananarive, capitale un brin chaotique, était construite toute en terrasses. Arrivée sur une des hauteurs, à l'adresse indiquée, je perçus les notes cristallines d'un piano s'échapper d'une grande maison traditionnelle cachée sous les branches parme des jacarandas. Fruit du métissage entre des apports merina et européens au XIXème siècle, ce genre de demeure faisait l'objet d'enjeux symboliques de la part des hautes castes s'efforçant de les protéger pour affirmer une identité menacée. Le portail passé et après la montée des escaliers ourlés de mufliers blancs, l'air résonnait toujours de l'expressivité précieuse d'une sonate. Le Français qui m'attendait dans sa fondation recevait des enfants malgaches y suivant des cours de musique classique. Au-delà des apparences, une écoute attentive permettait d'entendre une libération ineffable, un sas de décompression, une parenthèse fluide. Car, même dans cette sonate dite du débutant, Mozart possédait une translucidité insensée, là même où le compositeur avait souhaité mettre une armure d'impersonnalité. Le plaisir donné par ses notes si pures réveillait des souvenirs perdus, de ceux permettant de rentrer dans un monde enfoui. Dès lors, s'ouvrait le cocon délicieux d'une certaine mélancolie qui, sous l'outre-ciel de l'océan Indien, explosait comme une bulle de savon, créant une soudaine pulsion de vie. « La musique offre aux passions le moyen de jouir d'elles-mêmes », proclamait Nietzsche. Avoir l'oreille en fête nous rendait simplement heureux.

Ce fut à pied et sous les notes atténuées de *La Marche turque* que nous nous rendîmes au restaurant. Les notes cristallines s'échappaient peu à peu comme ces fleurs légères éparpillant leurs plumes à tout vent. Quelques pas en descendant la rue et nous pénétrâmes dans une entrée extérieure où se pâmaient une Citroën Traction et une Peugeot 202 au milieu des hibiscus, d'un frangipanier et d'un petit baobab. C'était un brin baroque. En fait, les propriétaires affichaient l'ambition de rassembler moult objets de collection datant des années 1900 jusqu'à nos jours. Ce pseudo-musée continuait dans la salle de cette ancienne villa coloniale au charme confortable. Mon hôte n'était guère disert, mais un bon *sakafo* — repas en malgache — permettrait, sans nul doute, de mieux faire connaissance. En déposant sur notre table deux coupes de champagne local avec une assiette de *caca-pigeons*, des cousins éloignés des bretzels, la serveuse nous proposa du foie gras malgache. Ici, tous les élevages de canards en produisaient, offrant un goût très fin capable de satisfaire les palais les plus avisés. La technique de gavage avait débuté, au début des années soixante, à Benhenjy, à une cinquantaine de kilomètres de Tananarive, dans un but d'exportation, mais, en 1997, l'embargo instauré par l'Europe sur les produits carnés avait mis un coup d'arrêt à ce marché sans pour autant stopper la production. Je n'étais qu'au premier jour de mon séjour et savais qu'à moult autres occasions, le foie gras malgache serait servi d'office, aussi je choisis comme entrée un carpaccio de capitaine à l'huile citronnée. Ce poisson me rappelait mon Afrique où il se pêchait aussi bien en mer que dans les lagunes. Avec sa chair blanche et délicate, ce mets savoureux gardait la mémoire des citrons du jardin.

Mon credo : découvrir la gastronomie locale où que j'aille. Je souhaitais être surprise et je fus servie ! Je ne jouais pourtant pas petit bras : j'avais déjà mangé du serpent, de la viande boucanée — sans trop savoir de quel animal il s'agissait — du kangourou et même gouté aux sauterelles grillées. Ducasse lui-même avait franchi un cap en mettant du chameau sur sa carte à Doha, mais là, mon appétence pour le risque s'évanouissait. En décidant de dissimuler mon aversion, figée sur place, je me tenais muette devant le tableau présenté. Si la coutume d'amener à table les poissons avant cuisson servait à vérifier leur fraîcheur, montrer cette pauvre chauve-souris étalée, tel le corps flasque et avachi du Christ sur *La Descente de Croix* de Rubens, ne pouvait relever que d'un esprit tourmenté. Comment aborder ce spectacle ? Les chauves-souris se prélassaient toute la journée la tête en bas, ce qui était déjà d'une théâtralité thaumaturgique. Là, sa petite tête pantelante aux grandes oreilles reposait sur le côté et un peu de sang perlait. Regarder constituait déjà un effort. L'exotisme avait des limites ouvertement dramatiques lorsque le linceul devenait nappe. Le savoir-vivre a tout prévu, y compris comment refuser un plat : un simple geste de la main. Ce que je fis. *Mahasadaika toy ny ramanavy: mani-*

dina, dia vorona, mipetraka, dia totozy, c'est-à-dire rendre perplexe comme une chauve-souris : quand elle vole, c'est un oiseau, quand elle est posée, c'est un rat. Rien de dégoutant cependant pour les Malgaches, car, toute opinion restant dans ce bas monde estimable, les rats étaient à leurs yeux des animaux fort sympathiques, les chiens faisant, chez eux, office de rats.

À la lecture de ce simple dicton, vous percevez une réalité : pour le profane, la langue malgache est totalement incompréhensible à l'oral et illisible à l'écrit. Ainsi, comme seulement à peine deux personnes sur dix parlaient véritablement français, notre mécène avait décidé d'apprendre la langue malagasy. Les yeux de l'homme plutôt rigide se trouvant en face de moi s'amusèrent un instant de mon étonnement. Derrière ses fines lunettes d'élève de grandes écoles, il avait une tête d'expert. Cet apprentissage nécessitait un cerveau bien irrigué, car certains dictionnaires malgaches possédaient plus de soixante mille mots et ce vocabulaire très riche exprimait merveilleusement les choses abstraites comme la poésie. Avec une précision de joaillier suisse, il me fit un cours de linguistique. Ainsi, il m'apprit que des missionnaires avaient entrepris la traduction de la Bible en malagasy et qu'en juin 1835, l'affaire était réglée. Enfin, pour l'écrit, pas pour la prononciation, car les voyelles se faisaient généralement muettes en fin de mot, un peu comme pour le corse. Pour compliquer, des accentuations jouaient sur le sens, un même mot avait souvent deux significations radicalement différentes. La grammaire semblait, quant à elle, être un bonheur de simplicité avec seulement trois temps : passé, présent, futur, et pas de conjugaison. Tout cela pour la forme active, mais dans les faits, cela devenait vite un cauchemar, car les Malgaches préféraient la forme passive. Apprendre le malagasy constituait donc un véritable challenge, fièrement relevé par la puissance invitante dont je ne connaîtrais définitivement rien mis à part son patronyme célèbre, son amour de la musique et de la complication. Lorsque le *romazava,* une recette typique composée de filet de zébu et d'un genre d'épinard piquant, des *brèdes mafanes*, plantes typiques de l'île, fut servi, je ne regrettais pas ma lâcheté. Ce plat constituait un message d'une magnifique lisibilité, l'affirmation d'une authenticité assumée. La conversation — enfin le monologue — ronronnait toujours sur la langue locale. Pourquoi croyait-il que je m'intéressais à ce point à la linguistique ? Le sujet semblait inépuisable. Il me parla de cafard. En fait, le mot *Kafara* signifiait plainte, mécontentement, notamment envers les dirigeants. Le concept revenait à la mode pour décrire les gens qui n'arrêtaient pas de se plaindre, mais, là, je crois qu'il parlait des Français.

Je vous avouerais qu'en cet instant, je me déconnectai quelque peu de la discussion pour me concentrer sur mon plat. Le zébu restait l'animal domestique par excellence de la Grande Ile. Sa viande ressemblait beaucoup à notre bœuf, avec toutefois un goût légèrement plus prononcé, mais, ce qui sublimait la recette restait ce légume inouï, saveur maîtresse de la cuisine traditionnelle malgache, délicatement poivré, rafraîchissant et piquant à la foi. En bouche, les *brèdes mafanes* procuraient pendant quelques secondes une impression fugitive d'anesthésie, un indéfinissable courant électrique. Grandiose ! Le service était un peu lent et désuet, mais, la chauve-souris envolée, la salle avait retrouvé un certain charme. Toutefois, l'érudition trop affichée de mon hôte m'avait bloquée. Aucune conversation ne me semblait maintenant naturelle. Ayant épuisé le volet de la langue malgache, il se mura en moine bouddhiste sous Tranxène. Après un long silence, nous parlâmes platement de notre amie commune qui faisait maintenant profession de coach de chefs d'entreprises à New York. Le gâteau vanillé à la banane et aux cacahuètes arriva, généreux, emmailloté dans des feuilles de bananiers lui donnant la senteur et le goût merveilleux d'une promesse d'exil vers l'exotisme. Notre relation n'excéda pas le temps de ce dîner qui fut certes courtois, mais avec des échanges quelque peu limités.

Je rentrai à mon hôtel où, au bar, deux hommes d'affaires faisant partie de la délégation prenaient un verre avec deux prostituées. Je décidai de m'incruster. L'un partit avec sa belle et l'autre abandonna le terrain. Je détestais les profiteurs de la misère du monde et savais le montrer. Au bout de deux heures de conversation avec la jeune Malgache abandonnée, nous avions sympathisé et décidé de nous retrouver le lendemain matin pour un tourisme de terrain. Cette coiffeuse, jolie comme un cœur et vive comme une anguille, était obligée d'exercer le plus vieux métier du monde, heureusement d'une manière dilettante, par manque d'argent malgré la possession d'un petit salon. La Grande Ile demeurait l'un des pays les plus pauvres du monde, en dépit d'un potentiel naturel et humain sans aucun équivalent dans la sphère postcoloniale de la France. La propagande pouvait tout repeindre en bleu, mais les dieux s'obstinaient à faire chuter le mirage. Rouge restait l'île.

Sa voiture m'attendait tôt devant l'hôtel et nous partîmes tout d'abord visiter les marchés. À proximité de la gare ferroviaire, « Petite Vitesse » puis « Camp Pochard », réservé à l'alimentation avec ses vendeurs de légumes multicolores, de viandes indéfinies, d'épices exotiques, vanille, girofle, poivre rouge ou vert, cannelle, peu utilisées dans la cuisine locale, car destinés à l'export. Nous enchainâmes sur les bouquinistes d'Ambohijatovy où j'achetai plusieurs livres français édités dans les années 50. Parmi eux, une édition originale du magnifique roman *Le rivage des Syrtes,* un collector, Julien Gracq étant le premier lauréat à avoir refusé le Prix Goncourt en 1951. Puis, nous prîmes la route menant à l'aéroport, longeant des poétiques rizières, sur la route digue où se tenait le marché artisanal regorgeant de pierres précieuses — une caverne d'Ali Baba remplie de citrines jaune citron, d'émeraudes vertes, de rubis roses — et de métiers oubliés, briquetier, vulcanisateur, vannier ou forgeron. Ma nouvelle amie repoussait en malagasy les sollicitudes en tout genre, j'étais comme un poisson dans l'eau et pourtant je tenais à voir l'indicible.

Les journalistes n'étaient pas les bienvenus à la décharge d'Antananarivo. Des milliers de Malgaches vivaient de la récupération du plastique, des métaux ou du charbon de bois dans une pestilence abjecte au milieu des rats. Des silhouettes sans âge grouillaient dans une misère glauque. Des feux âcres brûlaient constamment au milieu des montagnes de déchets et de la peste pneumonique. Le lieu était parsemé de petites tombes, autant de minuscules corps de fœtus et de nouveau-nés non désirés. Ici, la chair et la terre s'entrechoquaient au gré d'une identité insulaire malmenée. Ici, la vie n'était rien. Sortilège rouge issu de la latérite imbibée de croyances animistes ou chamaniques? Non, irresponsabilité d'une succession de dirigeants plus pressés de s'enrichir que de servir le développement de leur pays. Il y avait ainsi des peuples qui priaient pour que le ciel ne leur tombe pas sur la tête. D'autres n'espéraient plus rien. Les nuages noirs et rouge sang s'étaient tant accumulés qu'il n'y avait plus de ciel.

Dans son discours, Jacques Chirac glissa rapidement sur l'histoire commune. Le début de son intervention rappela les pages sombres entre la France et Madagascar. «Rien ni personne ne peut effacer le souvenir de toutes celles et de tous ceux qui perdirent injustement la vie, et je m'associe avec respect à l'hommage qu'ils méritent», déclara le chef de l'État. Cette repentance, a minima, satisfit les autorités malgaches qui n'en demandaient pas tant. Si des travaux universitaires étudiaient la répression de 1947, celle-ci n'hantait ni la classe dirigeante ni la jeune population. Nous n'étions pas en Algérie. Le paradoxe et le syndrome ilien. Peut-être les sorciers malgaches sortiraient cette nuit pour combattre l'éloquence silencieuse qui les regardait tranquillement mourir, eux, les propriétaires d'une terre fabuleusement riche. Dans l'hôtel de luxe à côté, on préparait des cocktails dans un décor en carton-pâte. Au-delà du tapis rouge et des drapeaux, on apercevait les regards brillants des enfants Malagasy qui toisaient l'avenir.

Carrefour de nombreuses civilisations venues des quatre coins du monde, cette grande île de l'Océan indien propose une gastronomie riche issue d'Afrique, d'Asie du sud-est, de Chine, d'Inde et d'Europe.

Dessert malgache vanillé à la banane et aux cacahuètes

Ce délicieux dessert vient de la Grande île de l'océan Indien, premier producteur mondial de vanille. La vanille Bourbon de Madagascar se distingue par son goût caractéristique de vanille, de fruits et une odeur riche et ronde.

250 g de farine de riz (de riz, j'ai dit, pas d'autres farines, nous restons à Madagascar)
6 cuillérées à soupe de sucre roux
200 g de cacahuètes
2 bananes mûres
2 gousses de vanille de Madagascar, of course !
Un zeste de citron vert
Feuilles de bananier (Bon, vous allez encore me dire que vous ne savez pas où cela s'achète... alors du papier sulfurisé fera l'affaire)
Du raphia

Décortiquez les cacahuètes. Faites-les griller à sec dans une poêle. Pilez-les, mais sans les réduire entièrement en poudre.

Épluchez (il faut tout vous dire !) les bananes puis écrasez-les à la fourchette. Mélangez la farine avec de l'eau jusqu'à obtention d'une pâte assez consistante. Ajoutez le sucre, le zeste de citron vert et la vanille et mélangez de nouveau.

Nettoyez les feuilles de bananier et passez-les sur la flamme de votre gazinière pour les assouplir. Évitez de mettre le feu : ne faites pas çà avec le papier sulfurisé, s'il vous plait !

Sur votre plan de travail, posez les liens en raphia.

Déposez ensuite plusieurs couches de feuilles de bananier sur les liens. Étalez la pâte sur les feuilles de bananier et formez des bâtonnets. Refermez soigneusement et ficelez le tout.

Posez les feuilles de bananes ficelées dans une marmite. Recouvrez entièrement d'eau.

Faites cuire à feu doux jusqu'à évaporation complète de l'eau c'est-à-dire que vous avez le temps de faire autre chose, par exemple, commencez à lire Jean-Joseph Rabérivelo, car cela prendra plus de trois heures. Poète, romancier, dramaturge et théoricien de la littérature, Rabéarivelo est sans doute le plus grand écrivain de Madagascar, « le prince des poètes malgaches », selon la formule de Senghor.

Vous pouvez également utiliser la même pâte pour les faire frire.

Saupoudrez d'un peu de sucre glace.

Mazotoa homana ! Autrement dit : bon appétit !

L'auberge de l'Éden

Nous partîmes tôt le matin de Paris pour arriver à l'heure convenable d'un déjeuner en province. Cette petite auberge bretonne nous avait été recommandée par Annabelle et Bernard Buffet, des proches de Jean-Louis que j'accompagnais déjà dans de nombreux endroits de découverte. Notre amitié consistait en une harmonie fortement basée, au départ, sur deux égoïsmes assez puissants. Deux lions. Surnommé « le Baron », cet esthète délicieux, véritable gourmand, arborait une vitalité de général d'Empire et portait une attention incessante aux aliments et aux saveurs nouvelles. La science de gueule clamée par Montaigne aurait dû obligatoirement faire partie de l'éducation tant les amateurs de bonne chère s'avéraient être les plus charmants compagnons. Ce sybarite se passionnait également pour le savoir-faire et les métiers d'art. Je lui devais notamment une rencontre avec l'un des meilleurs artisans français de galuchat, ce cuir de peau de poisson connu dès le VIIIème siècle au Japon, importé des Indes par les Anglais, plébiscité par Madame de Pompadour, puis oublié, et redécouvert avec le mobilier Art Déco. Une excellence sophistiquée.

La vie représentait pour nous deux un vaste cabinet de curiosité. Nous partagions une même appétence pour l'art, le voyage et la fantaisie, aussi, nos travers mutuels ne nous agaçaient plus. Et il me convenait assez que mes amis aient autant de défauts que moi tout en conservant la même estime d'eux-mêmes. Nous élevions en art l'importance des détails insignifiants. Notre réflexion s'orientait ainsi naturellement vers l'infime avant de passer à l'essentiel.

Mais, surtout, nous ressentions la même urgence à avaler du bonheur. Notre existence s'appuyait sur une esthétique antagonique. La quête du plaisir devait être un instrument politique à l'opposé de l'épouvantable ascétisme. La vie ne saurait ressembler à la salle d'attente d'une gare de ville de province, plate et grise. Ainsi, l'art éphémère de la cuisine restait prétexte à une tentative dionysiaque. Le chaos, l'exubérance, l'irraisonné, la profusion, le déroutant et le primitif permettaient de se sentir vivant.

Loin du bruit, coupés du temps, nous empruntâmes de petites routes secondaires dans la belle lumière du matin. Il avait dû pleuvoir la veille, une légère rosée recouvrait le paysage ponctué de jolis sentiers, de calvaires, de champs, de maisonnées. Puis, sous un soleil paille de fin de printemps, apparut un petit village délicieux comme un bonbon. Pas facile d'accès, le hameau se situait à l'intérieur des terres, l'endroit se méritait. Nous n'étions pas dans les embruns de l'océan, mais dans la Bretagne verte, profonde, généreuse et mystérieuse. Après avoir garé la voiture sur un talus faisant office de parking, nous nous dirigeâmes vers une jolie maison basse en pierres d'un gris soutenu. Les fenêtres étroites étaient bordées de volets bleus et le toit bien pentu s'encadrait de deux cheminées de pignon. Nichée dans le bocage, l'auberge appartenait à la même famille depuis cinq générations. La salle sentait bon la cire d'antan. L'horloge nous couvait de son œil blanc. Ses aiguilles bavardaient dans une chaude intimité et faisaient tout doucement basculer son balancier. Seuls hôtes, nous pouvions entendre, à travers la porte de la cuisine, des bruits rassurants qui rappelaient l'âme rurale, l'honnêteté, la cohérence. Il était de ces provinces nous enchantant d'odeurs, nous renvoyant ainsi à une sagesse, à des habitudes, à des discrétions morales telles que le temps y restait suspendu.

Le chef, une femme toute ronde, vint nous saluer sans effusion inutile et un très jeune homme tout rougissant nous amena le menu. Certainement son fils. Les enfants de restaurateur se trouvaient souvent sollicités. Le bon cuisinier ne devait avoir qu'une préoccupation : le plaisir gustatif de ses clients et le passage de relais, s'il n'était pas systématique, s'avérait courant. La passion se communiquait et les lignées de chefs ne se comptaient plus, perpétuant ainsi un savoir-faire au sein d'une même famille. Là, le logis devait se situer au-dessus de l'établissement offrant, de fait, la quotidienneté d'un univers domestique, rassurant, accessible, ronronnant et simple. La lecture du menu, écrit à l'os, était déjà en elle-même un plaisir, loin des cartes à rallonge incompréhensibles, des plats prétentieux aux appellations hyperbolées. Ici, sans chichi, nous pouvions rêver en ayant l'eau à la bouche à la seule pensée de ce qui nous attendait. La cuisine féminine s'avérait toujours plus maternelle, plus dans la sensation, dans l'émotion. Les Américains parlaient de *comfort food,* d'une cuisine réconfortante, nostalgique, la parfaite cuisine du dimanche.

La fenêtre ouverte sur le jardin renvoyait les jeux de l'ombre des feuilles d'un tilleul sur le mur et sur la table : tantôt miroir jaune, tantôt voile sépia, traçant d'improbables dessins qui faisaient danser les rayons du soleil. Après avoir regardé le menu d'un petit air gourmand, nous commandâmes. Nous étions à la saison des morilles. Noires avec leurs chapeaux alvéolés, elles faisaient partie du club de l'élite des champignons. Snob, blonde ou brune, côtelée ou conique, la morille ne se consommait que très bien cuite, car, crue, elle contenait une terrible toxine entraînant la destruction de nos petits globules rouges. De honte, elle se cachait sous les frênes ou les noisetiers dès la fonte des neiges. La bonne période pour la ramasser commençait en mars et pouvait se prolonger jusqu'en juin, notamment en montagne. Avec sa curieuse tête d'alien, l'ormeau était, quant à lui, le mollusque emblématique de la Côte d'Émeraude. Surnommé le caviar breton, l'ormeau sauvage restait un produit rare et très prisé. L'entrée se pâmait en proposant une des plus belles combinaisons terre-mer que nous puissions imaginer : de beaux ormeaux charnus mêlés au parfum forestier des champignons, le tout lié de façon minimaliste avec juste un peu de beurre, une pointe de fleur de sel et un soupçon de poivre. Du grandiose avec la subtilité des morilles préservée, voire magnifiée... La pénétration de l'eau dans les terres, des terres dans la mer. Nous étions béatement transportés.

Il existait une cuisine de l'intrigue. Ainsi, le poulet en croûte de sel qui suivit s'érigeait en monument et nous nous retrouvâmes comme à une première, mais, privilège, seuls dans la salle : la volaille avait mis sa robe de soirée et ne faisait son show que pour nous, en avançant masquée. Il existait, en gastronomie aussi, un temps du regard. Et il s'agissait bel et bien de spectacle lorsque nous vîmes la chair émerger de la coque adamantine. Un parfum délicat se répandit. Dès le sarcophage forcé, l'excellence du goût, une onctuosité unique se devinait. Le résultat fut tout simplement fabuleux : le poulet fermier, imbibé de son jus et de ses arômes, conférait à sa chair, une saveur et un moelleux incomparables. Le bon goût du thym imprégnait la peau. Des sucs quintessenciés se succédaient. Le visage de mon ami exprimait alors la joie d'un découvreur de continents. Ma mine devait être semblable.

Cette véritable thébaïde possédait un potager soigneusement entretenu ou fines herbes, aromates, légumes divers attendaient, rangés comme un Mondrian, de se faire délicatement cueillir. Faire pousser tant de ces belles et bonnes choses tendres et colorées dans de la simple terre, sans produit ajouté, pour le bonheur de n'avoir qu'à se baisser pour se régaler, paraissait aussi simple que de ramasser les œufs que les poules avaient si gentiment déposés dans le poulailler ou de cueillir un fruit sur l'arbre avant de le porter à ses lèvres. Un mythe pour nous urbains. Ici, la cuisine donnait tout simplement du goût au quotidien. Les légumes provenaient de ce jardin et, même s'ils étaient chez eux, ils jouaient la modestie : les petits pois, frais et gourmands, amenaient leurs copines rosissantes, d'exquises petites carottes toutes tendres. Les oignons fondants se cachaient et les petits navets copiaient leurs ainés. Une simple jardinière. Tout devenait évident. Les cuissons atteignaient la perfection. C'était simplement bon. Un camaïeu de vert, un soupçon de rouge, en bouche, ça croquait, ça fondait...

L'amour du sucré vient toujours de l'enfance. Mais ce moment de douceur, de gourmandise et d'abandon pouvait s'avérer superflu après un repas si généreux. Pleine de bon sens, la cuisinière nous épargna le traditionnel et incontournable kouign-amann qui, sans être des frileux du beurre, pouvait s'avérer épouvantablement indigeste. En dessert nous fut servie une tarte aux poires et à la rhubarbe composée d'une pâte très fine au beurre salé légèrement caramélisée qui, mariée au goût acidulé des fruits du verger, nous transporta entre douceur citronnée et rondeur salée, un mélange à la fois délicat et sophistiqué. Saviez-vous que la rhubarbe était un légume ? Attention, seules ses tiges appelées pétioles se mangeaient. Les feuilles, toxiques en diable, étaient juste bonnes à fabriquer une décoction aux vertus insecticides préservant vos plantes tout en prenant soin de la nature.

Le calme souverain, la bonne odeur de cuisine, le léger souffle de l'air du jardin qui agaçait le feuillage : un moment d'intense plénitude où tous les sens se trouvaient à l'honneur. L'air était devenu léger, vaporeux, bulliesque d'antan. L'instant, sacré, lumineux, précis comme la cuisine du chef. Depuis, l'idée du bonheur reste, pour moi, à jamais associée à cette image si simple : la danse de l'ombre des feuilles projetée sur un mur par une journée de soleil où s'était installée une brise légère. La présence de cette lumière, de son côté éphémère, sa vibration immatérielle permettait à la vie de déambuler, ouatée et forte comme un nuage. Et, à elle seule, elle avait la grâce de porter un monde diaphane et de nous rendre foncièrement vivants.

Le Poulet en croûte de sel

Je vous vois faire les gros yeux en pensant que je vous propose un plat archi-salé… Fariboles, le sel dégraisse uniquement la volaille, cette recette est tout bonnement magique. Allez, au travail !

1 poulet fermier d'environ de 1,8 kg
1 kg de farine
2 kg de gros sel de mer
2 blancs d'œufs bio
200 g de sel fin de Guérande

6 gousses d'ail non épluchées
1 gros bouquet de thym frais
1 marteau
1 gros pinceau

Préchauffez le four à thermostat à 280°.

Salez normalement l'intérieur du poulet, préalablement vidé, placez à l'intérieur de la volaille les gousses d'ail entières et du thym frais. Les professionnels brideront la volaille et vous, vous ferez comme moi, vous la ficèlerez (même résultat pour une moindre tannée).

Mettez la farine dans une terrine avec le gros sel et le sel fin. Ajoutez les blancs d'œufs un peu fouettés et 40 cl d'eau. Mélangez. Pétrissez la pâte afin de la rendre homogène. Étalez-la sur une épaisseur de 1 cm. Là, vous pouvez me remercier d'essayer avant vous, car la première recette que j'avais lue indiquait 7 kg de sel, des quantités valables peut-être pour une autruche....

Posez le poulet sur votre plan de travail, répartissez dessus généreusement des brins de thym. Surtout, n'abîmez pas la peau sinon le sel pénètrera les chairs. Enveloppez-le généreusement dans la pâte. Attention à bien sertir le tout, la croûte doit être hermétiquement fermée. Mine de rien vous venez d'accomplir un acte fondateur.

Disposez-le dans une cocotte et hop ! Glissez-le au four. Ne couvrez surtout pas. Laissez cuire pendant 1 bonne heure.

Retirez le plat du four. Fermez les yeux. Ouvrez-les et contemplez. Laissez reposer pendant quelques minutes. Ah ! quelle odeur d'iode !

Cassez vous-même la croûte de sel devant vos convives : trop jouissif, donc c'est celui qui a préparé ce bon poulet qui le fait ! Personne d'autre.

Cela dit : attention ! Si vous êtes aussi maladroit que moi, alors, pour le spectacle, amenez vos amis plutôt à la cuisine.

Auparavant, prenez des lunettes de protection sinon vous allez vous éborgner, puis allez les chercher — sans le marteau —, ne les effrayez pas tout de suite.

Et là, pan ! Un coup sur la bête et elle s'ouvre !

Vous en avez partout à vos pieds, un invité se sera pris un grain de sel dans l'œil, mais c'est normal. Dites-vous que si vous aviez effectué l'opération sur la table de la salle à manger, vous auriez pu boire du vin salé. Allez, un coup de pinceau pour enlever le sel s'il en reste et à table !

Alors, bluffé, non ?

J'espère que vous aviez pensé à préchauffer les assiettes...

Il n'y a rien de plus beau que de perdre le temps

Lorsque l'avion bariolé se posa sur la piste sous les applaudissements des passagers, le sablier démarra. D'une première expérience, il y avait toujours une attente des plaisirs pressentis, un vertige délicieux d'une nouvelle aventure, d'une terre inconnue qui s'apprêtait à être découverte et qui, donc, serait bientôt perdue pour l'imaginaire. Le voyage restait avant tout une idée. Les aéroports, contrairement aux gares qui m'attristaient — rouler n'est pas voler — me rendaient euphorique, vivante, car ils recélaient mille promesses. Après une longue correspondance à Miami, j'arrivai des Antilles où je venais d'effectuer un reportage. Comme mon mari assistait au même moment à une réunion importante avec un associé local, un chauffeur de la société vint me récupérer pour m'amener au siège de l'entreprise. Ainsi, mon initiation de l'Amérique latine commença dans une salle d'attente avec pour seul refuge l'annuaire téléphonique de Santiago. Dans toute lecture, il existait un symbolisme phonétique. De cette succession de noms à rallonge liés par un «y», naissaient des segments gutturaux et explosifs. Imaginer des visages ou des âges sur des noms devînt un jeu. Ces rencontres fantasmées, sorte de magnifiques fantômes, composaient les motifs d'une tapisserie généalogique tissée au hasard. À travers la fenêtre entrouverte, je percevais des bruits de moteurs, des klaxons, des voix de personnes dont j'avais peut-être entre les mains le patronyme. Cette poésie de l'annuaire fut brutalement interrompue à la vue d'un nom : le mien uni par la conjonction de coordination «y» à un patronyme espagnol.

Mon nom de jeune fille étant rare, je me remémorai aussitôt une histoire familiale où, pour autant que l'on sût, un oncle de mon grand-père aurait pris un bateau pour l'Amérique du Nord. Lorsque mon mari arriva en compagnie du président de l'entreprise chilienne, j'avais échafaudé un vrai roman où ce téméraire ancêtre avait dû traverser le Mexique, le Guatemala, le Salvador, le Costa Rica, Panama, le Venezuela, la Colombie, l'Équateur et le Pérou pour parvenir à cette bande de terre du bout du monde. Toute émoustillée, je narrai aussitôt ma découverte, mais celle-ci se heurta à une réponse occlusive. «On» allait se renseigner sur le quartier où habitait cette famille et ce n'était qu'après cette vérification que je pourrais — ou non — appeler. J'avais atterri dans un autre univers. Après la vague de coups d'états militaires qui avait frappé l'Amérique latine au cours des années 60-70, l'économie encore peu industrialisée était restée entre les mains d'une minorité de grandes familles. Dès le premier regard, l'appartenance sociale des gens se devinait. Nous étions en 1984, quatre ans avant le retour progressif à la démocratie, Pinochet régnait déjà depuis onze ans. La société chilienne, profondément divisée, continuait de panser ses plaies.

L'importance culturelle de la France était alors réelle, notamment à travers la littérature. L'interlocuteur de mon mari parlait, comme tous les aristocrates chiliens à cette époque-là, un français parfait, mais ne transigeait pas avec les convenances. Je passai une nuit agitée et me réveillai comme confite dans le sucre. Avec l'énergie d'un loukoum, je répondis au téléphone. Le feu vert m'était donné, cette famille habitait *Vitacura,* un quartier bourgeois pouvant convenir, enfin du bout des lèvres. J'attendis cependant le retour de mon mari pour téléphoner, retenue par la crainte que ces lointains aïeuls ne parlassent plus français et qu'ils ne comprissent pas mon espagnol rudimentaire. Et là, mon beau roman tomba à l'eau, car l'histoire ne remontait point au XIXème siècle. Depuis seulement trois petites années, un lointain cousin de mon père, ingénieur français, œuvrait à la construction du métro de Santiago et venait d'épouser une Chilienne. Bien que beaucoup moins rocambolesque, la situation s'avérait toutefois sympathique et rendez-vous fut pris pour dîner ensemble le soir même.

Un simple apéritif au bar de l'hôtel nous donna l'impression de nous connaître depuis toujours, et, bras dessus, bras dessous, nous nous rendîmes, dans un restaurant typique à la décoration respirant la nostalgie d'une époque révolue. Parmi les plats proposés du *ceviche,* des *empanadas,* du *caldillo de congrio,* du *pastel del choclo* faisaient partie des spécialités de la maison. Dans l'enthousiasme, nous voulûmes goûter à tout ce qui s'avéra très excessif, car cette délicieuse nourriture fut richement servie. Le *ceviche* ne ménageait guère le poisson : coupé en cubes, acidulé par le citron vert, secoué par le piment, émoustillé en diable. Le maïs se taillait une place de choix dans la cuisine chilienne. Non, ne pensez pas au popcorn, total cauchemar des cinéphiles concentrés. Généreuse, cette céréale, totalement dépendante de l'homme pour sa survie, le lui rendait bien avec ses protéines, ses glucides, son magnésium, son carotène, des antioxydants et plusieurs vitamines du groupe B. Le pastel renvoyait à un gâteau et le *choclo,* au maïs local, le tout cachant un gratin divin parfumé à la coriandre et à l'origan. La carte des vins, riche des meilleurs crus du pays, aida considérablement la digestion. Faciles par leurs tanins souples, agréables par leur fruité prononcé, les rouges chiliens se révélaient en bouche très aromatiques. Ils nous aidèrent à rester trois heures à table. Au digestif du Pisco, la boisson nationale, nous étions conviés à quitter l'hôtel et à nous installer chez eux. Le soir même, alors que je flottais de béatitude dans ma baignoire, je vécus mon premier tremblement de terre. Je ne ressentis aucune secousse. Seule, l'eau de mon bain, quittant le niveau horizontal, pencha à soixante degrés et la moitié de mon corps se retrouva à l'air libre. Je compris tout de suite ce dont il s'agissait et qu'il ne s'était finalement presque rien passé puisque l'eau revînt rapidement à son niveau normal. Tout de même surprenant.

J'allais vivre cinq mois dans ce pays. Dans la constitution chilienne, la famille apparaissait comme la base fondamentale de la société. En immersion, je me retrouvai comme un coq en pâte. Leur grande maison des années trente jouissait d'une petite piscine en forme de haricot encastrée dans un jardinet tranquille. Au moindre prétexte, nous y faisions un *asado,* un barbecue. La viande chilienne ne le cédait en rien à la qualité argentine. Mon espagnol faisait rire leurs amis, nos deux couples étaient devenus complices, la vie s'écoulait doucement. Le petit-déjeuner, dans la manière de préparer le thé, fut une grande surprise : un mélange noirâtre macérait dans un pot et, chaque matin, on prélevait un peu de ce liquide épais en ajoutant de l'eau chaude. Sinon *la marraqueta*, le pain français, trônait en bonne place avec du beurre salé, de la confiture de lait ou de figues, des tranches de fromage et du jambon. *Tomar once*, prendre le goûter, était un rituel institutionnel un peu régressif dont je pris vite l'habitude. J'évitais juste les gâteaux énormes, tout crémeux ou très sucrés. Mais je compris vite que le concept du temps y était différent du nôtre : tout de suite pouvait signifier aussi bien dans trois minutes que dans deux heures, et un petit moment ne durait jamais moins d'une heure. Il convenait de se méfier du *al tiro*, le «immédiatement» local. Mais l'Afrique m'avait déjà habituée à un certain effacement du temps. Santiago, construit sur le modèle américain avec de larges avenues, était composé de majestueux édifices coloniaux restaurés. Flâner dans les rues du centre-ville, arpenter ses places garnies de palmiers et de lauriers roses, regarder les chaisières dans les parcs, composaient mon passe-temps favori. Souvent, dans un square, une fanfare s'entraînait. Les petits métiers regorgeaient : cireurs de chaussures, porteurs, laveurs de parebrises, marchands ambulants vendant des glaces, des sucreries, des boissons ou des fleurs.

Depuis aussi longtemps que je m'en souvienne, surgit le rêve de moments volés à la terrasse d'un café. À Santiago, cela devint une habitude, je me rendais d'abord au kiosque acheter *El Mercurio* puis, avec une inlassable curiosité, je m'installais pour lire. Le plus ancien journal du pays pouvait se comparer au Figaro, quoique plus épais grâce à une multitude de suppléments, une véritable mine d'information sur le jardinage, le bricolage, le sport, les spectacles, la beauté, les voyages. Mon petit vocabulaire suffisait à comprendre globalement les textes et à trouver un vrai plaisir à imaginer un sens à des mots inconnus. Le choix du lieu était capital : l'endroit devait permettre de voir le plus de choses possible sans être trop bruyant. Pas trop à l'ombre non plus. *Un cafecito por favor* ou un *cortado* et non un *cafe con leche* qui était ici un infâme café soluble noyé dans une grande tasse de lait. Je pouvais rester ainsi des heures dans une volupté suspendue. La terrasse d'un bistro, je vous le dis, c'est épatant : on lit, on observe. La vie s'agite, on cligne des yeux sous le soleil, on s'étire. On est heureux.

Le plus marquant à Santiago était une certaine nonchalance active. Les gens s'agitaient sans effort et mon immobilité révélait ceci d'autant plus. Bercée par la musique de la langue espagnole, je vivais de délicieux instants décalés. Pour savourer le moment, je me hasardai un jour à commander un cocktail de fruits et arriva une coupelle contenant une glace parfumée à la rose. Mon espagnol approximatif n'était pas seul en cause, la langue chilienne avait ses particularités pouvant désarçonner un pur Castillan et donner, de facto, ce genre de résultat cocasse. Peu importait, les habitués discutaient entre eux en ajoutant toujours à la fin de chaque phrase un sonore : *¿ Cachái*? «Tu comprends?». Un homme faisait des mots croisés, un couple roucoulait, des rires se diluaient, des enfants achetaient des ballons à la guitoune, tout était propice à goûter une paresse qui s'apparentait à un réel savoir-vivre. Une chilienne n'était-elle pas une chaise longue et le grand Pablo Neruda n'avait-il pas écrit : «Il n'y a rien de plus beau que de perdre le temps» ?

Lorsque nous sommes de passage, le marché n'est plus un acte utile, juste une envie vagabonde. Arpenter les allées les mains vides, picorer les nombreux produits frais, juste un plaisir. Sous l'extraordinaire structure métallique du marché central, vous ne vous trompiez jamais en choisissant des fruits de mer ou du poisson. Réputé, ce marché proposait une infinité de produits fraîchement pêchés, des soles, des bars, des merlus, des congres. Ou encore cette descendante d'une famille compliquée, seule à avoir droit en français à deux orthographes : dorade et daurade lorsqu'elle était royale. L'endroit regorgeait aussi de petits restaurants offrant juste deux ou trois tables en plastique. De succulents poissons se préparaient *a la plancha con mantequilla,* grillés avec un peu de beurre (attention, au Chili, la sauce meunière ou Ménière consistait en une sorte de béchamel). Dans l'un d'eux, j'allais déguster un de mes péchés mignons, des oursins, *al matico*, servis par douzaine avec un verre de vin blanc. Ils se mangeaient sans fioriture et je les aimais au point de les avoir jadis pêchés ce qui restait un exercice fort périlleux, car si, avec ses quenottes, l'échinidé mangeait principalement des algues et s'il semblait inoffensif, ses longues aiguilles se plantaient sous votre peau en se brisant net pour y rester. Le précieux corail orange, délice de la mer des plus fins, se méritait donc. Un peu plus loin, au marché aux légumes, je découvris pour la première fois des câpres tout juste cueillies. J'en avais toujours vu uniquement assaisonnées au vinaigre, condiment que je détestais. J'en ramenai fièrement un kilo à la maison. Et miracle, mon hôtesse les mit à tremper dans une solution salée pour enlever leur amertume puis les fit frire, confectionnant ainsi de splendides œufs aux câpres fraîches et croustillantes.

Quelques mois après, une grande réception fut organisée à *la Moneda,* le palais du gouvernement, un des bâtiments les plus remarquables jamais construits par les Espagnols dans leurs colonies en Amérique latine. Dans ces salons majestueux décorés en jaune, rouge et bleu, je découvris que, tout comme les classes sociales, les hommes et les femmes ne se mélangeaient pas. Or, en bonne société comme ailleurs, cet us ségrégationniste se devait d'être réservé au seul bon usage des toilettes. Déstabilisée, j'assistai cependant à un moment inoubliable. Étant la seule femme française, des Chiliennes appelèrent à grand renfort les sœurs Letellier, un nom très commun au Chili. Sans comprendre un seul mot de français, cinq femmes sans âge déclamèrent, a capella, sous les ors de la République, en mémoire à leurs lointains ancêtres et en mon honneur : « J'irais revoir ma Normandie ». Dans ses murs où Salvador Allende s'était suicidé résonnait dans une langue de Molière quelque peu écorchée : « C'est le pays qui m'a donné le jour ». Type parfait du chant patriotique, Frédéric Bérat créa cette chanson en 1834. Une plume de l'époque la décrivit comme « la Marseillaise des sentiments ». Avec sa nostalgie du pays natal, son évocation de la nature, du temps perdu, cet hymne simple, mais efficace devînt le symbole du mal du pays pour tout exilé, Normand ou pas. Ce grand succès s'exporta immédiatement dans le monde entier et fut même traduit en allemand élégiaque. « Plus nous allons et moins nous avons de verve. Nous ne ressemblerons pas à Bérat ! » écrivit Flaubert, rendant hommage au compositeur natif comme lui de Rouen.

Pinochet devait mourir vingt ans après. Nombre d'historiens s'accordaient à penser que le putsch aurait eu lieu même sans intervention américaine. Allende en voulant instaurer le socialisme avait mené une révolution catastrophique, un effondrement économique du pays, une inflation monstre, 210 % en 1973, la pénurie des denrées les plus élémentaires, des grèves paralysant tout le pays. Mais, sur la durée totale de la dictature, 5 000 personnes furent assassinées et 300 000 furent torturées. Le passé reste toujours très présent au Chili. En 2011, le ministère de l'Éducation chilien a décidé de remplacer le mot dictature par « régime militaire » dans les manuels scolaires. Cette modification constituait une tentative de reconstruction de l'Histoire. Si le régime avait eu tendance à se libéraliser à partir des années 1980, je ne lui pardonnais pas la mort de Neruda qui ne survécut que de quelques jours à Allende. Et puis, je m'étais lassée des terrasses, mon oisiveté me pesait, la ségrégation de genre restait insupportable, tout ce qui m'avait semblé d'un charme irrésistiblement désuet m'apparaissait comme définitivement archaïque. Nous voyageâmes : Valparaiso, l'Argentine toute proche, l'Ile de Pâques. Rien n'y fit, même la langue espagnole avait perdu son charme. Il y a toujours une tristesse infinie d'avoir vécu de délicieux moments quand on ne les regrette plus.

À lire :

Surtout, relisez Pablo Neruda, le souffle de son temps, devenu par sa plume une voix intemporelle. Poète, écrivain, diplomate, homme politique et penseur chilien, il est l'un des quatre grands de la poésie chilienne avec Gabriela Mistral, Pablo de Rokha et Vicente Huidobro.

– Pinochet, un dictateur modèle de Marc Fernandez et Jean-Christophe Rampai, Hachette, 2003.

– Une curiosité : Au Chili de Cordemoy C., Hachette, 1889.

Dîner confraternel

De mon bureau parisien, au septième étage d'un immeuble situé au croisement de la rue du Faubourg-Saint-Honoré et de la rue de l'Échelle, je pouvais apercevoir de curieux nuages en forme de pompons gris. Depuis le matin, dans un froid hivernal, le ciel moutonnait. Ah ! Janvier : un mois assez sinistre tirant bien son nom du dieu des commencements et des fins, Janus. Il enchaînait des jours crapoussins, par ailleurs les plus froids de l'année. Une période dépressive où il fallait régler les factures des cartes de crédit de fin d'année et s'obstiner à ne pas devenir neurasthénique à la vue du bilan des douze mois écoulés. Ce moment de l'hiver rimait avec froid et découragement. Le moral avait tendance à tomber telles les feuilles des arbres. Il s'en suivait un certain ralentissement physique. D'un seul coup, la capitale hibernait, nue, privée de son habillage des lumières des fêtes de fin d'année qui la sublimait. Fini les grandes imaginations collectives, Halloween, Saint-Nicolas et Père-Noël, *l'homo festivus*, ce personnage conceptuel de Philippe Muray, se retrouvait le bec dans l'eau.

Restaient le mauvais temps et le champagne. Car la presse consacrait une grande partie du mois de janvier à une multitude de moments conviviaux : les vœux. Ceux de l'Élysée, du Sénat, de l'Assemblée, des différents ministères, même sincères, ne se révélaient que rarement efficaces. Ils permettaient surtout de valoriser l'action de la puissance invitante et de retrouver des confrères.

Était notée aujourd'hui dans mon agenda, à 18 heures, la traditionnelle galette des Rois du Press Club de France. Depuis 1986, date de sa création, ce club se voulait être à la fois la Maison des journalistes et une plate-forme de services pour les communicants des entreprises. J'en étais membre depuis l'origine. Le 11 avenue d'Iéna se présentait alors comme un lieu un peu magique correspondant bien au terme de club. Une association dont les membres avaient un but, des goûts ou des intérêts communs, cénacle attesté depuis la fin du XVIIIème siècle grâce au prodigieux succès des clubs à l'anglaise. Passé le porche, il donnait sur un petit jardin frétillant et inattendu. L'aventure s'était poursuivie dans des lieux plus vastes et assez impersonnels. Les liens entre journalistes et entreprises pouvaient s'avérer utiles. En 1994, suite à l'incarcération de Didier Pineau-Valencienne, alors Président de Schneider, le club avait organisé une conférence de presse pour lui venir en aide. Une solidarité chère à mon confrère Emmanuel de la Taille qui écrivit sur le site de l'association : « Le Press Club, c'est l'ONU ! »

L'invitation du moment était rue Jean-Goujon. Partager une pâtisserie dans laquelle se cachait une fève consistait un peu à redevenir enfant. Le principe restait, là, à offrir un cocktail aux journalistes, appâts pour les membres issus du monde des entreprises qui rapportaient beaucoup plus en cotisations. Je me souvenais que l'année passée, nous avions eu droit au cidre. Pas de quoi se battre pour en être. Aujourd'hui, festin : point de cidre, le carton précisait « vin blanc de Miss France 2004 » laquelle avait des parents vignerons en Alsace. La Miss avait dénommé sa cuvée spéciale « Précieux ». C'était assez ridicule. En cette fin d'après-midi, les nuages pesant sur l'avenue se percèrent en un crachin très froid. J'hésitai, regardai par la fenêtre de mon bureau le paysage, les traits obliques formés par la fine bruine qui s'ébrouaient dans la grisaille. Non loin du Louvre et du Palais Royal, les passants pressaient le pas, perchés contre leurs parapluies, des voitures klaxonnaient, les vélos se faufilaient loin du chic parisien. Je décidai de passer un mail à quelques confrères pour connaître leurs intentions. L'un d'eux, critique gastronomique, me répondit tout de suite : il n'irait pas. J'hésitais toujours quand, quelques instants plus tard, le même m'appelait pour m'inviter à dîner chez lui. J'acceptai. Ce n'était pas un véritable ami, mais un journaliste charmant, croisé avec plaisir une vingtaine de fois en quelques années, souvent dans des cocktails. J'avais également eu l'occasion de partager un déjeuner au restaurant avec lui ; il était accompagné de sa fille alors âgée de sept ans et ce fut fort amusant, car, divorcé, il l'amenait partout lorsqu'il en avait la garde — entendez par là, dans ses lieux de travail : restaurants et hôtels à évaluer — et cette fillette aimait le gras-double et des plats canailles que mes enfants du même âge n'auraient jamais touchés. J'avais trouvé cela atypique et fort sympathique.

Il habitait alors non loin du Père-Lachaise, à l'opposé de chez moi. Le plus grand cimetière de la capitale devait son nom au confesseur du Roi Soleil qui occupait alors ce qui était un vaste domaine avant que l'architecte Brongniart ne le transforma. J'avais eu une période cimetière — aucune ville n'y échappait alors — et je me rappelai que, lors d'un printemps pluvieux, en cherchant la tombe de Marcel Proust, j'avais croisé là, au fil des chemins verdoyants, les sépultures de Chopin, de Molière, d'Oscar Wilde et même celle de Jim Morrison, juste à côté de la barrière. Le secteur romantique, le plus ancien du cimetière, aménagé à flanc de colline, jouissait d'une végétation touffue, sur des pentes parfois raides, et abritait des monuments plus ou moins ruinés auxquels on accédait par des chemins de terre. Un vieil arbre et des fleurs éternelles accompagnaient certains, un chat sans âge se faufilait entre deux tombes. Dans cet endroit charmant, nombre de tombeaux, caveaux et sépultures, plongeaient dans l'oubli, laissés à l'abandon, faute de crédits alloués par la Ville de Paris pour leur entretien ce qui n'empêchait nullement à une foule adepte de tourisme tombal, du culte de la mémoire longue, de s'y presser.

Mais le sujet n'était pas celui-ci : j'allais dîner chez un critique gastronomique et il convenait de faire honneur au connaisseur. Chez le caviste, je choisis un Bâtard-Montrachet Grand Cru de chez Morey bien au-dessus de mes moyens, et hop, en voiture ! Une fois arrivée à destination, première réflexion : à l'est de Paris, il devait faire plus froid, car je faillis m'étaler sur une plaque de glace alors qu'à l'ouest, point de patinage. Le pire fût que je cassasse la bouteille. Je pénétrai dans un immeuble construit visiblement dans les années 60. Interphone, ascenseur, la porte s'ouvrit et je me retrouvai dans un sas. Deux bises puis arrêt, mon confrère m'indiqua que, pour cause de moquette, il m'avait préparé des chaussons. Au sol, des mules *Relais & Châteaux*. Chic ! Je descendis de six centimètres. Pas grave, me direz-vous, puisque mon hôte était de petite taille, mais mon look en prit un coup, car, aussitôt, ma charmante minirobe en laine se métamorphosa en tenue de nuit, du moins dans mon esprit.

À droite se trouvait un salon qui, visiblement, faisait office de bureau. Un coup d'œil circulaire pendant qu'il alla amener Dieu sait où mon grand cru. Un petit balcon donnait sur un jardin givré. À l'intérieur, une grande bibliothèque, une photographie en noir et blanc au mur, un ordinateur sur l'unique table. Pas de couverts mis. Surprenant. Dans cette pièce, un visiteur averti aurait été tenté d'en conclure qu'aucun repas n'était prévu. Et aucun cendrier. Or, je me trouvais chez un critique également de cigares. Maniaque, peut-être les lavait-il et les rangeait-il à chaque usage ? J'osai espérer, car, à l'époque, avec mon esprit frondeur, je déclinais depuis longtemps toute invitation chez des non-fumeurs n'acceptant pas ceux qui l'étaient. Lorsque j'avais arrêté de pétuner, mes hôtes trouvaient chez moi un grand plateau rempli de paquets de différentes marques de cigarettes et des cigares. Je formulai mon désir et, grand seigneur, il me proposa d'opérer dans la cuisine à la seule condition d'ouvrir la fenêtre. Il faisait zéro degré dehors. Non, plutôt moins. Alors que je l'interrogeais sur son ancienne addiction aux Havanes, il me répondit que cela restait une grande passion et qu'il trouvait délectable de fumer un bon cigare par grand froid dehors. Je le regardai avec des yeux ronds tellement cette affirmation me sembla farfelue. Car un cigare se dégustait lentement et ne se consumait jamais comme une vulgaire cigarette. Avec un havane, on fumait le temps. Une bonne heure était nécessaire et, le cadre, la compagnie, importaient presque autant que la qualité du cigare lui-même. Un art peu compatible avec des moufles, une écharpe et un bonnet.

La dégustation d'un grand vin commençant dès son achat, la déception se faisait d'autant plus grande lorsque le nectar vous échappait, à peine arrivé à destination. Mais mon confrère avait préféré ranger mon grand cru et me servir un verre de riesling. Un vin aimant le froid, la Moselle française comme allemande, le Luxembourg et même l'Autriche. Selon les millésimes, ce cépage tardif pouvait tendre vers le meilleur ou le pire. Les mauvais rieslings venaient d'un laisser-aller, d'un relâchement, d'une incurie, d'une négligence, bref d'un manque total de rigueur. Je n'échappai pas à mon destin : Press club ou pas, ce soir-là, ce serait Alsace et pas le top. En bouche dominait une très forte acidité aux arômes pétrolés rendant le vin difficile. Chargé en sulfite, il pouvait théoriquement me déclencher une allergie fatale. Au point où j'en étais, avec mes pantoufles qui me faisaient les pieds de Minnie, le froid glacial de cette cuisine éclairée par un néon ingrat, le vin médiocre, j'en vins presque à souhaiter un petit œdème de Quincke pour me sortir d'affaire.

Mon hôte me demanda si j'aimais les crevettes. J'acquiesçai. Voici un aliment parfait pour les personnes surveillant leur poids puisque riche en protéines et faible en calories. Unisexués, certains mâles pouvaient se métamorphoser en femelles après un certain temps. Ces transformistes avaient fière allure avec leurs corps translucides. L'eau pour le riz chauffait avec une fébrilité contenue. Posés dans une assiette blanche, les petits yeux noirs des têtes de crevettes me défiaient. Fille ou garçon ? Lait de coco. Piment. J'assistai à la préparation. L'ambiance des cuisines me plaisait, un endroit convivial par excellence, central, surtout lorsqu'elles formaient des pièces à vivre à part entière ce qui était rare à Paris. D'aucuns auraient analysé tout de suite qu'il ne s'agissait pas là d'une cuisine à gâteaux, à éclats de rire. Le volume de ce coin quelconque, beigeasse, ne permettait pas que l'on puisse y prendre ses repas.

Nous fantasmons souvent les professions d'autrui. Ainsi, celle de chroniqueur culinaire consistait avant tout pour moi à être certes friand de gastronomie, mais tout autant passionné par l'univers des chefs, des vins et des produits. Cette cuisine des mets et des mots aboutissait ainsi à créer une culture gourmande à travers une histoire. Outre une plume aussi précise que son goût, cet hédoniste convaincu devait forcément avoir l'amour des voyages, du terroir comme des découvertes, et ramener chez lui des merveilles confectionnées par les meilleurs producteurs et artisans du monde. De ce fait, j'imaginais son antre comme une caverne d'Ali Baba. La cuisine ne contenait là que trois placards, rien d'apparent qui me fisse espérer les montagnes de richesses rêvées : des papayes séchées thaïes, du riz noir de Chine, du poivre de Malabar, des chutneys indiens, des pickles anglais, des sauces mexicaines, des poudres américaines, du sel rose de l'Himalaya, des fèves de tonka du Brésil, du yuzu en poudre du Japon...

Perplexe, j'allumai une cigarette. Il m'apprit qu'il avait commencé sa carrière en traduisant en français des romans policiers de l'anglais, alors qu'il maniait fort mal à l'époque, c'est-à-dire à l'âge de dix-huit ans, la langue de Shakespeare. Je trouvai ce détail amusant et il restait dommage que je n'eusse pas retenu le nom de cet éditeur kamikaze. Je ne mis pas longtemps à demander un mouchoir, tout à coup funestement enrhumée. Il me tendit du Sopalin puis réservât son plat en ajoutant menthe et coriandre. Nous retournâmes mettre le couvert, poussant pour cela les livres entassés sur le bureau. Il avait émis le désir que j'arrivasse avant neuf heures, mais rien n'était prêt. Avais-je sonné à 21 heures 03 ? Avec mes chaussons, mes morceaux d'essuie-tout qui m'avait fait le nez tout rouge, je n'en menai pas large. Mon hôte posa la baguette de pain à même la table, question savoir-vivre, je n'avais que les pieds *Relais & Châteaux* !

Puis, il me raconta une curieuse histoire d'imprimante. À contenant semblable, l'encre coûtait deux fois plus cher qu'un grand parfum français. Pour réduire les frais, il convenait de remplacer Times par la police Garamond qui, prenant deux fois moins de surface, économisait donc l'encre. Je songeai au nombre de fois où l'imprimante s'était transformée en bête sournoise, me laissant en plan pour cause de bourrage en affichant un narquois : « Xc0007a5OO8Bxy7 ». Le précieux liquide valant plus de deux mille euros le litre, sa réflexion semblait sensée. Sur ce conseil utile à tout journaliste, il me servit une assiette fumante et odorante et revint avec, pour lui, un tout petit bol contenant la moitié d'un minuscule avocat. Sans sauce. Tout compte fait, il n'avait pas faim, m'expliqua-t-il. Avait-il dîné avant ? Était-il au régime ? Mystère. Je dégustai les délicieuses crevettes. Bien utilisé, le lait de coco se révélait un partenaire d'exception par son onctuosité, son parfum remarquable, sa texture soyeuse. La coriandre, herbe à la saveur citronnée et anisée, apportait une délicate touche de fraîcheur exotique. Les petits crustacés semblaient nager dans un bonheur à la blancheur royale pointillée de vert émeraude.

Les crevettes évoquent toujours un petit goût de vacances. Leur nom français viendrait de la forme picarde de chevrette. Lorsqu'elles se trouvaient dérangées, les voici qui sautaient dans tous les sens, aussi, ces jolis bonds auraient évoqué à certains les sauts de cabri, le petit de la chèvre. Vous me direz que la Picardie produit de très bonnes bières et que l'abus d'alcool... En France, je vous recommande de goûter la crevette impériale des marais charentais reconnaissable à sa parure tigrée. Saviez-vous que ce crustacé décapode s'enterrait le jour et vivait la nuit ? Comme l'acteur américain John Travolta, mais, lui, c'était pour éviter les paparazzi, inconvénient que ne rencontrait certes pas notre crevette impériale insomniaque qui, pointant son nez aux ténèbres, trouvait dans les claires de Marennes-Oléron une nourriture naturelle très riche en planctons et en petits organismes naturels de toute sorte. Avec sa chair ferme, elle avait un goût vraiment particulier et fin.

Nous devisâmes de nos enfants respectifs ce qui, à trois contre un, me laissa l'avantage du temps de parole, puis, mon plat étant terminé et le sujet épuisé, je déclinai poliment, mais fermement sa proposition de fumer une dernière cigarette dans sa cuisine freezeur. Je pris congé. Telle Cendrillon, je retrouvai chaussures et carrosse. Il n'était pas 23 heures. J'avais passé chez lui autant de temps que dans ma voiture pour m'y rendre donc, deux fois plus de temps dans mon véhicule si l'on considérait l'aller et le retour. Et j'avais gagné un nez pourpre ! Je me promis que, l'année suivante, j'irai au Press club !

Réveillon chez Roland Moreno

Roland Moreno, un ami très cher à mon cœur, avait inventé un petit truc fantastique qui a changé le XXème siècle : la carte à puce. Avec déjà un sérieux esprit décalé, en 1974, alors âgé de vingt-neuf ans, il avait baptisé son invention «Take the money and run» (TMR) reprenant le titre de la comédie éponyme de Woody Allen. Il m'avait donné son amitié et j'avais pris cela un peu comme si un aïeul avait entretenu une relation amicale avec Graham Bell tout en m'amusant certainement beaucoup plus. Totalement sédentaire, abominablement distrait, il avait indiscutablement un côté professeur Nimbus. S'étonner, s'émerveiller et s'indigner composaient son passe-temps favori. À Paris, après un temps passé sur les Grands boulevards, l'Odéon l'accueillit. Son bureau, fort grand et tout aussi encombré, abritait un joyeux bric-à-brac où trônaient le plus bel écran du monde (l'incroyable 30 pouces d'Apple), la fameuse serpillère-gilet du *Père Noël est une ordure* offerte par Thierry Lhermitte, un nombre infini de rouleaux de Sopalin, un piano, un circuit à billes, un mobile à cadran solaire, des reproductions de Van Gogh et de Gérôme, un pendule décisionnel, des livres et divers autres objets dont l'utilité pouvait apparaître pour tout un chacun très mystérieuse.

Il ne me souvient pas si nous avions discuté ensemble des raisons de son attrait pour Jean-Léon Gérôme. Peut-être était-ce pour l'habileté du peintre à créer des images, à donner l'illusion du vrai par l'artifice et le subterfuge. Ou parce que son œuvre donnait à comprendre comment la peinture était devenue une industrie de l'image. Ce peintre académique, qui détestait Monet et maudissait l'art moderne, représentait *L'Histoire en spectacle*, titre de l'exposition qui lui fut consacré au Musée d'Orsay. Le seul fait certain restait que, passionné d'art, mon ami eut à cœur de dénoncer la «tyrannie de l'original dans le domaine de l'art» dans le tome II de *La Théorie du bordel ambiant.* D'où sa gourmandise pour les reproductions et son discours sur l'idée de musées qui en soient remplis. Des faux tableaux proliféraient bien dans les collections particulières, mais aussi dans les plus grands musées...

Dans le bureau de Roland, été comme hiver, nous mangions des framboises, car toujours une barquette traînait sur une table. Je partageais sans réserve son goût pour ce petit fruit délectable, sa saveur acidulée, sa pulpe charnue. Un de ses rares luxes se fixait sur de bonnes bouteilles de vin dont profitaient ses amis avec un repas livré tout chaud du restaurant situé en bas de l'immeuble. Ce fou de musique était capable d'expliquer avec le plus grand sérieux une invention comme l'*egglift,* un appareil composé d'une nacelle, d'une platine technique et d'un temporisateur tournant, dont la fonction, vitale au quotidien, était de permettre d'égoutter les œufs à la coque. Nous avions également en commun une grande appétence pour la presse. Nous pratiquions tous deux une lecture en filtrage, la sélection d'articles en résultant décryptait avec gourmandise le discours des médias et l'apparition de termes nouveaux tels «mercato», «impacter». L'insignifiant pouvait nous sembler magnifique. Dans le même temps, nous scrutions Wikipédia. Roland se débattait avec un contributeur particulièrement motivé qui lui refusait obstinément la pérennité de son invention en modifiant d'une manière totalement irrationnelle, mais fort assidue le texte consacré à sa personne sur l'encyclopédie libre*. Un boulot presque à plein temps ! Cela donnait des échanges à se tordre de rire comme : «*Roland Moreno continue sa désinformation encore en alléguant de manière malveillante que je serais désœuvré, ce qui est totalement* *faux, et je n'ai pas à dire à quoi je passe mon temps. Puis il caresse ridiculement dans le sens du poil les administrateurs wikipédiens en écrivant "notre encyclopédie chérie" afin que les administrateurs rejettent l'information que je leur demande d'insérer.»*

Là, nous étions un 31 décembre. Inopinément (comme Roland, j'adorais ce mot), inopinément, donc, alors que je comptais rester chez moi, seule avec mes deux chats, qui aimaient bien Noël pour les boules ornant le sapin et avec lesquelles ils jouaient volontiers, mais ne manifestaient absolument aucune appétence pour le réveillon de la Saint-Sylvestre, Moreno m'appela. Pour Maupassant, le réveillon consistait en : «Une nuit stupide de gaité imbécile». Et j'approuvais : je détestais le froid, la bêtise et les fêtes de fin d'année où l'on pouvait aisément trouver les deux premiers, mais une soirée improvisée avec ce copain dont je partageais de sérieuses références telles que Woody Allen, Gotlib (grâce à Roland j'avais eu MA coccinelle!) ou Bach, c'était forcément différent. Nous serions en petit comité avec son cousin, Marcel Botton, dont je chérissais la compagnie, et sa femme d'origine chinoise, Wei, que je ne connaissais alors pas encore. Cet économiste présidait le groupe Nomen, leader européen dans la création de noms de marque. Son agence avait ainsi imaginé plus de 2000 marques et dénominations sociales imprégnant le quotidien des consommateurs partout dans le monde. J'aimais son humour froid et sa capacité à tenir toute la soirée sans boire la moindre goutte d'alcool en affichant une humeur toujours égale. C'était l'hôte idéal.

J'arrivai à l'heure et me retrouvai comme dans des pantoufles dans le bureau de Roland, lieu où tout se passait : brainstorming, déjeuner, dîner, partie de poker. Nous étions bien tous les quatre au milieu du bordel ambiant. Entourés de plein de merveilles ** qui ne servaient absolument à rien comme le MaTAPOF, une machine à tirer à pile ou face, intrinsèquement inutile comme le revendiquait Roland. Il existait ainsi des objets dont l'existence pouvait être controversée par certains alors même que l'insolite était fortement indispensable et le bonheur que procurait l'inutile, réel. Dans ce chapitre, la calculette qui incrémentait le résultat d'une multiplication d'une unité était aussi dans ma top list avec son résultat toujours juste, mais avec une inquiétante unité en plus. J'en restais toujours fan. La conversation allait bon train. Aujourd'hui, c'était raviolis ! Wei avait concocté de délicieuses bouchées à la vapeur. L'équilibre secret entre la pâte et la farce s'avérait parfait. Le tout fondait en bouche exaltant de délicats parfums. En Chine, où il en existait plus de deux cents variétés, on les dégustait au petit-déjeuner. Nous, c'était notre plat : des bouchées-bonheur accompagnées d'une sauce piment-coriandre des plus convaincantes. Pas de thé, mais un vin à tomber comme d'habitude. Nous passions réellement un moment revigorant, une parenthèse où se créait un climat si particulier que le temps n'existait plus.

Et pfffttt ! Roland se retira en catimini, subrepticement, en tapinois, bref, sans un mot, et ce, avant vingt-deux heures. « Tu vas voir que cela va être de ma faute », m'avait-il dit un soir où il arriva, hirsute, alors que je m'apprêtais à recourir aux pompiers. J'étais devant sa porte depuis trois quarts d'heure, en désarroi total, avec à mes pieds, les cloches en argent recouvrant les assiettes du dîner prévu pour nous deux, repas qu'il avait commandé au restaurant d'en bas et que la serveuse avait abandonné dès mon arrivée : porte fermée, musique à fond et téléphone sonnant dans le vide. En fait, il ne faisait qu'une petite sieste tardive... 31 décembre ou pas, mon copain n'était pas du style à se forcer. Nous restâmes encore une heure à discuter sans notre hôte puis nous partîmes chacun de notre côté en refermant derrière nous la porte du bureau de Roland, devenu fantôme.

Mais moi, je ne sortais pas à moitié. Aussi décidai-je de me rendre à une des soirées où j'avais été conviée. Choix délicat, car j'avais opposé un refus définitif à de très bons amis. Se rabattre sur des gens proches alors que l'on a fermement décliné leur proposition m'apparût alors comme un manque de délicatesse, mais aller à un réveillon d'une nouvelle connaissance, voilà qui me sembla plus simple. Je choisis ainsi une fête avenue Marceau : dans un cocktail, le mari, connaissance de connaissance, après avoir beaucoup échangé, m'avait gentiment invitée. Je croisai des automobilistes en humeur festive et m'arrêtai juste en chemin dans une épicerie acheter une bouteille de champagne. Arrivée devant l'immeuble, je m'aperçus que je n'avais — bien sûr! — pas le code sur moi, mais, par chance, un couple s'engouffrât au même moment dans le hall. Je les suivis et nous prîmes l'ascenseur ensemble avec les sourires de connivence des gens allant au même endroit. Le hall portait sa couronne de fête en branches de sapin. Le grand escalier à volutes, les colonnes en marbre, les lambris constituaient un décor grandiose. L'appartement semblait immense et déjà, une quarantaine de personnes s'y trouvait. Je fis rapidement la conversation avec plusieurs invités. Bien que je ne connusse personne, c'était gai, merveilleusement futile et les gens m'apparurent délicieux.

Argenterie, belles nappes anciennes, verres de cristal, bref, tout ce dont on ne se servait jamais sous prétexte que c'était fragile et précieux, se trouvait, là, harmonieusement et généreusement présentés. Avec juste un soupçon de houx, un zeste de pommes de pin, quelques petites bougies flottantes, rien d'ostentatoire : mes hôtes avaient un goût sûr. Les reflets baroques du cristal se confrontaient aux plateaux seventies en inox facetté. Recevoir de telles jolies manières constituait un véritable acte de générosité, car, sur les buffets, point de trace de traiteur, on sentait que tout était composé maison. Un régal aux accords festifs entre solide et liquide. Des gougères fondantes, des mini-éclairs au tarama, des petits feuilletés aux Saint-Jacques, des choux au foie gras, des bouchées aux œufs de saumon, des cakes aux truffes, des champignons farcis au homard, des crêpes soufflées à la dinde, tout était délicieux.

Sachant quel travail cela représentait, je me sentais fière de ces nouveaux amis. Aussi, en remerciement, je décidai, à la fin de la soirée, d'aider à porter quelques plats vides en cuisine. Je fis du zèle et réussis à ne rien casser. Je profitai d'un dernier aller-retour pour féliciter chaleureusement la maîtresse des lieux, nous bavardâmes gaiement en rangeant et je lui confiai comment j'avais rencontré son avocat d'époux. Elle sembla fort étonnée : son mari était chirurgien et fuyait les cocktails en ville. Je bafouillai. En un instant, je venais de comprendre que je m'étais forcément trompée d'étage et donc de soirée... Mais j'avais passé le meilleur réveillon de ma vie. Une joie un peu égarée. Roland a beaucoup ri lorsque je lui ai raconté le lendemain ma méprise !

*https://fr.wikipedia.org/wiki/Discussion:Roland_Moreno

**Parmi les autres inventions de Roland, j'adore particulièrement les Célimènes, de grands textes plaqués sur de grandes musiques, de Bach la plupart du temps, mais aussi de Beethoven, Albeniz ou Ravel... Les paroles sont de Molière, mais aussi de Georges Brassens, Jacques Brel, Boby Lapointe, Boris Vian ou Charles Aznavour. C'est trop génial ! Après Xavier Niel et d'autres célébrités, Roland m'a fait lire un texte à ce propos : https://www.dailymotion.com/video/xg1594

À lire et à relire : La Théorie du bordel ambiant, paru en 1990 chez Belfond et réédité, en 2002, aux éditions de l'Archipel. Mais aussi : Euréka (1988), Carte à Puce, l'histoire secrète (2002), Victoire du bordel ambiant (2011).

«Comment les mots, misérables chaînes de caractères, pourraient-ils servir à véhiculer les soliloques de la conscience ! C'est comme si on voulait faire une déclaration d'amour en morse.» Roland Moreno

Agapes à Tripoli

En cette année 2004, Facebook venait d'être créé. Françoise Sagan se mourrait et Les Choristes enregistraient plus de huit millions d'entrées. Depuis plusieurs mois, j'avais en tête d'écrire un ouvrage économique et géopolitique sur la Libye. Ce pays sorti de la nuit des temps ne constituait nullement un État-nation, mais un désert immense fort peu peuplé, une addition d'identités fermement régionales aux noms poétiques de Tripolitaine, Cyrénaïque, Fezzan ou Tibesti. L'occasion d'être accréditée pour le voyage officiel dans ce pays du Président Jacques Chirac vînt en novembre. Un déplacement rendu possible dès lors que Tripoli avait indemnisé les victimes françaises de l'attentat contre le DC-10 d'UTA de 1989 et, solidarité européenne obligeait, procédé au règlement de l'indemnisation des victimes allemandes d'un autre attentat, celui-ci contre un bar à Berlin en 1986. La troisième condition posée avait été la levée de l'embargo international.

La popularité du chef de l'État français était réelle auprès des Libyens, très sensibles à ses positions hostiles à la guerre en Irak et à son soutien à la cause palestinienne. La première visite d'un président français en Libye depuis son indépendance allait rester historique. Privé de bain de foule —son grand plaisir— par une sécurité exacerbée, Chirac avait dû se contenter d'une sévère bousculade, tant les responsables politiques et les journalistes se pressaient en nombre dans les décombres de la maison du Guide. La caserne bunker de *Bab El-Azizia*, détruite en partie par les F-16 américains en 1986, constituait le lieu de passage protocolairement obligé pour tout visiteur de Kadhafi. L'endroit rappelait une installation d'artiste contemporain avec ses débris de missiles accrochés, ses morceaux d'acier suspendus et ses gravats. Dans ce lieu hautement symbolique, invité à signer le livre d'or, le Président français, bien décidé à montrer son mécontentement, avait inscrit le strict minimum, à savoir son nom et la date, au grand désappointement des dignitaires libyens s'attendant à davantage d'effusions. Face à la tribune officielle, un surprenant panneau affichait les drapeaux français et libyen entremêlés avec écrit en français et en arabe : «La rencontre des pionniers, 2004».

Tel un roi du Moyen-âge, le Guide panafricain imposait par la terreur à ses vassaux son étrange laboratoire expérimental. Pénétrer ce système clanique où rien ne fonctionnait en pyramide comme dans notre monde occidental, me passionnait. La position stratégique de la Libye au cœur du bassin méditerranéen, ses immenses richesses pétrolières et les liens préservés avec les puissances anglo-saxonnes, avaient fait de la chute du roi Idris, seul souverain depuis la proclamation de l'indépendance du pays, un événement international. Le 1er septembre 1969, Mouammar Kadhafi, jeune colonel de 27 ans, réussit à prendre le pouvoir sans la moindre effusion de sang. La radio annonça le jour même aux Libyens que le rêve de leur vie se réalisait. Le journaliste et poète surréaliste égyptien, Georges Henein écrivit alors : «Les jeunes de cet immense pays presque vide, allongé sur la carte pour une sieste sans fin, ne voyaient plus la Libye que comme une combinaison de trente-sept sociétés anonymes gorgées de pétrole et d'un roi cacochyme drapé dans sa piété.» Six ans plus tard, le Guide de la Révolution de la Grande Jamahiriya arabe libyenne populaire et socialiste dévoilait son *Livre vert*, un florilège sacré de réflexions politiques personnelles, opuscule assez hallucinant, qui allait ramener son peuple à la réalité.

Pour préparer mon voyage, je m'étais rapprochée d'un homme d'affaires français qui, ayant commercé avec la

Libye, en connaissait parfaitement les mécanismes. Il m'avait prévenu que, dans ces terres, le temps n'apparaissait pas comme une réalité tangible. On attendait toujours. À la fin, on pouvait même avoir oublié quoi. Nos rendez-vous étaient immuables : nous devisions toujours entre deux macarons dans le célèbre salon de thé des Champs-Elysées, Ladurée, fabricant de douceurs depuis 1862. Cet homme adorable avait toujours manifesté un intérêt pour les épingles à cravate et autres maniérismes d'un autre temps comme les boutons de manchette. Il arborait ce jour-là une veste à chevrons, ce motif que les Anglais dénomment *herringbone*, arête de poisson donc, une étoffe chic et donc parfaite pour ce lieu. En face de lui, se tenait une jeune femme aux grands yeux en amande et au voile fleuri flottant sur de longs cheveux noirs. Fille d'un ancien ministre des Affaires étrangères tchadien décédé dans des circonstances mystérieuses, le Guide la considérait comme son propre enfant. Elle me donna avec grâce le numéro du téléphone portable du fidèle secrétaire particulier de Kadhafi, parfaitement francophone, qui devait présider, deux ans plus tard, le *Libya Africa Investment Portfolio,* un fonds souverain doté de huit milliards de dollars dont trois milliards d'actifs, voué au tropisme africain du Guide.

L'Association de la Presse Présidentielle dont j'étais membre n'était pas une demoiselle de prime jeunesse puisque née en 1928 sous Gaston Doumergue. Son but consistait à développer entre les journalistes des relations de bonne confraternité, à défendre leurs intérêts communs en facilitant l'exercice de leur activité professionnelle. Si tout n'avait pas totalement changé depuis Saint-Simon, la grande majorité des membres échappait au phénomène des thuriféraires du pouvoir, bien centrée sur notre métier de base et s'avérait de fort bonne compagnie. À Tripoli, comme de coutume, dans l'hôtel abritant notre délégation, se trouvait, non loin de la salle de presse, l'éternel buffet réservé aux journalistes français accrédités. D'habitude, je ne m'y rendais pas. Je préférais flâner, humer l'air des capitales étrangères où nous étions de passage, les restaurants locaux faisaient partie intégrante de la découverte d'un pays. Là, j'avais trouvé simple de convier Kadiata, une ravissante consœur, elle-même accréditée par les Libyens, au dit buffet. Son arrivée ne passa pas inaperçue. Le tailleur Chanel qu'elle portait à Paris s'était métamorphosé en un somptueux boubou coloré. La cheftaine des voyages officiels de l'Élysée lui cria d'une table éloignée qu'elle ne pouvait pas se servir. Tout scandale suscitait le sentiment d'être le sauvage d'un autre. Devant la violence de cette situation, je me momifiai un court instant avant de me lever pour avouer que j'étais à l'origine du problème. Vous me direz que j'eusse pu penser prévenir, mais la bienséance n'aurait-elle pas exigé d'aller à la rencontre de l'intruse plutôt que d'haranguer de loin mon invitée ? Mon salut vint du chef du Service de Protection des Hautes Personnalités, un policier épatant. Toutefois, le mal était fait. Ainsi va le rejet ordinaire basé sur la couleur de peau ou la tenue vestimentaire.

Vingt ans plus tôt, Kadhafi avait commis une tentative de viol suivie de menaces de meurtre sur ma consœur Mémona Hintermann, alors Grand reporter à France3, fait infiniment plus grave. Paradoxalement, le colonel fou avait œuvré dès 1969, pour la cause féministe : scolarité obligatoire jusqu'à seize ans, autorisation du mariage portée à vingt ans, éducation mixte jusqu'au secondaire. Les femmes conduisaient, portaient ou non le foulard. Les filles étaient alors majoritaires dans les universités libyennes, en dépit de l'opposition des islamistes, mais, point trop n'en fallait, elles se devaient d'obéir à leurs pères ou maris. En 1989, Kadhafi avait même interdit la polygamie — sauf si la femme était d'accord — et donné aux épouses le droit de demander le divorce et de garder leur appartement si ce divorce leur était accordé. Toutefois, ce leurre cachait un tyran malade du sexe qui gardait quantité de jeunes esclaves à sa disposition. Les Occidentaux le jugeaient néanmoins moins inquiétant que les islamistes.

Kadiata partie à un rendez-vous, je quittai la délégation pour aller visiter le souk du vieux Tripoli. Des échoppes regorgeaient de marchands, de tailleurs, de dinandiers. Ce n'était ni le marché des épices de Peshawar ni le souk de Marrakech, mais un bazar oriental, avec de multiples couleurs et odeurs, proposant de petites babioles à de beaux bijoux en passant par de magnifiques robes traditionnelles. La nuit tombée, je me rendis rapidement compte qu'après avoir arpenté des allées toutes identiques, je tournais d'une manière absurde en rond, ne trouvant aucun repère. Mouammar Kadhafi ayant calqué ses structures sur l'Égypte nassérienne, l'administration, l'éducation et le domaine culturel étaient intégralement arabisés, tous les panneaux de signalisation, les plaques des rues, les enseignes des magasins devaient être rédigés obligatoirement et uniquement en arabe. Je dus mon salut à un gentil commerçant d'origine algérienne qui m'indiqua mon chemin en précisant qu'hôtel se disait *al-funduk*. Cette errance me permit de relever une particularité : la capitale libyenne vivait sous un régime totalement policier sans que personne n'aperçût le moindre uniforme ce qui représentait certainement le comble du contrôle. On m'aurait sans nul doute retrouvée avant que je ne me perdisse totalement.

J'arrivai juste à temps à l'hôtel pour prendre le bus nous amenant à la résidence de l'ambassadeur de France pour le cocktail traditionnel. Dans un agréable jardin, nous avions retrouvé les chefs d'entreprises accompagnant le Président et ses trois ministres. Deux cents expatriés s'étaient précipités sur le champagne goûtant le charme des buffets de notre ambassade dans un pays prohibant l'alcool. La France possédait le troisième réseau diplomatique au monde, après celui des États-Unis et de la Chine, et il s'avérait toujours agréable, même si les budgets avaient sérieusement baissé, de festoyer chez nos diplomates. En cette fin d'après-midi orangée, ma bonne humeur était revenue. L'ambassadeur tournoyait autour du Président avec une satisfaction visible, causée par le sentiment que sa carrière se jouait là. La visite présidentielle lui permettait d'inscrire sa mission dans le cadre d'une relation d'État à État et, en familier de la complexité du pays, de se mettre habilement en avant. Le symbole en politique étrangère restait important. Le diplomate avait dû travailler à la fois sur le politique, l'économique, le culturel et avancer sur certains dossiers concrets, comme celui de la construction d'une immense rivière artificielle de 4000 kilomètres, destinée à acheminer des centaines de milliards de mètres cubes d'eau fossile, piégée sous le désert.

Le soir même, Kadiata et moi-même étions invitées à dîner par le chef du protocole libyen avec quelques autres proches du Guide. Une limousine noire vînt nous chercher à l'hôtel pour nous conduire à l'hippodrome d'Abou Sitta en face de la base navale. Dans la noirceur de la nuit, nous ne vîmes pas grand-chose de la route empruntée. Notre chauffeur zigzaguait au milieu des motos, doublait à vive allure les autres véhicules, puis prit une grande voie déserte tout en ligne droite. La climatisation étant très outrancière, nous commencions à être véritablement réfrigérées lorsque notre voiture se gara. Nous nous retrouvâmes dans une grande salle à manger moderne dont les immenses baies vitrées donnaient l'impression d'être assis sur le gazon vert manucuré, éclairé par de puissants spots. Dans le même temps, notre Président dînait avec Kadhafi et, seul, un pool image restreint devait y faire une apparition. Le reste de la presse restait confiné devant le fameux buffet de l'hôtel. Il me tardait de découvrir la cuisine de ce pays d'à peine plus de six millions d'habitants, à la culture influencée par les multiples occupations, tant je n'avais trouvé dans le monde nulle trace du moindre restaurant libyen.

L'endroit s'y prêtant, nos hôtes —dont les fonctions restèrent floues— nous expliquèrent les courses de chevaux, de lévriers et les fantasias. Et leur goût pour le luxe français : mon voisin me confia ainsi qu'il venait de réceptionner une malle Louis Vuitton dotée de panneaux photovoltaïques réalisée sur mesure pour pouvoir pique-niquer dans le désert. Une manière de conjuguer le beau à l'utile. Penser que cet écrin de voyage habillé de sa toile Monogram, avec ses coins et sa serrure en laiton, allait atterrir dans le désert Libyque me sembla étourdissant. Volez, voguez, voyagez, clamait la publicité du malletier qui avait, dès son origine, imaginé le voyage comme un art de vivre et décliné une longue tradition d'objets nomades. Le marché du luxe obéissait aux contingences d'une clientèle cosmopolite aussi diverse qu'exigeante. Le très chic pique-nique dans le sable constituait la preuve que ce pays était à lui seul un monde extrême.

L'alcool étant strictement prohibé, nous eûmes droit au cérémonial du thé se déroulant en trois services, ici très longs. Servi dans de petits verres, il se buvait fort et très sucré, tout mousseux. Malheureusement un peu froid. Puis, l'on attendit. Longtemps. Longtemps. En fait, ce ne fut que lorsque le chef du protocole arriva, vers une heure du matin, que nous fûmes servis. Géant! La chorba traditionnelle, très épicée, fut vite avalée. La cuisine des pays arabes, pleine d'arômes et de parfums, exprimait sa prodigalité dans des préparations longuement mijotées, mais, en l'espèce, vite consommées. Nos hôtes nous expliquèrent que cette soupe était censée ouvrir l'appétit. Certes, car, malgré un pain délicieusement chaud et croustillant, servi dans le même temps, nous avions faim. Nous attendîmes encore et encore. La patience restait une action, celle de supporter et d'endurer.

Je ne saurais vous dire à quelle heure nous dégustâmes les pâtes offertes avec des lentilles et de la viande hachée parfumée de cannelle et de safran. La *pasta,* héritage de l'occupation italienne, se cuisinait ici à toutes les sauces. La lentille, un des plus anciens légumes secs, se cultivait dans tout le Maghreb. Riche en protéines et en fibres alimentaires, voici une plante généreuse et écolo, car elle laissait le sol plus riche en azote qu'il ne l'était avant sa plantation. Elle comptait aussi parmi les plus digestes des légumineuses ce qui sauva ma nuit, car, lorsqu'un serveur Playmobil (ils me parurent tous interchangeables) me servit enfin, à moitié assoupie, je dévorai littéralement le plat, attitude assez désolante, je dois l'avouer, pour moi, si attachée aux apparences. L'attente m'avait tellement épuisée qu'en vérité, je ressentis ensuite un vide face à autant de victuailles. Rien de pire que d'être morte de fatigue pour humer, mastiquer et déglutir. Mais, une autre spécialité apparut sur la table, du *bazin*, une pâte dure, sorte de couscous à base de farine d'orge qu'il convenait de manger à la main, à même le plat tout en prenant subrepticement la sauce à la viande et aux légumes. Un grand art. Je sortis stoïque de l'exercice. Pour le tomber de rideau, le thé en trois services réapparut accompagnant des pâtisseries typiquement arabes à base de figue, de miel et de pâte d'amande. Des grappes de raisin noir Lavallée se languissaient sur un grand plateau. Leurs grains nobles découvraient des senteurs d'écorce et de caramel, leur pulpe translucide, ferme et charnue, des saveurs de bonbon acidulé. Ce fruit symbolisait bien la générosité et le flegme méditerranéens. Une fois tout avalé, nous passâmes aux choses sérieuses : dans une apathie morphinique, nous allâmes nous coucher.

À lire :

– Le Libyen Ibrahim al-Koni, un des plus grands écrivains contemporains de langue arabe, reste encore injustement méconnu en France : Poussière d'or, Gallimard, 1998, L'Oasis cachée, éditions Phébus, 2002, Les Mages, éditions Phébus, 2005.

– De Kamal Ben Hameda, Tentation de la lumière, L'Harmattan, 2002, La Mémoire de l'absent, L'Harmattan, 2001.

Déjeuner provincial des dimanches d'antan

Le temps du mois à la mer avec mes parents et du doux bourdonnement de l'été passé chez mes grands-parents était révolu, l'école avait repris, et avec elle, les déjeuners du dimanche au restaurant avec mes parents et leurs amis. Ce rituel avait lieu tous les quinze jours, sauf lorsque le climat hivernal ne recommandait pas la conduite en voiture. Nous ne déjeunions jamais en ville : il convenait de faire de la route. J'habitais alors le Cantal. C'était — disaient les créatifs de la publicité — le cœur du pays vert avec un slogan un peu ridicule « Cantalons-nous dans le Cantal », vantant déjà le tourisme vert. Cet univers de routes départementales, de botaniques, de montagnes bleutées et de vaches acajou aux yeux maquillés conservait un charme suranné. Car, si au temps du grand Alexandre Vialatte, le Cantal produisait des ministres, des parapluies, des fromages et des volcans, les clochers à peigne des villages dépeuplés n'exposaient souvent que des cloches muettes. Le temps se ralentissait tellement le dimanche que nous ne savions plus qu'en faire. Aussi dès onze heures trente très précises, ma mère se mit au volant de sa Dyane 6 blanche, mon père à ses côtés et moi, fille unique, à l'arrière. Ce modèle était basé sur la 2 CV et s'en distinguait notamment par son hayon arrière et ses phares intégrés. Dans les montées, il convenait de prendre son élan. Dans les tournants, cela tanguait un peu. De toute manière, toutes les voitures me rendaient alors malade. Le réseau routier du Cantal comportait 158 kilomètres de routes nationales et 4 000 de routes départementales. Bien rares étaient les lignes droites. Nous nous rendions au pied des monts du Cantal dans le village de Murat à 43 kilomètres de chez nous. La durée du trajet n'était pas innocente : elle servait à combler la vacuité des dimanches. Nous étions déjà à la fin de l'automne et, à peine étions-nous partis, il se mit à pleuvoir. Cela commença comme un crépissement sur le toit et bientôt les essuie-glaces eurent du mal à refouler l'eau. J'aimais la pluie. Se fondre avec son bruit et son odeur a toujours représenté pour moi un plaisir subtil. Mais là, cela signifiait que le voyage serait encore plus long. Quelle barbe !

Mon peintre de père s'ennuyait à mourir à la campagne, mais il aimait passionnément peindre les arbres tel Paul Cézanne. Voyez-vous le tableau *Le grand pin* ? Au début de l'histoire, l'arbre au tronc coudé était seul. Dans les études qui avaient précédé l'œuvre, nul paysage. Il existait par lui-même. Sur la toile, l'instant était palpable avec cette spirale où rien ne se tenait tranquille, aucune touche droite n'ordonnant la surface, point de verticale pour nous ancrer dans l'espace. Le paysage présent se trouvait totalement bouleversé par un vent qui agitait le ciel et la végétation. L'arbre solitaire penchait vers la gauche de la toile et des branches rebelles balayaient sa droite. Si le motif de l'arbre était lié dans notre imaginaire à l'idée de force et de nature intemporelle, d'aucuns affirmaient qu'il représentait l'axe du monde. Certains arbres, comme le hêtre et le chêne, étaient particulièrement caractéristiques de mon Auvergne natale. En altitude, les hêtraies succédaient aux chênaies. Dans les vallées profondes du Cantal, les chênes cohabitaient avec leurs copains, les châtaigniers. S'y trouvaient également maints épicéas, mais, seule, la Haute-Loire voisine abritait encore des pins de boulange, appelés ainsi parce que leur bois alimentait les fours des boulangeries. Leur tronc noueux, tordu, torturé, dû à une méchante technique d'élagage, attirait nos regards étonnés. Dans la plupart de nos sous-bois poussaient joyeusement cèpes, chanterelles, girolles et morilles…

Je ne vous décrirai pas l'architecture de l'imposante bâtisse grise abritant le restaurant, car il est juste assez bon qu'on n'en dise rien. Situé au bord de la route, aucun charme ne s'en dégageait. Son aspect extérieur avait pour seul mérite de ne pas être encore plus laid qu'il ne l'était. Les amis de mes parents étaient arrivés. Un couple sans enfant. Je m'ennuyais déjà à périr. Nous les rejoignîmes dans une salle impersonnelle un rien kitch où notre table avait dû être réservée deux semaines auparavant. Sur un mur, une fresque montrait une scène champêtre peinte assez grossièrement, une coquetterie qui s'ajoutait aux fleurs maladroitement fagotées dans des vases trop grands pour elles. En entrée, le menu proposait au choix une salade auvergnate au bleu, jambon cru et noix, ou une tranche de *pounti*, sorte d'épais cake à la chair à saucisse, aux herbes et pruneaux que je détestais. Il donnait l'impression au mangeur qu'il avait été confectionné dans le seul but de l'étouffer. S'il était très mal élevé de parler la bouche pleine, c'était probablement, pensais-je, depuis l'invention du *pounti*.

Vînt ensuite un turbot, court bouillonné, énorme et délectable avec sa sauce hollandaise à l'onctuosité, au fumet si délicat que ce plat était assurément propre à faire se damner un saint. Pour mériter son nom, ce poisson plat devait peser au minimum deux kilos, en dessous, il n'était que turbotin. Des filets épais, à la chair fine et ferme, recouverts d'une subtile émulsion citronnée, formaient une assiette dodue, car, contrairement à la légende, l'Auvergnat était généreux. Les sauces émouvaient le gourmet depuis l'époque médiévale où elles constituaient l'architecture secrète de nombreux plats, du moins dans la cuisine française. Les mangeurs d'alors désiraient juste se régaler et non pas vivre une « expérience » culinaire. La cuisine de sauces et de jus régnait. Ainsi, lorsque Talleyrand fut l'hôte des jeunes États-Unis d'Amérique, d'avril 1794 à juin 1796, il détecta des déséquilibres quasi pathologiques dans le modèle de société choisi, mais souligna aussi perfidement un autre manque de culture, de type culinaire : « J'y ai trouvé un pays avec trente-deux religions, mais une seule sauce. » Un jugement sans appel.

Jadis, le temps durait plus longtemps. Le plat terminé, les discussions des adultes s'étalaient. Les tables s'épiaient entre elles. Les familles s'endimanchaient alors. Les femmes allaient chez le coiffeur le samedi. Je scrutais leurs mimiques et leurs saluts pleins d'hypocrisie en attendant avec impatience l'annonce du plateau de fromages, moment où mon père se lèverait. Cet honnête homme était la tolérance même hormis pour les fromages. Leur seule vue lui soulevait le cœur. Comme d'habitude, j'en profitai pour sortir de table et l'accompagner dehors. Enfin, un dérivatif. Je m'enquiquinais tant. Malheureusement, nous dûmes retourner à l'intérieur pour le dessert. Dans un désespoir boudeur propre à l'enfance, je me replongeai, à peine assisse, dans mon imagination : « Maman » pensais-je, était un nom par trop commun. Pour « l'unique », il fallait trouver une appellation spécifique. Je songeai bizarrement à la purée de marrons (nous étions à la période de la châtaigne et il était fort possible que nous soyons tout aussi joyeusement allés déjeuner dans la châtaigneraie deux semaines auparavant), mais ce furent les cornets qui arrivèrent. Comme le décrivait très bien Wikipédia, les cornets de Murat* étaient des pâtisseries auvergnates originaires de la petite commune française de Murat dans le Cantal consistant en des comas — des biscuits roulés à la main en forme de cônes — garnis de Chantilly. C'était bien gras, mais fort bon. L'incroyable blancheur de cette crème aérienne fondait sous le palais, le croquant du cornet la rattrapait. Tout cela s'évanouissait en bouche en laissant un petit gout vanillé à se damner. On en reprenait un second. La bouche pleine, j'avais trouvé un pseudonyme pour appeler ma mère : « Papougne ». Elle s'appellerait dorénavant ainsi. Et je serais la seule à avoir une Papougne. Seule.

Seule aussi à tant m'ennuyer. Au retour, comme à l'accoutumée, je restituai tout le repas dans la nature. Lorsque la Dyane trouva, entre deux tournants, à se garer en urgence, l'incident me permit de respirer les senteurs prenantes du sous-bois auvergnat, parvenant à goûter une fraîcheur comme un soupir de frondaison. Toutefois, la météo étant anglaise, j'évitai les flaques où le ciel se reflétait et les orties que mes jambes nues au-dessus des chaussures vernies et des petites socquettes devaient tenter. Combien il me tardait d'être au chaud à la maison et de continuer mes devoirs ou de retourner à mes chers livres. Lire constituait la meilleure trouvaille pour fuir la réalité. Tous les enfants uniques avaient besoin des romans pour s'inventer une famille. Les premiers émois littéraires relevaient toujours de la pure magie. Les lectures de l'enfance gardaient cette spécificité de rendre le monde extérieur d'autant plus attirant qu'inaccessible. Je peux toujours rester des heures à plat ventre, car, depuis l'enfance, je ne lis bien que dans cette position, de préférence sur mon lit. Un matelas de plagiste peut aussi convenir, mais il est inimaginable que je lise un roman assisse. La chaise et le fauteuil, ne présentant pas une confortable position d'abandon, ne sont bons que pour feuilleter journaux ou magazines. Lire devient rapidement une arme. Ceux qui parlent de refuge m'assomment, car cet exercice fournit surtout l'artillerie pour vivre.

J'ai, pendant bien longtemps, détesté les dimanches. Maintenant, le culte culinaire du passé, la simplicité de bon aloi, les pèlerinages aux sources m'ennuient. Les voyages des gourmands en quête du respect des produits locaux dans les provinces françaises relèvent du mythe du traditionnel. Venez cependant en Haute Auvergne, en automne, quand la rousseur des feuilles flamboie et se mêle aux cèpes moussus tels un tableau de Bierstadt. Le ciel de montagne sera alors bleu azur.

* On trouve même un film, tourné en 1979, avec le cuisinier Pierre Orsi sur l'excellent site de l'INA : http://www.ina.fr/art-et-culture/gastronomie/video/CPC91010969/le-cantal-les-cornets-de-murat.fr.html, cela s'intitule la cuisine voyageuse. Attention, je ne suis pas parmi les enfants filmés et qui sont très datés... Le commentateur déclame : « Beaucoup de Cantaliens ont immigré à Paris et on le comprend. »

Un vrai plat cantalou : la truffade

Dans ce rude territoire qu'est le Cantal, ce plat tenant au corps se sert en été (si, si !). Son nom vient de « truffa » qui signifie en occitan pommes de terre. Attention aux kamikazes des fourneaux qui ajoutent des lardons, une hérésie ! La preuve : la truffade était traditionnellement servie le vendredi pour « faire maigre ».

1 kg de bonnes pommes de terre à chair ferme
500 g de tomme fraîche de cantal
1 gousse d'ail, sel, poivre

Épluchez les pommes de terre. Coupez-les en rondelles pas trop épaisses. Faites-les cuire au beurre dans une grande poêle. Remuez régulièrement.

Quand les pommes de terre sont cuites et dorées, ajoutez l'ail haché, salez et poivrez et mélangez le tout. Versez ensuite la tomme fraîche que vous aurez coupée en fines lamelles.

Coupez le feu et recouvrez d'un couvercle. Le fromage doit fondre doucement.

La tomme de antal ne doit pas chauffer à plus de 80° sinon le fromage va moins bien filer. Et une truffade qui ne file pas est une truffade ratée !

Remuez allégrement et faites des fils. Trop cool !

Servez sur un plat chaud accompagné d'une salade verte et, éventuellement, de bon jambon d'Auvergne.

Chez Roger le Corse

C'était ma cantine. Roger tenait ce restaurant corse depuis 25 ans. Il comptait six tables, quatorze portraits de Napoléon et des photos glamour à tout casser dont Laetitia Casta — née d'une famille corse — en maillot de bain. La cuisine se passait au coin du bar dans la cheminée en hauteur et les deux frigos étaient dans la salle. Des filets de pêche où s'accrochaient des coquillages pendaient du plafond. Au-dessous, des banquettes rouges, élimées, résistaient vaillamment. Sur un mur, le superbe dessin de la salle en perspective avait été exécuté par Hippolyte Girardot passé par les Arts Déco avant de réussir sa carrière d'acteur. Derrière le bar, un panneau affichait « Wanted Roger 10 000 Dollars ». À côté, trônait sa photo en robe d'avocat qu'il avait un soir empruntée à Maître Daniel un voisin-ami. Ce farceur faisait de temps en temps croire qu'il avait été avocat en Corse, mais avait abandonné le métier sous la menace de truands. Le pilier à l'entrée affichait un code écrit à la main : 27B91, celui de la porte cochère, accès nécessaire puisque les toilettes se trouvaient dans la cour. « On est ici comme au villaaage ! » déclamait Roger. Si vous vouliez réserver, vous trouviez ce message sur le répondeur : « Ici, le Beau Violet, maison corse. Nous sommes ouverts du samedi au lundi sauf le dimanche ». Le ton était donné, avec l'accent.

Avec sa devanture violette et ses nappes à petits carreaux rouges et blancs, ce restaurant ne comptait plus ses habitués qui se moquaient du choix restreint proposé sachant que, de toute façon, l'assiette serait un délice de saveurs. À l'apéro, Roger grillait à la braise du *figatellu*, une saucisse typique de l'île. Ensuite, le patron ne faisait que ce qu'il avait envie de faire et, in fine, décidait de ce que vous alliez manger. Tous le laissaient avec plaisir les surprendre avec des œufs brouillés au *brocciu*, des sardines grillées au feu de bois, des calamars farcis à la sauce tomate relevée ou encore une marmite de cabri aux haricots corses. Alors, les herbes du maquis nous transportaient dans un de ces villages de montagne où, au loin, les aiguilles de granit effilées vers le ciel, narguaient la pureté de la mer. Une sorte de cuisine spontanée, impétueuse, cognant sur les parois, travaillant le palais. Un seul dessert était proposé, mais succulent : du *fiadone,* une sorte d'exquis cheese-cake au citron. Si nous commandions du vin rosé, nous avions droit à la taxe corse : un verre pour le patron. La tournée du client. À peine finie, une bouteille identique réapparaissait pleine sur la table. Et encore la taxe ! Les digestifs restaient incontournables. Des pichets en barbotine en forme de canard contenaient de la liqueur de myrte ou de châtaigne. Roger en offrait généreusement, le liquide sortait du bec et, pan, il les rajoutait une fois sur deux sur la note.

L'alcool aidant, sous fond de chants polyphoniques repris en cœur par Roger derrière son bar, nous partions loin de Paris en contrebas d'une chapelle romane, dans une petite bergerie entourée de champs de crocus, ou encore dans une vieille maison rehaussée de son *piumbatoghu* entre l'ancien séchoir à châtaignes et le lavoir. Or, d'aucuns savaient que les chants corses ne créaient pas les liens, ils les révélaient. Les personnes venant seules étaient placées d'office à la table d'autres convives. Le soir, les clients des dernières tables finissaient toujours ensemble, ceux jugés antipathiques étant depuis longtemps partis. À la fin, l'addition tenait du tapis vert et avançait un peu à la tête du client, mais c'était le prix de l'authenticité. Roger détestait les emmerdeurs. Ainsi, lorsque des inconnus regardaient de trop près la carte affichée dehors, et même si le restaurant se trouvait totalement vide, il déclarait que c'était complet. Ho !

Le passage de la loi Évin posa également problème : trônant derrière son zinc, l'œil aux aguets, humant la salle, Roger avait toujours une Gauloise sans filtre au bec, même en cuisinant. Beaucoup de ses clients fumaient également. Les habitués s'enquirent de ce que notre Corse allait faire : «Un jour fumeur, un jour non-fumeur» proclama-t-il. Bien sûr, tous les jours furent fumeurs. «Hier, c'était non-fumeur!» mentait-il sous couvert du buste de l'Empereur et des drapeaux de la Grande Armée qui veillaient sur lui. Ainsi, les coquilles des Saint-Jacques restèrent posées sur les tables et continuèrent à faire office de cendriers. Un jour où j'étais venue déjeuner et alors que, de sa table, une Newyorkaise s'étonnait de voir fumer patron et clients, des années après le passage de la loi, il me fit lui répondre que oui le tabac était interdit dans les restaurants en France, mais que là, elle se trouvait en Corse. Un autre soir, un jeune couple de touristes italiens observa patron et habitués pétunant tout le repas pour, au bout de deux bonnes heures, oser demander s'ils pouvaient fumer eux aussi.

Au moindre prétexte, je filais dans ce lieu de vie où je retrouvais toujours des amis séduits par ce refus de l'ordre établi et l'absence de concession du patron. Sa clientèle totalement hétéroclite regroupait des ingénieurs, architectes, ouvriers, policiers, médecins, journalistes, hôtesses de l'air, avocats, routards, mais se révélait aussi internationale avec des Japonais (le lieu avait eu son article dans un grand guide gastronomique nippon), des Ecossais ou des Américains... Roger pouvait exhiber fièrement dans son épais press-book une élogieuse critique du New York Times, datant des années 90 qu'il traduisait d'une manière farfelue, ne parlant pas un mot d'anglais. Une vieille télévision trônait sur l'un des réfrigérateurs et certains soirs, exagérant pour le coup son accent corse, Roger nous passait une cassette VHS d'un reportage sur lui au fourneau datant du tout début de Canal+. Il en faisait des tonnes, mais nous pardonnions tout à ce véritable personnage si attachant. Le dernier serveur, Damien, un amour, fut le seul à garder son véritable prénom : durant des années plusieurs Dominique, Doumé, se succédèrent.

Voisin et pilier de l'endroit : Ange, Corse plus vrai que nature, ami de Francis le Belge et ayant fréquenté plusieurs prisons, faisait partie du folklore. Toujours chaussé de lunettes fumées, il arborait la tête de celui qui ne voulait pas être dérangé, mais c'était le plus adorable des hommes. Avec lui, quand le courant passait, on parlait du pays entre cousins. Et il m'avait adoptée. Entre les verres remplis et les miettes de pain, nous prenions conscience de la chance d'être là. La conversation ondulait. Il narrait ainsi une anecdote qui faisait toujours rire. Il déclarait avec délectation que c'était lui qui avait écrit les dialogues du film *La Guerre du Feu*. Devant la surprise de ses interlocuteurs, il expliquait qu'une fois par an, il retournait au village, qu'il y trouvait toujours assis sur le même banc, à la même place, les mêmes vieux Corses qui, en le voyant, le saluaient d'un unique et identique : « Heeuuu ! ». *La Guerre du Feu*, donc...

Ce soir-là, j'étais arrivé tôt pour dîner. Roger m'avait rapidement concocté des œufs brouillés au *brocciu* et à la menthe fraîche accompagnés d'une salade de succulentes tomates. Un plat plein de fraîcheur, idéal pour rappeler l'été. Alors que j'allais prendre congé, Ange arriva et me proposa un dernier verre. Ici, il fallait oublier le déca que Roger certes vendait, mais n'achetait jamais. C'est psychologique, disait-il, Ho! Nous nous installâmes sur l'unique petite table posée sur le trottoir où l'un de ses amis corses venait de s'asseoir, non loin de l'antique et mythique Vélo Solex de Roger, la vieille Jaguar étant remisée dans son parking. Il nous présenta. Trois verres de rosés furent servis. S'en suivit une conversation entre eux sur l'utilité de changer de branche pour ne pas être repéré par les condés (la police donc). Trois ans maximum dans la prostitution, trois ans dans les stupéfiants, trois ans dans les jeux, trois ans dans le braquage, semblaient être la bonne combinaison pour éviter la case prison, les forces de l'ordre étant elles-mêmes spécialisées. Une sorte de reconversion perpétuelle sans bilan de compétence et une motivation due à un mélange subtil de dynamisme et de sérénité propre à ceux qui savaient où ils allaient que vantaient tant les consultants.

Simple spectatrice, je les écoutais se remémorer le bonheur des prisons corses d'antan où l'on pouvait commander des langoustes au gardien et où on vivait bien dès lors que l'on avait de l'argent. Les familles apportaient de la nourriture aux détenus, ce qui était interdit sur le papier, mais toléré dans les faits. De nos jours, le contraire s'imposait, les détenus se bousculaient, vu la crise et l'attrait des prix en milieu carcéral, pour faire leurs courses à la « cantine », la boutique de l'établissement pénitentiaire où tout prisonnier pouvait acheter divers objets ou denrées dans la limite de ses moyens financiers. Cette possibilité de cantiner, s'exerçant sous le contrôle du chef d'établissement avec des réductions pouvant atteindre sur certains produits 50 %, incitait les prisonniers à poster même des colis à leur famille. Le monde à l'envers.

Puis, ils évoquèrent l'assassinat ignoble du préfet Claude Erignac. Pour eux, l'assassin n'était pas Yvan Colonna (prononcer « Colone » en corse). Pas d'autres commentaires. Je me remémorai l'absence de preuves objectives et irréfutables. Aucune empreinte, aucune trace d'ADN, aucune image de vidéosurveillance ne démontraient la présence d'Yvan Colonna sur les lieux. S'ajoutaient la non-reconnaissance par l'ensemble des témoins des faits, sa taille qui, selon la balistique, ne correspondait pas à celle du tueur, les contradictions dans les témoignages des épouses des membres du commando l'ayant mis en cause. Le simple fait d'appartenir au mouvement nationaliste ne faisait pas de cet homme un criminel, mais ne le dispensait pas non plus d'avoir fait partie du commando. La justice était depuis passée.

Son ami parti, Ange me demanda de l'accompagner dans un bar du quartier. Nous prîmes ma voiture et en moins de dix minutes, nous nous retrouvâmes dans un établissement qu'il aurait été exagéré de qualifier de glauque, mais qui n'était certes pas modeux. Un bar de quartier tenu par des Kabyles avec la téloche et une décoration tarte. Ange me présenta un ami dénommé K. Un physique un peu à la Lino Ventura, typé en plus arabe. Une gueule. Un phrasé incertain ou plutôt une totale difficulté d'élocution. À la table voisine, ça discutait ferme : 100 000 euros pour tuer quelqu'un. J'étais en plein film. Un contrat! Fin de soirée chez les truands. K. expliquait qu'il voulait retourner en prison, que c'était sa maison. À cinquante ans, il y avait passé la moitié de sa vie. Là-bas, il disait avoir eu un doctorat puis il avait été déclaré fou. Tuer quelqu'un, ce n'est pas bien, m'entendais-je lui dire. Il ne faut tuer personne. K. ne m'écoutait pas. Il avait eu, il y a longtemps, un enfant qu'il n'avait pas vu grandir et qui ne voulait pas le voir. L'argent, c'était pour son fils. Lui n'avait rien à perdre. Inassimilable. Et en même temps, cet être généreux m'offrit une fleur, une orange (sic) et sa dernière cigarette. Retour à la case prison inévitable, puisque tant souhaité. J'éprouvai une tristesse infinie pour cet homme devenu fou d'avoir tué.

Je n'ai jamais su si le contrat avait été exécuté.

Le thé se boit sans sucre

J'arrivai sous une fine bruine à St-Mary Mead. Le village était calme en ce dimanche après-midi, enchâssé dans son écrin de campagne merveilleusement britannique avec ses haies si impeccablement entretenues, ses cottages trop fleuris. Londres, à une heure de là pourtant, semblait à mille miles d'ici. L'adresse n'indiquait que Grand rue mais Jane m'avait si bien décrit sa demeure aux volets verts, ourlée d'hortensias bleus et de clématites roses, que je la trouvai sans difficulté. Cette pure Anglaise m'avait conviée à un *afternoon tea* et, à peine le petit portail en bois blanc franchi, elle se tenait sur le perron, frêle, la tête un peu penchée, les aiguilles à tricoter à la main. À ma vue, son visage s'éclaira avec une empathie fort inhabituelle pour une première rencontre, car ce fut, réellement, comme si elle retrouvait à l'instant une amie qui lui était chère depuis des lustres. Je ne pouvais trouver l'accueil que délicieux et, après l'avoir saluée d'un grand sourire, je la suivis.

Jane me fit pénétrer dans un salon désuet avec ses boiseries apparentes, ses tapisseries typiques et ses vases débordant de fleurs du jardin reposant sur des napperons de dentelle. Le plancher craqua sous nos pas. Une délicate odeur de petits gâteaux flottait dans l'air. Une lampe discrète mettait des reflets étudiés sur les meubles cirés et les tissus fleuris. Invitée à prendre place dans un charmant fauteuil club, je me retrouvai autour d'une petite table ronde recouverte d'une nappe liberty et de ses serviettes assorties. Là, une théière et son pot en argent, un adorable service de porcelaine blanche à fleurs roses, nous attendaient pour déguster une tasse d'Earl Grey avec un nuage de lait. Ce breuvage représentait un élément essentiel de l'art de vivre britannique. Un art et, avant tout, un instant privilégié où tout était codifié le plus sérieusement du monde, des mets proposés à l'ordre de service, jusqu'à la conversation. Le sucre était à disposition, en poudre comme il se devait. Mais, le thé se boit sans sucre, n'est-il pas ?

Après s'être enquis de la santé de ma mère, Jane me servit. Incurablement victorienne, à 80 ans passés, elle appréciait la bonne éducation et critiquait souvent la jeunesse. Aussi je m'astreignis, dès mon arrivée, à observer consciencieusement toutes les règles de bonne conduite que ma famille m'avait enseignées. Nombre d'Anglais nous trouvaient, nous Français, désordonnés et peu civilisés. Enveloppée dans un châle frangé, symphonie de couleurs pastel, mon hôtesse offrait l'image d'une charmante vieille personne. Seule l'acuité saisissante de son regard permettait de douter de cet apparent effacement. Prenant visiblement plaisir à ma visite, elle darda le regard de ses yeux d'un bleu de porcelaine sur mon tailleur pantalon, qui était fort heureusement de bonne coupe, tout en ramenant un superbe plateau de sandwiches avec son sourire le plus attendrissant. Car, qui dit *afternoon tea* dit thé bien sûr, mais aussi sandwiches ou encore gâteaux. Ô combien la dégustation de ces petits sandwiches aux concombres, ces scones, servis comme il se doit avec de la *clotted cream* — de la crème bien épaisse — et de la confiture, et ces pâtisseries maison *dressed to the nines* consistaient en un rituel délicieux. Jane me présenta avec bienveillance le plateau et je me resservis de *traditional cucumber sandwich*. Quelle bonne idée de ne pas avoir déjeuné ! Ces jolis petits sandwichs se savouraient avec volupté : le croquant du concombre, le fondant du pain et de la crème, la délicate saveur de l'aneth et de la menthe, en faisaient un vrai régal.

Jane me fit part de sa contrariété. Elle avait appris par le garde champêtre qu'un promoteur envisageait de construire à St. Mary Mead, village où elle était née, un lotissement. Dans cet univers clos, un peu figé, tout le monde se connaissait et Jane ne dissimulait pas son opposition à tout bouleversement. Pour une personne de sa qualité, les résistances au changement et les tendances à se structurer de façon rigide paraissaient non seulement nécessaires, mais répondaient à une peur rationnelle puisque toute nouveauté impliquait des gains et des pertes. Perpétuant le souvenir d'une époque à ses yeux plus civilisée, plus aimable, elle me confia combien elle jugeait le monde actuel chaotique, amnésique, mélange d'utopies dépourvues de considération envers les contraintes utiles du temps et des usages. Je l'écoutai tout en pensant que nous savions tous que le monde actuel aurait besoin de ralentir, de s'assagir, et que cela nous effrayait.

Puis vinrent les muffins garnis de dinde au curry, un vrai pêché de gourmandise. Ce simple mélange d'aromates montrait combien la colonisation des terres asiatiques avait considérablement marqué les habitudes alimentaires des Britanniques. C'était à la Chine que les Anglais devaient leur goût du thé, qu'ils exportèrent ensuite eux-mêmes vers l'Inde d'où ils adoptèrent les plats épicés. Dans la rubrique boule de cristal et marc de café, Jane me demanda malicieusement si je savais pourquoi les Anglais employaient, à l'exception près d'une majuscule, le même mot pour désigner un volatile et un pays. Tout était parti d'un malentendu, d'une confusion, d'un brouillamini : selon son nom scientifique, le *Numida meleagris* fut importé de Madagascar à partir du XVIème siècle par des marchands qui, se rendant en Europe, passèrent par l'Empire ottoman. Une fois l'animal arrivé dans leurs assiettes, les Britanniques simplifièrent l'histoire : l'oiseau importé de Turquie s'appellerait *turkey.*

La pluie perlait maintenant sur les vitres des fenêtres encadrées de si jolis rideaux. Les tissus anglais créaient, grâce au mélange subtil de leurs motifs fleuris aux teintes douces et de leurs matières nobles, une ambiance inimitable. Les bouquets de fleurs en chintz, rose et vert pâle, rappelaient l'amour du jardin et de la nature. Au-dessus du manteau de la cheminée, où des tabatières voisinaient avec une coupelle de lavande séchée, trônait une photographie : on y voyait un jeune homme, le regard inspiré, les mâchoires serrées tendues vers l'avenir, le portrait de son neveu écrivain. Jane, sans enfant et sans mari, m'avoua l'aider financièrement tout en rappelant qu'avec de l'argent, on était libre en droit et en fait, et sans argent, on était libre en droit, mais pas en fait. *Of course* !

Une autre tasse de thé fut accompagnée d'un scone, croquant à l'extérieur et moelleux à cœur, avec de petits raisins tout moelleux s'évanouissant instantanément en bouche, ne laissant que leur parfum enchanteur. Les gâteaux anglais s'avançaient décomplexés : couleur, odeur, crème, tout était *too much !* Je dus faire part de mon bonheur gustatif d'une manière certainement trop appuyée, car Jane sourit en secouant la tête et me rappela gentiment les valeurs sacrées de l'*understatement* : maîtriser ses émotions, toujours relativiser et, surtout, surtout, ne jamais rien laisser paraître de ses sentiments. La discrétion restait la règle absolue, dans les gestes comme dans les paroles. Devant mon air contrit, mon hôtesse me tapota affectueusement la main en m'assurant que ses compatriotes pouvaient également créer « une tempête dans une tasse de thé » et déranger un bataillon des Forces armées de Sa Majesté pour régler un conflit entre leur chat et le chien du voisin. L'*overstatement*. La sévérité d'une conscience morale opposée à toute notion de plaisir avait figé comportements et sentiments en des attitudes ascétiques. Seule la dérision pouvait parvenir à soulager cette tension. Voilà donc l'explication de l'humour britannique et, peut-être, au charme fou d'une certaine excentricité nationale.

Je léchais un peu de sucre sur mon pouce en regardant dehors la fine pluie qui emmaillotait les pétales des fleurs d'un tulle d'eau. Il n'y avait rien de plus réconfortant que de déguster un bon *afternoon tea* alors que la météo était défavorable. Jane regrettait l'époque de la réconciliation des Anglais entre eux, de la Couronne et du peuple, de la grandeur internationale, de la paix. Il lui plaisait de penser que son propre comportement pouvait utilement donner à autrui l'idée juste de ce qui convenait au temps où subsistaient les manières qu'il fallait. La morale et les mentalités, la littérature et les arts de cette époque, restaient ainsi auréolés du légendaire âge d'or britannique. Aussi, je m'abstins de lui confier ce que m'inspirait l'époque victorienne avec ses usines en brique, sa capitale envahie par le smog, sa reine austère, son puritanisme éreintant. Le Royaume-Uni de l'intransigeante reine Victoria trônait alors comme première puissance mondiale et, seul, ce fait revêtait de l'importance. « Une ère qui avait si bien canonisé l'hypocrisie que, pour être respectable, il suffisait de le paraître. » analysait finement l'écrivain John Galsworthy.

De constitution gaillarde, cette reine, qui régna près de soixante-quatre ans, avait la réputation de manger comme un ogre et très vite, à tel point que, l'étiquette imposant de desservir dès que la reine eut terminé son repas, nombreux furent les convives ne mangeant pas à leur faim à sa table. Vu le penchant des Hanovre pour les excès, vous ne vous étonnerez pas d'apprendre qu'elle appréciait, au petit déjeuner, les églefins fumés ou la fameuse soupe Windsor, ragoût à la sauce brune composé de mouton, de bœuf, de poireaux, d'oignons, de carottes, de beurre, de farine et de madère. Admirant la culture écossaise, Victoria aimait également le haggis, cette panse de veau farcie d'abattis à l'odeur fort incommodante. Ne prêtant pas la moindre attention à sa ligne, elle ne dédaignait pas non plus les toasts à la moelle, plat considéré alors comme typiquement masculin. La reine se laissait aussi aller côté pâtisseries, un gâteau à la canneberge par-ci, une tarte au chocolat par-là ou encore quelques puddings. Plusieurs recettes reçurent son nom tel le *Victoria sponge cake*, une sorte de génoise très riche en beurre, fourrée de confiture. Ne goûtant guère le champagne, celle qui instaura le rituel du *tea time* à Buckingham, ajoutait du whisky à son thé. À cette curieuse idée, je fermai les yeux pour mieux apprécier le délicieux parfum de la bergamote.

Symbole parfait d'une Angleterre bourgeoise et rurale à peine sortie des limbes du siècle passé, mon hôtesse conservatrice aimait les romans à l'eau de rose et les tableaux pompiers. Une fois le stade du traditionnel *small talk* dépassé, la conversation — la vraie — pouvait prendre place. Elle s'engagea sur les arts du passé, du néo-gothique en architecture et sur cet art précieux appelé préraphaélitisme en peinture, avec leur critique de génie, John Ruskin. Je me lançai à narrer une anecdote concernant un des préraphaélites, Sir Edward Burne-Jones. Ce peintre britannique raffolait d'un pigment brun foncé, son brun de momie dont il pensait qu'il avait juste hérité d'un nom poétique. Cette couleur était faite, en réalité, à base de vraie poudre de momie, de cadavre donc. Lorsque, avec horreur, l'artiste apprit cela, il se précipita dans son atelier chercher l'unique tube de peinture concerné pour organiser une cérémonie de funérailles en l'enterrant au fond du jardin, lui offrant ainsi une sépulture décente... *My goodness* ! fut le seul commentaire émis par Jane. Je m'arrêtai là, lui cachant que le *Mummy Brown* fut tout de même commercialisé à Londres jusque dans les années 1960...

Je regardais les yeux pâles et si vifs de Jane tout en me demandant comment les agents de Scotland Yard avaient pu voir en cette petite femme aux cheveux blancs, au regard acéré et à la logique implacable, une demoiselle acariâtre et enquiquineuse. Certes, cette grande observatrice de ses semblables pouvait paraître désabusée, mais jamais complaisante, encore moins ennuyeuse. Personne d'allure frêle, pétillante d'esprit, elle menait une petite vie tranquille de célibataire endurcie. Ce jour-là, elle avait passé sa journée à jardiner, une jolie manière de tromper la solitude que je partageais sans réserve. Entendre pérorer sur la plantation des rosiers et la surveillance des pucerons était si merveilleusement reposant. Cette passion nationale expliquait pourquoi les jardins anglais étaient les plus beaux du monde. Leur ambiance romantique savamment maîtrisée donnait le sentiment que la nature reprenait ses droits. Mais, comme dans un tableau, l'équilibre des couleurs, des matières végétales et des volumes se devait d'être savamment élaboré. À la place du mot patrie, les Anglais employaient le terme de *country*, donnant à entendre que leur sentiment patriotique se formait surtout des attaches vitales qu'ils entretenaient avec la campagne et la terre natale. Une telle disposition nationale engendra dans les arts une merveilleuse école d'artistes paysagistes. «Le paysage est ma maîtresse» écrivait ainsi, en 1812, un des meilleurs peintres anglais du XIXème siècle, John Constable. L'Anglais ne construisait pas un jardin, il créait un paysage poétique constamment renouvelé.

Modeste, alors que je la questionnais au sujet de ses élucidations d'affaires, Miss Marple me répondit que son intuition et sa connaissance de la nature humaine ne venaient que de la réminiscence d'histoires subalternes dont les ressorts ne faisaient que se répéter. Y-aurait-il une banalité du mal? Cette expression des plus paradoxales, utilisée pour la première fois par Hannah Arendt, posait la possibilité de l'inhumain en chacun d'entre nous. Oui, approuva placidement Jane en me dévisageant, n'importe qui pouvait devenir criminel ou victime ou, comme elle, une détective en fauteuil plantée dans la campagne anglaise. Ainsi, le mal rôdait partout et il suffisait pour s'en convaincre d'observer avec minutie la vie de ses contemporains. La vieille demoiselle pleine de malice qui me faisait face pensait qu'en s'attendant toujours au pire, on était rarement trompé sur la nature humaine si riche, si fascinante. Nous papotions déjà depuis plus de deux heures. Ne me demandez pas si Jane Marple parlait français ou si mon anglais avait perdu tout accent, nous nous entendions et nous nous comprenions à merveille. Le feu crépitait et, sur l'insistance de mon hôtesse, je repris un dernier et somptueux cupcake à la vanille. Une éclaircie : il était convenable de prendre congé.

Mais lorsqu'elle me raccompagna au portail, je vis à la lueur amusée de son regard qu'elle savait que je n'avais pas résisté à mettre dans mon sac quelques-uns de mes sandwiches préférés. Sous des dehors quelconques, la discrète Miss Marple m'avait démasquée! Les lois de la nature humaine sont identiques toujours et partout.

Les véritables scones anglais

En Grande-Bretagne, un vrai tea-time ne s'imagine pas sans scones dont l'origine est écossaise, mais que les Anglais se sont approprié. Un conseil : réalisez-les juste avant de les manger, car ils sont bien meilleurs frais.

500 g de farine semi-complète
1,5 sachet de levure chimique
1 pincée de sel
70 g de sucre
125 g de beurre salé mou
30 cl de lait entier
200 g de raisins secs blonds
2 cuillères à soupe de rhum
1 œuf

Préchauffez votre four à 220°. Mettez les raisins secs dans un bol avec le rhum et un peu d'eau tiède et laissez-les gonfler. Farinez votre plan de travail. Réfléchissez : c'est vital de le faire dès le début, car ensuite vous aurez les mains toutes collantes de pâte.

Dans un saladier, mélangez la farine, la levure, le sucre et la pincée de sel. Ajoutez le beurre mou, le lait et les raisins que vous aurez égouttés, puis malaxez le tout pour, au final, former une boule.

Aplatissez cette boule sur votre plan de travail sur une épaisseur d'environ 2 cm. À l'aide d'un emporte-pièce ou d'un verre, formez des ronds de pâte d'environ 5 cm de diamètre. Placez ces ronds de pâte sur une plaque allant au four, recouverte de papier sulfurisé.

Dorez-les à l'œuf, puis recouvrez de papier cuisson les disques de pâte et enfournez 12 à 15 minutes selon l'épaisseur (l'idée c'est qu'ils soient bien dorés et gonflés).

À déguster dès la sortie du four en les ouvrant en deux dans le sens de la hauteur pour pouvoir les fourrer de beurre, de confiture ou de crème fouettée ou — Oh ! my God ! — les trois à la fois...

Les Cupcakes à la vanille

Le terme cupcake venus des Etats-Unis est mentionné pour la première fois dans le livre *Seventy-Five Receipts for Pastry, Cakes, and Sweetmeats* d'Eliza Leslie publié en 1828. Voici une recette pour une dizaine de cupcakes dignes des véritables *Fairy cakes* britanniques.

2 œufs
100 g de sucre
1 sachet de sucre vanillé
100 g de beurre
120 g de farine
1 cuillère d'extrait de vanille
½ sachet de levure chimique
10 ramequins en papier
Pour la garniture :
170 g de beurre fondu
70 g de sucre glace
½ cuillère d'extrait de vanille
Quelques framboises ou du lemon curd ou du colorant rose
Et surtout des petits cœurs roses et blancs pour la décoration !

Battez dans un saladier les œufs avec les sucres jusqu'à ce que le mélange blanchisse. Le secret d'un cupcake réussi, c'est de bien fouetter pour incorporer de l'air à la préparation. À la cuisson, le but est de retrouver du léger et du moelleux.

Ajoutez le beurre fondu et l'extrait de vanille puis mélangez le tout. Tamisez la farine et la levure puis incorporez la pâte. Versez un peu de pâte dans chaque petit moule à muffins. Remplissez-les au 2/3 au maximum. Enfournez dans un four préchauffé à 180° pour 20 minutes de cuisson.

Laissez tiédir 5 minutes puis démoulez les cupcakes et laissez-les refroidir.

Mélangez délicatement la crème avec le sucre glace tamisé, la vanille et des framboises écrasées ou du *lemon curd* ou simplement du colorant rose.

Attention : remuez délicatement au risque d'obtenir une préparation liquide. L'horreur !

Dès que les cupcakes sont froids, lâchez-vous !

Décorez-les à l'aide d'une poche munie d'une douille cannelée. Collez des petits cœurs roses et blancs pour la décoration ou autres.

Allez, laissez faire votre imagination que diable ! Si vous détestez la couleur rose, écrasez des myrtilles ou achetez du colorant bleu ! Ou panachez ! Inventez que diable ! Réservez au frais.

Petite leçon d'étiquette à l'époque victorienne

L'étiquette c'est le respect des convenances, la politesse, le savoir-vivre, la bienséance, le décorum, les bonnes manières, les règles de conduite, la bonne éducation... Appelez ça comme vous voulez et réjouissez-vous de vivre au 21ème siècle !

– Une dame ne lit pas le journal et ne parle jamais de politique.

– Une dame ne reste jamais seule avec un gentleman plus de cinq minutes.

– Une dame ne croise jamais les genoux, mais les tient côte à côte (bon, ça, vous le savez : c'est toujours valable aujourd'hui !)

– Un gentleman ouvre toutes les portes à une dame et tire les chaises pour qu'elle puisse s'assoir (ceux qui continuent cette tradition ont mes faveurs).

– L'épouse d'un gentleman acquiert le rang de son mari s'il est plus élevé que le sien. Notez que l'inverse n'est pas vrai. (Et toc !)

– Seuls les parents, les frères/sœurs et les époux s'appellent par leurs prénoms.

– Dans un dîner, adressez-vous uniquement à vos voisins de gauche et de droite et évitez de crier vers la personne placée en bout de table.

– Les pourboires outranciers sont horriblement vulgaires : jamais plus de 2 % de la somme totale est la règle.

– Pour sortir, une jeune fille doit se vêtir avec des couleurs pastel ou du blanc et porter des fleurs ou des perles comme ornements. Les bijoux et les robes de couleurs sombres sont réservés aux femmes mariées.

– Mais une femme ne rend jamais visite à un homme célibataire chez lui... à moins qu'il ne s'agisse d'un malade ou d'un invalide avéré.

– Valser à l'envers est d'une grossièreté insupportable et, par conséquent, impardonnable.

Cela énoncé, rappelons-nous de Pierre Desproges : « Le savoir-vivre est la somme d'interdits qui jalonnent la vie d'un être civilisé, c'est-à-dire coincé entre les règles du savoir-naître et celles du savoir-mourir. »

La peinture est un livre sans parole

Je me réjouissais férocement de revoir l'artiste peintre André Queffurus. Il m'avait été présenté des années auparavant par mon meilleur ami, un homme insensé au train de vie fastueux, régulièrement ruiné et tout aussi régulièrement réargenté. « Je mène une vie tellement au-dessus de mes revenus que nous menons en vérité, eux et moi, une existence entièrement séparée » écrivait le délicieux Oscar Wilde qui savait de quoi il parlait. Fort jeune, cet ami avait acheté quelques œuvres de Picabia à sa veuve et son œil était reconnu. À l'ouverture de son Centre d'Art, il avait consacré une exposition à Queffurus titrée « L'œuf de musique ». Elle rassemblait une quarantaine de toiles sous le signe du mythe du Phénix, cet oiseau flamboyant né de lui-même, devenu signe d'immortalité. Depuis, j'avais perdu de vue l'artiste qui avait exposé du temps de sa jeunesse ses œuvres à la galerie Claude Bernard, une belle référence. Dans les années 1980, riche de l'expérience des noirs et des gris, il s'était mis à la couleur, l'exaltant ou la mettant en abîme. La tension de la forme, l'expression restait son domaine d'invention. Son idée du vrai nécessitait des simplifications, ce qui n'impliquait pas l'abstraction, juste une sobriété étudiée. Avec son épaisse chevelure blanche, sa carrure de rugbyman, ses yeux myosotis, ce personnage plein de vie était un intello plein de tendresse gardant en tout une vraie curiosité, de sorte qu'à son contact, nous apprenions nous-mêmes. A contrario, vous remarquerez que les gens ayant propension à s'ennuyer manquaient terriblement de capacité d'étonnement.

Situé rue des Plantes, dans le 14ème arrondissement de Paris, son repère se trouvait au dernier étage d'un magnifique immeuble art déco. Dans cet atelier à la hauteur sous plafond fabuleuse régnait un capharnaüm inouï. Près des baies vitrées, un grand bureau accueillait moult livres et un jeu d'échecs. Nous étions en juin, mois où les cerises apparaissaient chaque année comme un songe. À part le peintre et ses œuvres, le plus épatant se trouvait être la grande terrasse ayant pour seule vis à vis le ciel qui, ce jour-là, était d'un bleu céruléen. À côté de l'olivier, les fleurs retombaient en cascade, faisant penser à la Toscane et à cette «osmose entre l'art et le paysage» si bien décrite par Antonio Tabucchi. Pour goûter l'air parfumé par les floraisons vaporeuses, nous nous installâmes à table dehors. La nappe cirée était d'une propreté douteuse, mais cela restait un détail. Nos verres accueillirent un rosé de Provence. Ainsi débuta un pur moment de bonheur. En entrée, nous partageâmes une grosse boite de sardines à l'huile accompagnée de radis pour le croquant. La chair, confite dans l'huile d'olive, fondait littéralement en bouche. Voici une vraie petite merveille alimentaire : peu coûteuse, riche en oméga-3 et en vitamine D, vite prête et délicieuse, une entrée magnifique, totalement adaptée au fils de marin qui me recevait.

Le temps était merveilleux, le soleil doux, et la lumière rebondissait dans l'air sec. Nos discussions allant bon train, la bouteille fut vite finie. Sa femme, Françoise, nous avait gentiment préparé des saucisses aux lentilles et j'accompagnai André jusqu'au petit coin-cuisine où il les fit réchauffer. Bien qu'athée, l'artiste se passionnait pour les écrits tels la Bible hébraïque dite *Tanakh,* acronyme formé à partir des titres de ses trois parties : la Torah (la loi), les *Neviim* (les prophètes) et les *Ketouvim* (les autres écrits). L'entendre en parler s'avérait passionnant. Un verset s'expliquait toujours par un autre verset. Il me raconta, tout en remuant les lentilles placées dans une grande casserole éculée, l'histoire des huit parfums du livre de l'Exode. Des noms tels que la myrrhe, le galbanum initiaient au rêve. Captivée, je m'étais assisse pour l'écouter parler sur un vieux divan couvert d'un épais tissu de velours rouge jouxtant la cuisinière où chauffait notre plat. La Thora attribuait la première vigne à Noé qui aurait emporté des ceps dans son arche et qui fut la première personne à s'enivrer. Les rois d'Israël eurent le bon goût de faire du vin, conclut-il, en s'emparant d'une deuxième bouteille.

Dans la cuisine, nous nous servîmes à l'assiette et retournâmes avec notre pitance dans le jardin tout sauvageon suspendu au milieu des toits de Paris. André cueillit un peu de thym d'un pot se trouvant à portée de main et en saupoudra nos deux assiettes. Ce plat franc se dandinait dévoilant des sucs exquis. Tout fumant, il attendit que l'artiste ait ouvert la bouteille pour nous émoustiller. Nos Opinels tranchèrent la saucisse juteuse. Les petites lentilles réconfortantes fondirent sous mon palais. La cuisine rustique, dite de terroir, avait des vertus rassurantes, parce que prévisibles. Notre conversation reprit dès les assiettes vidées. Sais-tu pourquoi, me demanda Queffurus, le format A4 d'une feuille de papier était précisément de 21 cm sur 29,7 cm ? Avouez que vous vous en voulez de ne vous être jamais posé la question ! Ce fascinant rapport de proportion avait été découvert par Léonard de Vinci. Des dimensions remarquables possédant une propriété extraordinaire : lorsqu'on pliait une feuille de ce format en deux, la longueur devenait la largeur et on obtenait toujours la même proportion entre les deux. En s'obstinant à la plier encore et encore, la feuille conservait immuablement ce même rapport. Elle constituait la seule proportion à posséder cette propriété fabuleuse. Cette simple feuille A4 s'avérait aussi magique que le sourire de la Joconde.

On sonna à la porte alors que nous débarrassions les assiettes. Un collectionneur venait chercher un tableau et nous partageâmes avec lui le cantal que j'avais ramené de mon Auvergne natale. Nous avions un « cherche-midi », comme était nommé au XVIIIème siècle le pique-assiette rendant visite à ses amis pendant l'heure du repas. Gras comme un moine, notre compagnon sembla goûter à la générosité et la richesse de goût du fromage, car il en avala la moitié. L'existence du cantal était attestée depuis 1298. Ferme, mais fondant en bouche, sa saveur puissante de sous-bois, de genêts et d'épices et son volume hors norme — 45 kg tout de même ! —, en faisait une référence sur les meilleures tables. Ce personnage dont la soif de sympathie semblait insatiable, termina également le vin. Nous rentrâmes prendre le café au milieu des vernis, des siccatifs, de l'essence de térébenthine et des pigments. Alchimie.

Se recueillir devant une œuvre équivalait à s'y plonger pour nous conduire au-delà de l'horizon de l'utilisabilité. Y pénétrer comme ce peintre chinois qui s'évapora dans le pavillon peint sur l'une de ses toiles au fond de son paysage. Se persuader, tel Paul Ricœur, de l'importance fondamentale de l'œuvre d'art dans l'éducation et l'enseignement. La rencontre avec cet univers revêtait toujours un espoir et des mystères. Être saisi par cette tache précise de couleur, percevoir le geste décisif du peintre sur la toile, consentir à cette invitation, puis comprendre le caractère unique de l'œuvre et la pénétrer. Seule, l'attitude perceptive permettait de saisir l'ensemble. « Je suis toujours surpris de voir à quel point les gens entretiennent un rapport compliqué à l'art, axé sur le sens de l'œuvre. Qu'est-ce que ça représente ? Se poser la question est déjà en trop. Nul besoin de culture pour aborder un tableau ni d'avoir lu des livres, c'est une question de sensibilité et d'ouverture. Contentez-vous de voir ce que vous regardez, arrêtez de penser, cessez d'avoir des références, observez par vous-même et n'ayez pas peur de ne pas savoir quoi me dire ! La peinture est un livre sans paroles. » affirmait André Queffurus. Aucun grand artiste ne pouvait être acculturé. Chez André, la finesse de sa compréhension des philosophes grecs en attestait. Nous avions abordé ensemble les pleurs d'Héraclite d'Éphèse et le rire de Démocrite d'Abdère. Et comment Hippocrate avait compris, à la lecture de ce dernier, qu'il n'existait dans ce monde, que des fous et des enfants. Nous étions, lui et moi, des enfants fous.

Notre hôte posa un plateau avec nos tasses de café sur le bureau et, machinalement, notre intrus s'intéressa au jeu d'échecs et avança le pion blanc en e4. Je répondis machinalement en plaçant le pion noir en c5. Une ouverture sicilienne des plus classiques. La partie était engagée! Mon adversaire jouait rapidement. Je suivais le rythme. Rapidement, je me rendis compte qu'il présentait un jeu aléatoire, voire chaotique. Je ressentais toujours une certaine adrénaline lorsque j'affrontais un joueur pour la première fois. Tout alors devenait possible. Le processus de décision lors du choix d'un coup n'était pas entravé par le souvenir de parties ultérieures ni par le niveau du joueur qui m'était, par définition, inconnu. Mon plan stratégique fut éminemment flou et cette partie-là se termina assez vite par une défaite que j'eusse pu éviter si je n'avais pas bu de vin. La seule chose, en effet, dont j'étais certaine restait que toute absorption d'alcool s'avérait très mauvaise conseillère pour anticiper les coups. Mais peut-être mon adversaire était-il simplement plus fort que moi. Je m'étais souvent demandé si, avec ses règles inchangées au cours des millénaires, ce jeu façonnait un monde à l'image du réel ou s'il créait un univers autonome. Au XVème siècle, la puissante Isabelle la Catholique, bonne joueuse d'échecs, donna le titre de Dame à la pièce la plus puissante de l'échiquier. Les ordinateurs calculaient dorénavant 200 millions de coups à la seconde. Leur seul intérêt restait d'évaluer la position la meilleure. Le café était froid. Le soleil baissait doucement et nous sentions la lumière se métamorphoser sous nos yeux, une lumière qui s'attardait sur les choses et les êtres. «Être œuvre signifie donc : installer un monde» écrivait Heidegger.

«Tout peintre voyage entre les ombres lumineuses et les doutes qu'engendre la lumière. La métaphore enchante. À l'artiste de colorer l'ombre des êtres qui apparaissent comme des entités douées de sentiments.» proclamait Quefurrus. Ses tableaux devenaient vivants. Sa peinture, élégante et tourmentée, si littéraire, ne pouvait ni être joyeuse ni triste : elle reflétait la compréhension de la vie, elle nous donnait à voir des souvenirs inconnus. La vie elle-même ! Si belle et si tourmentée. Avec ses joies, ses paradoxes, ses apories et ses dilemmes. L'imaginaire n'avait jamais été le contraire de la réalité. Il existait par lui-même.

Des sardines millésimées

Au 18ème siècle, le gastronome Grimod de La Reynière qualifiait la sardine d'ortolan de la mer. En 1820, les premières sardines en boîte apparaissaient, créées par un Nantais. Tout honnête homme se doit de conserver des sardines millésimées chez lui, devenant ainsi un clupéidophile averti.

La sardine contient des omégas 3 dotés d'effets protecteurs sur le système cardiovasculaire, mais aussi d'effets anti-inflammatoires, utiles dans le traitement de pathologies comme l'asthme, l'arthrite rhumatoïde, le psoriasis et les maladies inflammatoires de l'intestin. L'acide docosahexaénoïque qu'elle contient participe au développement et au fonctionnement du cerveau. N'hésitez donc pas à en consommer !

Toutes les boîtes de sardines affichent une date de péremption, réglementation européenne oblige. Mais, dans les faits, la sardine se conserve bien au-delà de la date indiquée et, comme les grands vins, elle se bonifie avec le temps.

Les sardinophiles collectionnent donc leurs précieuses boîtes millésimées et attendent patiemment qu'elle soit entièrement confite pour la déguster quelques fois douze ans après la date affichée sur celles-ci.

Mais attention, n'est pas sardine millésimée qui veut ! En effet, la qualité du produit de base prime avant tout. Achetez donc des boites à l'huile d'olive des maisons les plus réputées.

Je vous conseille de les garder dix ans, mais — si vous ne pouvez plus attendre — sachez qu'une sardine commence à confire au bout de quatre ans. Pour qu'elles deviennent fondantes à souhait, il suffit de les placer dans un endroit sec et frais et de retourner la boîte tous les six mois.

L'arrête centrale, elle aussi confite, n'aura laissé que les bienfaits du calcium. Du velours !

À déguster en réfléchissant à cette maxime de mon facétieux confrère Jean-François Kahn : « Le contraire de la "gauche caviar", la "droite sardine à l'huile", n'existe pas. »

Voyage à Pitesti

La Roumanie se trouvait en Europe et pourtant elle ne nous ressemblait en rien de prime abord. Si loin, si proche. Moi, j'allais à Pitesti, comme d'autres Français, faire du tourisme dentaire. Guère exaltant. A part cette spécificité médicale, Pitesti était connue grâce aux usines Dacia rachetées par Renault en 1997. Il n'existait aucun chauffeur roumain qui n'ait pas conduit une Dacia puisque, pendant la période communiste, c'était la seule voiture que l'on voyait circuler sur les routes. Cette ville fut également célèbre pour la terrible expérience ayant pris son nom : *L'experimente Pitesti*. Le diabolique génocide des âmes avait été consciencieusement réalisé sur des prisonniers politiques dans la prison de la ville, pendant les années 60, avec pour but d'effacer les petites cellules grises de leurs cerveaux. Malgré son histoire et de grandes difficultés économiques, le pays s'employait à développer maintes initiatives comme la clinique dentaire où je me rendais, digne de l'établissement le plus moderne de Californie. Et d'autres plus poétiques comme cette association *L'art ne mord pas* qui avait lancé le concept «Je livre l'amour» : tout un chacun pouvant ainsi écrire un texte à son (sa) bien-aimé (e) sur leur site, indiquer son adresse et, hop, la lettre était transcrite à la main et livrée au destinataire en vélo à Budapest. Un concept à lancer à Paris ou à Venise, ne pensez-vous pas ? Toutefois, avec les doubles contrôles de police à Roissy, la poésie avait ses limites, les Roumains se trouvant soudainement assimilés aux Roms*, qui, il fallait l'avouer, ne bénéficiaient pas de la meilleure presse. Or, cette dénomination ne datait que de 1971, année où, en un premier congrès, ils avaient eux-mêmes, et fort curieusement, décidé de regrouper sous ce terme, tsiganes, gitans, manouches et autres peuples multiculturels voués à l'itinérance. Le choix de Rom, employé comme substantif ou comme adjectif officiel, était alors supposé contribuer à l'élimination des préjugés et à insuffler une nouvelle assurance. Non seulement, cela n'avait pas été le cas, mais il s'en était suivi une confusion avec nos amis roumains. Oubliés, Brancusi, Cioran, Ionesco, Tristan Tzara, Mircea Eliade, Virgil Gheorghiu... Et plus personne ne savait qu'Anna de Noailles était née Mademoiselle Brancovan.

Il n'y avait pas grand-chose à voir à Pitesti puisque, comme dans la majorité des villes roumaines, les blocs communistes encombraient la vue plus qu'ils ne l'amélioraient, témoins d'une période architecturale désastreuse. Ces constructions froides et sans âme restaient le reflet de l'utopie marxiste. J'avais croisé cependant quelques églises orthodoxes, deux ou trois anciennes maisons aux couleurs vives, telles des datchas, et des fontaines en forme de tulipe, fleur symbole de la ville. « Je donnerais tous les paysages du monde pour celui de mon enfance. » écrivit Cioran né à trois heures de là. Les jeunes filles arboraient sans complexe des tenues quiconque aurait pu assimiler en France à celles de prostituées, talons de vingt centimètres, mini-jupe et couleurs voyantes. Passés cinquante ans, elles s'habillaient en Mama. Bizarrement, je trouvais ceci rassurant.

Repliée dans mon hôtel, je passais de longues heures dans ma chambre au demeurant très propre. Sa décoration pouvait surprendre : sur la télévision, un napperon de table cousu à la main sur lequel reposait un bouquet de fleurs en plastique fluo, de gros cousins en peluche rouge vif s'avachissaient sur le lit et d'autres pacotilles régnaient sur le climatiseur. Mais le monde était étrange d'une manière ou d'une autre, n'est-ce pas ? Après m'y être tout d'abord accommodée puis habituée, je l'avais réservée pour mon deuxième séjour, étant une des rares chambres à jouir d'une baignoire. À la pensée de tous ces hôtels internationaux où le voyageur se réveillait sans savoir où nous étions, je me trouvais ici comme un poisson dans l'eau. Quelle tristesse si la diversité du monde se réduisait à une unité. Cette uniformisation aboutissait à ce que la singularité devenait une faute ou un exploit. Ayant terminé mails et coups de téléphone, je descendis dîner.

Ce soir-là, j'étais apparemment la plus jeune dans cette salle de restaurant diffusant la lumière verte d'un tableau de Hopper. Un éclairage propice à une certaine introspection. Une atmosphère improbable plaquée de solitude jusqu'au kitsch, aussi réelle que fausse, aussi belle que laide, unissant ces tables aux nappes raides à des rideaux olive et l'expérience intérieure d'un pays à la vôtre. À l'opposé de ma table, je pouvais croiser les regards de deux couples de Français par trop exigeants avec le garçon. Ne pas être amalgamée. Ici, le personnel disait en français : «Bonjour» «Bon appétit» et «Je vous en prie». Je trouvais cela fabuleux ! J'allumai une cigarette et scrutai les ronds de fumée. Mes concitoyens me lancèrent rapidement des regards obliques. Je savourai mon apéritif, un verre d'une spécialité du pays, la *tsuica,* un alcool souvent fabriqué artisanalement à base d'un mélange de prune, pomme, poire, raisin et même, m'avait-on dit, quelquefois de betterave et qu'il convenait théoriquement de boire cul sec, accompagné d'un sonore *Noroc!* (Bonne chance!). La carte je la connaissais. J'étais déjà venue en février, en plein hiver, moment où la Roumanie se cachait sous la neige ouatée. Ainsi, au gré des saisons, ce pays proposait des extrêmes : épanouie dans la lumière printanière, flamboyante dans ses étés ou éblouissante dans ses teintes automnales, elle se transformait et se jouait du visiteur. Là, en août, les terrasses déployaient fleurs, musique rock et bonne humeur. Autre facteur épatant, rien n'était cher : 40 centimes d'euros l'expresso à la terrasse la plus luxueuse.

J'appréciais aussi leur vin : l'un d'entre eux se nommait *Francuşa.* De couleur jaune-paille, ce vin blanc présentait un arôme végétal et une saveur équilibrée lui conférant toutes les qualités aptes à enchanter le regard, l'odorat et le goût. Je plaisantai avec le serveur, car j'avais lu France-USA. Il rit de bon cœur. Ce peuple restait joyeux malgré la misère ambiante. Les Roumains avaient retenu des Byzantins que, pour survivre, il convenait de faire preuve d'ingéniosité. La plupart des Français méconnaissaient — à tort — le vin roumain. En anglais, il m'expliqua que, depuis la Rome antique, les ceps roumains étaient les mêmes qu'en France. Ainsi, la Roumanie faisait partie des dix pays au monde comptant en matière de vins. Ce peuple me ressemblait : il aimait le thé (prononcer *tchai*) et le bon vin. Nos cousins roumains. Sous une couverture recouverte de skaï, le menu proposait des plats incongrus telles les côtelettes de porcs à la mexicaine *cotlet de porc mexican*, mais aussi du *piu indian cu curry* — comprenez du poulet au curry — mais également du *mushi de vità in sos franta*, la traduction latérale inscrite sur la carte étant « bœuf à la crème et moisissures de fromage », les moisissures étant la sauce française. La mondialisation était là avec ses approximations. Chaque assiette était décorée comme un chapeau conçu pour le grand prix de Diane.

Coexistait également un côté suranné : dans les digestifs proposés, trônait le Fernet-Branca dont je n'avais plus entendu parler depuis le décès — à 106 ans — de mon arrière-grand-mère. Pour moi, ce nom évoquait la glycine, les boudoirs-champagne et les pommes cuites au four. Foin de nostalgie, nos amis roumains avaient des merveilles bien à eux : ainsi, *La larme d'Ovide*, liqueur parfumée et fraîche, en hommage au poète latin exilé vers le début du 1er millénaire, dans la colonie de Tomis, aujourd'hui ville de Constanta. Un temps aussi perdu, me direz-vous.

À côté de la *Finlandia* et de l'*Absolut,* apparaissait une autre vodka dont le nom m'intrigua : *Stalinskaya* à 3,50 rons le verre, moins d'un euro à l'époque. Je demandai s'il s'agissait d'un alcool roumain. Le serveur me répondit que non, qu'il s'agissait d'une vodka traditionnelle. Vérification faite sur Google, cette vodka s'avérait bien roumaine ce qui ne l'empêchait nullement d'être traditionnelle.

Les Français s'étaient regroupés et parlaient un peu fort. Je me remémorai alors vaguement une phrase de Marcel Proust que j'ai retrouvée depuis dans *La fin de la jalousie* : « Bien qu'il ne pût le souffrir dans l'habitude de la vie, il se sentait pour lui des tendresses fugitives, mais sincères, non parce qu'il l'éblouissait facilement de son luxe, mais par cette même fraternité vague qui nous émeut à l'étranger à la vue d'un Français, même odieux. » Quant à moi, je ne souhaitais véritablement pas rencontrer mes semblables à l'étranger, et surtout pas des touristes. Peut-être parce que la découverte d'un pays passait aussi par la découverte de soi. Mais Proust avait somme toute raison : la plupart de nos compatriotes aimaient à se retrouver comme ces quatre-là. Point d'ostentation cependant dans ses retrouvailles : ils n'avaient pris qu'un plat (14 rons soit 3 euros 50) et, à 22 heures 30 à Pitesti, ils étaient allés se coucher.

Un verre à la main, le sourire au cœur, je me sentais bien dans ce pays qu'il conviendrait tant de préserver. À commencer par la cuisine roumaine, souvent critiquée pour sa totale et grandiose ignorance des principes diététiques, mais tout à fait indiquée pour les patients des dentistes, des hôpitaux ou les résidents des maisons de retraite, car tout était méticuleusement haché. Mais, ne vous y trompez pas : la gastronomie est considérée en Roumanie comme un art.

* Victimes du nazisme, près de 500 000 Sinti et Roms d'Europe, considérés comme « racialement inférieurs », ont été assassinés sous le IIIème Reich. Plus de 65 ans après l'Holocauste, l'Allemagne a reconnu officiellement, en 1982, ce génocide. L'Etat français n'avait admis sa responsabilité dans l'internement de milliers de Tsiganes durant la guerre qu'en 2016. Vous avez bien lu : 2016. Un Institut Rom européen a été inauguré en juin 2017 à Berlin.

N.B. : Pour comprendre la Roumanie contemporaine, le 7ème pays le plus peuplé de l'Union européenne, penchez-vous sur l'œuvre du magnifique peintre Adrian Ghenie. Cet artiste figuratif, né en 1977, peint d'une manière fulgurante les malheurs de son pays. Les lieux clos, les visages arrachés, les intérieurs dévastés transcrivent un chaos qui est aussi le nôtre.

Retoqué !

André, un de mes amis, cardiologue de profession, m'avait invitée à l'accompagner dans un grand restaurant où il était convié par un laboratoire pharmaceutique*. La gastronomie devait être partagée pour être appréciée et, en France, manger restait un rituel de bonheur. Rendez-vous fut pris dans l'allégresse et nous partîmes le jour dit pour les chemins de Bourgogne. Être sur les routes restait un puissant revigorant : tout voyage donnait de l'énergie et le sentiment d'être libre. Nous galopions vers l'horizon et tout semblait possible. Lorsque nous nous rendions pour la première fois quelque part, l'imagination devenait notre épice, peu importait alors que nous nous acheminions aux portes de la région parisienne. Notre esprit prenait les chemins de traverse, parcourait les paysages au relief docile. Me laissant conduire, voyant défiler ces cuvettes isolées où se nichaient quelques maisonnées, j'allais, ravie, vers la découverte. Nous regrettions juste que la navigation par GPS nous ait enlevé la joie enfantine de nous perdre, de déployer une carte routière sur le capot ou de demander notre chemin dans un hameau.

Perchée sur une colline, la bourgade de Vézelay dans l'Avallonnais dressait fièrement sa basilique classée au patrimoine mondial de l'Unesco. À deux kilomètres de là, Saint-Père formait un magnifique petit village, traversé par la Cure, avec de vieilles maisons recouvertes de laves, de petites ruelles, des lavoirs et des puits au milieu des champs, bosquets, prairies et vignobles. À notre arrivée, je fis connaissance avec la puissance invitante composée de deux hommes à la quarantaine charmante. À peine nous étions-nous présentés que Madame Meneau nous proposa une coupe de champagne à la mûre. Hérésie ! Je lui répondis avec un sourire que mon père recourait à cette pratique lorsque le champagne s'était madérisé, c'est-à-dire oxydé. Tout cocktail maltraitait l'alcool qu'il employait : l'initié n'utilisait pas un rhum hors d'âge lorsqu'il préparait un mojito. Ainsi, le bon champagne se suffisait à lui-même et il convenait de laisser aux alcools de basse extraction la joie d'être sublimés.

Une fois placés à table, nous parlâmes tout d'abord de la situation des laboratoires pharmaceutiques français qui, avec des investissements record en recherche, la multiplication des alliances avec des start-up de biotechnologies et des organismes de recherche publique, faisaient de la France le premier producteur européen de médicaments et le troisième exportateur mondial. Jouissant d'un droit des brevets très contraignant favorisant l'innovation, les groupes engrangeaient d'importants profits dès la découverte d'une nouvelle molécule. En situation de monopole, ils rendaient inaccessible l'accès aux soins pour les pays en voie de développement tout en grevant les comptes des organismes d'assurance maladie dans les pays riches. Avec une conséquence grave : un médicament sur dix vendus dans le monde se trouvait être dorénavant une contrefaçon, sept sur dix dans certains pays pauvres. Les profits engendrés par les contrefaçons de médicaments étaient devenus supérieurs à ceux issus du trafic de drogue, la peine encourue par les trafiquants étant par ailleurs bien moindre. Délaissant d'un commun accord un sujet par trop polémique, la conversation se réorienta sagement sur les dernières expériences culinaires de chacun tant il était vrai que nous, Français, aimions discourir sur les mets et les vins, notamment à table. Les yeux brillaient et les visages s'illuminaient à chaque souvenir d'émotion gustative.

Nos hôtes pleins d'entrain étaient d'exquise compagnie. Toute la table suivit mon idée de laisser au chef étoilé l'élaboration de notre menu. Fut commandé un Côte de Beaune blanc d'une délicatesse rare, un Bienvenues-Bâtard-Montrachet, choisi dans une année inoubliable, 1971. Ce vin au prix à plusieurs zéros était issu d'un vignoble tout riquiqui de grand cru de Bourgogne, appellation comptant seulement douze villages. Le plus minuscule, la Romanée, évoluait sur l'équivalent d'un terrain de football et Clos Vougeot partageait ses petits cinquante hectares entre pas moins de quatre-vingt heureux propriétaires. Dans ces terres, l'élaboration d'un grand vin commençait dans les vignes et aucun assemblage de cépages n'existait ensuite dans un même vin. Tout cela induisait une réelle opposition entre amateurs éclairés de Bordeaux et de Bourgogne. Si les vins ressemblaient à ceux qui les buvaient, le raffinement bordelais s'opposait à l'élégance et à la puissance du terroir bourguignon.

En ce jour de semaine, seules trois autres tables de la jolie salle étaient occupées. Ce cadre bien léché représentait un endroit idéal pour professer de fausses promesses d'amour. Le sommelier nous présenta le nectar. À l'œil, sa robe jaune brillait comme or au soleil. Le nez révélait des notes beurrées, des arômes d'agrumes, d'écorce d'orange, de miel. En bouche, l'attaque fut franche et vive, le milieu de bouche ample, tout en opulence, élégant avec des notes de petites fleurs blanches, de tilleul, d'acacia, d'un équilibre parfait. Le bouquet final se prolongeait, fin et racé. Ce grand seigneur était un climat situé sur la commune de Puligny-Montrachet. Devant notre interrogation, le sommelier consentit à nous expliquer qu'en Bourgogne, lorsqu'on parlait d'un climat, pour cela « on ne levait pas les yeux au ciel, on les baissait sur la terre », citant joliment Bernard Pivot. Ce terme propre à cette terre datait du XIVème siècle, à l'époque des moines cisterciens, désignant ainsi une parcelle de vigne bien délimitée. Cette harmonisation du travail de l'homme et de la nature traduisait l'idée d'un héritage à la valeur universelle à transmettre aux générations futures.

Un maître d'hôtel, sec, à la calvitie en fer à cheval, amena l'entrée, un genre de beignets au foie gras. Gras sur gras, était-ce nécessaire? La réponse se trouva en bouche lorsque je dégustai une première bouchée renforçant ma conviction : à part malmener le vin, cette entrée s'avérait superlativement inutile. Je laissai le reste dans mon assiette, sans commentaire par politesse envers la puissance invitante si enthousiaste. Peine perdue! J'entendis un sonore : «Mademoiselle n'a pas aimé? ». Mademoiselle était déjà une appellation insupportable dès lors qu'une femme avait dépassé les douze ans. Je formulai sèchement un «non» sommaire. Mais, aussi subtil qu'un marteau, le bougre insista en m'expliquant doctement que, novice que j'étais, je ne savais pas déguster ce mets : il eut fallu faire fondre le beignet en bouche sans croquer dedans. Il devait éclater sous le palais tel un berlingot. Excédée, je lui fis signe que cela suffisait et qu'il pouvait débarrasser. Il me regarda alors, extatique, et ses yeux ressemblaient à ceux d'un lapin devant un cobra, avant de condescendre à s'éloigner d'un pas martial. Lorsque le chef surjouait, cela donnait des plats qui étaient à la gastronomie ce que les peintres pompiers restaient à la peinture. Pas de crime plus grave que d'ennuyer son prochain dans un tel lieu.

La suite fut absolument délicieuse, viande tendre et arômes absolus. Une harmonie hautement maîtrisée des saveurs. Des plats comme des éclats d'intelligence. La conversation à table s'animait, écran onctueux et joyeux de banalités destinées à passer agréablement le temps. Produire des mots et consommer de nouvelles saveurs étaient source de vie. Le partage s'avérait toujours exquis. Un seul problème : le sommelier, se fichant comme de son premier tire-bouchon de notre bouteille de vin millésimé, l'avait placé à dix mètres de notre jolie table ronde et nos verres restaient vides depuis plus d'un quart d'heure. Alors, hop, debout, je décidai de faire le service! Dans ce genre d'établissement, trois fautes restaient trois de trop et je me sentais tout à fait capable de résister au terrorisme contemporain des chefs, sommeliers ou maîtres d'hôtel. Lorsqu'un chef se retrouvait si étoilé, la gastronomie proposée ne pouvait se cantonner au savoir-faire, il y fallait l'excellence et surtout l'envie du partage. Après le suicide de Bernard Loiseau, d'aucuns s'étaient un temps interrogés sur ces cuisiniers, tous autant décorés que des maréchaux soviétiques, devenus de véritables stars des médias. Beaucoup d'entre eux semblaient oublier que l'essentiel n'était pas les honneurs, mais le bonheur des clients. La cuisine devait consacrer l'ardeur et l'amour du métier et rester un amusement même dans la transcendance. Le narcissisme et l'arrogance n'y avaient pas leur place.

Le dessert arriva superbe, raffiné et généreux, un soufflé chaud au caramel amer, avec de délicats morceaux d'orange, moelleux comme un nuage. Saviez-vous que le soufflé était une invention déjà servie à la Pompadour au début du XVIIIème siècle? Il ne s'essayera cependant au sucré qu'entre les mains d'Antonin Carême**, cuisinier des rois et roi des cuisinier, livrant une version glacée au kirsch que l'on dévora à la cour d'Angleterre. En 1873, dans *Le Grand Dictionnaire* de cuisine, Alexandre Dumas recensait une dizaine de soufflés : au faisan, aux mandarines, au fromage, à la pomme de terre, à la reine, etc. Rares étaient les plats dont l'histoire était si étroitement liée à celle de la cuisine française. Quant à nous, nous avions tous dans notre assiette un vrai délice aux parfums francs. Puis, une porte s'ouvrit et le chef, comme le voulait la coutume, fit le tour des rares tables occupées et omit intentionnellement la nôtre. Mauvais joueur : lorsque le chef pense être roi, ses clients ne sont plus que des sujets. Mais, jadis, Carême faisait déjà sa diva. Il nous restait le délice de savoir que nous étions des enfants gâtés parce qu'on avait tout pour être heureux et qu'on ne l'était pas tout à fait. Ce beau lieu —car c'était un très bel endroit— s'appelait L'Espérance.

*Désormais, si ce genre de cadeaux que les laboratoires octroient aux médecins ne sont pas interdits, (non, non, non!) les laboratoires, dès 10 euros, doivent théoriquement déclarer la moindre offrande. Dans les avantages illicites, on trouve notamment les cadeaux et les frais de bouche. Les avantages consentis peuvent être des rémunérations pour des conventions, par exemple.
Tout est visible sur le site : www.transparence.sante.gouv.fr

** Après avoir parcouru, dix ans durant, l'Europe des puissants, assouvissant leur faim de fêtes et leur soif de vanité, Carême rentre au service de James de Rothschild en 1823. Il lui doit sa rencontre avec Rossini, passionné de cuisine. Ainsi créèrent-ils des recettes à base de truffe — que le maestro adorait —, notamment la salade Rossini et le fameux tournedos Rossini, un des rares vestiges de la cuisine de palace.

***Le restaurant, muni d'une troisième étoile en 1983, fut rétrogradé à deux étoiles par le guide Michelin en 1999 puis mis en liquidation judiciaire et définitivement fermé en 2015. Le chef autodidacte est décédé en 2020.

La Madrague

Ma Madrague se situe à Alger. J'avais découvert cet endroit délicieux lors du voyage historique de Jacques Chirac en Algérie en 2003. Des milliers d'Algériens en liesse avaient alors accueilli celui qui entamait la première visite d'État d'un président français en Algérie depuis l'indépendance en 1962. Chirac avait profité de cette occasion pour réitérer son opposition à une guerre en Irak. Situé à quinze kilomètres à l'ouest d'Alger, à proximité du Club des Pins et de la forêt de Bainem, le port d'El Djamila, La Madrague, abritait un vivier de restaurants, de petites plages de sable et de rochers. Ma première escapade eut comme cadre Chez Sauveur, restaurant mythique, renommé pour ses poissons, ses crustacés et ses sauces pimentées. Le lieu, alors sauvage, était accessible par des marches jusqu'à un promontoire permettant d'accéder au restaurant. La vague battait les rochers et la mer clapotait autour des bateaux de pêche. Claude Chirac m'avait devancée le premier soir où je m'y étais rendue avec deux confrères de la presse régionale. Le charme désuet du lieu attirait toujours les Algérois en nombre.

J'aimais la Méditerranée avec sa lenteur, ses odeurs sucrées. Depuis sept ans, je me rendais professionnellement dans la capitale algérienne chaque automne lorsque l'été brûlant s'était estompé. La lumière était alors douce, la clarté tranquille. Ici, personne ne courait. Pour aller où ? Certes, au fil des années, j'avais vu les têtes nues ou les jolis foulards à fleurs des filles se remplacer par des voiles. Mais je savais que beaucoup d'entre elles ne désirait qu'avoir la paix. Ainsi, le port du voile n'était pas ici forcément synonyme d'appartenance à un mouvement radical même si la religion constituait peut-être pour les Algériens le seul pilier immuable. De sa pluralité originelle et de ses métissages méditerranéens, la culture algérienne s'avérait résolument multilingue et ouvertement multiculturelle. L'Algérie demeurait de fait une terre de confluences et d'entrelacs culturels et, si les islamistes gagnaient là aussi du terrain, c'était uniquement parce que le pays avait depuis peu pactisé avec le diable.

Ma rencontre avec Khalida Toumi, alors ministre de la Culture, ancienne grande militante, fut intéressante dans ma compréhension de ce pays. « La culture, pour un peuple, c'était sa façon particulière d'être au monde et dans le monde. » Lorsqu'on voulait découvrir un territoire, il convenait de s'approprier cela. Ainsi, elle m'avait si bien décrit le combat de l'indépendance, le rôle des femmes algériennes et les horreurs que l'Algérie, dans une indifférence internationale générale, avait subies dans les années 90. Après 132 ans d'une colonisation qu'elle jugeait « destructive, acculturante et déstructurante », — excusez du peu — sept ans et demi d'une guerre de libération meurtrière, le peuple algérien n'avait connu que trente années de paix. Il avait dû résister, seul et dans l'adversité, à plus d'une décennie de terrorisme intégriste. Mes confrères qui pensaient que le printemps arabe, telle une tempête de sable, serait importé ici ne connaissaient pas ce pays et les leçons de son histoire. On assistait à un cloisonnement inédit des mémoires. Leur printemps à eux s'était déroulé en 1988 et avait abouti à l'arrivée des fondamentalistes... Illusoire donc.

L'acteur Roger Hanin chérissait profondément l'Algérie. Conformément à ses dernières volontés, il avait été enterré en mars 2015, face à la mer, dans sa ville natale d'Alger près de son père. Quelques dizaines d'amis d'enfance étaient alors présents au cimetière israélite Saint-Eugène, comme une mémoire rendue à ses éclats de rire ensoleillés. Dans un monde dévasté par l'intolérance religieuse, ce retour constituait un grand message pour nous tous. Aussi, j'avais tenu à me rendre à *Bologhine* dans le cimetière chrétien où se trouvait le carré juif. Les tombes, bien entretenues au milieu des cyprès, se trouvaient en contrebas de la belle cathédrale Notre-Dame d'Afrique dédiée à la Vierge Marie. La présence des Juifs était attestée depuis le début du XIIIème siècle à Alger. De nos jours, la communauté juive d'Algérie restait très difficile à chiffrer, environ quelques centaines de membres pratiquant leur foi dans la plus grande discrétion. Pour se protéger, aucun indice ne les distinguait de la communauté musulmane, certaines femmes juives portant même le voile. Ils partageaient avec leurs frères arabes, le ciel, la mer, la terre, les joies et les tristesses. L'Algérie appartenait à tous les Algériens, mais il ne fallait pas trop le dire dans ce pays devenu, peut-être par notre faute, palimpseste.

Dans le cadre d'un dossier économique Algérie-Union européenne, mon travail consistait, chaque année, à interviewer une dizaine de ministres et, même si la situation sécuritaire s'était considérablement améliorée depuis la fin de la décennie noire et, si Alger bénéficiait d'un dispositif antiterroriste très développé, un chauffeur sécurisé m'était imposée. Ce sosie de Thierry Ardisson se prénommait Yacine. Il avait travaillé auparavant dans le cinéma — son oncle était le producteur du film *Chouchou* — et était devenu, au fil du temps, un grand ami. Il fallait avouer qu'au vu des embouteillages épouvantables que nous subissions dans la capitale algérienne, je passais plus de temps avec lui qu'avec aucun membre du gouvernement. Au troisième séjour, totalement cooptée, j'avais fait connaissance de sa femme, Nassima, que tout un chacun aurait pu prendre pour une Française si ce n'était sa grande maitrise de la cuisine algérienne. J'avais ainsi été invitée dans leur maison, située dans une banlieue chic de la capitale, pour déguster un plat de Biskra, la *chakh choukha*, un pur délice. Un plat long à préparer, avec une pâte très fine coupée en petits carrés, une vraie sauce aux oignons et tomates, des pois chiches bien sûr, des pommes de terre, des courgettes, le tout accompagné de beaux morceaux de viande fondants. Une cuisine du partage, généreuse et colorée. Il restait toujours important, dans un pays étranger, de se rendre chez l'habitant. Comme beaucoup d'Algérois, mes amis plébiscitaient les chaînes de télévision française, notamment Canal+ et les chaînes d'info continue qui leur permettaient de vivre en direct toute l'actualité. Ils connaissaient bien mieux les méandres de la politique française que certains de nos concitoyens.

J'aimais me rendre à la villa de style hispano-mauresque abritant la chancellerie diplomatique française. Érigée au XVIIIème siècle, ce bel endroit fut célébré par le père de Georges Feydeau, Ernest, archéologue et écrivain : «Une maison massive, presque sans fenêtres, aux murs tout blancs, dont le pied est caché par des touffes de caroubiers, et qui commande un vaste espace de terrain mamelonné coupé de haies d'aloès». L'empereur Napoléon III et Alphonse Daudet y séjournèrent. À l'intérieur, le grand patio donnait sur deux étages décorés de carreaux de faïence à décors floraux, dans les tons bruns, jaunes et bleus. Dans le bureau de notre ambassadeur, j'avais photographié un tableau de Baya dont l'univers merveilleux servait dorénavant de fond d'écran à mon ordinateur. Cette artiste algérienne d'origine kabyle dut beaucoup à la France. Une certaine Marguerite Caminat, installée à Alger, s'occupa d'elle dès 1942. Dans ce foyer d'amateurs d'art, Baya reçut du papier, des crayons de couleur, de la gouache ou de la glaise pour exprimer son talent. En 1945, un ami de la famille, le sculpteur Jean Peyrissac, la présenta ainsi à Aimé Maeght, de passage en Algérie. Ce dernier lui organisa une exposition dans sa galerie deux ans plus tard. Georges Braque, Christian Bérard, François Mauriac se précipitèrent devant les œuvres réalisées par cette femme-enfant de seize ans ne sachant ni lire ni écrire. Un an après, Baya réalisera des terres cuites à Vallauris remarquées par Picasso. Celle qui fut adoptée par le milieu surréaliste nous entraînait dans un univers merveilleux plein de couleurs riches et franches, de femmes fleurs, de reines oiseaux, de princesses, d'oiseaux et de chimériques créatures.

Bien des signatures prestigieuses avaient décrit Alger : Camus, Gide, Montherlant, Fromentin, Daudet, Maupassant, mais aussi moult peintres, de Dinet à Delacroix, venus chercher les éclats étincelants des lumières particulières de la ville blanche. Chacun de ses quartiers possédait son histoire, de Belcourt à Saint-Eugène, d'El-Harrach à Bouzareah, du Front de mer à Bab-El-Oued, de la Grande Poste à la Casbah. Si Hydra et Soustara vibraient sur des mélopées différentes, ils partageaient les mêmes passions, les mêmes déchirures. Quelques-uns de mes nouveaux amis algériens avaient été, un temps, persuadés que le communisme était l'ordre nouveau. Certains s'étaient alors rapprochés du PAGS — le parti qui avait succédé au PC algérien — et d'autres avaient milité pour la cause berbère. Si les Kabyles avaient été parmi les premiers à revendiquer leur identité propre dans une Algérie multiple, notamment en défendant leur langue un peu comme nos Corses ou nos Bretons, la question n'était pas totalement réglée. Mes nouveaux amis gardaient en commun le refus du défaitisme, des solutions illusoires et surtout un bel appétit de la vie et le sens du partage. L'hospitalité légendaire des Algériens était réelle.

La nuit, du balcon de ma chambre à l'hôtel El Aurassi où je séjournais, les lumières des navires dans la baie concurrençaient les étoiles. J'aimais les ports avec leurs conteneurs colorés, leurs grues monumentales, leurs bateaux en partance. Avec une zone de pêche évaluée à neuf millions et demi d'hectares et un littoral de 1 200 kilomètres, riche en ressources halieutiques de toutes sortes, l'Algérie représentait un paradis pour les amateurs de poissons. Dès que mon emploi du temps le permettait, Yacine m'amenait déjeuner au Poséidon, un restaurant de la Madrague tenu par un ami. D'une année à l'autre, les serveurs me reconnaissaient et m'accueillaient avec enthousiaste. J'étais devenue une habituée. Sur la terrasse couverte, nous commencions rituellement par déguster une *méchouia* avec le pain cuit au feu de bois. Le soleil s'abîmait en mer et la lumière dorée transfigurait des plats simples. C'était juste épatant de se retrouver face à un goût originel, presque insolite : des sardines toutes nues juste passées au grill. Contrairement aux aristocrates français, elles gardaient ici leurs têtes. Les cuisiniers maniaient les poissons au-dessus du feu avec de grands gestes orientaux. Nous mangions les petites sardines à la main, une joie enfantine nous enveloppait et, malgré la simplicité des lieux, nous avions droit à un vrai rince-doigt. Ces poissons-là évoquaient la liberté.

Puis arrivait le plat de crevettes pêchées le matin même et nous frétillions de bonheur. Une sauce tomate toute parfumée les recouvrait. D'une finesse incroyable, elles bénéficiaient d'une cuisson parfaite. Un délice. La saveur des riens quotidiens. La bonne humeur méditerranéenne. La suavité de l'odeur du feu de bois. Nous n'avions déjà plus faim et voilà qu'entrait la vraie, la seule, l'unique, la véritable reine des crustacées. De la langouste, oui, pas du homard qui détestait l'eau chaude et que vous ne trouverez donc pas en Algérie. De toute façon, les homards et langoustes n'étaient pas du tout cousins. Les écrevisses étaient bien plus proches des homards que ne le seront jamais les langoustes. L'explication tenait aux pinces. Et ceci n'était pas un détail, car, point de pince, point de défense. Pour le homard, tout allait bien, mais la pauvre langouste devait être mille fois plus débrouillarde. Elle n'en avait pas l'air comme ça, mais c'était un animal très sociable alors que le homard restait un indécrottable solitaire. La valeureuse langouste aimait la chaleur et là voici arrivant sur la table ! À peine grillée, la belle chair particulièrement savoureuse s'évanouissait à chaque bouchée nous ensorcelant. Nous entendions au loin les lames qui déferlaient en rythme assourdi. Akli, le patron, venait s'asseoir à notre table, nous proposait mille desserts, insistait et j'arrivais non sans mal à le convaincre que juste un thé à la menthe me conviendrait. Et nous refaisions le monde.

À lire :

- L'Algérie à l'épreuve du pouvoir d'Hervé Bourges, Grasset, 1967
- La gangrène et l'oubli, la mémoire de la guerre d'Algérie de Benjamin Stora, La Découverte, 1991
- Mon Algérie de Sébastien Cailleux, Nouvelles Éditions de l'Université, 2005
- La guerre d'Algérie, ouvrage collectif Benjamin Stora et Mohammed Harbi, Éditions Robert Laffont, en poche, Hachette Littérature, 2006
- Alger la Blanche, biographie d'une ville de Salah Guemriche, Éditions Perrin, 2012
- Printemps de Rachid Boudjedra, Grasset, 2014

La méchouia d'Alger la blanche

Voici l'une des entrées les plus populaires en Algérie, appelée également felfla, hmiss, slata mechouia. Une recette simple, rapide évoquant l'âme méditerranéenne du plus grand pays d'Afrique.

2 poivrons verts et 2 poivrons rouges
1 tomate et 2 gousses d'ail
Huile d'olive

Rappelez-vous ce matin il faisait déjà si chaud que vous avez décidé de sauter le déjeuner. Et voilà qu'une petite faim surgit.

Alors, faites vite griller les poivrons et la tomate au four. Puis retirez leur peau ainsi que les pépins et laissez égoutter dans une passoire.

Chauffez l'huile d'olive dans une poêle, faites-y revenir l'ail émincé, ajoutez la tomate coupée en petits morceaux.

Laissez sur le feu quelques minutes en remuant de temps en temps. Puis ajoutez les poivrons coupés en tout petits morceaux, salez et poivrez.

Faites encore mijoter durant 20 minutes en remuant de temps en temps. Servez froid dans de petites soucoupes.

À déguster à l'ombre des arbres, alors les pastilles de soleil se poseront sur le pain croustillant sur lequel vous avez mis un peu de méchouia. Le bonheur simple d'un après-midi de farniente.

Les crevettes à l'algérienne

La crevette fait partie des trois produits de la mer les plus commercés dans le monde avec le thon et le saumon. En Algérie, c'est l'une des stars à l'exportation notamment vers l'Espagne et d'autres pays de l'Union européenne.

1 kg de crevettes fraîches de la Méditerranée
3 tomates coupées finement
1 cuillère de concentré de tomate
1 tête d'ail
1 cuillère à café de cumin
1 cuillère d'harissa
2 paquets de safran
Huile d'olive
1 verre d'eau
Persil plat ou coriandre haché(e)

Regardez : le soleil filtre à travers les fenêtres biseautées. C'est l'heure d'aller au marché.

Une fois revenu(e), nettoyez les crevettes en enlevant la tête et les petites pâtes. Laissez-leur leurs queues.

Faites revenir dans l'huile tous les ingrédients sans le persil ou la coriandre.

Ajoutez un verre d'eau et laissez mijoter 15 mn à feu doux jusqu'à réduction de la sauce.

Versez les crevettes que vous ne laisserez cuire que 8 mn.

Servez-les parsemées de persil ou de coriandre fraîche.

Cela vous convient-il ?

Déjeuner insolite rue Raynouard

Ce côté du bas seizième, de ruelles en jardins, de villas en hameaux, regorgeait d'asiles de calme et de verdure tels que l'hôtel particulier où je fus convié par un voisin de mon hameau Michel-Ange, l'écrivain Edgar Reichmann, également ami du propriétaire. De l'entrée située rue Raynouard, la maison demeurait invisible. On y accédait par un escalier de pierre escarpé, aux murs ruisselants de lierre. Une fois poussée la lourde porte verte un peu vermoulue, apparaissait un jardin quelque peu en friche abritant un coq, une brouette, un vieil arrosoir et quelques chaises hétéroclites. Des dahlias — de ce rose Tiepolo dont se remémorait Proust — et autres belles de jour étaient disséminés parmi les plantes volubiles. Notre hôte se tenait sur le perron, les mains dans sa robe de chambre. Il était un peu plus de treize heures et nous étions attendus pour déjeuner.

Par la porte-fenêtre ouverte, nous apercevions le couvert mis sur une immense table sur laquelle une poule s'employait à picorer les miettes d'un pain fraîchement coupé. Tout semblait irréel : de la toile cirée au lustre en cristal qui faisait tinter ses pendeloques au moindre courant d'air, de l'argenterie somptueusement délaissée au pot de caviar posé là comme une simple boite de sardines, des verres à moutarde à la bouteille de Château Margaux 61, des excréments de volatiles sur le sol de marbre rose aux tableaux de maître. Nous bûmes l'apéritif dans la grande bibliothèque aux vastes canapés grenat un peu fanés pendant que notre hôte, Sacha, faisait des allées et venues vers la cuisine adjacente, une cuillère de bois à la main, la coupe de champagne dans l'autre tout en devisant. Il nous expliqua avoir banni radio et télévision de sa demeure et qu'ainsi la stupidité du monde ne pouvait plus l'atteindre. Musique et livres étaient définitivement ses seuls compagnons. L'idée me sembla sympathique.

Notre hôte, en bon descendant de Russes blancs, déclara préparer de la *kacha** et je m'entendis lui demander ce que c'était. Les explications fusèrent, des graines de sarrasin grillées puis bouillies, certes, mais aussi bon nombre d'expressions : dire de quelqu'un qu'il avait la kacha dans la bouche, cela signifiait qu'il parlait d'une façon incompréhensible. Si une personne avait la kacha dans la tête, ses propos étaient confus. Si vos chaussures avaient besoin de kacha, il fallait courir les faire réparer. Et, en affaires, « débrouiller la kacha » consistait à déployer beaucoup d'efforts pour inventer les bonnes solutions face à des difficultés multiples. Kacha, kacha, kacha ! Nous portâmes un toast et je crus me rendre intéressante en levant mon verre et en prononçant *Na zdaróvye* ! Notre hôte éclata de rire et m'apprit qu'aucun Russe ne prononçait cette expression uniquement utilisée par les étrangers voulant faire croire qu'ils parlaient russe, ou bien dans les films où des acteurs tout autant étrangers jouaient le rôle de Russes. On pouvait à la rigueur dire : *Na mir na drojba !* A l'amitié ! Plus perfidement, avec son excellent français, il me rappela un code de bienséance strict et facile à retenir : on ne trinquait jamais. Il précisa une règle un peu datée. Lorsque le maître de maison servait le vin, on pouvait à la rigueur lever son verre. Lorsque c'était un domestique, il convenait de rester de marbre. Aldous Huxley écrivait que l'Ouest allait vers la crise en Rolls Royce, et les Russes en tramway. Il restait en conséquence aux Russes en tramway quelques valeurs datant du début du XIXème siècle. Sur ces précieux conseils, nous passâmes à table, mangeâmes le beluga à l'aide de cuillers en ivoire à la propreté douteuse, bûmes un des meilleurs vins du monde en dégustant un bœuf Stroganoff malheureusement pas assez cuit. Mais le paprika embaumait et ce plat était servi à la russe, avec la fameuse kacha et des cornichons au sel, des concombres *malossol* donc. Si le terme cornichon n'existait pas en langue russe, on ne soulignera jamais assez l'importance de ce condiment, dont le jus restait à ce jour vanté comme le meilleur remède à la gueule de bois.

Je me souviens que ce qui rendait cette journée encore plus théâtrale était dû à un accident de voiture qui m'avait valu un traumatisme crânien quelques semaines auparavant (et une arrivée à l'hôpital en même temps qu'un homme ayant fait l'objet de tirs nourris, si bien que sa civière, munie de la même couverture dorée que la mienne, mais de laquelle coulait plein de sang, me doubla, genre Tex Avery, à toute vitesse). Bref, je portais minerve et, surtout perruque, car je ne pouvais momentanément pas me rendre chez mon coiffeur. Ce postiche en cheveux naturels, pourtant indécelable, suffisait à m'imaginer en représentation. Et il fallait bien avouer que nous étions un peu au théâtre. Sacha avait la conversation exaltée, l'amitié fidèle, la générosité vraie. Il nous parla de la *Rodina* qui traduisait pour chaque Russe l'amour inconditionnel qu'il vouait à son pays, à la terre natale de ses ancêtres *Poust Kougé, da naché*, bonne ou mauvaise, c'est ma patrie, proclamait un général russe devant l'avancée napoléonienne. Notre hôte se sentait dans le même temps totalement Français et portait au pinacle notre littérature. Un coup de vent ouvrit la porte-fenêtre en grand et le lustre à pampilles se balança doucement. Au-dessous, les conversations ondoyaient agréablement.

Le courant d'air frais me fit emprunter la veste d'Edgar et chercher désespérément les boutons. Alors que les manteaux et les chemisiers pour femmes avaient les boutons placés à gauche, vous n'avez pas manqué d'observer que c'était l'inverse pour les hommes. Cette pratique vestimentaire remonterait au XVème siècle, à l'époque où des servantes majoritairement droitières habillaient les femmes d'un certain rang. En revanche, les hommes s'habillaient seuls, leurs valets de chambre n'intervenant que dans la préparation des vêtements. Ces messieurs se devaient de pouvoir à loisir dégainer leur épée, et, pour ce faire, leur main droite devait être ni engourdie ni gelée. Tel Napoléon, ils la plaçaient sous le pan gauche de leur manteau qui devait ainsi se boutonner de gauche à droite. Mais quelle femme se faisait, au XXIème siècle, habiller? Pourquoi ne changions-nous pas cette règle devenue stupide? Mystère, alors que nous vivions dans un monde où l'élégance n'avait guère de place et où le fonctionnel et le confort régnaient en maître.

En guise de café, nous dégustâmes une liqueur de cassis. Pour l'accompagner, notre hôte nous offrit des havanes, et, de concert, nous déshabillâmes la bague puis pratiquâmes une incision franche en cercle. Mon regard se posa sur ses mains. Elles étaient couvertes de taches de rousseur comme celles que je dessinais au feutre sur mes pommettes alors que j'oscillais entre enfance et adolescence. Je raffolais alors des éphélides et me ruinais en feutres marron pour tenter de les reproduire sur ma peau tendre. Le chemin vers l'indépendance était pavé de nombreuses interrogations, n'est-ce pas? Nous plongions dans une douce torpeur. Je chauffais le pied de mon cigare à la flamme d'une longue allumette avant de l'approcher de mes lèvres. Des volutes se formèrent avec une pensée pour le grand Gainsbourg ** :

«Dieu est un fumeur de havanes.
Je vois ses nuages gris
Je sais qu'il fume même la nuit
Comme moi ma chérie»

Là, se situait l'art de vivre : des noms comme Bolivar, Cohiba, La Flor de Cano, El Rey del Mundo ne pouvaient que nous entraîner au voyage. Au mur, les portraits des ancêtres semblaient hilares. La verrerie des bibelots, la nacre des miroirs, la dorure des moulures, l'argent des plateaux ciselés, le laiton des aiguières, la soie des tentures, tout concourait à une merveilleuse extravagance. Un rayon de soleil inquisiteur passait à travers les vitres sales déposant un halo de lumière sur le cristal de mon verre rubis.

Vaillantes, des anthémis s'étalaient exagérément des deux côtés de la fenêtre, essayant d'étouffer les premiers asters mauves qui luttaient en petits nuages légers. Le temps s'était arrêté.

* La kacha convient au régime sans gluten. Appelé à tort blé noir, le sarrasin grillé n'est pas une céréale, mais fait partie de la même famille que la rhubarbe et l'oseille : les polygonacées. Bourrée d'antioxydants, source incroyable de protéines végétales, dotée d'acides aminés essentiels, la kacha est également riche en fibre et en vitamines et permet en outre de réguler le taux de mauvais cholestérol dans le sang.

** Paroles et Musique : Serge Gainsbourg, 1980, du film « Je vous aime » duo : Serge Gainsbourg avec la non moins grande Catherine Deneuve.

Le bœuf Stroganoff

Sachez qu'en boucherie le terme bœuf est générique et regroupe aussi bien, la génisse que la vache laitière. Un peu machiste ? Toujours est-il que le bœuf Stroganoff, né en Russie au 17ème siècle, eut comme zélé laudateur Marcel Proust qui appréciait spécialement celui du restaurant parisien Vatel.

Voici les ingrédients pour 5 personnes par temps de frimas :
1 kg de bœuf à mijoter
250 g d'oignons finement hachés
400 g de champignons de Paris émincés
1 verre de bonne vodka russe
½ litre de fond de veau
1 petite boite de concentré de tomate
20 cl de crème aigre ou l'équivalent de crème épaisse avec le jus d'un citron si vous ne trouvez pas de crème sure
Beurre, huile, sel, poivre et plein de paprika

Coupez la viande en cubes puis salez, poivrez et roulez la viande dans plein de paprika, l'aromate culte d'Europe centrale. Faites mariner au moins une heure.
Profitez-en pour ouvrir la bouteille de vodka, servez-vous un verre et réservez en un second pour la recette. Remettez la bouteille au congélateur.

Chauffez un peu d'huile dans une poêle et saisissez rapidement les oignons et les champignons jusqu'à ce qu'ils soient dorés avec une pincée de sel. Réservez.

Ajoutez un peu d'huile et de beurre dans une sauteuse, faites revenir à feu vif les morceaux de bœuf afin qu'ils soient juste saisis. Baissez le feu.

Ensuite, arrosez avec un verre de vodka et laissez réduire. Et hop ! Flambez sans faire mettre le feu à la cuisine...

Puis, versez le fond de veau et le concentré de tomate. Mélangez de temps en temps. C'est bien. Vous méritez un autre verre de vodka, ils sont si petits...

Au bout de deux heures, prélevez une tasse de bouillon de cuisson et laissez refroidir de côté. Poursuivez la cuisson pendant 2 heures 30 à feu doux.

Vous avez droit à un dernier petit verre. Allez ! Remettez la bouteille de vodka au congélateur.

Ajoutez la tasse de bouillon mêlé à la crème, les champignons et les oignons. Laissez mijoter 10 minutes en allongeant à l'eau la sauce si nécessaire (ou remettez de la crème, c'est vous qui voyez !). Le résultat doit être onctueux.

Dégustez ce plat avec de la *kacha* si vous en trouvez ; au pire, accompagnez-le de pommes de terre vapeur.

« J'aime cuisiner avec de la vodka, parfois j'en mets aussi dans les plats » proclamait un ami moscovite.

Vous l'aurez compris : ce n'est pas un plat pour les enfants.

On devient vite accro : si vous en faites chaque semaine, ne le dites pas à votre cardiologue.

Si vous avez fini la vodka, ne lui dites pas non plus, et téléphonez vite à un de vos invités : pas de fleurs ce soir, une bouteille de *Stolichnaya Cristall* !

Entre jungle et vie

Du hublot, nous apercevions un long rectangle posé du nord au sud avec, sur le côté à droite, El Centro, qui accueillait la plus grande concentration de sièges d'entreprises et paraissait bien décentré face à la célèbre baie. La veille au soir, à cinq jours de Noël, nous avions décollé du pavillon d'honneur de l'aéroport d'Orly pour Rio de Janeiro, ville aussi changeante que le cours du réal. Par une journée sucrée comme un cocktail tropical, la presse accréditée atterrissait avec les chefs d'entreprises et la sécurité élyséenne pour le Sommet Union européenne-Brésil couplé à une visite officielle du Président Nicolas Sarkozy et de la Première Dame. Après dix mille kilomètres, nous étions dans la place, un jour avant l'avion présidentiel qui, outre trois ministres et deux secrétaires d'État, acheminait les chefs d'état-major, les conseillers de la présidence et les deux invités personnels du président, Charles Aznavour et Christine Ockrent. Ne me demandez pas la légitimité d'un tel choix sous les trompettes républicaines, je n'en sais toujours rien. Le drapeau brésilien s'en moquait et flottait avec, dans son bandeau, la devise du philosophe Auguste Comte «Ordre et Progrès». Il s'agissait d'une histoire ancienne entre nos deux pays. L'année suivante allait être celle de la France au Brésil.

À Rio, par ailleurs la ville la plus francophile et la plus francophone du Brésil, nous allions loger au Sofitel Copacabana idéalement situé sur la plage éponyme, à proximité d'Ipanema et face au célèbre Pain de Sucre. Chambres avec vue panoramique sur la baie, deux piscines, un héliport juste en face et, cerise sur la *fejoada,* l'une des tables les plus renommées du Brésil, Le Pré Catelan, qui, sous la houlette du chef stéphanois Roland Villard, avait été élu l'un des dix meilleurs restaurants d'hôtels du monde. Tout le long, la promenade piétonne était bordée de bars, de kiosques et de restaurants. Des vendeurs ambulants proposaient des boissons, des glaces, des hamacs, des bracelets, des bijoux et autres bibeloteries en tout genre. Sur la plage, nuit et jour, les Cariocas jouaient au beach-volley quand d'autres dépouillaient les touristes, deux des sports les plus populaires sur Copacabana. Sur la gauche, le Corcovado, le bossu en portugais, trônait avec, à son sommet, une statue du Christ de trente-huit mètres de haut.

Le dimanche, nous avions quartier libre. Le hasard fit que je me retrouvai, seule journaliste, avec un petit groupe de conquérants, des têtes de promo prestigieuses, des décideurs qui décidaient, puisque PDG de grandes entreprises françaises. Un expatrié nous proposa de visiter le *Sambódromo,* une avenue unique au monde longue de sept cent mètres, toute bordée de gradins et de tribunes. Conçue par Oscar Niemeyer dans le seul but de faire défiler les écoles de samba, elle accueillait des dizaines de milliers de spectateurs lors du festival, le plus souvent au mois de février. Dans ce stade à ciel ouvert, le plus grand carnaval du monde n'était pas de la gnognotte avec plus de 30 000 participants, 15 000 personnes pour l'organisation des défilés et 3 000 accréditations pour la couverture médiatique. Avouez que ce n'était pas rien.

Dans ce contexte, la répétition d'une de ces grandes écoles de samba devenait un spectacle incontournable. Chaque parade costumée se transformait en fête hédoniste et colorée, avec musiques survoltées, chars géants, percussions envoûtantes et danseurs surchauffés. Au cœur du cortège chatoyant, l'orchestre, constitué uniquement de percussions, comptait plus de deux cents musiciens jouant sous la protection d'une marraine, la reine de la batterie, à la plastique irréprochable et aux talons mêmement interminables que ses cils. Les costumes somptueux, aussi lourds en poids qu'en investissement, se composaient de plusieurs kilos de taffetas, de velours, de strass et de plumes créant de vastes mouvements chamarrés. Tout était ici démesuré, les paillettes, les pompons, le sequin, et tout brillait de mille feux. Pour survivre aux lumières clinquantes et aux sons démesurés, nous prîmes des *batidas*, cocktails à base de *cachaça,* de jus de fruits et de sucre dont la plus célèbre, la fameuse *caïpirinha*, se concocte avec du citron vert. D'autres buvaient des bouteilles de bière *Antarctica Original* servie presque congelée. Nous mesurant aux danseurs de samba, nous dansions sans crainte du ridicule, une notion du reste totalement étrangère aux Cariocas. Dans cette terre de contraste, la musique et la danse épousaient férocement l'art de vivre se jouant du matérialisme et du mysticisme, tout comme du christianisme et des transes des dieux d'Afrique.

En cette fin d'année 2008, Nicolas Sarkozy approfondissait le partenariat Brésil-Union européenne en sa qualité de président en exercice du Conseil de l'UE, mais n'oubliait pas pour autant nos intérêts. Lula avait alors la côte. Cet ancien métallo, syndicaliste icône des classes populaires, présidait aux destinées du Brésil depuis cinq ans. Dans un pays où 10 % des plus riches se partageaient presque la moitié des richesses, l'élection de ce politique des pauvres à l'allure de pâtre grec avait suscité un immense espoir. Il incarnait le mythe de la lutte des gens ordinaires pour la justice, la dignité et l'intégration sociale. Portant haut la marque de l'ouvrier, de *l'homo faber,* il affichait quelques doigts en moins, une éloquence de tribun et un embonpoint naissant. Nos accords bilatéraux concernaient, en vrac, l'énergie nucléaire, la biodiversité, le changement climatique, l'espace ou encore la coopération scientifique et culturelle. Les plus médiatisés furent les contrats militaires pesant six milliards d'euros, montant supérieur à l'ensemble des exportations d'armes françaises dans le monde l'année précédente. « Il faut que le Brésil assume la grandeur que Dieu lui a concédée lorsqu'il créa le monde » avait, sans rire, commenté le président Lula. Une manière de démentir cette citation apocryphe attribuée au général de Gaulle en 1964 : « Le Brésil est le pays de l'avenir et il le restera ».

Le soir avant notre départ, après nous être enivrés de samba et de culture urbaine, de soleil et de caïpirinha, le chef avait prévu une croisière sous forme de menu gastronomique amazonien, avec la promesse d'une immersion multicolore et la découverte de produits aussi inconnus que savoureux. L'Amazonie se situait, dans nos rêves, au niveau de Zanzibar ou de Pondichéry. Des noms qui peuplaient notre imaginaire. On se projetait dans l'univers du chef indien Raoni, dans la défense d'une jungle remplie de palmiers démesurés, d'orchidées sauvages, d'arbres géants, de lianes grimpantes, de crocodiles menaçants, de grosses tortues de rivière, de singes crieurs, d'aras multicolores, de toucans à bec rouge, au milieu d'ocelots, de tapirs, d'anacondas, de dauphins roses et de jaguars. Ce territoire immense, plus de cinq millions de kilomètres carrés, regorgeait de variétés quasi infinies de fruits, de légumes, de plantes et de poissons.

Notre traversée du fleuve indigène commença par une brandade de *tucunare* au lait de noix de coco, un poisson noble paré de jolies couleurs à la chair très fine, accompagné d'une crêpe de *beiju* de tapioca, farcie à la cigale de mer et aux cœurs de palmier frais. Vous connaissez le tapioca, et bien, si vous éparpilliez cette farine de manioc sur une plaque bien chaude, elle coagulait en formant une pâte, le fameux *beiju*. Quant à la cigale de mer, ce crustacé décapode dont la chair ne devait rien à la langouste, vous la trouverez dans tous les océans et les mers chaudes. Dépourvue de pince, immédiatement reconnaissable à ses antennes élargies formant deux palettes sur l'avant de la tête, elle jouait la timide durant la journée et sortait plus volontiers la nuit pour aller chercher sa pitance.

Je porte également en haute estime le crabe. Le plus souvent marin, il avait également des cousins d'eau douce, mais aussi terrestres, dont le crabe arboricole. Toute la famille disposait de cinq paires de pattes dont la première formait une paire de pinces. Ce crustacé recélait également une substance crémeuse appelée le jaune, située entre la chair et la carapace. Je vous conseille de le savourer simplement tartiné sur une tranche de pain de seigle beurrée. Au Brésil, le crabe se pêchait dans les eaux salées des mangroves. Là, sa chair enrichissait un croquant aux perles de tapioca marinées à la caïpirinha avec un chutney de *bacuri*, un fruit exotique de couleur verte. Les poissons des eaux de l'Amazone étant fort nombreux, nous enchainâmes par du *pirarucu* en croûte de *caju.* Le plus grand de tous les poissons osseux d'eau douce, gris avec une teinte orangée vers la queue, pouvait atteindre près de cinq mètres de long et peser jusqu'à deux cents kilos. Vous croyez peut-être que tous les poissons respirent dans l'eau par des branchies ? Eh bien non, celui-ci, possédant une sorte de poumon, inhalait l'air. Tout était bon dans le *pirarucu.* Sa chair avec peu d'arrêtes se révélait un véritable délice, sa langue osseuse garnie de petites dents acérées servait aux Indiens guaranis à poncer ou à râper les aliments, et ses grandes écailles bien dures, véritable armure contre les piranhas, faisaient d'excellentes limes à ongles. Ainsi, les billets de 100 réaux à son effigie témoignaient de sa grande utilité.

Dans l'assiette, une grosse crevette grillée et sa crème de noix du Brésil se languissaient sur des blinis de *moqueta,* un composé de crevettes séchées et fraîches, d'huile de palme, de poivrons et de lait de coco. Le sorbet de *murici,* un fruit à forte saveur aigre-douce et un peu beurrée, constitua une halte dans cette samba du palais, mais arriva, assez rapidement, une côtelette de *Tambaqui* à la purée de pommes de terre *baroa* fumée et son jus au thym frais. Ayant pitié de nous, le chef, Roland Villard, nous avait intelligemment remis, au début du dîner, une explication écrite pour chaque intitulé. Nous pouvions ainsi apprendre que le *tambaqui* était une espèce de poisson à tendance végétarienne raffolant de fruits ou encore de semences ingurgitées lorsque les terres se trouvaient inondées par la saison des pluies. Ce colosse pouvait atteindre les quarante-cinq kilos si l'homme lui en laissait le temps. Proche cousin des piranhas, il s'observait fréquemment, posté sous les arbres en train d'attendre la chute de certains fruits qu'il engloutissait dans des gobages dignes de provoquer un infarctus aux pêcheurs. Sa chair estimée se mariait à merveille avec la douceur du tubercule orangé.

Dans l'élégante salle aux meubles laqués en bois sombre, la baie de Rio profitait des fenêtres et nous suivions, sous les lustres en cristal, ce voyage culinaire amazonien comme si chaque plat était une histoire d'amour fulgurante, intense et forcément pleine de découvertes. Nous montions l'escalier grâce aux goûts nouveaux de ces fruits incroyables, de ces légumes insensés et de ces poissons inconnus. Puis vînt la seule viande au menu : un plat de côte de bœuf confit, pané à la farine de manioc, recouvert d'une sauce au *jabuticaba* accompagné d'une marmelade de banane légume au bacon. Un délice. Les deux desserts furent tout aussi exquis que les plats. Un granité à l'*acaï**, une petite baie proche de la myrtille, mais ne ressemblant, en fait, à rien de connu en France. Suivit un défilé de pâtisseries et de sorbets, au guarana, fruit très énergétique dont la poudre avait envahi les parapharmacies françaises, au *tamarindo*, une sorte de datte acidulée, et au *capuacu,* proche du cacaoyer, avec un parfum unique très fortement aromatisé. Une merveille ! Quoi de plus normal pour clore le repas alors qu'un *cafezinho,* petit café, très fort et bien sucré, ici, véritable institution.

Tout était écrit dans « Tristes tropiques », livre référence édité dans La Pléiade, tel le lien privilégié entre les peuples et l'environnement, et la complexité de notre monde. L'anthropologue et ethnologue français, Claude Lévi-Strauss, nous avait permis de découvrir une Amazonie humanisée et non un territoire sauvage en célébrant la grandeur du peuple qui y habitait. Ce fut très émouvant de le rencontrer. Il mourut quelques mois après et, sincèrement, cela m'attrista. Non-conformiste et anticonservateur, il se rapprochait de Montaigne par son humanisme. Immortel sous la coupole de l'Académie, cet inventeur du structuralisme, mondialement reconnu, était un musicologue averti, un photographe et un dessinateur talentueux, mais aussi un amoureux fervent des chats. Saviez-vous qu'après son engagement dans les Forces françaises libres, il fut, pendant la Seconde Guerre mondiale, la voix française doublant les discours de Roosevelt? Au cours de ses nombreux voyages auprès de peuples dits premiers, il s'intéressa aux moindres aspects de leur vie en société y compris à leurs recettes. Avant lui, bien peu d'anthropologues s'étaient intéressés à la cuisine. Lévi-Strauss rappellera qu'elle «constitue une forme d'activité humaine véritablement universelle : pas plus qu'il n'existe de société sans langage, il n'en existe aucune qui d'une façon ou d'une autre ne fasse cuire certains au moins de ses aliments.» Alors, oui, il était pessimiste sur la possibilité de préserver les «fleurs fragiles de la différence», mais pouvait-on lui en vouloir de sa vision sombre de l'avenir? Stefan Zweig aimait également le Brésil, sa terre d'exil, pays de la *saudade,* cette nostalgie lancinante et délicieusement triste. Il s'y était suicidé, faute de croire en l'homme.

Le constructeur de Brasilia, l'immense architecte Oscar Niemeyer, était né à Rio en 1907, un an avant Claude Lévi-Strauss. Cette autre figure absolument incontournable, influencée par le Bauhaus, disciple et collaborateur de Le Corbusier, gardait, de son exil en Europe, un excellent français ponctué d'un délicieux accent. Le général de Gaulle lui avait réservé un bon accueil et Malraux s'était chargé de faire adopter un décret afin qu'il puisse travailler dans l'Hexagone comme architecte français. Le résultat fut une maison de la culture au Havre, la Bourse du travail de Bobigny, et, bien sûr, le siège du Parti communiste, place du Colonel-Fabien, à Paris**. «Seule bonne chose que les communistes aient faite» commentera laconiquement plus tard Georges Pompidou. Au milieu des années 1970, Niemeyer rentra au Brésil où il continua son œuvre, inlassablement. À la fin de sa vie, quelque six cents projets étaient nés sous son crayon. Conservant une fulgurante lucidité, il maudissait l'âge qui, désormais, le privait de ses cigarillos favoris. Nous parlâmes de l'Algérie. Le bâtisseur favori du Président Boumediene, avait marqué l'architecture algérienne postindépendance avec plusieurs œuvres et affirmait que l'Université de Constantine faisait partie de ses réalisations les plus accomplies. Saisir l'évolution de l'architecture brésilienne jusqu'au lyrisme formel de l'œuvre de Niemeyer impliquait de comprendre sa volonté de manifester et défendre l'émancipation culturelle dans sa recherche nationale d'une identité. « Une ville du futur, confiait Niemeyer, serait une société horizontale où chaque individu serait égal à l'autre. »

Ces deux grands hommes, centenaires au moment de ma rencontre avec eux, avaient en commun le refus des bornes imposées qu'ils transcendaient par la culture et l'intelligence de leurs facultés. Ce qui me semblait à la fin de leur vie les caractériser restait, en outre, une passion intacte et le fait d'y accorder toujours toute leur attention. Quelque temps avant ce voyage, j'avais visionné le merveilleux *Casa Verdi*, un film tourné dans la maison de retraite créée par Giuseppe Verdi pour les musiciens âgés et sans grande ressource. J'avais été frappée par les silhouettes à la chevelure d'argent, totalement absorbées par les notes de l'ouverture des *Vêpres siciliennes* s'échappant d'un tourne-disque grésillant. Ces vieux musiciens, ces chanteuses d'opéra hors d'âge, continuaient d'avoir le feu sacré, sans se soucier des tracas de la vie de tous les jours ni de ceux du lendemain. La musique leur donnait des regards d'anges s'élevant dans la transparence du ciel.

* La légende raconte que ces petites baies seraient le fruit d'un palmier au pied duquel une jeune Amazonienne aurait pleuré son amour perdu jusqu'à en mourir. L'açaí fut ainsi surnommé le fruit qui pleure.

** Oscar Niemeyer a dessiné gracieusement le siège du PCF dont la construction fut financée par les militants. Les poignées de fenêtre sont de Jean Prouvé. Après la libération, pendant trente ans, des artistes tels Léger, Picasso, Braque ou Miro ont offert toiles et dessins au Parti. À la fête de l'Humanité, les travailleurs pouvaient s'offrir un petit Picasso pour l'équivalent de 300 Euros d'aujourd'hui !

À lire :

- Tristes tropiques de Claude Lévi-Strauss, Plon, 1955

- Les Mythologiques de Claude Lévi-Strauss, Plon, (Quatre volumes publiés entre 1964 et 1971 : Le Cru et le Cuit; Du miel aux cendres; L'Origine des manières de table; L'Homme nu) est un monument absolu de la pensée de la seconde moitié du XXème siècle. Les questionnements actuels de la gastronomie française y trouvent un nouvel éclairage.

- Regarder, écouter, lire de Claude Lévi-Strauss, Plon, 1993

- Le Brésil, terre d'avenir de Stefan Zweig, Le Livre de Poche, 2002

- L'Alchimiste de Paulo Coelho, Le Livre de Poche, 2004

- Raoni, Mémoires d'un chef indien, Raoni et Jean-Pierre Dutilleux, Éditions du Rocher, 2010

- Jorge Amado (1912-2001) est l'auteur de nombreux romans parmi lesquels Bahia de tous les saints et Capitaines des sables, qui ont fait de lui l'ambassadeur de la littérature brésilienne. (Gallimard)

- Une place particulière revient à João Guimarães Rosa (1908-1967), sans doute le plus novateur des écrivains brésiliens. Son roman Grande Sertão : Veredas (1956), traduit en français sous le titre Diadorim, est d'une grande inventivité romanesque et linguistique. (10/18)

À voir :

– *Casa Verdi, film documentaire de Daniel Schmid,* T&C films, 1984.

Cette maison de retraite pour artistes, fondée en 1899 par Giuseppe Verdi, recueille une soixantaine de chanteurs d'opéra, musiciens et compositeurs, dans un univers unique. Ce film nous emmène dans les coulisses de la vie de ces artistes lyriques italiens continuant de transmettre leur passion intacte pour la vie à travers leur art.

Les carottes râpées

Ce matin-là, le réveil me sembla émettre le son grave et profond d'une pibole, cette petite trompette de chasse servant de corne d'appel. Nous étions en mai, un mois que nous connaissons pour son muguet et que nombre d'entre nous apprécie pour ses jours fériés et ses ponts. Contrairement à mes habitudes, je m'étais habillée lentement comme pour suspendre le temps. Nous étions trois jours après l'événement, arrivé le jour de la Saint-Sylvain, le 4 au soir. Dans le petit avion qui m'amenait en province, l'hôtesse m'offrit le journal local, La Montagne, dans lequel je ne lus que son nom accolé au mien. Je m'effondrai. La force de l'écrit. La réalité était là avec les faits, les personnages, un certain déroulement chronologique. Mon père était bien mort : il avait 63 ans, disait l'avis. « Mort » oui et pas disparu, parti, enlevé aux siens, et autres fadaises.

La dernière fois que je l'avais vu sur son lit d'hôpital, le week-end du 1er mai, il ne se nourrissait déjà presque plus. Comme en bon artiste peintre il aimait croire en la théorie sur l'influence des couleurs, je lui avais apporté un immense bouquet de fleurs orange, couleur tonique supposée ouvrir l'appétit. Un souvenir me venait à l'esprit. Mon père m'avait fort tôt initié au champagne, peut-être avais-je sept ans —je me plaisais à penser qu'il avait attendu l'âge de raison—. M'ayant servi dans un précieux petit verre à vodka, il m'expliqua alors doctement qu'il fallait surtout le tenir par le pied pour ne pas réchauffer la divine boisson. Ce fut pour moi la découverte d'un paradis aphrodisiaque.

Je n'ai jamais connu d'enfants qui n'aimassent pas les bulles dorées. De nos jours, un tel comportement serait fortement répréhensible. Pas de fessée, pas de sucre, pas de Nutella, pas de champagne. Fini l'ouverture des jeunes esprits aux plaisirs de la boisson des sacres. Dans mon enfance, les peluches avaient souvent un œil pendant ou arraché, démontrant la cruauté de l'âge de la déraison chère à Madame Rostopchine, Comtesse de Ségur. Les prunelles des nounours étaient depuis sécurisées. Pourtant nos chers psys pouvaient se demander pourquoi après avoir fait subir aux nouvelles générations des interdits et des protections de toutes sortes, la jeunesse était si violente. Ainsi allait également la dénonciation du sexisme enfantin : les magasins étaient dorénavant poussés à éditer des catalogues de jouets «dé-genrés». Oserais-je avouer que lorsque mes jumeaux étaient nés, ma fille arborait un pyjama rose et son frère, un bleu ciel. Hérésie! Mère dérangée que j'étais!

Mes parents avaient fait connaissance lors d'un baptême de l'air. Ils étaient fort dissemblables et donc complémentaires. À maman, la paperasserie, la bonne cuisine, l'éducation et donc la restriction; à papa, Léonard de Vinci (il était incollable sur le sujet), les bonbons, les pinceaux et l'autorisation sans limites. La raison et la fantaisie. Ma mère n'était pas punk et mon père était Charlie avant l'heure, entendez par là qu'il se proclamait viscéralement antimilitariste et profondément contre toutes les religions, les camps de concentration ayant accéléré les deux phénomènes. Se proclamant libre-penseur, il refusait catégoriquement tout dogmatisme. Fort idéaliste, il avait toutefois eu un ami père blanc et fut sincèrement très attristé lorsque ce dernier décéda en voulant jouer les kamikazes en traversant une autoroute, sa deux-chevaux étant tombée en panne. Dieu était grand! Dans mon enfance, mon père était affilié à la SFIO, la Section Française de l'Internationale Ouvrière, ancêtre du Parti socialiste. Dès le lycée, je m'étais quant à moi rapprochée des jeunes gaullistes rassemblés en une Union des Jeunes pour le Progrès, ce qui donna lieu un jour à une situation cocasse. Faisant visiter l'appartement à des amis connus aux Beaux-arts, ces derniers demandèrent à la vue d'une grande affiche placardée au mur de ma chambre, ce que signifiait UJP. En refermant vivement la porte, mon père proclama que c'était l'Union des Jeunes Peintres.

Papa était artiste et fort distrait ce qui n'était pas antinomique. Ainsi demanda-t-il un jour à une dame croisée dans la rue des nouvelles de son mari alors qu'il avait, à peine quinze jours auparavant, assisté à ses obsèques. Un autre soir, il s'était rendu chez un couple d'enseignants avec un splendide bouquet de fleurs et les avait trouvés en pyjama : l'invitation à dîner était pour le lendemain. Ce côté bohème bon enfant m'épatait. Je mentirais quelque peu en insinuant que mon père ne faisait jamais la cuisine. Ma mère rentrant souvent tard de son travail, il était passé maître dans l'art de réchauffer des plats préparés par maman pour notre dîner. Quelquefois, il s'emportait en mélangeant dans une cocotte tous les restes. Le résultat de cette méthode expéditive s'avérait assez déconcertante, mais je tenais de lui de détester ces fameux rogatons que l'on plaçait dans de petits récipients au réfrigérateur et qu'on oubliait là. Gourmand, il appréciait les desserts et un soir, il se lança dans la confection de bananes flambées. Je ne vous livrerai pas sa recette consistant à mettre autant de rhum que de fruit, les pompiers ont dû intervenir, car la cuisine avait pris feu.

Doté d'une voix de ténor, mon père aimait beaucoup la musique. L'opéra et l'opérette, goûts qu'il partageait avec ma mère, mais aussi les crooners tels Franck Sinatra ou The Platters. Il y avait également dans son top ten le conteur Ben Zimet qui, à travers ses chansons de blues du Yiddishland, exprimait l'éternelle nostalgie de l'exil transmise par ma grand-mère. Papa s'employait cependant à ce que la vie resta ce qu'elle devait être : une comédie légère. À la sortie du film *La vie est belle*, j'avais beaucoup pensé à lui, il aurait adoré ce conte philosophique de Roberto Benigni déguisé en comédie dramatique. Mais, après la mort, nous devions nous habituer à jongler avec les silences et à ne plus construire de nouveaux souvenirs. Je me rappelais qu'alors que je n'étais qu'une enfant, ses mains composaient pour moi des ombres chinoises animalières, un théâtre d'ombre plein de poésie. Sur le mur surgissaient alors un lapin, un loup, un éléphant ou un oiseau. Étudiant, pour gagner quelques sous, ses mains agiles maniaient à la perfection l'art de découper aux ciseaux dans du papier noir le profil des clients des bars de Montparnasse puis il présentait la silhouette obtenue sur un fond blanc, comme à l'époque romantique.

L'enterrement aurait lieu l'après-midi. Bon nombre de ces rites funéraires donnait lieu à des retrouvailles familiales : des lointains neveux se revoyaient, les branches nouvellement rapportées se présentaient, les belles sœurs s'épiaient, les jeunes enfants jouaient, les plus âgés comptaient les survivants. Nous, non, point de grandes lignées, la matière était pauvre : mes parents, fille et fils uniques, mes grands-parents plus de ce monde, ni d'un autre d'ailleurs, et moi fille unique. J'étais toutefois enceinte de mon premier enfant et mon mari m'accompagnait. Nous nous retrouvâmes donc à trois pour le déjeuner dans l'appartement familial qui jouissait d'un grand balcon à la vue imprenable sur la ville. Les toits m'apparurent comme autant de tombes : rectangles corail, anthracite ou bleutés. Je quittai des yeux la porte-fenêtre pour regarder le dernier tableau peint par mon père et, qu'il avait descendu de l'atelier, non, ce devait plutôt être maman, car la toile n'était pas terminée. Ce paysage flou, aux composantes respectant le nombre d'or, démontrait combien la relation entre l'esthétique et les mathématiques était depuis longtemps une évidence. Les teintes, étrangement pâles, mêlaient à la douceur des touches, des symboles secrets où éclatait une porte rouge. Le paysage devenait voyage tant je me demandais pourquoi cette toile inachevée ne l'était que partiellement et laissait une surface uniformément vague comme un combat entre l'apparence et la vérité, telle une illusion d'optique. L'art restait un des rares moyens dont disposait un individu pour rendre perceptible aux autres ce qui le différenciait profondément d'eux.

Puis mon regard tomba sur ses lunettes, orphelines sur son bureau et je ne pus m'empêcher de fondre en larmes. La vision de cette simple monture suffit à faire tanguer mon univers. Avec ce petit signe, tout chavira comme si les larmes des choses révélaient la présence d'une âme. Flotta alors un moment d'existence réelle. Mais la perte restait bien là. Les émotions émergeaient en vague. Tout un chacun regrettait de n'avoir pas plus parlé à celui qui n'était plus. Dire, écouter, échanger, la transmission : oui, on aurait pu, on aurait dû. Fallait-il s'obstiner à regarder l'horizon dans l'espoir d'y découvrir une lueur, un peu comme un enfant attendant, les yeux écarquillés, devant la cheminée, le Père Noël ? Le temps des réminiscences surgissait, ponctué par cette minute étrange où le présent commençait à héler le passé. Quoiqu'adulte, mon enfance ne s'était éloignée pour se déliter réellement que ce jour-là. Des décennies plus tard, je reste étonnée d'avoir perdu la voix de mon père* alors que ma stupide mémoire se souvient de celle de Léon Zitrone. Je peux me remémorer certaines de ses expressions orales, mais pas du son à jamais disparu. Ses dessins, esquisses et tableaux restent, quant à eux, des diamants de vie.

Pourquoi maman avait-elle préparé des carottes râpées ? Peut-être parce que ce légume était intemporel, présent dans la cuisine tout au long de l'année. Peut-être parce que cette préparation était longue et fastidieuse. En tout cas, plus qu'une salade de tomates. Mais de toute façon, nous n'étions pas à la saison de ces dernières dans le Cantal, et ma mère respectait le rythme des saisons et le bio avant l'heure. Nous mangions sainement. Peut-être ce choix s'expliquait-il par le besoin en provitamine A chez les femmes enceintes. Ou bien parce que riches en carotène, elles amélioraient la vision crépusculaire ? Peu importe, ce jour-là, les carottes râpées que j'aimais tant avaient un goût infâme comme imbibées, de l'odeur prononcée de la décomposition d'un cadavre.

Le village où devait être enseveli le corps de papa se situait à une heure et demie de là. Je crois me souvenir que j'ai voyagé dans le corbillard, mais peut-être n'était-ce qu'imagination de ma part. Pourquoi toutes les grilles de cimetière grinçaient-elles? Pourquoi ces lieux étaient-ils toujours balayés par le vent? Pourquoi m'avait-il laissé si tôt? À l'être cher et aux lieux faisaient pendant un monde en réduction. La poussière recouvrait les marbres des tombeaux. Le temps incolore devenait saisissable, incarné, mais étroit. Une chape s'était abattue sur moi. Il restait à pouvoir, comme le conseillait Nietzsche, «utiliser le passé au bénéfice de la vie». Peu de temps après, dans le souci de m'épargner certainement, ma mère avait signé dans les plus brefs délais une convention obsèques et réglé sa concession et son cercueil, ce dernier ayant été préféré dans la gamme moyenne, ni au prix le plus bas ni au tarif le plus onéreux, ce en quoi j'avais bien reconnu la modération pondérée maternelle. Était-elle comme cela lorsqu'elle était plus jeune? Toutes ces adolescentes devenues nos mères restaient à jamais des inconnues pour nous, enfants. Maintenant, cela faisait presque trente ans que ses funérailles étaient organisées et payées. Une bonne affaire puisque les prix avaient bondi, mais le modèle choisi existait-il encore?

Les pompes funèbres étaient très finement civilisées : elles vous vendaient la mort comme les marchands près des écoles, des carambars. Leurs prestations se voulaient personnalisées : on ne meurt qu'une fois. Toutefois, le cercueil, avec quatre poignées et une housse intérieure, «constituait une dépense incontournable tant pour une inhumation ou une crémation» vantaient-ils. Il convenait également de prévoir la location d'un corbillard avec chauffeur que la législation imposait. La présence de porteurs n'était pas exigée, mais fortement recommandée, un cercueil pesant, vide, pas moins de 80 kilos. Par ailleurs, il convenait de régler des vacations de police (de quelques dizaines d'euros chacune selon les communes) à la société des pompes funèbres qui les reversait au Trésor public, et ce, même si le fonctionnaire ne se déplaçait pas. Le chiffre d'affaires du marché funéraire se montait, en 2015, à 2,5 milliards d'euros et ne cessait de croître. Dans funéraire, il y avait fun ! Mais, ne rêvez-pas, contrairement au jardinage ou au ménage, l'entretien et le fleurissement des sépultures n'étaient pas réglables en chèque-emploi-service et n'ouvraient droit à aucun avantage fiscal. Toutefois, la loi du 26 juillet 2013 permettait dorénavant à la personne commandant des prestations funéraires d'en régler les frais par prélèvement sur le compte bancaire du pauvre défunt qui ne pouvait s'y opposer.

L'engouement pour la crémation faisait du mal à la profession obligée de fait d'augmenter les tarifs des pierres tombales. Les 1200 degrés de l'incinération me semblaient un procédé quelque peu violent, mais priver les thanatopracteurs de maquiller nos morts comme des poupées avait du bon. Ce secteur ne connaissait cependant pas la crise et investissait dans le marketing moderne. Je recevais ainsi depuis quelque temps des mails dont l'objet s'intitulait fort sérieusement : « Préparez votre avenir » pour m'encourager à souscrire dans mon enterrement. L'avenir est un projet annulé, comme disent mes amis russes. Cette funeste préméditation maternelle me fit songer que si je venais à décéder avant elle, ce n'était pas moi qui m'occuperais de tout ce fatras. Mon sens de l'organisation atteignait ses limites. Je bloquais sur la planification de ma dernière demeure (expression drolatique). Et si on lançait l'idée d'acheter son tombeau en viager ?

* Dans un très beau livre (L'île de Luna, Actes Sud, 2017), son premier roman, le sociologue et philosophe Edgar Morin avoue également avoir oublié la voix de sa mère Luna, sa déesse protectrice.

De l'usage de la pomme de terre en art

Comme vous le savez, la pomme de terre est arrivée en France vers 1620. Au 19ème siècle, plusieurs artistes peintres, de Jean-François Millet à Vincent Van Gogh, en particulier dans *Les mangeurs de pomme de terre* peint en 1885, mais aussi Albert Anker, Paul-Elie Ranson ou encore Georges Rohner s'y sont intéressés.

En 1948, le peintre surréaliste Raoul Michau peint L*a Bataille des pommes de terre*. Plus tard, Giuseppe Penone signe avec *Pomme de terre* une œuvre majeure de l'Arte Povera, ce mouvement artistique italien né dans les années 60. Henri Cueco, écrivain et peintre français, en fait une série de portraits dans son *Journal d'une pomme de terre* (1993).

En 2012, Peter Root en fit un usage étonnant en utilisant le tubercule pour créer *Occupying Potato* : *The Cult of the Potato*. Cette sculpture nécessita près de 60 kilos de pommes de terre pour bâtir une ville éphémère qui s'oxydait à vue d'œil. La révolution de la pomme de terre s'est poursuivie avec l'exposition internationale d'art contemporain de pommes de terre au Musée d'Art Islip à New York.De mémoire, mon père n'a jamais peint ces tubercules qu'il affectionnait tant qu'il aurait pu en manger à chaque repas. Non, lui s'en servait pour nettoyer les tableaux.

Je vous donne sa recette :

Vérifiez tout d'abord que la peinture à l'huile de votre tableau ne s'effrite pas, puis, si tel est le cas, vous pourrez utiliser cette astuce de mon père : coupez une pomme de terre en deux et passez-la dans un petit coin de la toile pour faire un essai. C'est bon ?

Frottez doucement votre demi-pomme de terre sur toute la surface de la toile. Le geste doit être léger en faisant des cercles. On recoupe une tranche quand le dessus noircit. Très efficace, l'emploi d'une pomme de terre crue supprime la saleté et ravive les couleurs.

Il est cependant important de bien essuyer immédiatement, mais très doucement, avec un chiffon en coton très fin, sinon vous aurez en rendu un infâme dépôt blanchâtre.

Délices épicés en Chine

Lorsque l'avion de la République avait atterri à Pékin, le ciel était bas. Depuis plusieurs années, je ne manquais aucun voyage officiel de notre président en Chine, car, outre ma passion pour ce grand pays, ce séjour se trouvait alors toujours programmé début décembre et permettait de ramener à mes enfants et à mes amis, une montagne de cadeaux que mon salaire de journaliste ne m'aurait pas permis d'acheter en France. La délégation française comptait un ancien Premier ministre, pas moins de cinq ministres, deux secrétaires d'État, une cinquantaine de chefs d'entreprise et des proches du chef de l'État : sa mère et un de ses fils. Vingt milliards d'euros de contrats étaient en jeu. L'instauration des relations diplomatiques entre la République française et la République populaire de Chine avait constitué, le 27 janvier 1964, un tournant dans notre relation bilatérale. Pesant le poids «de l'évidence et de la raison» selon les mots du général de Gaulle, la France fut le premier pays occidental à nommer à Pékin un ambassadeur de plein exercice. Depuis, cette ville ne cessait d'envoûter, juxtaposant les monuments de la glorieuse histoire de la Chine et les prouesses architecturales contemporaines. Avec le plus vaste métro du monde et la démesure du projet du Grand Pékin, la future mégalopole allait atteindre six fois la taille de New York et compter quelque 130 millions d'habitants, soit plus du double de l'ensemble de la population française. Était-ce pour cela que Pékin avait pour emblème le sophora ? Cet arbre pagode, au port majestueux et de grande ampleur, avait la caractéristique de pousser vite.

Des honneurs militaires aux entretiens officiels, nos amis chinois avaient balisé, sous fond de tapis rouge, un calendrier millimétré, mais, là, nous autres, journalistes, avions quartier libre, le PR — entendez le Président — n'arrivant que le lendemain matin. Après avoir pris possession de ma chambre, je me trouvais installée dans un des canapés moelleux du hall de notre hôtel cherchant dans mon sac un répertoire rouge. La couleur n'était qu'un pur hasard, j'en possédais un par pays exploré où je collais les cartes de visite et notais les bonnes adresses. Aucun chauffeur de taxi pékinois ne parlant anglais et encore moins français, je cherchais à retrouver le nom transcrit en idéogrammes du *silk market* abritant une boutique avec des cachemires de qualité. Dans le district de Chaoyang, ce marché s'élevant sur sept étages comptait mille cinq cents stands. Tout s'y vendait : des fausses Rolex, des copies Chanel et une profusion de modèles totalement inventés comportant quelques fois deux marques à la fois sur le même article, mais aussi de la soie, des chaussures, des sacs, des vêtements, des pulls, du linge de table, des bijoux, de la calligraphie et les dernières innovations high-tech. Alors que j'exhibai enfin mon carnet, un de mes confrères de la presse étrangère me proposa de l'accompagner chez un de ses amis avant de nous rendre dans le temple du commerce.

Nous partîmes en taxi sous un ciel bleu d'hiver, rare à Pékin, embrumé la plupart du temps dans une pollution encombrante. Crayeux la plupart du temps, il semblait prêt à tomber par terre en renvoyant cette lumière laiteuse qui semblait nous couver en nous donnant l'impression de pouvoir toucher des nimbes de coton. Malgré une circulation dense, nous arrivâmes au bout d'une demi-heure à destination. En pénétrant dans cet hôtel particulier, la vue d'une gigantesque cage blanche et bleue reprenant les arabesques et les volutes propres à l'art musulman provoquait un choc. Une vraie volière géante, de fer et de bois, de forme courbe et de lignes droites, accueillait une multitude d'oiseaux au chant cristallin. Nous nous trouvions dans la résidence de l'Ambassadeur de Tunisie et, de fait, plus en Chine, mais à *La Marsa*.* Dans ce pays méditerranéen, la tradition voulait que posséder une cage à oiseau portait bonheur et, si ce dernier était dès lors proportionnel à la grandeur de la cage, nos hôtes atteignaient le nirvana. Les murs étaient recouverts de zelliges dignes des plus beaux palais beylicaux. Nous pénétrâmes dans un vaste salon où un domestique disposait sur une grande table basse une multitude de petits raviers pour une kémia royale accompagnée de pitas chaudes coupées en triangle, des *torchi rel,* des navets aux oranges amères, des carottes à la coriandre, de la *mekbouba,* des petits morceaux des tomates et poivrons verts à l'harissa, des olives vertes, des poivrons grillés, de la *slata jida,* une délicieuse salade au citron, des fèves fraiches au cumin. Un couple d'amis nous rejoignit. Ils étaient médecins à Tunis et j'appris que notre hôte avait été lui-même cardiologue avant d'épouser la carrière diplomatique. Un champagne millésimé fut amené. Avant de le goûter, j'appréciai déjà puisque, dans la vulgate champenoise, n'étaient millésimées que les bonnes années. Les oiseaux pépiaient gaiement produisant des notes magiques.

Deux heures après, par enchantement, nous retournions en Chine. Arpenter ensemble le pavé de l'immense centre commercial fut beaucoup plus drôle que si je m'y étais rendue seule. L'épouse de l'ambassadeur et son amie médecin, toutes deux adorables, savaient bien mieux que moi marchander. J'assistai à un vrai jeu : s'intéressant aux différentes marchandises, avant de s'arrêter sur l'objet qu'elles souhaitaient acheter, puis de s'en détourner, d'y revenir tout en parlant arabe en faisant mille gestes. Plus le prix annoncé était haut, plus le leur était bas, mes nouvelles amies avaient prévu de la monnaie pour éviter de montrer qu'elles avaient largement de quoi payer. Faire un bon achat à Pékin ne dépendait pas de la langue utilisée. Là, j'assistais à un côté *La vérité si je mens*, fort comique dans ce temple du commerce asiatique. Chaque vendeur sortait une calculatrice et y tapait son prix. La règle était de ne jamais accepter le tarif de départ, mais de marchander et d'inscrire le prix que vous souhaitiez payer. Ce rite précédait toute bonne transaction. Il convenait juste de ne pas être pressé. Je fis, grâce à mes nouvelles amies, de telles bonnes affaires que je dus acheter sur place une très grande valise pour mettre tous mes achats en prévision de mon retour en France.

Un chauffeur de l'ambassade nous raccompagna à notre hôtel, chargé de toutes nos merveilles, et rendez-vous fut pris pour nous retrouver pour dîner. Après un bon bain, je ressortis marcher dans Pékin. Je préférais la capitale chinoise avec son énergie baroque aux rues électriques et tapageuses de Shanghai. Beaucoup de *hutongs,* ces groupements de petites habitations traditionnelles construites en briques grises et ornés de décorations de couleur rouge, avaient été détruits pour cause d'insalubrité et remplacés par de grandes avenues. Il en restait cependant quelques-uns et je pouvais passer des heures à me perdre dans ces rues sans but précis. Le tumulte apparaissait puis, disparaissait, passé et présent se fondaient dans cette capitale tour à tour étourdissante et apaisante. Je croisai les sourires des personnes âgées pratiquant le Tai Chi, des oisifs jouant aux cartes ou aux échecs sur les bancs publics. Les Chinois mangeant toute la journée, les ruelles proposaient à toute heure de multiples mets à emporter comme des vers frits, des brochettes de scorpions vivants, de monstrueux serpents ou de petits oiseaux rôtis. Ne poussez pas des hauts cris, au XVIIIème siècle, il était du dernier chic en France de manger du perroquet en soupe ou en daube! D'autres snacks proposaient des boissons, des noix de coco, des brioches à la vapeur, des pâtes au vinaigre du Shanxi, des boulettes, des brochettes de poulet, de bœuf ou de mouton du Xinjiang. Des petites carrioles installées derrière des vélos servaient à cuire et à vendre toutes sortes de beignets, galettes ou fruits. Je n'avais croisé que très peu de pâtisseries ce qui ne me semblait pas grave au souvenir d'une insipide roulade de l'âne, fade gâteau de riz gluant roulé dans de la farine de soja.

La réalité si fixe des idéogrammes faisait naître une curiosité rapidement insidieuse : la Chine 中国 ne signifiait pas l'empire du milieu ce qui ne voulait rien dire et que je traduisais pour ma part par le centre du monde, la France 法国, le pays des lois, les Etats-Unis 美国, le beau pays. Pour les Chinois, la France représentait le romantisme, la mode, la gastronomie, le bon goût et l'individualité. Elle conjuguait culture, tradition et modernité. Paris restait, pour les Pékinois, la plus belle ville du monde. Mais nous avions deux façons très différentes de penser : quand la culture chinoise se référait à la nature, la culture française puisait dans la raison. «Le cercle et l'infini sont l'âme du labyrinthe» écrivait Borges. Et la question était bien là : quand un Chinois appréhendait la vie en un cercle, nous, nous voyions une ligne avec un début et une fin. « Les Chinois nous rendent attentifs au temps long, à la durée lente et ne voient dans l'événement que l'affleurement momentané —tel un trait d'écume— d'une mutation beaucoup plus ample et telle que l'on ne saurait la scinder», écrivait fort justement le philosophe François Jullien**.

La luxueuse voiture de notre diplomate, un somptueux quatre-quatre made in China, avec de confortables sièges en cuir blanc, avait couté dix fois moins cher que l'équivalent d'un fabricant européen et je comprenais que notre ambassadeur ait émis le souhait de la ramener à Tunis. Nous nous garâmes dans le quartier bohème de *Gulou Dongdajie*, situé près des lacs, pour nous rendre dans l'un des plus beaux restaurants chinois parmi ceux installés dans ce *hutong* rénové. Décoré avec des éléments traditionnels, ce véritable *sychuan* offrait un cadre exceptionnel avec sa cour carrée permettant de dîner aux chandelles sous un ballet de lanternes chinoises suspendues aux arbres. De délicates orchidées parsemaient les tables, un léger bruit de fontaine nous enveloppait dans une belle plénitude. La lueur incertaine des lampions révélait, mieux que la lumière vive, chaque détail, de telle sorte, qu'il n'y avait plus de vue d'ensemble, mais de multiples résonnances d'ombres et de scintillement.

La soirée allait comporter plusieurs délices. Une infinité de plats, servis dans de petits bols, fut rapidement placée au centre de la table : des légumes frits, de la carpe à la sauce aigre-douce, du fromage de chèvre grillé, des champignons aux épices, des raviolis, du porc à la sauce d'huîtres. Saviez-vous que 82 % de la production mondiale d'huîtres venait de Chine ? La sauce issue de la cuisson de ces mollusques représentait un des condiments majeurs de la gastronomie nationale. Dans la Chine ancienne, le symbolisme de l'huître renvoyait à la sacralité de la lune. Cultivée depuis la nuit des temps, cette star avait même son festival avec le *Shuck off Festival* rassemblant des chefs célèbres et des champions ouvreurs d'huîtres. Toutefois, dans l'Empire céleste, manger l'huître crue constituait une toute nouvelle pratique.

Le canard laqué étant un plat propice au voyage, ce mets racontait des paysages avec une recette qui se rêvait et qui se la jouait. La maison respectant les traditions, le volatile fut découpé devant nous puis servi en trois services délicats. Tout d'abord, nous consommâmes la peau craquante et parfumée roulée dans de petites crêpes de blé avec oignons, concombres et une sauce brune à base de prunes et de soja noir. La magie particulière de cette préparation nécessitait des mouvements singuliers, entrecroisés. La chair arrivait ensuite toute pimpante et odorante avec sa garniture de nouilles et de légumes. Nous terminions en rythme fluide et rayonnant, par un bouillon très parfumé réalisé avec la carcasse. Un ravissement pour le palais.

Pour accompagner ce repas impérial, l'ambassadeur avait choisi un vin de la région de Ningxia. Souplement construit, fruité et peu boisé, charpenté sans lourdeur, nous appréciâmes tous son bel équilibre. En 2015, le vignoble chinois s'étendait sur plus de 830 000 hectares et représentait le deuxième vignoble le plus important du monde. Malgré une production très inégale, certains crus valaient les nôtres. Dans ce pays, si l'étranger restait maître de ce qu'il mangeait, il ne l'était jamais de ce qu'il buvait. Les Chinois faisaient office de professionnels zélés dans l'art de porter des toasts. À chaque repas, mille occasions se présentaient pour trinquer. Ainsi, l'expression chinoise *tchin tchin****, «je vous en prie», se trouvait utilisée pour inviter quelqu'un à boire. Des soldats revenus de la campagne de Chine auraient introduit l'expression en France au début du XXème siècle. Dans ce pays, manger chaud relevait de la gageure. Plus sage, le canard représentait le symbole de la sérénité et de la fidélité. Les lions gardiens protecteurs encadrant le perron nous couvaient, les feuillages bruissaient doucement. Nous étions sereins.

Le caractère utilisé pour le mot maison formait le dessin d'un cochon, symbole de l'abondance, sous un toit. L'abondance se retrouvait dans la cuisine avec la richesse des ingrédients, la complexité des méthodes de découpe, la sophistication dans l'utilisation des condiments et des épices et la variété de méthodes de cuisson faisant de la gastronomie chinoise, la reine des saveurs. Les lanternes d'un rouge hypnotique créaient une atmosphère festive un peu magique. De forme ovale, toutes décorées de leurs pompons dorés, elles se balançaient doucement au-dessus de nos têtes lorsqu'une jolie serveuse au sourire irradiant nous amena de l'eau de vie Shaoxing au gingembre. L'alcool aidant, le vieux fantasme des fumeries d'opium ressurgissait avec ces nonchalantes gourmandises. En Chine, les symboles étaient partout présents. La couleur la plus emblématique de la culture chinoise se reflétait dans nos verres. Le rouge, signe suprême de joie, de chance et de bonheur, désignait également en mandarin une personne très populaire. La féerie des lumières et des lampions nous accompagna tard dans la nuit.

Le surlendemain, nous partîmes avec le Président sur les traces de l'empereur Qin (prononcez Tchine) dans l'ex-capitale Xi'an. Vingt-quatre siècles plus tard, l'armée de l'homme qui ne craignait que la mort avait commencé à sortir de terre. Des milliers de guerriers, chars et chevaux en terre cuite, grandeur nature, protégeaient son tombeau, non encore fouillé. Le mausolée, s'étendant sur quelque 56 km^2, était également associé à un événement majeur : la première unification du territoire chinois d'envergure magistrale s'étendant à la langue, à la monnaie, aux lois, aux mesures, aux routes, donnant au nouvel empire sa forme actuelle et son endurance séculaire, réalisée par un monarque en quête d'éternité...

* Banlieue cossue de Tunis et station balnéaire.

** La Pratique de la Chine d'André Chieng, en compagnie de François Jullien (Grasset, 2006)

*** N'utilisez surtout pas cette expression au Japon! «Tchin-tchin» signifiant au Pays du Soleil Levant «pénis», ce ne sera pas du meilleur effet. Dites alors : «Kampaï».

À lire :

Les livres de l'écrivain-photographe Marc Boulet :

- Dans la peau d'un Chinois, Éditions Bernard Barrault, 1988

- Le Ventre de la Chine, Éditions Bernard Barrault, 1990

- Ma famille chinoise, Éditions du Seuil, 1998

- La vie en jaune. L'usage de la Chine, Éditions Denoël, 2008

Mais aussi :

- Connaissances générales en culture chinoise de You-Feng, 2007

- Et de Pierre-Jean San de Bartolomé, ancien attaché culturel chargé des Années croisées franco-chinoises et créateur du festival Croisements pour l'ambassade de France en Chine, *Ombres Chinoises*, préfacé par son amie Isabelle Adjani, Éditions Magellan, 2006

Le fameux canard laqué

Connu en Chine dès le 14ème siècle, ce plat originaire de Pékin était servi à la cour impériale. Il convient de déguster ce véritable chef-d'œuvre gourmand en trois services : la peau grillée, à peine grasse, emballée dans des crêpes de riz mouillées de sauce brune à la ciboulette, puis la chair de la volaille et enfin le bouillon corsé pour digérer.

1 canard certifié de ferme de 3 kg
1 pomme de terre émincée
1 moitié d'oignon émincée
2 cuillères de sauce de soja
6 cuillères de miel
3 cuillères de vin de Shaoxing
Ciboulette hachée
10 g de poudre de 5 épices (cannelle, fenouil, anis étoilé, clou de girofle et poivre de Sichuan)
Fécule de maïs
Poivre
Gingembre
2 ciboules coupées finement
1 sachet de levure
Pour l'eau de glaçage :
75 cl de vinaigre blanc de riz
20 cl d'eau
50 g de vinaigre de Zhejiang
50 g de maltose

« Ne craignez pas d'être lent, craignez seulement d'être à l'arrêt. » Inspirez-vous bien de ce proverbe chinois puis commencez par plonger le canard entier dans de l'eau bouillante — à laquelle vous avez ajouté du gingembre — pendant 1 minute, puis lavez et essuyez l'intérieur et l'extérieur. Sous l'effet de la chaleur, ses pores s'ouvrent et sa peau blanchit. Cette étape permet d'obtenir une peau plus croustillante et débarrassée d'un excès de graisse.

En utilisant un poinçon ou une fourchette, faites de multiples trous dans sa peau et ses muscles. Puis arrosez toutes les faces du canard avec l'eau de glaçage et suspendez-le à un crochet dans une pièce ventilée pendant au moins 2 heures. Coupez finement les ciboules.

Mélangez dans un récipient les 5 épices, le sel, le miel, la sauce soja, la fécule de maïs, l'ail, le vin de Shaoxing et la levure.

Mettez le canard dans un plat profond, puis le laquer généreusement aussi bien à l'intérieur qu'à l'extérieur. Le laisser ensuite mariner pendant au moins 6 heures au réfrigérateur enveloppé dans un film transparent.

Sortez le canard au moins 1 heure à température ambiante avant de le cuire. Là, ça se complique : je suis sûre que vous n'avez pas de four en brique donc impossible de le cuire comme le veut la tradition sur un feu de bois d'arbre fruitier.

Alors, mettez votre four en position de chaleur tournante, placez une mince couche d'oignon et de pommes de terre sur la plaque recouverte d'un papier d'aluminium. Posez le canard dessus.

Placez le plateau au milieu du four à 200°.

Laissez cuire le palmipède pendant 30 minutes puis appliquez une autre couche de miel, retournez-le et laissez-le encore 15 minutes. Ses jus de cuisson parfument sa chair toujours tendre.

Une fois sorti du four, le canard rougeoyant est arrosé d'huile bouillante pour que sa peau devienne encore plus croustillante... Allez! laquez-le encore et encore puis embrochez-le.

Laissez-le cuire au grill durant 1 heure à 150° en le badigeonnant avec le reste de sauce toutes les 10 minutes. Si la laque n'est pas suffisante, ajoutez-y un peu de miel afin de donner à ce canard un beau glaçage. Il doit être brillant comme une céramique.

Alors, fatigué? Pfffttt! Imprégnez-vous de ce dernier proverbe chinois : « La paresse s'entretient par le repos, le courage s'entretient par la fatigue. »

Les crêpes de riz

600 g de farine de blé
80 g de farine de riz gluant
40 g de sel
30 cl d'eau

Dans un saladier, mélangez la farine de blé, le sel, avec la farine de riz gluant. Ajoutez l'eau bouillante, puis malaxez avec les doigts afin d'obtenir une pâte bien lisse. Formez un bâton avec cette pâte, puis prélevez un morceau d'environ 15 g. Étalez-le à l'aide d'un rouleau jusqu'à l'obtention d'un cercle d'environ 15 cm de diamètre. Faites cuire alors la première crêpe dans une poêle antiadhésive, avec un filet d'huile d'arachide, en la retournant quand la première face est légèrement dorée. Et ainsi de suite... Au service, la difficulté consistera à rouler ces crêpes avec les baguettes, et non avec les doigts...

La sauce soja sucrée

40 g de sauce de fruits de mer - 40 g de sauce soja - 90 g de sucre
10 g d'huile d'arachide

Le plus facile : mélangez simplement l'ensemble des ingrédients indiqués ci-dessus!

C’est toujours çà que les Prussiens n’auront pas!

Conservateur des Antiques dans un musée parisien, divorcée d’un Anglais et sans enfant, P. est une amie délicieuse et, si je narre ce dîner parisien alors que nous en avons partagé tant d’autres, c’est parce qu’il fut fort incongru. Un petit appartement au charme suranné, situé sur la colline de Chaillot, constituait sa demeure. Ce cocon abritait de si jolies choses que l’on oubliait vite que les peintures auraient eu besoin d’être refaites. En ce moment d’élections européennes, nous étions en désaccord. L’une votait pour le traité, l’autre contre, mais si nous ne partagions pas les mêmes options politiques, il y avait tant d’autres sujets où nous nous retrouvions, que nous étions ravies de passer la soirée ensemble. De plus, nous nous accordions sur la médiocrité de la forme de ce vote, le projet de Constitution européenne étant totalement illisible pour la majorité des citoyens. À la question «Approuvez-vous le projet de loi qui autorise la ratification du traité établissant une constitution pour l’Europe?», la classe politique se trouvait elle-même divisée sur le sujet bien au-delà des clivages traditionnels. Et comme l’avouait Valéry Giscard d’Estaing : «C’est une bonne idée d’avoir choisi le référendum, à condition que la réponse soit oui.» Pas d’inquiétude, le «non» n’empêcha pas, trois ans plus tard, le traité de Lisbonne de s’imposer en reprenant intégralement les propositions institutionnelles quoique dans un ordre différent. Nous n’allions certainement pas nous disputer pour si peu!

Aussi ce soir-là, le dîner était prévu à deux. J'arrivai avec pivoines et Bordeaux millésimé. Ces fleurs faisaient partie des plantes à racines tubéreuses que nous trouvions couramment dans les jardins de notre enfance. Après avoir été considérées un temps comme désuètes, ces belles vivaces étaient revenues à la mode. Avec leurs fleurs opulentes, colorées et délicieusement parfumées, elles faisaient partie des reines du jardin dès le printemps arrivé. Le bouquet vaporeux se composait de pivoines de Chine caractérisées par leurs grandes fleurs doubles, là, d'un rouge profond, et à leurs corolles formant une boule qui libéraient en s'ouvrant un agréable parfum. « Le superflu, chose très nécessaire » proclamait Voltaire. Le champagne s'avança et nous devisâmes en sa compagnie de tout et de rien. Plutôt de tout. Nous ne cancanions pas, nous n'étions pas du style ragots mais nous partagions la même appétence à scruter les bizarreries des autres et nous pouvions bavarder sans fin des incongruités de ce monde. Nous disséquions alors chaque sujet comme un entomologiste aurait pu le faire pour un insecte rare. J'aimais son intelligence, sa culture et son humour acide. C'était une amie chère à mon cœur et bénéfique à mon esprit.

P. travaillait beaucoup et souvent fort tard. La pendule indiquait 21 heures et, si les fleurs avaient trouvé place dans un somptueux vase en cristal, la cuisine n'avait point démarrée. *La Belle Hélène* nous accompagnait : « Voici les rois de la Grèèèce » assuraient les chœurs. Offenbach n'était que plaisir et jubilation. La musique la plus festive qu'il soit, l'allégresse absolue, la joie étalée, l'énergie vibrionnante, le tourbillon permanent. Cet opéra bouffe s'avérait vif, moderne et résolument indémodable. L'heure tournait, les verres tulipe en cristal de Saint-Louis se remplissaient de fines bulles encore et encore. Saviez-vous que seule cette forme, évasée au milieu de la paraison et resserrée en haut, sublimait le champagne ? La coupe, universellement condamnée par tous les véritables connaisseurs, ne laissait pas aux pauvres bulles le temps de se former. La flûte, trop étroite, ne développait pas mieux les subtils arômes. Le versement du liquide des dieux posait également ses règles : lent et régulier, il devait permettre à la collerette de s'établir harmonieusement et aux impétueuses bulles d'avoir grande vie. Le chimiste Edme-Jules Maumené avait même établi que le son de certains instruments de musique favorisait le dégagement de la mousse des vins de Champagne, « avec un effet très manifeste toutes les fois que les vibrations s'accordent avec celles que le verre peut produire ». Les sons offenbachiens s'y employaient assurément lorsque mon amie posa un bol de tarama sur la petite table. Entre deux gorgées de champagne, nous tartinions le pain grillé en arrosant chaque toast de citron vert. Toutefois, l'apéritif censé ouvrir l'appétit produisit lentement, mais inexorablement l'inverse.

À un moment donné, nous décidâmes tout de même de nous rapprocher des fourneaux. Préparer ou déguster les repas se passait dans la petite cuisine où, par la fenêtre, nous apercevions un petit jardin plein de poésie. Nous amenâmes nos verres et commençâmes à nous activer. L'immeuble formait un U et, juste sur la gauche, se trouvait en perpendiculaire une fenêtre appartenant à l'autre bloc. À cette embrasure donc, apparut une jeune femme qui nous héla : P. — connaissant mon appétence pour les milieux diplomatiques — s'empressa de convier la voisine œuvrant à l'ambassade de la République de Pologne à nous rejoindre. J'avais gardé souvenir d'un bal qui s'était déroulé quelques années auparavant dans les salons de cette chancellerie, abritée dans le superbe Hôtel de Monaco bâti par Brongniart, tout près des Invalides. Les musiciens, venus tout exprès de Cracovie, possédaient une exécution brillante et l'orchestre avait brillé de tous ses feux. Dansons ! Il convenait juste d'oublier que ce lieu fut le siège de la collaboration culturelle promulguée par les Allemands sous l'occupation et de se rappeler uniquement que Paris avait découvert Frédéric Chopin dans ce même palais. Soyons gais ! clamait le chœur « Je le veux. Tsing, tsing, balaboum, balaboum. Balaboum, poum, poum. Lala, itou, poum, poum ! » répondait le Grand Augure. Baudelaire rapportait que le romantique Prussien Hoffmann conseillait au musicien consciencieux de se servir de vin de champagne pour composer un opéra-comique. Pour l'opéra, le meilleur vin serait de Bourgogne et le vin du Rhin se mariait avec la création de musique religieuse. Le vin se trouvant à l'origine de la créativité, Jacques Offenbach commençait *Les contes d'Hoffmann* par une scène dans une taverne. Boire serait ainsi apparenté à un début pour toute chose. Pour nous, le commencement d'une soirée agitée.

« Je suis gai, soyez gais, il le faut, je le veux. » continuait Pâris. Et nous avions besoin des encouragements du prince troyen : à peine la blonde voisine au teint pâle avait-elle débarqué, qu'elle affirma tout de go que la Prusse était un grand pays. Curieuse mise en bouche. Si l'apéritif faisait partie intégrante de la vie sociale, nous n'avions visiblement pas la même perception du bon ton chez autrui. Plus elle jacassait, plus je pensais que Mirabeau avait raison : « La Prusse n'est pas un État qui possède une armée, c'est une armée qui a conquis une nation ». Mon amie ayant convié un bataillon militaire, nous nous retrouvâmes très vite en état d'invasion. Le savoir-vivre imposait aux hôtes de mener la conversation, de la raviver quand elle s'éteignait, de la rattraper quand elle dérapait, tout en veillant à proscrire religion, politique et argent. Là, la situation s'avéra ingérable. Nous ne pouvions qu'observer avec méfiance son ivresse patriotique volubile. Par ailleurs, comme elle n'aimait que le vin rouge, mon grand cru y passa sans que nous ne puissions en goûter une larme. Nous eûmes droit à des thèses qui auraient fait frémir un boutefeu d'extrême droite. Entre autres grossièretés, elle prétendit que Maria Walewska était une pute. Sa bêtise confinait au génie, mais l'histoire nous enseignait que, si ce pays avait connu les pires atrocités pendant la Seconde Guerre mondiale, il avait, dans le même temps, arboré une relation étroite avec la xénophobie et l'antisémitisme. Le discours que nous subissions s'en approchait, montrant la frontière de plus en plus floue en Pologne, entre conservatisme et extrémisme et, par extension, en Europe, les idées d'extrême droite tendaient à ne plus faire partie du folklore politique.

Côté musique, Vénus semait un vent de débauche sur la Grèce pour se venger des rois qui avaient chassé Pâris : « Dansons, aimons, buvons, chantons ». Mon esprit s'égarait et je songeais à la déroute prussienne de 1806 et à l'annexion de l'Alsace par les Prussiens des décennies plus tard. Dans son ouvrage *La République des opportunistes*, l'historien Jérôme Grévy développait ainsi : « Un nouvel ennemi héréditaire était né, dont l'image allait marquer des générations de Français : le Prussien, au casque à pointe, redoutable et inquiétant, barbare et pillard, violeur et ivrogne. » Imaginer la voisine envahissante avec un tel couvre-chef m'amusa un bref moment. Toutefois, devant le flot intarissable de ses paroles, il ne restait d'autre ressource que de riposter en levant nos verres : « Encore un que les Prussiens n'auront pas ! ». Nous essayâmes de revenir au vote, mais notre invitée coupa court : en Silésie, on doit voter comme son mari, déclara-t-elle. Bouffre ! Je m'entendis lui répondre qu'il me semblait tout compte fait préférable de retirer le droit de vote aux femmes et de décider que la voix de chaque homme compterait double : ainsi l'épouse pourrait rester utilement aux fourneaux et ne prendre aucun retard sur ses tâches ménagères. Si, sous le Troisième Reich fut certes promulguée une loi interdisant certaines hautes fonctions au sexe faible, notamment dans la magistrature et dans le corps médical, les femmes, certes inéligibles, avaient conservé leur droit de vote.

Lorsque nous parvînmes à la ramener dans l'ascenseur lilliputien, nous étions épuisées. En refermant sa porte, mon amie me raconta que quelques semaines auparavant, la bonne voisine était tombée sous la porte cochère et lui avait expliqué — en s'excusant — qu'elle ne buvait que deux fois par an. Le compte était donc bon. Je raconterais des fadaises si je décrivais le plat. Une poularde à l'estragon était bien prévue, mais avons-nous dîné ?

Le tarama ou taramosalata

Pratiquement inexistant en France à la fin des années 1980, le Tarama arrive en tête des produits de la mer à tartiner, mais, de grâce, faites-le vous-même, cela vous évitera de vous empoisonner.

Sachez que le véritable tarama est une pâte constituée d'œufs de cabillaud jamais consommée telle quelle. Le produit que l'on nomme ainsi est en fait du taramosalata, une crème onctueuse au goût fin. Le vrai problème de ce délice grec est industriel. Son rose Barbie cache de nombreux colorants, dont un neurotoxique (le rouge ponceau E124) et un autre (le sunset yellow E110) qui, en plus d'être neurotoxique, est suspecté d'être cancérigène. Le procès du tarama tout prêt ne s'arrête pas là, il est bourré de conservateurs, tel le benzoate de sodium E211, connu pour entraîner notamment des troubles cardiovasculaires et rénaux. On y trouve aussi des épaississants cancérigènes du type carraghénane E207. Au travail pour que votre tarama ne soit ni rose ni morose !

Les mystérieuses terrasses de Baalbek

Notre vol arriva à l'heure du Martini Dry à l'aéroport Rafic Hariri. Organisé par Elias Masboungi, correspondant à Paris du média libanais *L'Orient-Le Jour*, un ami au charisme solaire, un voyage de presse de cinq jours dans ce pays qui, selon les textes bibliques, ruisselait de lait et de miel, ne se refusait pas. Beyrouth grouillait dans un concert de klaxons forcément rassurants puisqu'ils signifiaient l'absence d'attentat. Une quasi-normalité régnait, joyeuse, vivante, avec cette chaleur si particulière à la culture méditerranéenne qui imposait de sortir hors de chez soi. Avec neuf autres confrères, j'humais avec délectation la brise rafraîchissant les ficus et les cyprès.

Saviez-vous que la constitution du Liban imposait au Président d'être un chrétien maronite, au Premier ministre, un musulman sunnite, au chef du Parlement, un chiite, à son vice-président, un Grec orthodoxe? En ce début mai 2016, la présidence de la République était vacante depuis déjà deux ans. Ce casse-tête institutionnel et confessionnel rendait tout observateur extérieur perplexe. Malgré une vingtaine de sessions du parlement, le chaos politique s'enracinait au pays du Cèdre. Cette situation convenait au Hezbollah, parti chiite libanais né au lendemain de la Révolution islamique en Iran, dont environ 10000 combattants se trouvaient engagées aux côtés de Bassar El Hassad dans la guerre en Syrie. Ce micmac avait pris, dans cette étroite bande de terre bordée par la mer Méditerranée, des allures de tragédie classique. La politique intérieure et le conflit voisin étouffaient l'économie et asphyxiaient les Libanais. Ils y faisaient face grâce à un merveilleux et inattendu ressort : l'Art. La créativité insufflait une respiration, devenait oxygène face aux incessantes crises politico-sécuritaires. Remplacer les armes par des œuvres permettait, sans nul doute, de se reconstruire. Ainsi, avec une énergie bouleversante, la Foire d'Art contemporain, *Beirut Art Fair* avait vu, entre 2010 et 2018, le nombre de galeries passer de trente à plus de cinquante, avec huit fois plus de visiteurs. Un véritable bol d'art pur.

À peine le temps de poser nos bagages que nous devions repartir pour répondre à l'invitation à dîner de confrères libanais. Nous nous retrouvâmes ainsi à une vingtaine dans la salle d'un restaurant se voulant typique, outrageusement éclairée ce qui était le comble du luxe dans une capitale où il était très rare d'avoir de l'électricité 24 heures sur 24. Avez-vous remarqué que le banquet se perdait en France? Je ne parle pas des banquets qui brillaient sous les ors du grand siècle, mais des gueuletons plus récents et plus familiaux qui animaient les villes et les villages des provinces françaises. On ne trouvait plus maintenant que des réceptions. Ne croyez pas que je les regrette, j'abhorre les repas de plus de six convives, non, mais, là, cela y ressemblait furieusement. Ce repas aurait pu être ainsi fort ennuyeux si la même grande table rectangulaire, dressée parallèlement à la nôtre, n'avait pas accueilli une délégation de scientifiques russes. Ce fut extra. Ils buvaient fort. La langue russe supplantait en décibels l'arabe et le français. À peine assisse, une babouchka un peu trop fardée se leva, trinqua et entonna un air de l'opéra *Eugeni Oneghin* de Tchaïkovski avec un certain vibrato. L'âme slave avec sa fougue, son exaltation et sa passion. Après deux ou trois autres airs a capella, dont un air de *Norma* de Bellini, et autant de toasts au pastis libanais, l'arak, délicieuse boisson à base d'alcool de raisin distillé avec de l'anis, les deux tables passèrent de concert à la dégustation des nombreux mets servis, tous d'une fraicheur exquise. Mais, avant le dessert, nos voisins russes, entonnèrent, debout et en chœur, *Kalinka*, verres à la main. Épatant.

Le lendemain aux aurores, était planifiée la rencontre avec le Premier Ministre dans sa résidence du Grand Sérail, nommé Président du Conseil, un titre porté pour la première fois en France par Talleyrand en 1815. Nous enchaînâmes à *Aïn Tiné* avec le Président de l'Assemblée nationale au mandat auto prolongé. Ce furent les deux seules personnalités politiques que j'entendis parler français. Plus grand monde ne semblait connaître notre langue à Beyrouth et, en tout cas, pas le personnel de notre hôtel. Je m'échappai ensuite avec deux confrères pour déjeuner sur le front de mer de mezzés, du taboulé bien sûr, tout vert de persil frais comme il se devait, du l'houmous, cette onctueuse purée de pois chiches, des *fouls,* comprenez des fèves fraiches, du *mtabal*, une délicate purée d'aubergines, de la salade *fatouche* faite de crudités rafraichissantes et servie avec des morceaux de pain pita grillé, des *sambousiks*, des friands à la viande et aux épinards avec, en final, un désaltérant café blanc, comprenez de la fleur d'oranger dans une grande tasse d'eau chaude. Le soir, nous fûmes conviés à la première édition du Festival culturel de Beyrouth, une projection en 3D de l'histoire du Liban, à l'intérieur d'un dôme géant où se pressait une foule hétéroclite, entre robes à paillettes, sacs griffés, jeans et baskets de hipsters. Les mini-jupes y côtoyaient les voiles.

La plaisanterie s'arrêta le jour suivant puisque, sous protection de l'armée, nous nous rendîmes à un poste avancé dans le Nord-est du Liban. Tout le long de la route, des camps sauvages, quelques tentes isolées faites de bric et de broc, mais toutes chapeautées d'une parabole. Plus de deux millions de réfugiés se trouvaient sur le sol libanais ce qui, vous l'avouerez, commençait à faire beaucoup pour une population de quatre millions de personnes*. Dans une situation plus que dégradée, l'armée pouvait se prévaloir de succès militaires malgré de faibles moyens. Le général qui nous accueillit, un beau Chrétien brun aux yeux verts, dirigeait un contingent de 1200 hommes. En camions militaires, nous ralliâmes la base militaire de Ras

Baalbek à environ quatre kilomètres des lignes de Daesh qui avait pénétré —sans demander la moindre permission et sur huit kilomètres— le territoire libanais. « Ce petit pays si important ! » disait le Prince de Metternich.

Vous imaginerez sans peine que se retrouver ensuite à Baalbek, l'antique cité des Dieux nommée Héliopolis à la période hellénistique, était un peu comme passer du noir au blanc. Bordant la plaine de la Beqaa, les influences assyriennes, grecques, byzantines et romaines en faisaient l'un des plus prodigieux sites archéologiques du monde. Baalbek, classé sur la liste du patrimoine mondial de l'Unesco, restait le plus imposant, le plus gigantesque, le plus titanesque et le plus vertigineux site de temples romains jamais construits. Le temple de Vénus, bâti sur un plan circulaire, constituait un joyau d'architecture par le raffinement et l'harmonie de ses formes. Les six colonnes de vingt-deux mètres de haut du temple de Jupiter accrochaient le regard sous fond de ciel bleu manucuré comme un défi aux montagnes environnantes. Le grandiose temple de Bacchus trônait, avec sa colonnade quasi intacte, royalement déserté par les touristes puisque la zone était classée rouge. Quoiqu'étonnamment dorée, la lumière revêtait la teinte d'une douce nostalgie, propice à une invitation à se poser au pied des dieux.

Face à ces ruines romaines, l'Hôtel Palmyra étalait son charme proustien. Construit en 1874, ce lieu de villégiature donnait du bonheur à l'œil, celui de plonger dans la quiétude des temps passés et dans la jouissance apaisée, de goûter la simple beauté d'un paysage à travers ses grandes fenêtres gothiques aux volets verts. La grille passée, les trois marches de l'escalier montées, une porte s'ouvrait comme un soupir pour dévoiler dans une lumière diaphane un long hall. Au-dessus d'un sol en mosaïques, l'entrée abritait un buste antique monté sur une colonne, une amphore et quelques autres merveilles issues de fouilles, un joli miroir, une enfilade de tapis persans, des meubles en acajou de l'époque coloniale, deux petits bouquets de fleurs posés délicatement sur une table ronde au plateau en marbre et de désuets abat-jour verts en peau d'autruche. Sur les murs des dessins encadrés de Jean Cocteau jouxtaient les photographies d'autres hôtes illustres : le général de Gaulle, Atatürk, Churchill, Guillaume II, Fitzgerald, Rostropovitch, Anna de Noailles, Pierre Loti, Maurice Barrès, André Gide ou Louis Aragon. Accroché au mur, on pouvait lire ce joli mot daté de 1960, écrit à la main par Cocteau qui aimait séjourner là un mois par an : «Les mystérieuses terrasses de Baalbek d'où l'on suppose que les hommes partaient vers les astres ne sont-elles pas le lieu idéal pour que l'âme des poètes y prenne son vol et le large.» Le silence se tenait au garde à vous devant tant de magie.

Certains lieux nous émouvaient au rythme des pérégrinations de notre imaginaire. L'accueil, dans un français parfait, de la délicieuse propriétaire, Rima Husseini, ajouta une touche de charme à cette émotion. Ce professeur d'université avait su préserver l'esprit du lieu, l'authenticité de l'architecture vernaculaire. Le jardin, le bar, le restaurant et la terrasse bien exposée, revivaient grâce à son talent et sa passion. Cet hôtel intemporel possédait une lumière si particulière qu'elle donnait de l'espoir au présent. Dans l'annexe, comme des cachettes gardées secrètes, dans un flottement de voilages, les chambres au charme suranné poussaient à s'alanguir dans un de leur coin salon telle une invitation à la contemplation. S'interroger, éprouver, ressentir. La vie paraissait ici palpiter dans une cadence plus lente, plus mesurée, accompagnée de résonances infinies, envoutantes, figées. Une lumière diaphane traversait les fenêtres en arcades pour emplir l'espace de reflets ocre et dorés. Au loin, les colonnes de Baalbek se dressaient et semblaient toucher la douceur voluptueuse du ciel. Le patio mêlait les tissus colorés aux motifs arabes à la quiétude d'un jardin d'île grecque. Un endroit paisible, une atmosphère si précieuse qu'elle appelait à la communion. Nous étions conviés à déguster des mets travaillés à base de produits frais et de saison.

La maîtresse des lieux ayant traduit un livre de recettes locales, affirmait : « La cuisine libanaise est un reflet de la façon dont le peuple est un même peuple, mais avec une saveur différente et distinctive dans chaque région ». Aussi variée que sa population multiconfessionnelle, cette cuisine du soleil méditerranéen mariant la richesse des produits de la mer et de la terre incarnait la culture du pays.

Mémoire des lieux, Ahmad Kassab, officiait dans les cuisines du Palmyra depuis 1955. Soixante et un ans donc. La table, royalement garnie d'une quantité de mezzés typiques de la région, renvoyait à une hospitalité légendaire. Dans la salle à manger, assise par terre, une femme sans âge faisait cuire sur une plaque posée à même le sol des galettes de pain incroyablement délicieuses. Servies toutes chaudes, elles accompagnaient une salade à la texture croquante et douce à base de *Bakle farfahene*, ce pourpier potager devenu un oublié des jardins maraîchers en France, et pourtant bien meilleur que la mâche. Les *sfihas baalbakieh*, de toutes petites pizzas de format carré, dévoilaient des saveurs de cannelle et de menthe qui, en relevant le goût de la viande, nous transportaient dans les montagnes au-dessus de Baalbek. Une *fateh* aux aubergines se présenta toute légère, composée de yaourt au *tahiné,* de crème de sésame, d'ail, d'épices et de menthe fraîche. Nous nous tenions près d'une large fenêtre dans une lumière tamisée où juste des pastilles de soleil palpitaient sur la table. Arrivèrent une salade de pommes de terre à la coriandre, une autre de lentilles, des kebbés frits aux pommes de terre, du *kawaj*, un plat de toutes sortes de légumes cuits au four pendant de longues heures. Les tomates et oignons se dégustaient avec un filet d'huile d'olive et du *kishek,* une préparation au parfum très particulier, faite de yaourt fermenté et de blé concassé, le tout finement moulu et ensuite séché. Grâce à son merveilleux climat, le Liban offrait toute l'année les fruits les plus savoureux du monde qui restaient le meilleur des desserts. Autre plaisir sucré, l'exquise *mouhalabia*, un pudding de crème de riz garni délicatement de confiture de pétales de roses et d'amandes.

Dès notre retour à Beyrouth, une rencontre était programmée avec le Ministre de l'Intérieur dans un bâtiment qui aurait pu être le ministère de la culture tant les tableaux et les installations contemporaines pullulaient. Mais je lui en voulais de m'avoir arrachée à Baalbek, de ne pas parler français et d'oser mettre son vaste bureau en état de congélateur. Je ne posai ainsi aucune question et ne m'intéressai, frigorifiée, qu'aux œuvres. Après une bonne nuit, un périple le long de la ligne de démarcation libano-israélienne nous attendait. À une halte à Saïda, dans un café où trônait à l'entrée une reproduction de la Joconde, nous rencontrâmes un contestataire du mouvement réformateur de l'OLP, responsable du plus grand camp palestinien, celui d'Aïn el-Heloué, et son traducteur. Les 50 000 Palestiniens arrivés de Syrie semblaient ajouter de nouveaux problèmes de sécurité. Nous reprîmes ensuite la route et franchîmes très difficilement une multitude de check-points. Il semblait plus aisé de se trouver face à Daesh que face à Israël.

L'arrêt à Tyr, port d'une grande beauté, ne fut malheureusement qu'une courte escale. De la brise venant de la mer naissait une lumière diaphane. Mon amour de la mer devait tenir au fait qu'il n'y avait pas de dénouement dans la chorégraphie des vagues. Je regrettais qu'un énième point de contrôle, ne nous ait pas fait abandonner notre chemin afin de rester dans ce lieu si charmant. Passés les champs d'oliviers et de tabac, la ligne bleue n'offrait effectivement pas grand-chose à voir. L'ONU, à travers la Force Intérimaire des Nations-Unies au Liban (FINUL), s'efforçait de faire respecter la *Blue Line* en jouant la carte du temps long. À sa décharge, ses moyens ne lui permettaient objectivement pas de s'opposer à Israël, ni d'ailleurs au Hezbollah. La démarcation infranchissable était nette, d'un côté, une terre nue, le Liban, et, de l'autre côté, verdoyant, Israël dont nous aperçûmes un soldat montant la garde en haut d'une colline.

Nous déjeunâmes au pied de la frontière dans un surprenant club à l'africaine composé d'une multitude de paillottes et de plusieurs piscines, posé le long d'une petite rivière, le Wazzani, objet de conflit entre les deux états. L'eau où pataugeaient des volatiles — des oies peut-être — coulait, propre, sereine, imperturbable face à des années de trouble. Situé sur une ancienne ligne de tir à la frontière d'Israël, ce complexe de 4 millions de dollars, construit par des Libanais de Côte d'Ivoire, pouvait paraître être le dernier endroit pour passer des vacances au Pays du Cèdre. Avec son parc de loisirs, *Hosn al Wazzani Resort* s'adressait pourtant à tous ceux recherchant une évasion extrême avec fil de fer barbelé à quelques mètres. Les ressortissants non libanais avaient toutefois besoin d'une autorisation du renseignement de l'armée pour pouvoir accéder à ce déconcertant lieu de villégiature.

À la croisée de l'Orient et de l'Occident, ce pays m'a séduit peut-être parce que plus le monde de mes voyages était schizophrénique, mieux j'y évoluais. De passage, il est si facile de vivre l'instant sans savoir de quoi le lendemain sera fait. Les cicatrices de quinze ans de guerre civile se trouvaient comme gommées par une effervescence, un modernisme et une ouverture sans équivalent dans le monde arabe. Ce peuple avait perdu assez de temps. « Balbek ! Balbek ! C'était en effet la merveille du désert, la fabuleuse Balbek qui sortait toute éclatante de son sépulcre inconnu, pour nous raconter des âges dont l'histoire a perdu la mémoire. » écrivait Alphonse de Lamartine en 1835. Rendez-vous avec les dieux, résolument hors du temps, les mystérieuses terrasses de Baalbek et le légendaire hôtel Palmyra défiaient splendidement l'oubli.

* Selon les statistiques onusiennes de décembre 2015, le pays comptait 1 846 150 réfugiés, principalement syriens, auxquels s'ajoutait un demi-million de Palestiniens, installés dans le pays depuis plus longtemps.

Festival international de Baalbek, en juillet-août
Nayla de Freij, la présidente de ce grand festival, fondé en 1956, a célébré en 2016 les soixante ans de l'événement rassemblant chaque année les plus grands artistes libanais et internationaux. Cocteau l'avait inauguré avec sa pièce *La Machine infernale*. Les plus grands noms de la musique et de la danse s'y sont produits. Téléphone : + 961 1373150 www.baalbeck.org.lb

Hôtel Palmyra à Baalbek
Téléphone : +961 3371127 ou + 961 8270230

Les Sfihas Baalbakieh ou pizzas de Baalbek façon végan

Ces pizzas seraient apparues au 15ème siècle dans la plaine de la Bekaa, à l'Est du Liban frontalier avec la Syrie, dont Baalbek — l'ancienne Héliopolis des Romains — est la capitale. Elles font partie des mezzés, nom englobant absolument tout ce qui peut se déguster en petites bouchées.

Pour la confection de la pâte et environ 35 pièces :
700 g de farine
30 g de lait en poudre
45 g d'huile
1 œuf
30 g de levure fraîche
30 cl d'eau tiède
Pour la farce :
5 petites tomates
3 oignons
1 petit poivron rouge, 1 petit poivron vert
1 yaourt
30 g de pignons
2 cuillères à soupe de sumac
2 cuillères à soupe de cannelle
1 cuillère à soupe de 7 épices
1 cuillère à café de piment rouge frais haché
Menthe fraiche ciselée
Sel

Mélangez la farine, le sel et la levure. Rajoutez l'œuf, le lait en poudre, l'huile et frottez ce mélange entre vos mains. Mouillez avec l'eau petit à petit jusqu'à obtention d'une pâte molle.

Divisez en petites boulettes, couvrir et laisser la pâte lever dans un endroit tiède pendant 45 minutes.

Découpez les tomates épépinées et les oignons en quatre. Mettez-les dans un mixer avec la menthe pour les réduire grossièrement en purée.

Ajoutez cette purée au yaourt. Ajoutez le sel et toutes les épices. Mélangez. Votre farce est prête.

Étalez la pâte sur une surface plate et farinée à l'aide d'un rouleau pâtissier. Avec un emporte-pièce rond, d'un diamètre de 7 cm à peu près, découpez des cercles.

Dans chaque cercle, déposez une cuillère à café de la farce et pincez les 4 côtés de la pâte afin d'obtenir une forme carrée.

Préchauffez le four à 260°. Déposez les carrés de Sfiha sur une plaque recouverte d'une feuille de cuisson en les espaçant un peu.

Mettez au four pendant 20 minutes environ jusqu'à ce que la pâte commence à bien dorer.

Faites attention que la pâte ne brûle pas !

Un proverbe libanais proclame : « Pour l'affamé, le pain cuit trop lentement ».

Les Sfihas peuvent être servies comme entrée avec du yaourt et des quarts de citron ou à l'apéritif comme petits fours.

Avec un verre d'arak ! Sahten !

Avec une pensée pour les injustes malheurs du Liban, ce pays lié à nous, Français, par l'esprit, l'âme, la culture et les rêves.

L'enlèvement

L'idée aurait pu paraître absurde. Nous étions un 26 février et j'allais perpétrer un enlèvement. Vous remarquerez qu'aucun code des convenances ne conseillait comment se vêtir pour un rapt. Aussi mis-je plus de deux heures à choisir la tenue adéquate. Je m'habillai finalement comme pour une partie de campagne. Mais le plus difficile fut d'imaginer comment se débarrasser des deux gardes du corps. Là, le grand Marcel Campion m'avait grandement aidé. Entendez par là que je m'inspirais de sa prise abracadabrantesque, en 1985, d'un des plus célèbres parcs parisiens. Le truculent leader des forains avait, à l'époque, fort mal reçu une lettre du ministère lui signifiant un ferme et définitif refus pour l'installation d'une grande fête foraine dans le jardin des Tuileries. Afin de contourner cette funeste complication, il rédigea un faux document, avec en-tête et signature du ministre Jack Lang, en écrivant strictement l'inverse. Dans la nuit, quantité de manèges grandioses et de roulottes chamarrées furent installés. Une réussite éclatante à la hussarde !

Ce matin-là, l'air parisien était bienveillant, un peu acidulé, lorsque j'arrivai devant une des tours Masséna, construites sur l'ancien emplacement des usines Panhard, entre les portes d'Italie et d'Ivry. De la limousine noire préalablement louée, j'avais fait des appels de phares aux deux policiers chargés de sa sécurité. Il devait être un peu plus de dix heures lorsque j'avais montré mon faux papier officiel. Je m'étais présentée à son domicile, non sans gourmandise, sous le nom de Céleste Albaret, qui avait émis ce jugement merveilleux sur son employeur, Marcel Proust : «Il s'est mis hors du temps pour le retrouver». Charlie Bravo et Charlie Alpha allèrent bien sûr chercher celui qui était convoqué par le ministre de l'Intérieur comme l'attestait le papier tamponné. L'affaire fut rondement menée. Sans les attendre, je filai en flèche vers le périphérique sud : j'avais enlevé Michel Thomas. Ce dernier sembla trouver la situation cocasse. Il fallait avouer que je ne ressemblais en rien à une djihadiste, mais, me direz-vous, nombre de fous pouvaient revêtir une apparence normale.

Bref, mon acte était intrusif et donc sans limites. Je n'avais préparé aucun exposé oratoire, aucune allocution et ma victime ne parlait pas. Je m'interdisais de lui raconter ma vie, livre dont les pages jaunissaient à vue d'œil. Il n'était pas utile de s'attarder sur les décennies perdues et de lui rappeler le temps qui passait. Penser que l'on pouvait être jeune trois fois moins longtemps que vieux restait insupportable. Cette foutue vie qui vous glissait entre les doigts. Notre jeunesse s'était dissoute, éclatée comme les bulles à la surface des coupes de champagne que nous avions abondamment avalées. Désintégrée, volatilisée. Des corps à demi effacés. Refuser d'y penser donc. Louer plutôt notre imagination grâce à laquelle notre vie était rarement vécue comme réelle. D'ailleurs ceux qui proclamaient «bien vieillir» manquaient totalement d'inventivité. Inéluctablement, durablement et sans appel, il n'y avait pire destin que la vieillesse.

Nous roulions déjà sur l'autoroute. Il alluma une cigarette. Il la tenait curieusement entre l'annulaire et le majeur ce qui donnait à son geste un côté théâtral, un peu comme lorsque nous étions enfants, nous faisions mine de fumer maladroitement des cigarettes en chocolat. Son silence frisait l'invisibilité. S'attendait-il à des données objectives concernant mon geste baroque ? Je m'en voulais de n'avoir prévu aucune conversation, quelle stupidité, alors que, seul, ce fait comptait. Pour me rassurer, je me surpris à penser que son manque de résistance élargissait le champ du possible. Les intellectuels n'étaient pas faits pour ce monde qui avalait, dévorait, dissolvait tout génie et Michel, avec son côté exilé de l'humanité, allait —à n'en point douter —m'être reconnaissant de lui permettre de vivre une telle aventure.

Lui parler de son œuvre ? Je me remémorais ses photos et son passage à l'École nationale supérieure Louis-Lumière. Je connaissais certains de ses poèmes par cœur, mais lui énoncer ses propres textes me sembla ridicule. Lui dire que je chérissais Charles Baudelaire et Gérard de Nerval ? Guère original. L'entretenir de Sainte-Beuve qui avait méconnu leur génie ? Et après ? Lui parler du poète Yves Bichet ? Certes, c'était grâce à une de ses interviews que j'avais découvert « Le rêve de Marie », titre facile à retenir pour moi, mais équivoque, des vers magnifiques avec un regard par trop lucide. Ce drôle d'écrivain élevait des vers dans la Drôme, lombriculteur donc et poète. Or, le lombric craignait la lumière. Je lui en fis part. « Cocasse » fut le seul commentaire émis par ma victime. La situation était résolument inclassable puisque Michel Thomas, enlevé pour son esprit, s'obstinait à demeurer muet. À quoi servait le trou du bagel ? La question restait plus amusante que la réponse et il se moquait complètement que ce cercle au départ inégal soit devenu un simple anneau de pâte adopté par toute la communauté juive ashkénaze d'Europe centrale. Mes idées virevoltaient dans tous les sens et je songeai même, un bref instant, à lui demander si, enfant, il voulait devenir pompier, mais je m'abstins.

Il regardait vaguement la route et, rapidement, ralluma une autre cigarette. Je m'aperçus qu'il mordait le filtre comme moi. Une certitude rare de nos jours : ma fumée ne le gênerait pas. Au XVIème siècle, le tabac, appelé alors *herbe à l'ambassadeur* ou *herbe à la reine* apparut à la cour de France. Molière fit dire à Sganarelle : « (...) qui vit sans tabac n'est pas digne de vivre. Non seulement il réjouit et purge les cerveaux humains, mais encore il instruit les âmes à la vertu, et l'on apprend avec lui à devenir honnête homme. » Ah ! Où étaient les cigarettes d'été et la fidèle pipe d'hiver de Mallarmé ? Cioran ne pouvait rien écrire sans fumer. Albert Camus et Jacques Prévert non plus. L'écrivain et psychanalyste Philippe Grimbert tenait son explication sur l'addiction de la cigarette comme « instrument de jouissance de l'instant et de protection contre la tension qui naît de l'environnement hostile ». L'hygiénisme ambiant avait tué la liberté. En lutte, il me plaisait de penser que fumer et boire restaient les deux activités définissant les créateurs. Je me mis à lui parler un peu bêtement d'un article lu la vieille dans Causette, magazine dont j'étais fan. Pourquoi dans les visuels des pubs, seules les femmes mangeaient des yaourts ? Une ponte de Publicis expliquait que, plus les produits étaient dérisoires, plus il fallait convaincre les femmes, car elles seules faisaient ce genre de courses. En langage publicitaire, la cible restait les RDA, les Responsables Des Achats. Ce concept l'intéressa fort mollement. Je trouvais cela regrettable tant les femmes apparaissaient encore dans le paysage publicitaire comme des shoppeuses hystériques ou des boniches corvéables à merci. « Hourra ! J'ai la carte de crédit de mon mec ! » claironnait ainsi un sac de courses Auchan.

Le ciel jaune fut un instant traversé d'oiseaux gris. Février était un mois où nous fantasmions déjà sur avril. Je l'amenais dans une campagne un peu désuète, à une heure de Paris, dans le Loiret, département mis en scène dans un de ses romans, récit qui m'avait séduite pour sa description de l'épistémologie propre à l'art, à sa singularité. Quand on aimait réellement un livre, celui qui l'avait écrit vous colonisait forcément, ne serait-ce que par reconnaissance du rare bonheur vécu. Le bon écrivain devenait en quelque sorte le bienfaiteur de son lecteur. Cependant, le lieu choisi de notre escapade restait un pur hasard : j'avais eu la chance qu'un ami juriste, après un énième héritage, délaissât sa maison de campagne pour rester dans le Var tout l'hiver et qu'il m'eut confié les clefs. Si la législation minière l'avait permis, cet archonte aurait pu devenir un émir du Gâtinais, mais, même s'il possédait des puits dans cette rare région de France recelant des hydrocarbures, les royalties ne permettaient même pas l'entretien des bois environnant sa propriété. Cette région pauvre, avec ses parcelles morcelées, attirait principalement des résidences secondaires et des maisons de retraite. Peut-être y avait-il également des supermarchés *Leader Price* comme celui que Michel avait pris en photo à Saint-Flour dans mon Cantal natal...

La station de radio de musique classique déversait du Schubert. Les notes de ce mélodiste dégageaient une grâce infinie, teintée tantôt de joie tantôt d'une mélancolie profonde. Cela semblait convenir à mon otage. La rythmique des notes subjuguait toujours la pensée, la rendait plus fluide, plus limpide. Encore fallait-il avoir un cerveau et le mien était en état de purée. Nous arrivâmes à Château-Renard, à une quinzaine de kilomètres de Montargis. Sur la place de la République, se dressait la maison de Jeanne d'Arc érigée en 1415. Je la lui indiquai sans recueillir le moindre son. À la sortie du bourg, nous prîmes le chemin de terre menant à la demeure nichée dans la verdure. Elle nous attendait comme préparée pour l'arrivée de gens inconnus ; j'ouvris les volets, allumai la cheminée en arrachant au passage le fil de la télévision de sa prise, et ressortis chercher les provisions. J'avais toujours détesté — mais vraiment détesté— l'idée des copains organisant une soirée surprise pour votre anniversaire. Je trouvais cela totalement insupportable et c'était pourtant un peu ce que je me préparais à faire. Mis à part que nous n'étions pas amis et qu'il serait question de huit-clos. Je sortis du vaste coffre de la voiture des courses hétéroclites, du rhum, des bougies, du chocolat, de la vodka, du saumon fumé bio, deux sachets de confiserie, du pain frais, du chorizo, du whisky, des cigarettes, du bon vin, des citrons verts, du gingembre, du tarama, une pizza libanaise au thym, un moelleux au chocolat et des macarons au parfum exotique.

Le feu avait bien pris et je rajoutai deux grosses bûches dessus le petit bois. Devant le crépitement rassurant, mon inclassable et génial auteur parla enfin. Il me questionna sur qui j'étais, qui on attendait, sans me demander pourquoi j'avais agi ainsi, ce que j'appréciai. Ses yeux bleus avaient une incroyable intensité. Après que j'eusse balbutié quelques vagues explications, il m'avoua qu'il se réjouissait de passer le plus original des anniversaires. Cette affirmation attendue me décoinça et je lui parlai, en flot, d'une amie sculpteur qui avait fait, comme lui, des études d'ingénieur agronome, de l'art encore, de la politique, de physique quantique, de Fernando Arrabal, de religion. Savait-il que la France était la quatrième nation comptant le plus d'athées derrière la Chine, le Japon et la République Tchèque ? Cela dit, il ne l'était plus —contrairement à moi— ayant muté agnostique, avec le questionnement de l'existence d'un grand maître de l'Univers. Puis, il évoqua la magie des miracles. Je n'étais malheureusement pas assez crédule pour un pareil monde enchanté. Une bûche craquait de temps en temps. Il regardait fixement le feu et semblait écouter ses réponses en restant attentif à mes interrogations. Nos paroles s'envolaient. Rien n'était pesant. Je lui trouvai des grâces de papillon.

L'âge d'or de l'Occident se terminait. Le temps de l'Afrique, de l'Asie arrivait. C'était tellement évident. Se rappeler la chute de Rome. Les événements se trouvaient brouillés, liquéfiés par des penseurs contemporains à la vérité faussée, porte-parole de la doxa. Au milieu de tout cela, l'oxymore pullulait : social-démocratie, commerce équitable, développement durable, laïcité plurielle... les citoyens étaient enfumés. Et, cerise sur le gâteau d'anniversaire, deux thèmes paraissaient être devenus tabous : le sexe et l'islam, deux sujets rigoureusement pas comme les autres. Les deux se pratiquaient, mais il convenait de ne pas en parler. Des discours mous et incultes faisaient office de débat public. Si, dans les années 1960 et 70, Pierre Bourdieu analysait le déterminisme social —l'habitus—, les sciences sociales étaient dorénavant noyautées par l'idéologie islamogauchiste. Une société de bisounours, des tonnes de billevesées et un siècle en faillite. Après la montée prévisible du Front national, Pascal Bruckner faisait ce constat dans une interview accordée au Point : « C'est toujours un défaut de patrie qui attise le nationalisme, jamais un excès. » Nous convenions qu'il ne suffisait plus d'agiter nos drapeaux tricolores et de chanter La Marseillaise. L'abus de langage martial ne pouvait cacher l'indigence des actions. La grande amitié patriotique de Michelet avait fait long feu.

Michel avait le dialogue cru. Je renchérissais de bon cœur en émettant l'idée radicale que le seul moyen de se débarrasser de ce monde était de disparaître soi-même. Vu les circonstances, cela le fit sourire. Nous avions terminé les zakouskis et je remplissais à nouveau nos verres. Il me compara à Mata Hari et m'apprit que ce surnom signifiait soleil en javanais. Je lui rétorquai que Samsung voulait dire trois étoiles en coréen et j'enchaînai en lui avouant que lorsque j'avais 18 ans, j'arrivais en boite de nuit en clamant : « My name is Pamela Ketchup ». J'avais parfaitement conscience que tout cela était follement décousu. Une bûche roula dans l'âtre. La chaleur du feu de cheminée accélérait la fonte des glaçons dans nos verres. Il était d'accord pour que nous dînions sur la table basse. Je le regardai tandis que j'amenais le plat que j'avais fait réchauffer et pensai alors que personne n'avait compris qu'il était né pour être enfant alors que d'autres naissaient vieux. Je lui trouvais un côté émouvant. Mais, avec tant d'allant ! Sur ces considérations, je servis un vin donnant la sensation de pouvoir sauver le monde. J'avais fait un service à l'assiette et le cassoulet fumait avec la grâce du généreux, du ventru. Cette vieille connaissance culinaire, toute dodue, taillée dans la joie, conçue comme une force de la nature, était tellement mijotée que ses ingrédients parfumés fondaient. La saucisse venait de Toulouse, le saucisson de Lyon, les haricots de Tarbes et le tout de *La Fontaine de Mars*, un restaurant parisien que j'aimais beaucoup fréquenter pour ses rideaux vichy, sa terrasse dressée sous les arcades, ses plats-maison sans chichi et son ouverture du dimanche. Le couple Boudon, Christiane du Sud-ouest et Jacques l'Auvergnat, menait de main de maître son affaire. Même Obama s'y était rendu en juin 2009. Mon hôte ne me demanda aucun détail quant à la préparation de ce plat généreux et nos assiettes furent rapidement vides.

Comme moi, Michel aimait l'idée de la fête comme propension à oublier la mort. Nous avions un peu trop bu, beaucoup trop fumé, mais nous semblions accorder la même réticence à la marchandisation de nos rêves. Le feu presque éteint nous rendait joyeux. Le moment donnait un sentiment irrésistible et total d'immortalité. Comme souvent lorsque l'alcool faisait son grand effet dans ma petite tête, l'envie me traversa de téléphoner à Olivier Poivre d'Arvor pour qu'il nous rejoignit et qu'ils puissent parler philosophie et art ensemble. J'aurais adoré les écouter deviser et devenir spectatrice de la situation, mais l'idée restait vraiment très farfelue. Je prétextai de vider nos cendriers pour disposer sur un grand plateau des carrés de moelleux au chocolat, des petits macarons, des framboises, des groseilles, des fraises Tagada et des oursons fourrés à la guimauve. Nous étions dans un irénisme profond qui me satisfaisait totalement. Après avoir éteint la lumière, j'apportai le dessert puis j'allumai les bougies-fusées pour célébrer comme il se devait l'anniversaire de Michel Houellebecq. Alors, tout explosa. Tout. Je criai en me réveillant en sueur, d'un seul coup assisse dans mon lit, puis j'éclatai de rire : un tableau de mon père s'était décroché du mur et était tombé sur mon chat, endormi à mes côtés, qui avait eu très peur.

N.B. : À l'époque où j'ai rédigé ce rêve, je n'avais aucune connaissance d'un film sur un sujet similaire, portant le même titre et ayant le même héros. Sans cela, sachez que je ne l'aurais pas écrit ! Cela avoué, ce récit n'a heureusement rien à voir avec le film.

À lire :

– Tous les ouvrages, poèmes compris, de Michel Houellebecq et *Houellebecq économiste* de Bernard Maris, (connu sous le pseudonyme d'Oncle Bernard dans Charlie Hebdo), éditions Flammarion, 2014.

Gâteau au chocolat convivial pour anniversaire festif

Surtout n'organisez jamais d'anniversaire surprise ! C'est insupportable : soit c'est factice et la personne célébrée joue la comédie pour ceux à qui vous avez fait croire qu'elle n'était pas au courant, soit vous la prenez pour une bille en pensant qu'elle a oublié le jour de sa naissance. Si vous y tenez, réservez donc cela au premier anniversaire d'un bébé ou à celui d'une personne qui est à un stade ultime de la maladie d'Alzheimer, dans ce dernier cas, vous pouvez le confectionner toutes les semaines…

200 gr de très bon chocolat noir en tablette
5 œufs bio
100 gr de beurre
150 gr de sucre en poudre
3 cuillerées à soupe de farine
Framboises, groseilles, myrtilles, cassis
Petits macarons

Pour le côté régressif : 1 sachet de fraises Tagada (un produit furieusement made in France) ; 1 sachet d'oursons en chocolat fourrés à la guimauve ; Plein de bougies-fusée.

Faites fondre le chocolat avec le beurre au bain marie. Réalisez une crème avec le sucre et les jaunes d'œufs au batteur jusqu'à ce qu'elle devienne blanche. Attention, c'est important, blanche, j'ai dit ! Montez les blancs en neige. Ajoutez délicatement le chocolat fondu au mélange sucre-jaunes d'œufs puis la farine et enfin incorporez doucement les blancs en neige.

Mettez le tout dans un moule beurré à 200° pendant 20 minutes.

Laissez refroidir votre gâteau tout moelleux puis coupez-le en carrés que vous allez disposer sur un très grand plateau.

Les petits macarons. Puis jetez en pluie plein de framboises, de groseilles, de myrtilles, de cassis puis, les fraises Tagada et les oursons.

Placez vos bougies-fusée.

Et hop ! Happy Birthday !

Au maquis

J'ignorais quel jour j'étais devenue noire. Je devais avoir à peine sept ans lorsqu'un ami de mes parents, ingénieur des Eaux et Forêts en poste dans des contrées lointaines, leur avait offert une jolie statuette du Gabon en pierre de Mbigou. Je m'étais alors précipitée dans ma chambre pour visualiser sur la mappemonde où se trouvait ce pays exotique. Le hasard fit que ce fut le premier pays étranger où je devais aller vivre quelques années plus tard. Cette sculpture en pierre tendre et à l'aspect granitique, depuis installée chez moi à Paris, constituait un porte-bonheur. Quand les choses se passaient bien, je le lui attribuais. Cet objet avait sa vie, auquel il me plaisait de donner un sens alors que, pas superstitieuse pour un sou, je ne croyais en rien. Si la théogonie restait une notion difficile à cerner, j'aimais la légende voulant qu'un dieu ait envoyé cette pierre particulière, unique par sa beauté, idéale par sa plasticité, au cœur de l'Afrique, sur la ligne de l'équateur, afin qu'un culte lui soit rendu.

Je me souvenais de chaque détail de ma première arrivée à Libreville, de cette jouissance si particulière ressentie lorsque l'air humide et moite m'avait enveloppée dès le franchissement de la passerelle de l'avion. L'été à perpétuité convenait à ma petite personne qui se fanait dès les frimas venus. Quelle sensation d'arriver sur un continent où le ciel était plus vaste, les arbres plus grands, l'avenir magnifié. Et cette brousse avec sa végétation s'ouvrant comme une fenêtre. Et ses couleurs qui faisaient du tapage, cette latérite couleur de vie. L'Afrique, mon Afrique, cette terre d'émotions profondes, était d'abord un charivari d'odeurs. La pluie sur la terre rouge, le manioc pilé, le piment cuit, la citronnelle, la viande grillée au charbon de bois, plus que nulle part ailleurs tous les moments de la vie se trouvaient rythmés par une odeur. La sapidité de ce continent se fondait dans l'acidité exotique du citron vert mêlé à la tendre fadeur de la papaye, dans la saveur liquide de la chair blanche de l'ananas de brousse ou dans l'odeur entêtante de la banane plantain cuite à l'huile de palme. Ou encore dans les récits ancestraux narrant le vent, les pluies, les étoiles et les dieux des marigots à la lumière des néons de la brousse.

Pas d'angélisme cependant. Plusieurs Afriques se côtoyaient sans jamais interférer entre elles. La violence suintait dans ce continent prestidigitateur où la prégnance de la mort régnait. Une jungle sans égalité, des maudits enchaînés à une vie préméditée, inscrite, faussée dès le départ. L'Afrique distillait ses amibes, écoulait sa syphilis, ruisselait de beuveries, décuplait ses mangeurs de chats et de chiens, secrétait le poison de sa xénophobie ethnique, suait sous le poids de ses mendiants et de ses putes en répandant sa musique et ses danses de sang. Charriant les cadavres d'un monde compromis, les fleuves se suicidaient dans les océans. Voici pourquoi toutes les nuits du continent noir étaient plus longues qu'ailleurs. C'était cependant devenu le continent de mon âme dont la porte s'ouvrait, dégoulinante, sur l'Occident. Un monde où l'on pensait qu'hier, aujourd'hui et demain restaient des données semblables.

Habiter, dans la brousse gabonaise, une case de surcroît isolée dans une palmeraie et une forêt d'avocatiers me réserva plein de surprises. Posée sur de bas pilotis, la maison, toute en bois, était ceinte d'une large galerie blanche. Une simple tôle ondulée servant de toiture devait me donner une nostalgie éternelle du rythme des pluies équatoriales résonnant sur ce toit. Un matin, me promenant à la lisière de notre terrain plein d'hibiscus, de becs de perroquet et de mangots, des mangues sauvages un peu filandreuses, mais au gout exquis, je me retrouvai nez à nez avec un monstre vert rayé de jaune à la langue fourchue, debout sur ses pattes arrière. Cet iguane de plus de deux mètres, tel qu'on le nommait à tort au Gabon, était en fait un varan orné, un terrible prédateur ne s'attaquant cependant pas spontanément à l'homme, fuyant plutôt alors à toutes jambes. Qui, à votre avis, avait eu le plus peur? Courant vers la maison, je ne m'arrêtai que lorsque je vis les rassurantes bougainvillées mauves et blanches partant à l'assaut des murs. Le soir, sur la véranda, je regardais basculer le soleil derrière la forêt. Là, la nuit s'abattait d'un coup, immergeant la case dans l'univers sonore de la jungle. Rien n'était plus bruyant que le silence africain. J'allais, dès cette époque, être vissée à ce continent comme un pangolin à une termitière.

Mon intrusion dans un maquis —entendez par là un restaurant clandestin, us typiquement abidjanais—, devait intervenir des années plus tard à Dakar. Ce soir-là, des amis vinrent me chercher à mon hôtel situé à la pointe des Almadies pour nous rendre dans un quartier populaire de la capitale. Des piétons, surgissant en traversant n'importe où, ralentirent quelque peu le trajet. Des mobylettes nous doublaient en pétaradant. Quant aux quatre-roues, le permis n'étant qu'une formalité, leur conduite s'opérait ici au klaxon et au frein. Nous arrivâmes cependant assez vite en ville et, à peine descendus de voiture, la pestilence de la décomposition des déchets nous saisit. La température frôlait les 38°. Pourtant, je me sentais comme un poisson dans l'eau au milieu des pièces de viandes boucanées, assaillies de mouches, des étoffes, des savons ou des sandales taillées dans de vieux pneus. Mes amis m'avaient promis un endroit authentique. La rue l'était déjà. Une Mama enroulée dans un boubou en wax chatoyant portait sur sa tête, une de ces grosses lessiveuses made in China permettant de transporter tout et n'importe quoi : poulets vivants, ignames, linge ou bouteilles consignées. Nous franchîmes une porte jouxtant un étal proposant des kilomètres d'étoffes à pagne, des cigarettes à l'unité et des recharges de téléphones portables.

Après avoir emprunté un long couloir étroit, nous pénétrâmes dans une salle à manger violemment éclairée par des néons. Quoique de dimension modeste, elle abritait un nombre impressionnant de convives. Un maître d'hôtel à l'air de lutteur aux aguets nous installa à l'unique table libre. Sur les murs bleu jean, des photos en noir et blanc des années 60, chefs d'œuvres anonymes de vies évaporées. Des Brigitte Bardot noires, somptueuses en robe trapèze, au regard d'antilope avec de longs cils sublimes à vous donner un torticolis. Saint-Tropez–Dakar. Les verres étaient dépareillés, les clients aussi, mais l'endroit chaleureux renvoyait à un naturel puissamment vivant. En entrée, on nous proposa des gambas à la sauce aux feuilles de manioc, une sauce parmi les plus courantes d'Afrique noire. Les grosses crevettes, d'une fraîcheur extraordinaire, arrivèrent nappées et fumantes. Un régal. Autour de nous, les voix portaient. Sous les pâles du ventilateur tournant au plafond, le bruit des conversations rendait quasi-inaudible la musique. Vint le poulet yassa, un plat galvanisant qui avait du sentiment, une recette de l'authentique Casamance à base de poulet, d'oignons, de riz et de citrons. La chair de la volaille attendrie par la marinade, la saveur des épices, le moelleux du riz : une grenade vernaculaire explosant en bouche. Nous restions courbés pour humer et ne rien perdre du fumet extraordinaire. La générosité de cette cuisine nous envahissait. Cela m'avait donné soif. J'aimais l'idée que le *Bissap,* cette délicieuse boisson nationale à base de fleurs séchées d'hibiscus et à la couleur de vitrail, allait me faire la langue rouge comme avec les fraises Tagada de l'enfance.

À la table voisine, une jeune femme jetait des regards en biais dans notre direction. Son tailleur, sophistiqué pour l'endroit, était d'un joli mauve. Son visage, plus avenant que véritablement beau, dégageait un charme certain. Cette masse de cheveux noirs encadrant des yeux vifs me disait vaguement quelque chose, mais je me méfiais de mes capacités à reconnaître les gens. Cela m'avait valu quelques mésaventures comme le jour où je m'étais rendue à Rungis chercher des fleurs. Croisant un supposé ami, je l'avais embrassé, tutoyé, invité à m'appeler plus souvent avant de me rendre compte qu'il s'agissait de mon boucher du 16ème arrondissement qui me lisait des poèmes et chez qui je n'allais plus tant il était incroyablement collant. Ou le jour où j'ai confondu un ministre et son chef de cabinet. Effusion protocolaire avec le second et condescendance pour le premier qui s'avéra très surpris que je veuille interviewer son conseiller. Mais il fallait s'amuser sinon la vie ne servait à rien. Tergiverser pour finalement suivre son plaisir. Il aurait été absurde de ne pas oser parler à cette voisine de table. Et puis, j'adorais les rencontres. Aussi, au café, je me lançai. Avocate, de passage à Dakar, elle habitait Marseille, ville où je n'étais curieusement allée qu'une fois dans ma vie. Cependant, elle aussi avait l'impression de me connaître. Le thé et le café *touba* respectivement avalés, nous décidâmes en toute jovialité d'aller prendre un verre ensemble.

Comme toujours dans les boîtes de nuit à Dakar, on trouvait plus de filles que de garçons. Certaines dansaient seules enroulées autour d'un pilier avec une grâce lascive et une dignité certaine. Avec près de 200 millions de 15-24 ans, l'Afrique avait la population la plus jeune du monde. Ce chiffre devait doubler d'ici 2045*. Les générations africaines à venir restaient le plus grand atout du continent. J'avais envie de leur dire qu'elles représentaient le destin du monde et que l'audace restait une vertu. Nous commandâmes à boire avant de nous rendre sur la piste. Revenus tous à notre place, le premier bouchon sauta et nous trinquâmes avec la jolie patronne de la boîte qui, suite à mon interrogation, insista avec alacrité pour me montrer elle-même où se trouvaient les toilettes. Lorsqu'elle referma la porte en restant avec moi à l'intérieur, je me retrouvai dans une situation improbable et assez inconfortable : visiblement lesbienne, je lui plaisais. Mais cela resta bon enfant, l'intruse n'insista pas et je pus me dépétrifier. La mise à l'épreuve de mon amour pour la complication avait ses limites et je ne goûtais qu'une fois retournée à ma table le comique de la situation.

Le champagne coulait à flots. L'Afrique festive pétillait sans commune mesure pour cette boisson. La France y vendait des millions et des millions de bouteilles en ayant triplé ses ventes en dix ans. Le champagne avait quelque chose de fou, si léger, si bon qu'il incitait à en reprendre. Ainsi, en 2019, le continent africain avait importé plus de trois milliards de bouteilles. La flûte à la main, nous parlions, avec ma nouvelle amie, des pays qu'il nous restait à découvrir quand nous trouvâmes enfin où nous nous étions rencontrés quinze ans auparavant : à Hanoï. Notre premier tête-à-tête avait eu lieu le jour même de mon arrivée dans la capitale vietnamienne, une journée mémorable, car, à peine le pied posé en Asie, l'ambassadeur de France m'avait conviée, avec d'autres confrères, à déguster un splendide cassoulet. Moi qui avais fantasmé sur un exotique repas vietnamien pendant tout le vol ! Quant à nous, nous nous étions vues trois jours de suite pour ainsi dire plus quittées.

Notre table s'agrandissait avec l'arrivée d'amis d'amis et, bientôt, l'endroit fut rempli de monde. Quelques rois de la SAPE, la renommée Société des Ambianceurs et des Personnes Élégantes, reconnaissables à leur sophistication ostentatoire et haute en couleurs, des jet-setteurs sénégalais, souvent lookés comme des machines à sous, brillants comme pour attirer le taureau, venaient fort tard se trémousser. Des reines noires agitaient leur tenue sexy devant les miroirs. Ces conquérantes misaient à juste titre sur leur style. Quelques belles-de-nuit scintillantes fondaient sur leur proie comme des moustiques. La sono déversait une musique efficace propre à enflammer furieusement tous nos sens. Les nuits chaudes dakaroises donnaient une envie irrépressible de se trémousser, d'imiter la danse *Mayonnaise*, jadis créée par la chanteuse sénégalaise Viviane Ndour.

Nous ne comptions plus les bouteilles de champagne, même si certains de nos amis s'étaient mis à la *Gazelle*, la bière locale. Nous avions dansé, bavardé et bu pendant des heures. Nos chaussures à talons avaient atterri depuis un bon moment sous la table. Lorsque nous décidâmes de partir nous coucher, le soleil aurait pu être à son zénith s'il n'avait pas plu à torrents. L'orage offrait ses pluies qui résonnaient horizontalement comme une nuée d'insectes et redonnaient son odeur à la terre rouge des massifs de fleurs. J'aimais quand l'Afrique prenait cette couleur de tisane orangée, comme diluée dans la moiteur. Les gouttes d'eau se transformaient en confettis pailletés à la surface des flaques argentées. Sous cette eau battante, cet élixir de jeunesse, ce revitalisant puissant, nous regagnâmes, très dignes, avec nos escarpins à la main et les pieds trempés, respectivement nos chambres d'hôtels en promettant de nous revoir.

* Selon un rapport de la Banque mondiale, publié en 2019, le nombre d'habitants en Afrique subsaharienne va doubler d'ici à 2050, pour atteindre 2,2 milliards d'habitants (soit dix fois plus qu'en 1960). Un Terrien sur quatre sera alors Africain ! C'est dire l'importance du sujet.

N.B. : La littérature est sans doute l'activité culturelle où le Sénégal brille le plus. Lisez Léopold Sédar Senghor bien sûr, mais aussi Aminata Sow Fall, Abdoulaye Sadji, Cheikh Hamidou Kane, Ken Bugul et les autres… L'art africain est un gisement artistique d'importance majeure. Précipitez-vous au musée du Quai Branly. Côté film, regardez *Bal poussière*, réalisé par Henri Duparc, une comédie à l'africaine irrésistible où vous découvrirez la dualité entre l'Afrique moderne et traditionnelle à travers les six femmes de « Demi-dieu » Écoutez aussi l'inégalé Youssou N'Dour, le rossignol de Dakar.

Parler franco-sénégalais

Les parlers locaux ont influencé la langue française. Par exemple, à Dakar, on dit essencerie pour poste d'essence, écritoire pour stylo et un tablier est l'endroit où l'on vend des cigarettes et des journaux. On « descend » aussi sans le moindre étage, car cela signifie juste sortir du travail…

Enceinter : Mettre une fille enceinte sans être marié.
Gérer : Draguer.

Disquette : Ce mot qui vient de discothèque, est synonyme de minette en français. Jolie jeune fille bien faite de sa personne. Par exemple : Après avoir enceintée sa voisine, il a géré une disquette.

Être compliquée : Une femme dite «non compliquée» sera de vertu légère. Par exemple : Si j'ai pu faire le sexe avec la voisine, c'est parce qu'elle n'était pas compliquée.

Pombi terre : Tout simplement les pommes de terre !

Dibiterie : Une petite gargote qui sert de la viande grillée au feu de bois. Par exemple : La viande de la dibiterie était accompagnée de pombi terres.

Quatre heures moins : Ce raccourci dénote la rare ponctualité des Sénégalais ! Lorsque le Français dit «il est quatre heures moins le quart, ou quatre heures moins cinq, moins vingt», le Sénégalais dira simplement il est «quatre heures moins». Plus rapide, mais légèrement plus approximatif. Sachez donc que si l'on vous dit «on se retrouve à huit heures moins», il pourra être tout autant 7 h 35 que 7 h 58 ! Prenez votre temps.

Long, court : Long c'est être de grande taille, court c'est être petit !

Fatiguement : Employé de manière à éviter absolument de dire de quoi le disparu est mort. Exemple : Ce pèlerin est mort à La Mecque de fatiguement. Ingénieux, non ?

Gâter : Abîmer, corrompre. Exemple : En claquant trop fort la porte de ma voiture, il l'a gâtée.

Y'a pas de problème : Ca, c'est comme chez nos ados en France, cela signifie qu'il va y en avoir un grave d'ici peu de temps.

Bonbons : Ce sont des biscuits.

Hier nuit : Hier soir.

Les venants : Tous les produits qui proviennent de France.

Droiter, Arriérer, Gaucher : Plutôt que de perdre un temps précieux pour dire «tourner à droite ou à gauche», l'inventif Sénégalais dit «droiter, gaucher et arriérer» pour indiquer des changements de direction. Exemple : Lorsqu'il a arriéré pour se garer, Mamadou a défoncé le pare-chocs de la venante du voisin. Il a donc vite décidé de droiter et de prendre la fuite.

Homo : Voilà un faux ami, ce n'est là qu'une expression signifiant l'homonyme d'une personne. L'homo de Mamadou Diop est donc un autre Mamadou Diop qui a toutes les chances d'être hétérosexuel...

Omo : Du nom de la lessive éponyme, désigne au Sénégal toutes les marques de lessive, de détergent ou de produit vaisselle.

Coller la paix : Laisser tranquille quelqu'un. Exemple : Mon homo exige qu'on lui colle la paix.

Mariage et châtiments

Depuis quelques années, j'avais hérité d'une sœur. Notre rencontre avait eu lieu un dimanche d'hiver, lors d'un brunch organisé par un ami commun, face au bois de Vincennes. Après, avoir échangé moult «moi aussi» sur nos goûts, celle qui répondait au surnom de Pandora avait décidé de procéder à des remaniements familiaux. Fâchée avec son unique frère, elle avait compensé en m'adoptant. J'avais une appétence pour les personnes dégageant un fort tempérament et quelque originalité, car, sans cela, l'ennui me gagnait vite. Là, mes espérances étaient comblées. Déjà, il fallait oser se faire appeler par un nom suggérant la possession de tous les dons. Quand un quidam l'interrogeait sur son activité, elle répondait dilettante. Son tempérament la poussait à suivre ses impulsions, au service de son unique plaisir, cristallisant haut ses caprices avec un réel talent. La photographe Irina Ionesco l'avait prise pour modèle dans sa jeunesse. Avec de longs cheveux bruns descendant au bas du dos, un teint pâle, un nez bien dessiné, des yeux noisette, elle affichait toujours des lèvres boudeuses rouge sang. Elle formait couple avec Régis. Ils s'étaient rencontrés, une quinzaine d'années auparavant, au bar de la Closerie des Lilas, un endroit de vaticinations joyeuses. La mémoire de nombreux artistes et écrivains abritait ce lieu mythique du 6ème arrondissement de Paris. Les femmes initiées prenaient une cuillère pour faire tenir leur sac à la barre en cuivre du comptoir et le barman servait du champagne accompagné de *Finger-food,* comprenez quelques nourritures pouvant se déguster avec les doigts. Dans leur loft parisien, situé dans le 14ème arrondissement, nous goûtions des nourritures raffinées lors de soirées anthologiques se terminant souvent au petit matin. Régis cuisinait avec passion depuis son plus jeune âge. Cet architecte aimait raconter qu'il avait débuté cet exercice en faisant cuire le poisson rouge familial à l'âge de six ans.

Leur mariage fut annoncé pour l'automne. Le lieu choisi fut un village de Haute-Savoie où la famille de Pandora possédait un chalet dont Régis avait réalisé les plans, au pied du Mont-Blanc. Si, des années auparavant, j'avais aimé l'expérience de survoler les glaciers, bien au chaud en hélicoptère, la haute montagne me faisait depuis toujours horreur. Je la trouvais arrogante et inadaptée à ma personne, bref, ça ne me gagnait pas du tout et mon pays n'était pas l'hiver où tout devenait glacial, encore moins l'été quand le paysage était pelé. L'air pur, le calme, la tranquillité : une escroquerie. Plus vous montiez au-dessus du niveau de la mer, moins vous trouviez d'oxygène ce qui engendrait un groupe d'affections potentiellement mortelles tel le mal aigu des montagnes. D'autres formes attaquaient poumons et cerveau. L'intensité du rayonnement des rayons ultraviolets augmentait de 7 % tous les 1000 mètres d'altitude, leur effet sur l'ADN des petites cellules cutanées pouvait provoquer l'apparition d'affreux cancers de la peau ou des problèmes oculaires irréversibles.

Tout était pire l'hiver : la présence de neige et de glace sur le sol amplifiait l'intensité du rayonnement jusqu'à 100 % et, là, vous risquiez la cécité ou, au mieux, une affreuse brûlure de la cornée. La présence de brouillard fourbe s'avérait aussi courante. Par ailleurs, toute pente révélait un danger. Les parois herbeuses glissaient. Quand tout était pelé, la chute de pierres restait un risque constant. Quand tout était de glace, la trajectoire incertaine d'une avalanche vous guettait. Pour lutter contre le froid, bonnet, doudoune gonflée, pull jacquard, Moon Boot faisaient ressembler toute beauté à un culbuto aux lèvres tartinées de pâte blanche révulsive. Cette vallée, comme toutes les autres, proposait un paysage anxiogène avec des pics agressifs voulant vous dominer. « Je déteste la montagne, ça cache le paysage » disait fort justement Alphonse Allais.

Je mettais au même niveau d'aversion les mariages. Enfin surtout ceux des autres, les miens s'inscrivant forcément dans un registre différent. Le serment de s'aimer toujours restait aussi touchant qu'illusoire. L'engagement n'impliquait que l'instant. La noce c'était la vie, mais souvent en moins prometteur. La funeste cérémonie constituait ce moment incertain de rencontre des univers amicaux et familiaux de deux personnes quelque temps auparavant étrangères, bref, l'une des rares occasions festives d'associer la carpe et le lapin. Vu leur âge respectif, le cas se présentait différemment puisque ne viendrait, côté famille, que la mère de Pandora, propriétaire du chalet, et, moi, la fausse sœur. Volet amis, trois couples et une amie commune. Un proche de confession juive ne pouvait pas venir, celui même qui nous avait présenté, la date choisie tombant bêtement le jour de Yom Kippour, ce qui ne manquait pas de sel, la future épouse se prétendant juive. Au total, nous serions dix, tous Parisiens. Pourquoi nous convier au diable vauvert ? Mystère et boules de neige.

Accordez-moi un aparté pour vous confier combien j'avais savouré le coup de génie du gouvernement français de fermer pour cause de pandémie les remontées mécaniques, sine die dès décembre 2020. Ce fut si drôle : les pauvres citadins avaient dévalisé en raquettes les magasins de sport, prêts à troquer leur vélo électrique pour des peaux de phoque. À eux la galère, le poids du sac, les pieds explosés, le nez gelé —ce pauvre appendice qui avait supporté des mois durant de chausser un filtre à café—, la transpiration dans la montée, les jambes fourbues et le prix du guide professionnel pour ne pas se perdre ! Je subodorais que même en raquettes, le quidam descendait bien plus vite qu'il ne montait. Passées les ambitions cafistes, beaucoup de ces articles allaient se vendre d'occasion. Des affaires pour les amateurs que je savais existants puisqu'en France, le tourisme hivernal représentait dix milliards d'euros de chiffre d'affaires. Enfin, en temps normal !

Le mariage requérait engagement moral et solidarité financière. Les contraintes formelles liées à l'union n'apparaissaient jamais aussi clairement que face aux astreintes budgétaires concentrant généralement l'attention des futurs mariés. La liste de mariage fut ainsi déposée bien en amont des festivités dans une agence de voyages parisienne qui dut nous rembourser fissa, la mariée ayant fait un scandale en s'apercevant qu'Israël n'apparaissait pas dans les destinations proposées. Si vous avez déjà pu vérifier que je n'étais pas avide de jugements péremptoires, j'avais, en Pandora, trouvé un maître procédant avec un raffinement étranger pour moi, la cruauté. Il nous fut demandé d'adresser sans délai un chèque aux futurs époux qui ne se rendirent, in fine, jamais, au grand jamais, en territoire hébreu.

Mais, dans tout mariage, seuls importaient les personnages et le lieu de l'action. Le nom était amusant, Montjoie, l'accès, une expédition difficile. Le TGV mettait de six à sept heures pour atterrir dans un patelin d'où il convenait ensuite de prendre un taxi. Par la route, plus de six cents kilomètres restaient à parcourir. Pas raisonnable pour deux nuits. Une amie et moi-même décidâmes de prendre un vol pour Genève, où grâce à une location de voiture à l'aéroport, nous envisagions un trajet plus rapide vers le lieu des festivités. Nous arrivâmes dans une fin de matinée rayonnante en Suisse ce qui nous permit de nous arrêter pour déjeuner sur une petite route serpentant vers la France. Dans un restaurant arborant de décoratives jardinières fleuries à ses fenêtres, nous prîmes du *Bölletünne*, une tarte à l'oignon et au cumin. Déjà connu en Égypte antique, le cumin possédait de nombreuses propriétés médicinales profitables à notre organisme, notamment au niveau digestif. Au Moyen-âge en Europe, cette épice servait de monnaie d'échange. Abondamment utilisée dans la cuisine des pays de l'Europe de l'Est, en Suisse comme en Allemagne, elle rehaussait ce plat savoureux accompagné d'une simple salade verte. Une halte impeccable. Les paysages étaient propres sur eux, un peu figés tels une carte postale. Arrivées les premières à l'hôtel de la Gélinotte où nos chambres étaient réservées, nous découvrîmes un petit bar tout en bois, une salle à manger avec du lambris jusqu'au plafond. À la montagne, avez-vous remarqué que vous trouviez immuablement des rideaux rouges et blancs, des coussins en crin et des rituels sentant le refuge ? La chambre s'avéra simple, mais confortable et propre. Son balcon privatif avait le regard tourné vers la montagne. Les propriétaires étaient locaux. Le terme Gélinotte regroupait des gallinacés pouvant être huppées. Ce n'était pas le cas, là…

Le soir même, nous nous retrouvâmes tous, autour du bar, devant un verre de vin blanc de Savoie, tous, enfin si on exceptait la mère de Pandora, nullement conviée à se joindre à nous. Le mariage aurait lieu le lendemain et se conclurait par un dîner à l'hôtel. Les futurs mariés nous invitèrent ainsi, ce premier soir, dans un restaurant du village. La cuisine savoyarde s'avéra rustique et nourrissante. Le climat étant rude, il convenait aux repas de tenir au corps. Dans un grand chalet déguisé en estaminet, nous avions le choix entre une fondue savoyarde, une tartiflette, une raclette ou encore une croziflette. Il convenait d'aimer le fromage. La fondue savoyarde se faisait avec du Beaufort alors que le gruyère et l'emmental étaient les stars de la fondue romande. La fondue comtoise se préparait quant à elle avec du comté et la fribourgeoise avec du vacherin moelleux. Dans le Jura suisse, le gruyère était préféré. La recette restait cependant la même : dans un caquelon préalablement aillé, on versait un verre de vin blanc par personne. Lorsque le liquide frémissait, le fromage en petits morceaux était ajouté puis touillé. Une fois ce dernier bien fondu, le convive devait s'amuser à tremper, au bout de sa fourchette, des cubes de pain dans le caquelon.

Je détestais ce jeu puéril et pas du tout hygiénique. La tartiflette ou pela se composait d'un gratin de pommes de terre avec des lardons et des oignons, sur lequel on faisait fondre un reblochon, un fromage que je ne goûtais point.

Entre la tartiflette et le gratin de crozets, le Savoyard inventif avait créé la croziflette. Pour ce mets, de petites pâtes carrées, typiquement savoyardes, remplaçaient les pommes de terre. Sous la caresse de la chaleur, la raclette était un vrai plat de cuisinier fainéant, car il lui suffisait de mettre à cuire des pommes de terre entières dans de l'eau. Dans un poêlon posé sur une source de chaleur, le fromage s'amollissait, rissolait puis s'étalait, fondant et blond, sur les pommes de terre toutes chaudes. De la charcuterie accompagnait ce festin, du jambon cuit, cru, de la mortadelle, de la viande des grisons, de la coppa. Le fromage à raclette, bien connu dans sa version nature, existait aussi parfumé aux herbes, au poivre ou encore au cumin, ce qui ne rimait à rien, car il vous suffisait d'ajouter, à moindres frais, ces ingrédients sur votre fromage. Surtout, il convenait d'absorber du Génépi des Alpes pour faire passer cette overdose de gras. Les fleurs de cette plante de montagne, macérées dans de l'alcool, de l'eau et du sucre, recelaient d'incontestables vertus digestives. En sortant du restaurant, l'hiver avait pointé ses moufles. Aussi, me permis-je de prévenir Régis, en bras de chemise, qu'il allait attraper la mort. Sous une lune joufflue, il éclata de rire, attrapa Pandora par le cou et me répondit : « Je l'enserre ! ». Un mariage aux couleurs flamboyantes du crépuscule, vibrant d'une magnifique lumière noire. Et un autre Génépi, s'il vous plait !

Le lendemain, le petit-déjeuner avalé, nous prîmes les voitures pour nous rendre à la mairie. Le sourcil haussé, Pandora, cachant à tous son âge depuis des lustres, réussit un tour de force : la maire ne déclina que son seul nom et non sa date de naissance. Les cheveux relevés en chignon sous un bibi à voilette rouge, la mariée arborait une robe bustier du même rouge, harmonisée avec ses ongles et, par-dessus, un spencer noir. Le marié était en costume noir avec pochette rouge, nœud papillon rouge sur chemise blanche. Le rouge, sûrement la couleur la plus fascinante et la plus ambiguë, jouait sur les paradoxes, animait des sentiments passionnels, mais rappelait également le sang. Le noir ramenait au deuil. La destinée du mariage restait un jeu de hasard où l'on pouvait miser sur le rouge ou sur le noir. Mais ces deux-là ne se connaissaient que trop. Si le marié persistait à accepter désirs et caprices, tout irait bien. À la sortie, nous jetâmes des pétales de roses rouges et ne fûmes pas obligés de poser, l'air figé, pour d'horribles photos. Le sujet restait les mariés.

Nous filâmes ensuite au chalet. La visite me déçut, car il n'y avait point de cheminée alors que le seul intérêt à mes yeux d'un tel endroit devait être un bon feu crépitant. Bref, sur temps beau et air vif, un buffet de fromages nous attendait sur la terrasse, avec du champagne. Ma sœur partageait avec moi une appétence certaine pour cette boisson. Nous faisions face à la montagne et regardions d'un peu haut la vallée. Un chalet restait un chalet. Cette architecture montagnarde, figée dans une couleur nougat, n'imposait pas de jardin, à la rigueur quelques plantations d'arbres résistants. Sans neige, on percevait ces grosses cabanes comme des boîtes posées sur du vide, encore un truc de déprime chronique. La mère de Pandora, une petite femme souriante au sage carré brun, fut charmante ce qui rendait forcément inexplicable la haine qu'exprimait sa fille à son endroit. Tel un minuteur rouillé ne tournant plus rond, les invités se contentaient de perdre les lignes drues de leur certitude. La détermination de la mariée restait vive, coupante comme une lame brillante sous pleine lune.

Après cette collation, une promenade dans les bois s'imposait. Les branches d'arbres craquaient sous nos pas. Les oiseaux perçaient, telles des flèches, les nuages pommelés. Cela pourra vous paraître saugrenu, mais, à cet instant-là, la grande affaire de Pandora consistait à trouver le poisson lui permettant d'occire sa mère. Écartant consciencieusement les feuilles recouvrant l'humus, elle émit ainsi l'idée fixe de chercher une amanite phalloïde afin de tuer sa génitrice. Ce champignon, également connu sous les noms vernaculaires d'oronge verte ou de calice de la mort, *death cap*, chapeau de la mort en anglais, pouvait aisément se confondre avec des vesses-de-loup ou des psalliotes des bois, contrairement à l'amanite tue-mouches, rouge à pois blancs. Aucun antidote n'existait. Ainsi, pendant douze longues heures en moyenne, le pauvre empoisonné ne ressentait aucune douleur, un redoutable syndrome tardif, la phase la plus tragique. Survenait ensuite une forte gastro-entérite avec des nausées, des vomissements et une intense sudation. Trente-six à soixante-douze heures après, se déclarait une hépatite toxique. Trois à cinq jours plus tard, l'intoxication évoluait très rapidement jusqu'à son terme final. Diabolique Pandora ! Est-ce que tous savaient qu'elle en était réellement capable ? Moi assurément. Une Oreste. L'ambiance s'était sensiblement glacée, faisant penser que l'excès devait s'exprimer avec économie face à des personnes sensées. Les relations humaines ressemblaient trop à des couteaux suisses. À force d'avoir abondamment servie, la lame s'émoussait, alors le rasoir n'était plus très loin. Nous parvenions à comprendre une émotion, mais pas un sentiment. En fait, il convenait de voyager dans la vie des autres comme si nous lisions un roman. En spectateur.

La nuit ayant noirci la fenêtre de ma chambre, je décidai de descendre au bar sans plus attendre. La salle à manger accueillait une unique grande table, nappée de propre pour nous, seuls occupants de l'hôtel. Après quelques coupes de champagne, nous passâmes à table. Je suis maintenant incapable de me rappeler quelle était l'entrée. Mais, je me souviens de la biche. Particulièrement tendre et goûteuse, à l'automne ou à la fin de l'hiver, ce mets raffiné se dégustait généralement lors des grandes occasions. La femelle du cerf réussit son mariage en faisant chambre à part de décembre à août et en ne retrouvant le mâle que pour la période de fécondation. Et je la comprenais :

son mec arrêtait de se nourrir durant la période du rut, environ un mois durant, et il finissait irascible, de méchante humeur, littéralement épuisé. Peu moral, cet herbivore ruminant pouvait constituer un harem. Par revanche, la pauvre biche vivait plus longtemps, enfin si les humains la laissaient en paix. Quelle évocation suscitait en nous Bambi ? La douceur, l'art de contourner les obstacles avec grâce, les yeux en amande et l'innocence. Nous mangions un symbole et, sur ce dernier point, je saluais le choix de la puissance invitante. Un biologiste aurait trouvé que s'était installé chez ces deux-là une sorte de commensalisme. Ce qui n'avait rien à voir avec la commensalité de notre tablée nuptiale qui relevait assurément de l'anthropologie.

Nous échappâmes au fromage pour arriver au dessert. Une savoureuse génoise à étages, recouverte d'un onctueux fondant rouge sang du plus bel effet. Ai-je rêvé les figurines au sommet ? C'est fort possible. L'air de la montagne ayant des effets sédatifs, à la fin de ce repas, nous avions besoin de libérer une tension due à la théâtralisation de la conduite de nos hôtes et à une amplification trop palpable des émotions. Les convives ayant pris congé, les mariés regagné leur chalet, avec ma complice favorite, nous célébrâmes à deux la clôture des festivités en faisant un sort au champagne. Ayant dégoté des livres sans le moindre intérêt sur une étagère, nous terminâmes au petit matin avec des histoires de cucurbitacées. Sur les marches de l'escalier menant aux chambres, coupe à la main, potimarrons, potirons, courges et citrouilles s'avérèrent des sujets délicieusement reposants.

Une fois dans mon lit, ne me demandez perfidement pas pourquoi, je songeai à la formule du Prince des gastronomes, Curnonsky : « Mon dieu ! Si le potage avait été aussi chaud que le vin, le vin aussi vieux que la poularde et la poularde aussi grasse que la maîtresse de maison, cela aurait été presque comestible. » En compagnie de gens méchants, on retire quelques leçons.

Pas de recette de biche, laissez-les tranquilles !

Un peu de vocabulaire ne vous fera, par contre, pas de mal :

Andouiller : branche d'un bois
Bichette : femelle d'un an à deux ans
Brame : cri du mâle durant le rut et, par extension, nom de la période de reproduction
Bréhaigne : une femelle qui ne peut plus se reproduire
Cerf : nom donné à la fois au mâle et à l'espèce elle-même
Daintiers : nom des testicules du cerf (vous n'allez me faire croire que vous le saviez !)
Faon : jusqu'à environ 6 mois pour le mâle et de moins d'un an pour la femelle
Fumées : crottes du cerf (et donc de la biche)
Meneuse : une biche chef de harde (oui, oui ! suffragette, la biche)
Muser : le cerf muse lorsqu'il recherche l'odeur des femelles en retroussant la lèvre supérieure Je vous l'assure : les mecs savent se rendre ridicule !
Œstrus : une femelle en ovulation
Souilles : cuvettes en milieu humide dans lesquelles les animaux aiment se vautrer
Suitée : une femelle accompagnée de son faon
Viander : un animal en train de manger (et pas en train de se faire tuer par des viandards !)
Volcelest : empreinte au sol de leurs petits pieds

C'est à table qu'on gouverne

L'utilisation de la gastronomie à des fins politiques connut un essor fulgurant avec Louis XIV avant de s'essouffler avec la Révolution. Talleyrand dût en grande partie son succès au Congrès de Vienne au talent de son chef Antonin Carême et à ses tablées pléthoriques. Les convives virent défiler pas moins de quarante-huit entrées, une pléiade de rôtis, une parade de homards, une kyrielle d'entremets et d'incroyables pâtisseries en forme de village ou de château. La diplomatie de la bonne chère ne laissait aucune place à l'erreur. Inspirée au début du siècle dernier par Auguste Escoffier — le roi des cuisiniers et le cuisinier des rois — la tradition de faire rayonner le prestige de la cuisine française devant les hôtes étrangers perdurait de nos jours. C'est à table qu'on gouverne, proclamait Bossuet. Aussi, en France, l'art de la gastronomie, marqueur culturel par excellence, a été mis en scène et soigneusement entretenu par la plupart de nos hommes politiques.

Au 101 rue de l'Université siégeait l'annexe principale de l'Assemblée nationale, dit bâtiment Chaban-Delmas, que nous appelions le 101. Au huitième et dernier étage se tenait un restaurant gastronomique assez kitsch, typé années 70. Mais tout convive foulait heureux l'épaisse moquette grenat, car le lieu avait un sérieux atout : une vue en série de cartes postales. Ici, le Dôme des Invalides semblait à portée de main, la tour Eiffel vous saluait en voisine, la Seine s'étalait à vos pieds tout comme la place de la Concorde et, au loin, vous aperceviez le Sacré-Cœur pointant son nez. À l'heure des repas, notamment chaque mercredi, les députés français jouaient des coudes dans l'ascenseur. Mis en bouche par les travaux d'une des huit commissions (sachez que toutes n'ont pas le même prestige : celle des finances, celle des lois ou celle des affaires étrangères faisant partie des plus prisées), ou par une réunion de leur groupe politique en collation, ils frétillaient à l'idée de bien se restaurer avant de rejoindre leurs bancs dans l'hémicycle pour les questions d'actualité.

J'avais, ce jour-là, rendez-vous avec un ancien député, ancien diplomate, qui avait, dans sa jeunesse, œuvré avec Robert Schuman à un projet européen assez éloigné de ce qu'il était devenu. Ce personnage exquis balançant tantôt au centre droit, tantôt au centre gauche, profondément chrétien, m'avait curieusement offert, au tout début de notre amitié, la vie de Sainte Thérèse de Lisieux. Cependant, mon âme se trouvant assez éloignée de celle de la carmélite, je notai par la suite avec soulagement aucune insistance ardente, nul zèle déployé en vue de rallier une prosélyte. Ainsi, celui qui croyait au ciel et celle qui n'y croyait pas cohabitaient avec grâce. Jouissant d'une grande culture, Jean-Marie Daillet m'apportait, à chacune de nos rencontres, un plaisir certain. Nous avions partagé chez moi quelques dîners où, étant largement le plus âgé, il paraissait le plus jeune. Son entrain était contagieux : il jouait du piano, partait dans des rhétoriques incroyables en nous rendant tous et toutes intelligents.

Tous deux ponctuels, mon ami venait juste de s'installer à table lorsque j'arrivai. Avez-vous remarqué qu'il subsistait souvent un problème avec les codes et les endroits qui allaient avec ? Vous connaissez ces restaurants modernes où le client pensait que le propriétaire avait acheté ses chaises à Guantanamo. Atrocement grotesque. Pour bien manger, l'assisse était presque aussi importante que l'assiette. Le problème cependant ne vînt pas des sièges au confort tout à fait passable, mais des intrus. Le premier surgit, sous prétexte de saluer mon ami, s'enquérir de qui j'étais. Or, je connaissais, quant à moi, fort bien ce parlementaire écolo qui détenait le record des rappels à l'ordre prononcés à l'encontre d'un député. Ce jour-là, il portait un foulard dont la taille faisait songer à la nappe d'un bouiboui. Cet accessoire ridicule cachait sa brioche retenue par un pantalon en velours kaki. N'ayant aucune empathie pour le personnage, je proclamai sans le regarder — ce qui était, je vous l'accorde, fort impoli, mais égal à son sans-gêne — que ma fonction relevait du secret défense. Ce Vert, qui ne se prenait pas pour la moitié d'une cacahuète bio, tourna aussitôt les talons ce qui n'offensa pas mon ami. Presque aussitôt, une femme s'approcha de notre table et, saluant à peine mon hôte, me demanda abruptement si j'avais pris connaissance de son dossier. Devant ma perplexité, elle sut qu'elle m'avait confondu avec une élue parisienne avec laquelle, il était vrai, j'avais quelque ressemblance physique. Quand un troisième quidam s'approcha, je m'empressai de lui commander de l'eau gazeuse. En fait, il s'agissait d'un jeune assistant parlementaire qui prît par la suite du galon, mais ma méprise était excusable : tout homme en chemise noire n'était à l'abri de se voir pris pour le barman.

La carte ne présentait pas un intérêt particulier, mais les produits étaient bons et la façon fort honnête. Une matelote de la mer sauce à la dieppoise fit notre affaire arrosée d'un Menetou Salon. Ce vin du Cher était déjà apprécié à la table seigneuriale du grand argentier de Charles VII, Jacques Cœur. La chair fine de la sole, de la lotte et du turbot recouverte de l'onctueuse sauce aux fruits de mer reposait sagement dans une assiette Villeroy et Boch en porcelaine blanche et bordure dorée où figurait un dessin stylisé du palais Bourbon. Si Dieppe fut la première ville balnéaire de France, attirant dès 1824, de nombreuses célébrités, je confessais ignorer qui avait créé cette délicieuse sauce dieppoise accompagnant à merveille les poissons blancs. La petite timbale de riz pilaf se mariait fort bien avec elle. Saviez-vous que le terme pilaf venait du turc pilav, venant lui-même du persan, traduit littéralement par « morceau de riz bouilli » ? Ce mode de cuisson prisé au Moyen-Orient et en Asie centrale, consistait à ce que le grain, tel le riz ou le quinoa, soit préalablement revenu dans de l'huile avec des oignons ciselés, avant d'être cuit dans du bouillon dans une cocotte fermée d'un couvercle au four.

À l'époque déjà, mon ami soulignait le contexte mondial d'affairisme, de violence, de mensonge politique, d'arbitraire absolu, de contestation des libertés personnelles, de mépris des pauvres, sans parler des persécutés de toute nature. Il relisait Tocqueville, « absolument fabuleux » affirma-t-il à juste titre. Et Teilhard, bien entendu… Certains problèmes que Tocqueville avait posés il y avait plus de deux siècles restaient encore les nôtres aujourd'hui* : égalité des conditions et son caractère ambivalent, passion de l'égalité, sacrifice de la liberté, tyrannie de la majorité, égalité révolutionnaire, égalité de sexe, égalité de race, mépris de la différence, le problème de l'individualisme et du collectivisme, et enfin, la démocratie et la religion. La réminiscence de cette conversation me fait aujourd'hui furieusement penser au mouvement des gilets jaunes : «Le désir de l'égalité devient toujours plus insatiable à mesure que l'égalité est plus grande.» Le Comte de Tocqueville, premier penseur de la démocratie moderne, demeurait notre contemporain.

Je dégustais le vin blanc frais et fruité restituant avec subtilité l'expression du terroir de marnes et de calcaires. Dans ce lieu, il était amusant de penser que le château de Menetou-Salon avait été restauré et agrandi à la fin du XIXème siècle par le prince Auguste d'Arenberg, président de la Compagnie du canal de Suez et… député du Cher. Le personnel nous soignait et le service faisait merveille. Alors que mon hôte choisit un dessert, j'optai pour du roquefort. Ce fromage était non seulement un produit de renommée internationale, mais aussi un pan important de l'économie aveyronnaise avec tout de même une production annuelle s'élevant à plus de 19000 tonnes. Le repas terminé et ayant chacun des obligations, nous prîmes congé. Alors que Jean-Marie descendait au niveau-3 vers le tunnel permettant de rejoindre l'hémicycle du Palais-Bourbon, je me dirigeai vers la sortie dans l'intention de me rendre *Chez Françoise*, l'autre cantine des députés, située à deux pas, afin de prendre le café avec un ami ambassadeur, l'endroit étant également fort apprécié du personnel du Quai d'Orsay voisin.

Au tourniquet de sortie, ce que je vis en premier fut une silhouette de haute taille surmontée d'une crinière blanche que je reconnus aussitôt. Aussi, sans réfléchir un instant, je me précipitais vers cette apparition en prononçant un sonore «Maître! ». Georges Charpak se retourna et, en souriant, vînt à ma rencontre. Celui qui occupait une place de choix dans mon Panthéon —et qui ne me connaissait nullement— se prêta à une conversation à bâtons rompus. L'homme qui scrutait l'immensité jusqu'au fond du cosmos pratiquait un humour décapant. Ainsi, à la question en quoi l'obtention du prix Nobel avait changé dans sa vie, cet adepte de l'autodérision répondait : «On m'a proposé de siéger au jury de Miss France, mais j'ai refusé». Après lui avoir confié mon admiration, «ce que j'aime, ce sont les problèmes» disait-il humblement, j'osais l'entretenir de Cargèse, le plus grec des villages corses, où un de mes amis possédait également une maison. Avec un geste de la main, il repoussa une mèche blanche et ses yeux bleus s'animèrent lorsqu'il me confia son amour des Corses et du golfe de Sagone. Le physicien me narra une de ses aventures. Bien que piètre marin, il adorait faire des sorties en mer notamment pour se rendre dans les calanques de Piana où le contraste rouge des roches, bleu de la mer, vert du maquis, l'enchantait. Un jour où la mer s'était levée, son bateau avait coulé. Ses passagers et lui furent sauvés, mais le fait d'avoir perdu dans ce naufrage sa carte d'identité française vira en véritable calvaire. Vous aurez du mal à le croire, mais il lui avait fallu des années pour en obtenir une nouvelle. Né dans un village polonais devenu par la suite territoire ukrainien, Georges Charpak avait longtemps été apatride. Un casse-tête pour l'administration française si tatillonne. Vous êtes Français, prouvez-le!

Toute étourdie par le ravissement de ce moment de grande simplicité, munie du numéro de téléphone de son assistante qu'il m'avait remis afin de programmer une véritable rencontre, je me dirigeai machinalement vers la place du Palais Bourbon où j'avais garé ma voiture lorsque je me ravisai en me rappelant mon prochain rendez-vous. Installée sous les Invalides et collée à Air France, *Chez Françoise* était une véritable institution. La coutume voulait que chaque homme politique important ait sa table. Digne de l'annuaire mondain ou d'un livre d'histoire sur la IVème et Vème République, cette vénérable institution**, créée en 1949, était la véritable antichambre du Palais Bourbon, bien connue notamment pour son menu parlementaire. J'étais fan des attentions du service, de l'amabilité du personnel et de la cuisine succulente. Au vu de mon retard, l'ambassadeur ami n'avait pu m'attendre et le maître des lieux, Pascal Mousset, me remit le mot qu'il avait laissé à mon intention tout en me proposant de m'offrir une coupe de champagne. J'acceptai et, ma coupe à la main, je rejoignis deux connaissances qui s'étaient réfugiées pour fumer le cigare dans le renforcement droit de la terrasse laquelle, été comme hiver, découverte ou couverte, était définitivement non-fumeur. Après avoir salué le charmant voiturier, je me dirigeai vers ce coin inhospitalier en diable. Trois ou quatre fauteuils et chaises dépareillés en osier y étaient installés pour ceux qui pétunaient encore. Je m'assis ne sachant où poser ma coupe et écoutai d'une oreille distraite un des deux comparses qui, étant alors chargé de la communication du préfet de police de Paris, avait toujours de savoureuses anecdotes à raconter. Mais ses paroles ne me parvenaient pas. Je regardai fixement les bulles qui s'échappaient de mon verre et je croyais y voir des nuages d'atomes qui se désintégraient joyeusement.

* Avant Tocqueville, René Louis d'Argenson, ministre des Affaires étrangères de Louis XV, rapporte, dans ses mémoires, une anecdote selon laquelle le duc d'Orléans porta au Conseil un morceau de pain de fougère et le posa sur la table du roi

en disant : «Sire, voilà de quoi vos sujets se nourrissent» Un épisode résumant bien une époque où les Français étaient écrasés d'impôts et de corvées, l'administration tentaculaire et arbitraire, et où tout était centralisé à Paris (cela n'a guère changé, dirait Michel Onfray).

** Chez Françoise a été menacé de ne plus pouvoir servir ses soles meunières ou ses crêpes Suzette à l'horizon 2022. Encore un tour de la Ville de Paris avec un projet pharaonique appelé en toute simplicité «Réinventons Paris»! En octobre 2018, l'Aveyronnais Pascal Mousset, propriétaire des lieux depuis un demi-siècle, a lancé le club des amis de Chez Françoise pour lutter contre la disparition de ce lieu emblématique de la cuisine traditionnelle et du bien vivre à la française. L'endroit est sauvé.

De la pétanque aux truffes

Les boulistes tirent, pointent, jouent, discutent le point. Ils évoquent une ambiance anisée sous les platanes, un plaisir bonhomme sous le soleil. Depuis ma rencontre au Brésil avec le Président de la Fédération Internationale*, Claude Azéma, alors directeur du service des comptes rendus à l'Assemblée nationale, mon esprit inventif m'avait suggéré l'idée de monter un événement boulistique sur l'esplanade des Invalides. Rassemblant des journalistes de l'Association de la Presse diplomatique dont j'étais membre, des hommes d'affaires et des ambassadeurs, le but aurait été de les réunir en triplette et d'offrir un cocktail festif sous des tentes dans le même espace. Car, si des compétions de haut niveau avaient lieu dans le monde entier, tout un chacun pouvait jouer à la pétanque. Sans compter que nos fins diplomates adhéreraient aisément au principe du jeu : approcher au plus près le but. Lors d'un déjeuner préparatoire, Claude me présenta à l'Assemblée le Président de la Fédération de Taïwan, Bob Yeh. Cet homme d'affaires aux cheveux longs ressemblait plus à un fils de pub qu'à un grand industriel créateur d'une révolution culturelle en Asie, le thé glacé en bouteille. Nous passâmes un moment décontracté et fort sympathique à table. Cette rencontre me fit découvrir le surprenant réseau que constituait la pétanque à l'international. Presque tous les Présidents des fédérations de chaque pays s'avéraient être des anciens ministres ou d'importants hommes d'affaires, bref, des personnalités influentes, loin de l'image du marcel et du pastis. En échange de cette révélation, je les invitais à dîner chez moi et fit découvrir à Bob les pommes de terre grenaille, le réconciliant avec des tubercules qu'il abhorrait auparavant.

Le hasard fit que, quelques mois plus tard, Michel Fernet, alors président du Press Club, un directeur de Reuters et moi-même, nous nous envolâmes, à l'invitation du gouvernement, pour l'autre Chine, connue en Occident jusqu'au XXème siècle sous le nom de Formose. En arrivant à Taipei, la gentillesse, la prévenance et le sourire de ses habitants vous enveloppaient. Un des grooms de l'hôtel eut l'heureuse initiative de m'indiquer, juste derrière l'immeuble, un 7-Eleven avec une petite terrasse où j'abandonnai vite le *bubble tea*, thé ludique avec du lait et des boules de tapioca, pour plébisciter leur café. Typique d'un mode de vie à la taïwanaise, cette chaîne de magasin de proximité représentait la promesse d'une civilisation à portée de main. De jour comme de nuit, des rayons toujours pleins vous attendaient. Vous pouviez y retirer de l'argent, envoyer ou prendre livraison de colis, payer vos factures, photocopier des documents, acheter un *baozi,* délicieuse brioche salée à la vapeur, des œufs bouillis au thé, ou simplement prendre une boisson chaude en lisant le journal. Ainsi, jamais je n'ai pu retrouver le goût de leur merveilleux café au lait. Alors que je suis une grande amatrice de thé, je n'ai bu que ce breuvage divin pendant mon séjour. Je dois à la vérité de dire que, dans ce pays, boire du café était considéré comme plus chic que boire du thé.

Dès le lendemain, s'enchaînèrent les entretiens, deux ministres, un groupement de femmes d'affaires, avant la visite de la deuxième plus grande tour du monde, Taipei 101. Son architecture rappelait un bambou s'élevant vers le ciel. Elle s'illuminait de couleurs changeantes dès la tombée de la nuit, mais le plus bluffant restait la rapidité de l'ascenseur mettant trente secondes pour monter jusqu'au 89ème étage. Après cette mise en bouche, nous prîmes un train rapide pour nous rendre au Parc de Taroko,

« magnifique » en langage *Truku,* une tribu aborigène de l'île qui vivait là bien avant les Portugais, les Chinois ou les Japonais. À la nuit tombée, nous nous retrouvâmes dans le décor d'une délicate aquarelle chinoise : les montagnes noires entourées de brume, le ciel aux nuages de plume se confondant avec les cimes, les immenses falaises creusées dans la roche d'où coulaient des cascades bleutées. Un endroit spectaculaire, un paradis perdu au cœur d'une végétation touffue accueillant un hôtel constitué d'un ensemble de bungalows en bois. S'il existait sur terre, de multiples sites à la beauté époustouflante, seule l'Asie livrait ces paysages à la grâce et à la poésie mystérieuse si particulière, d'une irréalité sublime tel un sfumato. Toute pensée se régénérait dans ces indicibles nuances. Après une restauration copieuse, mais sans grand intérêt, ce fut un vrai moment de plénitude que de m'asseoir sur la petite terrasse de mon chalet, la pluie et l'orage passés. S'en suivit une nuit buissonnière. Le lendemain, après la visite des gorges de Taroko, nous regagnâmes Taipei.

Nous devions déjeuner avec Bob qui gentiment avait voulu rencontrer mes deux compères. Amoureux de la culture française, il venait d'acheter la franchise *Paul* et était fier de nous faire découvrir son nouvel univers. Au seuil de la boulangerie-restaurant, nous fûmes accueillis par un « Bonjour ! » sonore prononcé dans un français impeccable et à l'unisson par des hôtesses en uniforme. La décoration intérieure recréait une atmosphère hexagonale, du mobilier aux petites cuillères, tout avait été importé de France. Dérouler l'art de vivre à la française, perçu ici comme romantique, révélait l'histoire d'amour du propriétaire pour notre pays. Défilèrent des clientes asiatiques élégantes arborant sacs à main et lunettes de soleil griffés, des jeunes couples à la mode ou des groupes d'amies en shopping. Le repas français fut sans surprise pour nous, mais la joie du maître des lieux illumina l'instant. Enflammé, il nous raconta comment il avait fait appel à Hubert Le Gall —un artiste français totalement inconnu de nous trois— pour installer un arbre sous le capot de sa Bentley, symbolisant l'idée que la création humaine devait marcher avec la nature et non contre. En enlevant le moteur, la voiture était devenue une œuvre d'art et la contribution de Bob au combat contre le réchauffement climatique.

Un demi-siècle de colonisation japonaise avait laissé des traces, notamment dans les infrastructures et la cuisine avec le goût pour les algues et les beignets façon tempura. Mais bien plus grand encore avait été l'empreinte de la migration, en 1949, de deux millions de Chinois du continent, suivant en exil Tchang Kaï-chek, après leur défaite face au Parti communiste de Mao Zedong. La journée se déroula avec ses rendez-vous officiels dont la visite d'une usine de fabrication de puces informatiques et autres composants électroniques. La fulgurante ascension économique de Taïwan ne pouvait être dissociée des nouvelles technologies. Écologie oblige, ils fabriquaient même des portables en bambou. Le soir venu, nous arpentâmes le marché de nuit de Shilin. Tout y était proposé. La vie, la nuit, s'animait avec l'enthousiasme des vendeurs ambulants, la musique forte, les néons vifs. La reine de la cuisine taïwanaise semblait être la crêpe aux huîtres. Le cuisinier battait énergétiquement les œufs devant vous avant de les frire dans une immense poêle avec de petites huîtres d'eau douce, de la laitue, puis nappait le tout d'une sauce sucrée épicée. Une multitude de produits séchés, mais aussi les très onéreux nids d'hirondelles, les œufs de mulet dans leur gangue de cire, la poutargue locale, étaient vendus dans des échoppes ressemblant à des bijouteries. Vous pouviez aussi vous offrir du thé vert à la bière ou une boîte de Biagra. Ne fantasmez-pas, ce ne sont que des tablettes aux fruits et à la vitamine C. Nous ne cherchâmes pas longtemps un *Foot Massage Center*, car, nuit et jour, à Taipei, les soins des pieds restaient un passe-temps national et ce genre de salon pullulait. Tout un chacun y pénétrait aussi naturellement qu'à Paris pour boire un café dans un bar. Les pieds plongeaient dans un bain chaud se délectant des huiles essentielles, d'un massage, d'un temps de relaxation et, en cadeau, d'un bon thé. Ici, à toute heure, le pied se faisait léger, prêt pour de nouvelles aventures. Un régal à prix modique. Trente minutes de pur délice entre massage doux et énergique, des orteils jusqu'aux genoux. Les huiles utilisées, les serviettes chaudes posées sur les jambes, chaque instant se savourait.

Le soir d'après, je faussai compagnie à mes deux confrères pour aller à la rencontre de Cindy, fille d'une Taïwanaise ayant, quelques années auparavant, racheté la majorité de Lanvin, la plus ancienne des maisons de couture française. En me rendant au rendez-vous, je riais sous cape : moi, qui avais du mal à boucler mes fins de mois, j'étais dans un tout petit pays à l'autre bout de la terre où je connaissais deux milliardaires découverts à Paris ! Cindy était une jeune femme pleine de vie, passionnée par l'art, et merveilleusement citoyenne du monde, francophile, contrairement à Bob qui ne s'exprimait avec nous qu'en anglais. Comme il était tôt, nous empruntâmes le téléphérique de *Maokong* menant aux collines de *Muzha* pour voir le coucher du soleil au-dessus des plantations en terrasse. Nous fîmes une pause dans une des nombreuses maisons de thé en bois située autour d'un étang à carpes, un cliché changeant au gré du jeu des nuages vaporeux et de la lumière, scintillant telle la surface d'un lac suisse. La dégustation d'un délicat breuvage au nom poétique du lac de la Lune et du Soleil s'avéra une cérémonie me paraissant trop codifiée, mais fut une bien jolie manière de profiter des derniers rayons. La nuit se dévoilant, nous redescendîmes pour nous rendre dans un des *Din Tai Fung* (DTF), une chaîne incontournable de restaurants étoilés, fondée en ces lieux. Je pénétrai à demi-inquiète dans une vaste cafétéria bondée et bruyante. Pourquoi servir l'une des meilleures cuisines asiatiques dans une usine ? Des dizaines de cuisiniers en blouse blanche et masque sur le visage s'affairaient, le geste sûr et précis. La promesse d'un tel bonheur aurait nécessité un cadre à sa mesure. Que nenni ! Une armada efficace de serveuses munies d'oreillettes et de talkies-walkies slalomait avec brio pour vous apporter votre commande avec un grand sourire. Chez

DTF, les plats arrivaient comme des frisbees. Bienvenue dans le temple des meilleurs *Xiao Long Bao* du monde !

Leur nom signifiait littéralement « petit sac à l'étuve », car c'étaient de délicats raviolis à la vapeur fourrés d'un bouillon brûlant. Servis par six dans des paniers en bambou, les consommer nécessitait tout un savoir-faire : tout d'abord, il convenait de verser de la sauce soja dans une coupelle et d'y ajouter du gingembre frais râpé puis de s'armer d'une cuiller en porcelaine et d'une paire de baguettes. Là, vous saisissiez votre bouchée entre les baguettes, la trempiez dans cette sauce et la déposiez délicatement dans la cuiller. À l'aide de la baguette, vous perciez un petit trou dans la pâte très fine et, pschitt, votre *Xiao Long Bao* répandait un bouillon savoureux dans la cuillère. Vous pouviez alors avaler le tout : le ravioli, le bouillon, la sauce et le gingembre. Mais ceux que Cindy commanda avaient une subtile particularité gastronomique, celle d'un champignon rare, raffiné, délicat, moelleux et croquant : la truffe. Cette grande timide se cachait sous terre en symbiose avec son arbre, mais, quand elle sortait, c'était pour jouer les premiers rôles.

La dégustation était attendue. Un serveur zélé se précipita pour m'indiquer que, pour ces *Xiao Long Bao*, il serait sacrilège d'utiliser une sauce. Le ciel l'interdisant, je n'insistais pas. Le secret tenait dans le bouillon enfermé dans le ravioli, là, un parfait équilibre de consommé, aromatique à souhait au palais. Exquis et subtil. La vapeur légère qui s'en dégageait et le parfum que véhiculait cette vapeur vous offraient un avant-goût merveilleux avant même de porter la première bouchée à votre bouche. Sous la mince pellicule nacrée se cachait une texture brune moelleuse comme une couette. Le croquant puissant et végétal des délicats morceaux de truffe noire explosait sous le palais. La légèreté quasi aérienne accentuait la déflagration produite en bouche lorsque se libéraient les parfums. Peu m'importait que ce diamant de la cuisine à l'incomparable odeur de sous-bois, de terre et d'humus, de la *Tuber melanosporum*, également appelée en France truffe du Périgord, venait par avion d'Australie. Ce champignon avait ceci de remarquable que, ne la dégusterait-on qu'une fois par décennie, son parfum très puissant s'inscrivait à jamais dans notre mémoire. Les *Xiao Long Bao* se déclinaient ici à l'infini, mais je restai fort compulsivement bloquée sur ceux à la truffe noire et en avalai un nombre non avouable. La découverte de ce mets revenait à se condamner à une addiction sévère. Je ne pris ensuite qu'un tout petit tan yuan, dessert fait de pâte de riz gluant sucrée fourrée au sésame, aux raisins secs et aux noix avec des haricots roses énormes. Il s'ébrouait dans un jus de gingembre chaud délicieusement poivré.

La veille de notre départ, nous eûmes le privilège de visiter le Louvre taïwanais, le prestigieux Musée du Palais National, avec comme guide sa directrice. Inauguré en 1964, l'épopée de ce musée se confond avec les brûlures de l'histoire de la Chine communiste, de l'invasion du Japon et de l'avènement de la République de Taiwan. La collection comportait près de 700 000 pièces provenant de différents palais, dont celui de la Cité interdite, réunis par 51 empereurs durant quelque neuf siècles, emportées hors de Chine continentale par les troupes de Tchang Kaï-shek. Les collections impériales avaient effectué un fantastique périple durant plus de trente-deux ans en parcourant plus de dix mille kilomètres depuis leur départ décidé en 1933. De splendides peintures sur soie ou sur papier, des calligraphies raffinées, des bronzes somptueux, des jades délicats, d'estimables céladons, de précieuses porcelaines Ming et de merveilleuses curiosités s'offrirent à nos yeux. Puis, le temps se ferma sur la plus belle collection d'art chinois au monde**. On se dit à bientôt.

*La Fédération Internationale de Pétanque & Jeu Provençal (F.I.P.J.P) regroupe cinq confédérations : Afrique, Asie, Europe, Océanie, Pan América et autant de fédérations que de pays. La pétanque, centenaire partie à la conquête du monde, est pratiquée par 600 000 licenciés et plusieurs millions d'amateurs. Mon projet n'aboutit jamais m'étant heurtée à un kafkaïen problème de simple obtention de plan auprès de services pléthoriques et peu zélés de la Mairie de Paris.

**Taïwan a aussi sa propre école d'art abstrait : Chu Teh-chun et Lee Chun-shan, installés dans l'île après la défaite du Kuomitang, sont devenus les chefs de file d'un prolifique mouvement artistique.

Improvisation marocaine

À contrejour, des dégradés de gris pluvieusement ennuyeux s'étiraient comme cet après-midi sans fin. Bloquée sur une seule idée, celle de monter un dossier sur l'Iran, je n'arrivais pas même à ouvrir le courrier s'empilant sur mon bureau. Je me heurtais à de nombreux obstacles et maudissais les diplomates si frileux. Quatrième partenaire commercial de la République islamique dans les années 2000, la France avait chuté en 15ème position depuis la mise en place de sanctions européennes, onusiennes et américaines contre un éventuel programme nucléaire iranien à usage militaire. Les sanctions adoptées par l'ONU puis imposées par l'Union européenne depuis avril 2007, avaient été réaffirmées et renforcées à plusieurs reprises. Le nouveau gouvernement iranien désirait inciter nos entreprises à revenir dans leur pays, devenu en quelques années un épouvantail défiguré par les médias, bien loin de la mythique Persépolis*. Scotchée devant ma boîte mail, attendant des réponses qui ne venaient pas malgré de vaines relances, je n'arrivais pas à passer à autre chose. Et vous remarquerez que, contrairement à certaines scènes de film, regarder fixement le téléphone ne le faisait pas sonner.

Ainsi, petit à petit, un ennui gourd dû à la conscience de la vacuité du temps m'envahit. L'attente, cette passivité incarnée, cette attitude stupidement expectante, s'avérait assez rapidement insupportable. Au départ, surgissait l'espérance d'un instant bref puis, l'angoisse d'un assourdissant moment nu et vain. Contrairement au farniente, cette inaction restait imposée, forcée, suspendue et, alors que mille choses auraient pu être entreprises, l'attente nous paralysait en volant les minutes. Le présent perdait de sa substance, se vidait, en s'échappant goutte à goutte. Le monde n'était plus rond, il devenait plat. Pour tromper mon expectative, j'avais songé à aller flâner chez *colette*. Sise au 213 de la rue Saint-Honoré, cette boutique au concept décalé recelait mille surprises tendance et exclusives depuis déjà deux décennies.

Ou encore, me rendre à la librairie *Delamain.* Ce monument balzacien du quartier du Palais Royal, avec son parquet ancien et ses hautes bibliothèques en chêne massif, proposait toute l'actualité littéraire, mais aussi un secteur ancien où des ouvrages du XVIIIème siècle voisinaient avec la bibliophilie moderne. Nul ne dira jamais assez l'importance jouée par les libraires, ces passeurs de partage et de rencontre. Et quel plaisir de découvrir les petites notes de lectures épinglées sur les ouvrages souvent d'auteurs encore méconnus ! Mais, ce jour-là, paresseusement, je descendis juste au café situé en bas du bureau. L'œuf trônait au comptoir, dressé en rond avec ses copains sur un présentoir métallique autour d'une salière. C'était sympathique, car, à Paris, l'œuf dur sur le zinc était devenu rare. Au bar, je parlai un peu avec le patron, un Auvergnat à la petite bedaine contenue dans un gilet, la peau du visage un peu grise, une petite moustache bien taillée et une voix harmonieuse, qui gérait fort bien son petit monde, habitués comme touristes. Sans entrain, je terminai mon crème et payai : le bavardage habituel ne m'avait point divertie et je m'en retournai patienter au bureau.

Pour couronner le tout, Paris restait obstinément gris souris. Gagnés par la nostalgie, les lampadaires, devenus basse consommation, ne renvoyaient plus qu'une lumière faiblarde de loupiotes tristes. Les réverbères luttaient pour dévoiler une pluie en biais. Cette journée était sinistre. Je baillai d'ennui lorsque mon téléphone portable sonna. Mon couple d'amis préférés — si indissociables — m'appelait de l'aéroport de Casablanca : ils se proposaient d'arriver à la maison le soir même avec des plats tout juste préparés par la cuisinière familiale. Je sautai de joie ! J'aimais d'une manière irraisonnée tout ce qui était imprévu ce qui allait de pair avec ma détestation des habitudes. Peut-être parce que ces dernières représentaient pour moi l'inverse de la liberté. Paul Ricœur n'affirmait-t-il pas dans *Finitude et culpabilité* : « L'habitude fixe nos goûts, nos aptitudes et ainsi rétrécit notre champ de disponibilité. » Avec une joie certaine, j'oubliai l'Iran et m'empressai de rentrer plus tôt que de coutume. La rue de Rivoli fut vite avalée et ma voiture emprunta les quais avec allégresse.

Après avoir préparé le dîner des enfants, je me lançai joyeusement dans les préparatifs décoratifs de cette soirée surprise. La pluie frappait les baies vitrées. Je tirai les rideaux, ma maison s'emmitouflait pour affronter le monde, me donnant, tel un cocon, l'idée d'un bonheur enchanté. J'arrachai des pétales à quelques roses pour en parsemer ma table lorsque la sonnerie du téléphone m'interrompit. Mon grand et fidèle ami Michel arrivait tout juste de Marrakech et souhaitait m'inviter à dîner. Je lui narrai la coïncidence incroyable des appels et il accepta avec une immense joie l'improvisation du soir tout en proposant de se charger du champagne et des vins fins. Je me retrouvais dans le rôle d'une maîtresse de maison à qui tout était amené ! Pour les récompenser, je dressai une table des mille et une nuits digne d'un tableau de Véronèse : nappe pourpre et rouge pisé, pétales orangés, une vingtaine de petites bougies fuchsia et or. Puis, je mis de l'encens sur la table basse où je disposai d'autres bougies et pétales de roses. Il ne manquait que fontaines, zelliges, stucs et moucharabiehs. Croyez-moi : caler une atmosphère représentait la moitié de la réussite d'un repas.

Leurs deux vols —de la Royal Air Maroc et d'Air France— s'étaient posés à Orly avec un petit quart d'heure d'écart et mes trois compères débarquèrent pratiquement en même temps dans mon salon les bras chargés de paquets. Mon amie Hind avait de faux airs de Françoise Hardy jeune, avec les mêmes cheveux longs, mais plus clairs. Même si d'aucuns la jugeaient trop mince, elle dégageait un charme fou et une générosité incarnée. Son compagnon, Jérôme — qu'elle surnommait Chouchou —, descendait d'hidalgos. Il lui en restait une allure fière et ombrageuse qui cachait en fait une certaine retenue. Il arborait des cheveux auburn un peu longs et, sur chaque joue, des pattes raffinées. Je crois savoir que cela se nomme des favoris, un bien joli mot. Cela collait très bien à sa personnalité. Sorte de Géo Trouvetou, Jérôme était épatant ! Dieu seul sait quand cela avait commencé, mais ces deux-là coordonnaient toujours leur habillement. Ce soir-là, ils étaient de noir vêtu avec le même blouson revisité d'aviateur. Michel, quant à lui, avait la particularité d'avoir des yeux vairons tel Alexandre le Grand. Un peu enrobé, il parlait d'une voix si douce que ses paroles vous enrobaient. Son métier consistait à faire des montages financiers très complexes pour un des plus gros groupes industriels français. Plein d'humour, son intelligence rayonnait et son air séraphique envoûtait tout entourage.

Si la cuisine marocaine était réputée dans le monde entier, elle le devait au grand raffinement de ses mets qui avaient pris, au fil des siècles, des influences méditerranéennes, maures, africaines et juives. Un mélange ensorcelant. Ce pays que j'aimais tant, venait à moi et, s'il existait un Maroc éternel et un Maroc moderne, le mien se composait de générosité et de découvertes permanentes. Un vivier de talents formait ainsi la peinture marocaine avec notamment Jilali Gharbaoui, Ahmed Cherkaoui, Hassan El Glaoui, Mounir Fatmi et mon amie Chaïbia qui peignait de si beaux tableaux tendant vers l'essentiel : sa propre vision du monde sans aucun souci d'école, mais avec un sens humoristique inné. Devenue figure de proue de la modernité et porte-flambeau de la femme au Maroc, elle demeurait inclassable.

Dès que l'on défit les emballages, ce fut une explosion d'odeurs magnifiquement festives. Mon amie Hind et moi-même plaçâmes dans des coupelles la somptueuse *kémia* et nous la servîmes au salon. J'aimais ce plein, cette abondance orgiaque, ce choix de caravansérail. Pendant ce temps, les garçons, Jérôme et Michel, s'occupaient du champagne et la bouteille prit place dans un seau avec moult glaçons bleus mer du sud. Cette dernière invention de Chouchou, le concept Éclats de Glace®, offrait un arc-en-ciel de teintes pour transformer seaux et verres en écrins de pierres précieuses. Pour fondre de plaisir ! La convivialité fit que nous restâmes ainsi presque deux heures à picorer ces merveilles fraîches et colorées en buvant des bulles. Amandes fraîches, pistaches et noix de cajou grillées et salées, olives, poutargue coupée en fines lamelles, *méchouia,* petites briks, farcis de légumes, mini pastillas... Une sublime profusion en partage.

Michel, habitué de Marrakech, nous conta des anecdotes sur la tradition bien *marrakchia* consistant à surveiller tout le monde et à savoir tout ce qui se passait. On pouvait voir cela comme une terrible indiscrétion ou comme l'art de ne pas se montrer indifférent. Hind, dont les parents habitaient auparavant à Casablanca, avouait que le cantal était, dans son enfance, son fromage préféré. Je me promis de rechercher quel avait été cet importateur auvergnat intrépide à une époque où l'on ne trouvait que difficilement du bon fromage du terroir français au Maroc. Ce fut bien tardivement que j'invitai mes amis à passer à table pour déguster le tagine aux coings, un plat sucré-salé haut en saveurs. Dès qu'il arriva sur la table, des parfums de safran, de cannelle et de coriandre se répandirent. Le tajine restait la meilleure façon de cuisiner les plats en sauce. Cette cuisson lente à l'étouffée permettait aux aliments de garder tous leurs parfums et leurs vitamines. Ce plat, inimaginable de finesse, avait un pouvoir absolu sur les papilles. Un régal qui vous faisait calife.

J'avais ouvert la porte-fenêtre et les flammes des bougies dansaient célébrant notre complicité. L'amitié est une communion des âmes, une affinité mystérieuse et nous étions si heureux d'être réunis tous les quatre. Il régnait une sorte d'harmonie supérieure. Hind s'occupa du thé à la menthe avec un vrai cérémonial : il s'agissait de faire chauffer de l'eau, de verser un petit verre d'eau bouillante sur deux cuillères à café de thé vert, d'attendre une minute, de jeter le liquide, de garder le thé puis de verser de haut le reste de l'eau. Il convenait ensuite d'ajouter la menthe fraîchement coupée, là, de la menthe arrivée tout droit du Maroc qui n'avait absolument rien à voir avec celle que l'on achetait à Paris, en noyant tout de suite les feuilles dans l'eau. Par-dessus, on mettait plein de sucres, au moins douze morceaux. Pour mélanger le tout, point de cuillère, il convenait de prendre un verre puis de verser le liquide de la théière dans le verre, puis le verre dans la théière, et ainsi plusieurs fois de suite, le contenu était alors prêt à être dégusté.

Nous partageâmes ce thé brûlant qui tournoyait et miroitait dans nos verres avec, en gourmandise, des crêpes berbères toutes chaudes où l'on laissait couler le miel dessus. Plat initiatique où se mêlaient en silence dunes et ciel. Un de ces purs ravissements qui rachetait tous les tracas de la vie. Il y avait des cuisines qui diluaient le temps. La soirée se perpétua tard dans la nuit. La nouba quoi !

* Citons cet extrait du livre de Régis Debray *Un candide à sa fenêtre* (Gallimard 2015) à propos de l'Iran : « Mettre en quarantaine le plus occidental des pays d'Orient ou le plus oriental des pays occidentaux paraît un contresens civilisationnel qui ne plaide pas pour notre intelligence ». Oui, 3000 ans d'histoire ne pouvaient pas s'effacer. Après cinq ans de gestation, un pacte était acté : la République populaire de Chine et la République islamique d'Iran avaient signé, le 27 mars 2021 à Téhéran, un accord de coopération stratégique et commerciale pour une durée de 25 ans. La fin de l'isolement diplomatique pour l'Iran ?

Tajine aux coings et au miel

Un proverbe marocain affirme que « les gens pressés sont déjà morts ». Fidèle à cet adage, le tajine, plat emblématique de la cuisine maghrébine, est un éloge à la lenteur. C'est une de ces fins d'après-midi où l'air tiède et le ciel serein invitent à convier des amis à dîner. Arrêtez tout, téléphonez-leur puis courez acheter :

1 kg ½ de viande jarret de veau
1 kg ½ de coings
200 g de beurre
1 cuillerée à café de poivre
1 petite cuillerée de safran
1 bâton de cannelle
2 gros oignons râpés
2 cuillerées à soupe de sucre en poudre
1 cuillerée à soupe bien remplie de cannelle (A titre très indicatif, car il faut TOUJOURS utiliser plus de cannelle que nécessaire)
5 cuillerées à soupe de miel épais
Coriandre fraiche

Coupez la viande en quartiers de 150 g environ et mettez le tout dans une cocotte, salez, ajoutez le poivre, le safran, le bâton de cannelle, le beurre et l'oignon râpé. Couvrez d'eau.

Mettez à cuire à couvert en remuant de temps à autre et n'hésitez pas à ajouter de l'eau si nécessaire en cours de cuisson.

Lorsque la viande semble presque cuite, ajoutez sucre et cannelle et mélangez bien. Retirez du feu la viande lorsqu'elle se détache facilement et réservez.

Puis ajoutez dans la cocotte, toujours sur le feu, les coings partagés en deux ou en quartiers, suivant leur grosseur, épépinés et non pelés.

Ajoutez le miel et laissez cuire à petit feu. Surveillez la cuisson des coings, certains coings cuisant plus rapidement que d'autres, retirez-les au fur et à mesure de leur cuisson. Puis laissez réduire jusqu'à obtention d'une sauce onctueuse et remettez dans la cocotte les quartiers de viande et les coings.

Laissez mijoter à petit feu une dizaine de minutes afin que les coings s'imprègnent bien de sauce.

Abracadabra, les chairs sont devenues toutes fondantes, les saveurs ont gagné en puissance : vous pouvez servir tant que c'est bien chaud dans un plat rond.

Disposez la viande puis les coings au-dessus et versez, in fine, la sauce.

Parsemez de coriandre fraîche.

Voilà, vous avez réalisé un vrai délice de la médina.

Ce plat mérite une table de princesse, faites un effort !

Vous n'irez pas Chez Dominique

Le vent glacial giflait la lumière jaune orange, si particulière des villes froides. La neige avait meringué les toits et, à mesure que la clarté commençait à disparaître, elle étouffait les sons et rendait les formes floues, transformant les voitures garées en monstres mystiques. La neige était le mensonge incarné. Elle dissimulait la vérité, elle cachait tout. De l'aéroport, je m'étais rendue en taxi directement au bureau de la conseillère économique de l'ambassade de France. L'entretien terminé, elle m'avait assuré qu'Helsinki, en ville fonctionnelle aux dimensions raisonnables, se parcourait sans difficulté à pied et que mon hôtel n'était guère loin du Poste. Or, je marchais dans cet air plus frais qu'un sorbet depuis quinze bonnes minutes sans trop savoir si j'étais dans la bonne direction. Le froid était mordant et le pas ne pouvait qu'être vif. Je ne sentais déjà plus mes oreilles ni mon nez. Mes mains gelées —puisque sans gants— n'arrivaient qu'à grand-peine à serrer la poignée de la valise. Plus je pestais, plus tout devenait peu à peu crème, crayeux, chantilly, albinos, bref inquiétant. Le blanc exprimait la pâleur de la mort dans la symbolique asiatique et africaine. On comprenait ici pourquoi. Je passai devant une boutique illuminée, toute pimpante d'objets rouges et verts. Noël approchait à grands pas et je décidai de faire une halte. Ce fut une bonne idée pour les ravissants cadeaux achetés et un arrêt fort regrettable pour mes mains nues qui, à peine réchauffées, se recongelèrent, car, en plus de tirer un bagage, je devais porter dorénavant plein de sacs. Comble de tout, les roulettes de ma valise s'agitaient, bringuebalaient, se bloquaient comme un pied-bot. La visibilité se dégradait. De vilains flocons, tout durs, tournoyaient sans discontinuer, frappaient le visage puis dégoulinaient. Des cristaux de cruauté. Quiconque aimait les doudounes, les bonnets, les moufles, les chaînes à neige, les patinoires, bref, le froid était, à mes yeux, définitivement suspect de grand masochisme.

Lorsque j'aperçus enfin le port avec ses gigantesques bateaux brise-glace et ses gros navires en partance pour Stockholm ou Tallinn, mon hôtel n'était plus très loin. Avoir bien froid pour pouvoir se réchauffer avec un verre de *glögi,* me dit en anglais et avec un grand sourire le réceptionniste. J'acceptai en marmonnant le verre de vin chaud épicé de bienvenue qu'il me tendait. La chambre était vaste et tout aussi blanche que la neige. La literie cocon ne manquait ni d'esprit nordique ni de rebondi avec des oreillers bien moelleux et une couette toute douillette, des parures rassurantes dans ce pays pour l'instant hostile. Croyez-moi, le meilleur ami de l'homme est un bon lit tant il est vrai que nous passons un tiers de notre vie à dormir. Il ne manquait qu'un feu de cheminée pour faire le petit chat. La salle de bain en marbre offrait une vaste baignoire dans laquelle je fis couler de l'eau brûlante. La faim me fit sortir du bain et m'habiller pour me rendre au restaurant de l'hôtel qui, contrairement à ma chambre, comprenait une area smoking. Manger seul était le désespoir de l'Homo sapiens qui, du coup, n'était pas bien dans son assiette. La commensalité va de mise avec la convivialité même lorsque le voyageur se trouvait en Finlande où la cuisine, largement méconnue, n'avait pas bonne presse. Jacques Chirac, bon mangeur, avait même affirmé qu'elle était la plus mauvaise du monde. En prenant l'ascenseur, je me réjouissais donc uniquement de n'avoir plus à ressortir. Du moins le croyais-je.

La salle de restaurant arborait un décor en bois clair et des meubles design. Un peu froid, mais ne prononçons plus ce mot ! Dans la zone fumeurs, j'étais la seule cliente. Je posais sur la table, cigarettes et IPhone, pour consulter la carte. La cuisine finlandaise faisait essentiellement appel à des produits frais et locaux comme le gibier, le poisson, les champignons et les baies. Je commandai un verre de vin blanc d'Afrique du Sud —nulle présence de vin français— puis choisis un ragoût de renne accompagné d'une purée de pommes de terre. J'aurais pu essayer l'ours, mais bon, à l'approche des fêtes, cet animal me faisait songer au nounours de mon enfance. Affectivement, je ne connaissais personne qui ait jeté son ours en peluche, même avec un œil en moins, même tout sale. Donc du renne. Ne craignant pas de gêner quiconque, assisse bêtement devant une assiette vide et mon verre de vin, je téléphonai aux enfants puis à une amie.

La serveuse arriva enfin avec le plat tout fumant servi avec une sauce à base d'airelles et une autre, toute crémeuse, aux girolles. Vendu comme un classique incontournable de la gastronomie finlandaise, ce plat s'avéra franchement bon. Quelque 500 000 rennes vivaient dans les forêts et les montagnes du Nord de la Finlande. Dans les régions arctiques d'Amérique du Nord, ils changeaient de nom et devenaient des caribous. Seul cervidé à être domestiqué par l'homme, cet animal avait de faibles exigences alimentaires, un peu d'herbe, quelques buissons, des écorces et un soupçon de lichen lui suffisaient ce qui lui avait permis de résister aux différents changements climatiques. Pour preuve, ses ancêtres avaient côtoyé le mammouth et le rhinocéros laineux. Sa femelle, un peu suffragette, était la seule des cervidés portant des bois. Leur fourrure serait tellement isolante qu'un renne abattu ne se congèlerait que fort difficilement. Côté dessin animé, je vous renvoie à Romuald, le renne du Père Noël. La viande de renne sauvage, particulièrement savoureuse, s'avérait d'une grande finesse, bien moins forte en goût que les gibiers dont nous avions l'habitude de déguster en France et les baies rouge rubis donnaient un peps acidulé à cette recette.

Lorsque la jeune fille m'amena un autre verre de vin sans que je ne l'eusse commandé, je lui jetais un œil noir en me demandant si elle ne me prenait pas pour une alcoolique. Que nenni ! Dans un coin, tout au fond du restaurant, se trouvait un homme que je n'avais pas du tout remarqué et qui m'offrait ce verre. Je le conviais à ma table. Ce Londonien en voyage d'affaires avait été en poste une dizaine d'années en France et exerçait une profession insolite : goûteur d'eau. Il analysait ainsi, pour le compte d'une multinationale, les qualités gustatives, olfactives et visuelles des eaux minérales avant leur mise en bouteille. Le liquide se révélait fourbe : les eaux riches en sulfates entraînaient, lors de leur élimination, le calcium et le magnésium et, fort malheureusement, les eaux riches en calcium et en magnésium l'étaient également en sulfates. Les séances de dégustation devaient permettre de déceler le sucré, le salé, l'acide et l'amer. Un peu moins fun que sommelier tout de même. Cependant, n'allez pas penser que cet hydrologue ne buvait que de l'eau puisque nous sympathisâmes à l'aide d'un autre verre. In fine, il me proposa de m'amener au *Kafe Mockba*, le Bar Moskova, un endroit, m'assura-t-il, à connaître absolument. Après avoir failli m'étrangler à la vue de l'addition dans laquelle deux verres de vin blanc représentaient les deux tiers du montant du dîner (grevés de lourdes taxes, tous les alcools coûtaient un bras en Finlande), je remontai dans ma chambre enfiler mon gros manteau et nous partîmes bras dessus bras dessous. Une fois dehors, le syndrome de Tocqueville se vérifia : « Plus un phénomène désagréable diminue, plus ce qu'il en reste est perçu ou vécu comme insupportable. » À l'intérieur, la neige rendait curieusement tout confortable. Je m'étais réchauffée, mais, une fois dehors, le souvenir du froid sibérien subi auparavant, plus que sa réelle sensation, me pénétra. La neige craquait sous nos pas jusqu'aux rues piétonnes au sol dégagé, puisque chauffé. Le froid encourageait l'innovation.

De prime abord, les Finlandais vous sembleront calmes et réservés, mais ils cachaient bien leur jeu et vous feront une tout autre impression si vous les croisez le soir dans un bar. Ainsi, cet endroit avait été ouvert par les frères et cinéastes finlandais Mika et Aki Kaurismäki afin de ne plus être dérangé par des gens ivres partout où ils allaient. Leur concept était celui d'un bar soviétique dans le but avoué que personne ne s'y rendrait même pour fêter sa sortie du goulag. Une idée toute occidentale puisqu'à l'époque soviétique, aucun bar ne subsistait à Moscou, contrairement aux boîtes de nuit qui, même pendant la dictature stalinienne, fleurissaient sous forme de clubs de culture officiels. La musique faisait elle-même partie de l'idéologie soviétique : « Dansons pour garder nos corps sains et en forme ! » encourageait la propagande.

Sous l'éclairage glauque de néons fixés en biais, se trouvait un comptoir composé de mosaïques verdâtres, des murs rouge sang et un personnel foncièrement revêche. Ici, étaient proposés uniquement de la bière, du vin rouge, de la vodka et des sandwichs au pain de seigle fourrés de beurre et de gros morceaux de saucisse donnant l'impression d'être déjà entamés. Bref, peu glamour. Un vieux juke-box passait en boucle des vinyles russes hors d'âge, le samovar restait constamment bouillonnant et le service se voulait aussi désagréable que possible. Ainsi, la femme censée nous servir semblait totalement se désintéresser de la vente des boissons. Par miracle, mon compagnon arriva toutefois à commander une *Baltika*, bière russe, URSS oblige, et, pour moi, une *Zubrówka,* une vodka polonaise à l'herbe de bison. D'autres clients, arrivés avant nous, attendaient toujours, échouant à se faire entendre et résignés. Pourtant, sous le régime communiste, tout le monde —mis à part les fonctionnaires du parti— n'était-il pas égal de l'autre ? Un endroit mémorable, fantasque, unique et captivant qui, à sa fermeture, voyait son nettoyage s'effectuer sous fond de discours de Brejnev. Une option que je préférais au karaoké dont les Finlandais raffolaient, mais nombreuses étaient les activités que je trouvais définitivement sans intérêt et qui avaient, je devais l'avouer, leurs fans.

Je ne regrettais pas mon incursion dans l'un des bars les plus fêlés d'Helsinki. L'alcool ingurgité avait libéré dans mon petit cerveau, deux neuromédiateurs, la dopamine et la sérotonine, de vraies hormones du bonheur. Malheureusement, parallèlement à cette délicieuse sensation d'engourdissement, mon activité neuronale vaincue par l'éthanol, la mémoire en champs de ruine, j'avais totalement oublié le but de ma venue dans ce pays et mon rendez-vous avec l'ambassadeur de France. Cela me revînt le lendemain matin comme une avalanche déclenchée par un skieur hors-piste. Un soleil joufflu semblait avoir gommé tous les péchés de la terre. J'éprouvai le besoin de m'aérer avant de me rendre à la chancellerie. Ma tête tambourinait. Le ciel semblait en papier de verre. Lorsque mes yeux fatigués purent distinguer ce que j'avais devant moi, je vis des oiseaux marins posés sur une rambarde qui me narguaient. Le vent amenait une odeur de sel. J'atteignis rapidement le marché du bord de mer et n'eus que l'embarras du choix pour boire un vrai café : les Finlandais en étaient les plus gros consommateurs au monde. Helsinki, connue pour son design, son architecture, son offre culturelle, présentait aussi une nature à portée de main. Alphonse Allais qui suggérait de bâtir les villes à la campagne aurait aimé cette capitale aux vastes parcs et espaces forestiers remplis de lacs. Cependant, du taxi m'amenant à l'ambassade, la ville semblait compacte, ratatinée dans son manteau ouaté, une brume d'oreiller avec ces camaïeux de gris si propices à la mélancolie tels les tableaux du peintre danois Vilhelm Hammershoi. Déposée devant la grille, je marchai un peu raide dans l'allée d'un vaste jardin tout floconneux pour arriver à un bâtiment bas en brique, l'ambassade.

L'interview terminé, le diplomate français me convia élégamment à déjeuner. Le mercure restait obstinément au-dessous de zéro et, sous un franc soleil, la neige brillait tel un tapis d'épingles. Le chauffeur nous déposa devant une porte austère dans une rue modeste et le nom me fit craindre de devoir manger français en Finlande. Fort heureusement, *Chez Dominique* était de nature plus subtile. Ce restaurant affichant deux étoiles au Michelin ambitionnait de mêler les saveurs de la cuisine nordique à celles de la gastronomie française. Une entrée ultramoderne donnait sur une salle à manger aux murs blancs lambrissés. Au fond de la pièce, un étonnant panneau graphique formait des lignes noires irrégulières sur pierre blanche. Curieusement le chef, Hans Välimäki, n'avait jamais travaillé en France et —par conséquence?— avait la réputation d'être une antistar. Pourtant, quelle féérie! Les amuse-bouche — surnommés au Ritz des appâts— étaient à la fête. A peine étions-nous assis à table, trois d'entre eux furieusement futuristes s'avancèrent, posés sur une pierre, l'un tenu par une petite pince à linge. La partition était bien réglée, la précision régnait : la cuisine et le service coordonnés, chaque assiette décorée avec le plus grand soin, les temps de cuisson mesurés à la seconde près. Par la suite, chaque plat servi constitua un décor en lui-même, présentant des peintures abstraites dans chaque assiette. Notre rétine comportant des cônes sensibles à chacune des couleurs primaires, la recherche graphique en cuisine jouait avec ces nuances de rouge, de jaune et de bleu, la transparence, la brillance, les volumes géométriques. Cette mise en scène alimentaire accentuait la saveur des aliments la composant. Flatter les pupilles devenait dès lors aussi important que de séduire les papilles. Pour arriver à ce raffinement de design culinaire, sans perdre le sens du goût, il fallait bien du talent.

Le menu-dégustation proposé par le maître d'hôtel, et immédiatement adopté, fut un grand festival artistique avec de multiples mises-en-bouche et autant de petits tableaux manucurés. En premier, déboula une glace de betterave, exquise, surfant sur un gaspacho de chou rouge et virevoltant avec des spaghettis croustillants. En saveur, c'était doux et frais. Ensuite vînt une bruine de soupe au saumon à l'aneth d'une simple harmonie. Suivirent des huîtres en saumure, plus que savoureuses avec du raifort mêlé de crème fraîche en froid glacial, à l'azote liquide, ponctuées de quelques grains de caviar, un éblouissement du palais. La consommation d'huîtres était à tel point prisée par les Grecs qu'à Athènes, leurs coquilles s'utilisaient comme bulletins de vote. La démocratie devait donc beaucoup aux mollusques bivalves. Les Romains en raffolaient et les préparaient, eux aussi, en saumure. Ici, un somptueux pain de malt caramélisé donnait un croquant tout en contraste avec la chair du mollusque. Une variété de pains faits maison nous furent proposés, au seigle, doux et craquant, avec du poisson à l'intérieur en gaufre dorée, ou à la saveur aigre-douce à base de malt. Un autre, toasté et en forme d'un serpent décoré de fleurs comestibles, était garni de fromage frais. Puis ce fut la fête des asperges vertes, seule espèce à se pavaner à la lumière durant leur croissance. Pas impressionnées par les spots, elles arrivèrent avec leur petit sac de pétales de betterave, pomme de terre, oignon et artichaut, et menèrent la danse en trio : terrine, soupe et glace. Les bienfaits de l'asperge pour la santé étant remarquables, nous nous régalâmes sans arrière-pensée. Chaque nouvelle saveur avait sa correspondance en vin. Je n'y fis malheureusement pas honneur. Vous devinez pourquoi.

Le premier vrai plat fut une déclinaison autour du chou-fleur. Crème, gelée et ravioli jouaient les majorettes, accompagnés de truffes et d'un consommé de champignon versé sur le plat devant nous dans un effet de neige carbonique et un dégagement de vapeur éblouissant. Le consommé, intensément réduit, riche en sapidité, se trouvait appareillé avec une luxueuse crème aux truffes. Le ravioli marchait de concert avec la mousse recouverte de parmesan. Puis, avec une réelle scénarisation, arriva un foie gras, sa crème et sa poudre se jouant d'un sorbet de céleri posé comme un délicat bonbon. Un beurre à la truffe accompagnait une merveilleuse petite brioche chaude. Montant sur le podium, la langoustine fut le clou du spectacle : d'une texture ferme, enveloppée dans une mince enveloppe croustillante de pommes de terre, servie avec une purée de homard à la tomate et complétée par une grosse cuillerée de caviar. C'était resplendissant. N'en jetez plus ! Que nenni, ce fut l'entrée en piste d'un des poissons nobles les plus fins, le turbot. Saviez-vous que ce poisson plat était gaucher comme Léonard de Vinci ? Reposant toujours sur sa face droite, l'homme bon lui avait créé un récipient : la turbotière. Dans ces lieux, la fermeté de sa chair cuite au millimètre, était accompagnée par une mousse d'artichaut, ce légume dont le père Miguet, compagnon de voyage de Louis XIV, avait découvert les extraordinaires propriétés en visitant le jardin du Sultan de Turquie. S'ajoutaient quelques pois croquants, un soupçon d'épinard, un petit ravioli au topinambour avec une sauce aérienne au léger gout de réglisse. Un plat d'une grande maîtrise.

Alors que le maître d'hôtel débarrassait les miettes de pain sur la nappe, en coulisse, les vedettes sucrées attendaient au garde-à-vous. Rassurez-vous, rien qu'une petite armée en farandole de mignardises ! En peinture, ce terme traduisait un soin exagéré dans l'exécution et l'afféterie. En botanique, un œillet. En pâtisserie, la première d'entre elles consistait, ici, en une purée de potiron mariée à une subtile crème à la réglisse à l'azote et à une glace à la vanille. Une explosion en bouche rehaussée par de délicates graines de potiron caramélisées. Suivirent en procession, une crème brûlée au romarin accompagnée d'un sorbet de Granny Smith, quelques gouttes de compote, une larme de caramel, un trait de pistache et une pointe d'essence de vanille. Le dessert finlandais classique, le *Vispipuuro*, traditionnellement du porridge fouetté aux airelles, avait été revisité avec des groseilles et du lait extrait de racines de panais. Orné de fleurs de seigle, ce riz crémeux se révélait tout fruité. Pour terminer le grand défilé, une mousse au chocolat rythmée d'une ganache richement décadente, comme une robe qui tombait bien, avec en accessoire, une glace de lait servie sur un lit d'amandes et de coco avec un trait de mousse à l'anis. Étourdis par la fantasia de cette cuisine sans limite, innovante, inventive, colorée et créative, nous partîmes un peu dans la ouate, respirant l'instant, nos yeux émerveillés encore et encore par les compositions, sortant de ce voyage le palais illuminé par tant de saveurs différentes et raffinées.

Vous n'irez pas *Chez Dominique* qui a fermé ses portes en octobre 2013. Hans Välimäki, seul chef finlandais à avoir reçu deux étoiles Michelin, et ce, pendant dix ans, a tourné la page en ne voyant jamais arriver la troisième étoile. Il a ouvert un gastropub à Helsinki où vous mangerez les meilleurs hamburgers du monde et un restaurant finno-asiatique dans sa ville natale, Tampere, le Masu Asian Bistro, à 170 kilomètres au nord, fief de la multinationale Nokia. Avant lui, d'autres grands chefs ont préféré arrêter la course aux étoiles : Olivier Roellinger, Alain Senderens, Antoine Weestermann, Guy Savoy, Joël Robuchon ou encore Ferran Adria. Un guide devenu Pandémonium ? Le tic des toques consistant à courir après les étoiles du Bibendum centenaire se terminait et on n'allait pas en faire tout un plat.

Au caravansérail

Entré dans le monde de l'art dès l'enfance, professeur des Beaux-arts à vingt-trois ans, cet ami artiste comptait plusieurs vies. Après avoir arpenté les rings de boxe, foulé les tatamis, chassé dans la brousse et enseigné dans différentes écoles d'art en Afrique pendant vingt ans, il fut chargé de mission en France auprès de l'Éducation nationale. Entre Afrique, Occident et Asie, Claude Guénard était passé des plus grands musées aux favelas insalubres, d'une simple case africaine à un riche palais rococo, avec le même plaisir, le même désir de rencontres décalées et originales. Ainsi, dans son œuvre protéiforme, ses peintures, ses sculptures ou ses grattages se nourrissaient de sensations issues de ses expéditions. Pourquoi était-ce si troublant? Peut-être parce que le voyage n'existait plus. Entendez, le véritable voyage : celui des découvreurs et des aventuriers. Mais Guénard, c'était avant tout la générosité. Cette attention particulière à l'autre restait un art peu commun nécessitant de comprendre et de partager des codes. La monumentalité d'une telle curiosité servait efficacement sa cuisine, aussi je me réjouissais à chaque invitation à dîner dans son atelier de Champigny qui se faisait, pour l'occasion, caravansérail.

Ce soir-là, je devais passer prendre au pied de son immeuble, à Saint-Germain-des-Prés, un délicieux ami commun, Gilbert Pélissier, inspecteur général honoraire, qui partageait une retraite active entre la Rive gauche et Rabat. Après des missions ministérielles, il avait été doyen du groupe des enseignements artistiques au ministère de l'Education nationale et participé à la mise en place d'une innovation remarquable : les premiers ateliers de pratiques artistiques. Mais il avait surtout rétabli, en France, la pédagogie dans un champ de référence, à savoir l'espace artistique, alors que régnait une idéologie quasi-anarchiste de la créativité. Les discours sur l'art s'étant pompeusement imprégnés du vocabulaire des sciences humaines, tout était devenu ridiculement concept. L'auto proclamation artistique s'était banalisée et l'enseignement tanguait vers une sorte de joyeuse animation culturelle dénuée de la moindre pensée. La base, l'œuvre d'art par elle-même, paraissait, avant sa prise de fonction, avoir totalement échappé à l'enseignement académique. Gilbert disait qu'un formalisme plasticien l'avait fait dériver, coupé de la réalité et de «l'art vivant», notions intemporelles, invariables et désincarnées. J'aurais pu l'écouter pendant des heures. Le savoir n'était vraiment utile que lorsqu'il se transmettait, même si certains réussissaient scrupuleusement à passer une vie entière à ne rien apprendre.

En ce samedi de nouvel an chinois, le périphérique sud se trouvait totalement embouteillé, les quais s'étaient remplis et nous parvînmes sur l'autoroute de l'Est en louvoyant dans un vaste bouchon. Nous devisâmes gaiement et, emportée par le flot de paroles et de voitures, je loupais la sortie de Champigny-la-Fourchette, une jolie destination pour se rendre à un dîner. Nous dûmes donc nous rendre jusqu'à Marne-la-Vallée pour faire demi-tour. Bref, nous arrivâmes bien après l'heure de l'apéritif et Claude trépignait, piaffait, car son plat ne se préparait qu'au dernier moment. Une surprise m'avait-il dit. Heureusement, sa compagne, Catherine, sût temporiser son impatience. Nos hôtes et quatre convives nous attendaient, le verre à la main, et ce, depuis une bonne heure et demie. Les rencontres chez Guénard s'entrelaçaient, les discours s'enrichissaient mutuellement ou se castagnaient efficacement. À croire que l'énergie inépuisable de l'artiste émanait de ces confrontations humaines. Son antre rigoureusement désordonné avec ses tapis persans, ses sculptures, ses toiles, nous plongeait dans un univers solaire, désinhibé, terrien.

Dans l'atelier de ce collecteur effréné d'explorations multiculturelles, sa recherche iconographique fort disparate (politique, religieuse, panneaux de propagandes, affiches pour films pornographiques ou photos de mariages traditionnels en passant par des objets de contrefaçon ou des tags) épatait tout visiteur. De la même manière, nous rencontrions dans l'univers de Claude les gens les plus hétéroclites. Yves Mourousi ou Pierre Restany s'étaient rendus chez lui. Ses amis artistes tels Combas, Ben ou Di Rosa, mais aussi des collectionneurs, des milliardaires de Mayenne, des galeristes, des avocats ou simplement des personnages improbables s'y croisaient. Deux couples étaient, ce soir-là, conviés. L'un des deux hommes se présenta comme conseiller pour le Proche et Moyen-Orient du Président Barak Obama. Rien que ça. L'autre œuvrait dans les fonds souverains. Mon œil averti jugea rapidement que les ravissantes jeunes femmes à leur bras, toutes deux aussi fraîches que la fée Clochette, avaient dû être dénichées la veille par leurs compagnons réciproques.

Claude était retourné à ses fourneaux. Catherine devisait avec Gilbert. Les deux oiselettes stagnaient dans un coin et mes deux personnages parlaient avec «la grande journaliste spécialisée en politique étrangère» comme m'avait présentée fort exagérément le maître de maison. Ayant ingurgité plusieurs verres de champagne, agités comme des furets, ils fonctionnaient hardiment en roue libre. J'encourageai mes beaux-parleurs. Dans ce vaste atelier à la dimension théâtrale, je me trouvais en représentation. J'avais toujours aimé les mythomanes, des êtres fascinants et souvent ludiques. Ces deux-là mentaient parallèlement, sans la moindre gêne, brodaient, aussi sûrs d'eux et souriants que s'ils disaient vrai, assurés que chacun ne distinguerait que vérité dans leurs vaticinations. Tournoyant comme des derviches sous amphétamines, ils s'encourageaient réciproquement, je rebondissais, en rajoutais, inventais des noms de gens qu'ils assurèrent connaitre à Washington, les flattais. Rentrer dans leur jeu, faire semblant de les croire me procura beaucoup de plaisir. Leur évitement à mes questions fielleuses m'amusa tout autant. Ah! Le travers si humain à vouloir paraître autre que ce qu'on était!

Un parfum épicé commença à remplir l'immense atelier. Avant de passer à table, nous regardâmes les dernières toiles peintes par Claude : des couleurs, un spectacle et des détails. Son œuvre était puissante, structurée, onirique. Catherine, sa muse, figurait souvent dans son monde imaginaire peuplé de personnages. La composition se voulait élaboration de sens. Gilbert observa que, sur la scène artistique actuelle, le souci de composition au service d'une représentation se faisait plutôt rare. Notre ami y parvenait par une écriture forte. Un érotisme généreux et provocateur s'agitait sur la toile comme dans les dessins, mais toujours avec humour et dérision. L'art avait beaucoup perdu en ostracisant le figuratif. Gilbert, qui peignait lui-même de grands tableaux à la construction philosophique enchanteresse, prodiguait toujours des conseils avisés au maître. « L'œuvre d'art naît du renoncement de l'intelligence à raisonner le concret. » écrivait Albert Camus. Toutes les nuances accessibles au peintre devaient l'être à tous, seule la volonté de les capter comptait. La complication venait que tout un chacun pouvait dire ce qu'il trouvait beau, mais, personne, ce qu'était le beau. Le sens artistique restait une soumission à la réalité intérieure et, seule, la culture permettait de dédramatiser le réel et l'état du monde. Les peintres tentaient juste d'éclairer l'obscurité.

Les goûts culinaires s'avéraient de nature plus simple. Pas original d'avouer comme péchés mignons, le foie gras et le chocolat*, mais Claude nous époustoufla en osant les deux dans un plat comme un looping arrière avec triples axels. Le second dégoulinait crânement sur le premier tout juste poêlé, subtil. En bouche, un raffiné fondant, avec ce cacao amer au caractère affirmé, venait nous titiller les papilles.

Les saveurs ébranlaient et nous retirions la fourchette de la bouche tout déboussolés. Connaissez-vous les grands crus de chocolat tel le Xocopili ? Une merveille au goût : tout d'abord du cacao brut, puis un subtil mélange d'épices en bouche avec, in fine, une pointe de sel relevant toute la puissance et l'amertume d'un chocolat du Venezuela à 72 % de cacao. Ce nappage s'avérait furieusement fusionnel avec le foie gras. Cette réalisation héroïque s'encanaillait d'un vin blanc frais, mais claquant, entre sucre et acide, gras et amer, sans être fatiguant. Une alliance bien dosée, délectable en diable. Un plat insolent, courageux, effronté et impertinent comme Claude, joyeux, ludique, sensuel et débridé comme sa peinture. Nous nous léchions les babines en rendant tous hommage au cuisinier-artiste nous ayant permis de retrouver une vraie joie enfantine face à la découverte de ce grand délice gourmand.

Les conversations reprirent aux fromages qui vinrent accompagnés d'une corbeille bien garnie de petits pains au seigle, aux noix ou au cumin. Un grand cru de Bourgogne avait été, pour l'occasion, décanté en carafe. Souple et soyeux en bouche. « L'art et le vin sont les joies supérieures de l'homme libre » proclamait Aristote. L'un des hâbleurs faisait semblant de boire, levant son verre cent fois sans jamais le remplir comme s'il était sans fond. L'attention aux autres étant la clé d'or des bonnes manières, j'enchaînai avec gourmandise sur la politique étrangère américaine puis, pour ne pas faire de jaloux, sur le *Government Pension Fund-Global*. Ce fonds souverain norvégien, le plus important du monde, se trouvait être le premier investisseur étranger sur le marché français et le premier investisseur des entreprises du CAC 40. Les épigones surenchérissaient. Bref, si j'entendis bien des bêtises, je m'amusai énormément. La vérité n'était pas forcément le secret d'une bonne histoire. J'assumais une frivolité superficielle et totale puisque savoureuse et aiguisée… J'attendais avec impatience le chemin du retour. La soirée terminée, je raccompagnerai Gilbert à Paris et rien ne serait plus divertissant que de commenter le repas avec ce complice à l'analyse si fine.

Je ne sus que quelque temps après ce dîner où Claude le libertin avait rencontré les imposteurs : c'était dans un élégant sex-shop du Marais. Et il ne les avait jamais revus avant cette soirée !

*Le chef britannique Heston Blumenthal, entre autres menues facéties, associe le caviar au chocolat blanc. Dans sa recette *White chocolate and caviar buttons,* le chocolat blanc, riche en matière grasse, fait ressortir un subtil gout de vanille se révélant harmonieux avec les œufs de poissons. Tout repas chez ce chef étoilé ne ressemble à rien de connu. Il sert ainsi des huîtres avec un iPod pour que les convives écoutent dans le même temps le bruit de la mer et chaque menu commence par un nettoyage des papilles : une mousse aux notes de citron, thé vert et vodka, pochée à l'azote liquide tandis que la table disparaît dans un nuage de fumée.

Le soleil se lève à l'Est

Le temps s'était arrêté dans l'île en janvier 1959, presqu'au même moment où Cecil B. DeMille, opposant actif aux communistes américains, s'éteignait à Hollywood. Cependant, pendant des décennies, le charisme et les capacités tant intellectuelles que physiques de Fidel Castro avaient permis une certaine unité de son peuple. Le Lider Maximo, orateur infatigable, symbolisa la passion, le sang, l'espoir et transmit des rêves à toute une génération avide d'une révolution au grand cœur. La figure héroïque d'un Che idéalisé se mélangea aux images du Christ en croix, de la Vierge Marie et des divinités africaines de la Santeria. Che Guevara, ange martyr porté aux nues par des générations d'Occidentaux, icône reproduite par millions d'exemplaires sur les produits dérivés les plus vendus sur l'île, restait cependant pour beaucoup de Cubains un bourreau appliqué. Un rayonnement international paradoxal, inversement proportionnel à la modeste taille du pays, 11,5 millions d'âmes, expurgées des deux millions de Cubains exilés dont des milliers, morts noyés pour avoir voulu fuir la tyrannie, la misère et la désespérance. L'embargo commercial le plus long de l'époque contemporaine n'excusait pas la torture. La révolution cubaine avait engendré toutefois une réussite incontestable : celle de la médecine en faisant progresser tant la physique nucléaire appliquée à la biomédecine que la biotechnologie ou la recherche médicale. Fidel Castro fut ainsi le premier chef d'État à recevoir la médaille d'or de la Santé pour Tous décernée par l'Organisation Mondiale de la Santé le 14 mai 1998.

Mon premier voyage dans cette île en forme de crocodile eut lieu en novembre de cette même année. L'aide de Roger Grévoul, Président Fondateur de Cuba Coopération France, m'avait alors été précieuse. Nos réunions lors de déjeuners à Ivry, en banlieue parisienne, étaient sympathiques en diable, même si cet élu, conseiller général communiste, me trouvait quelque peu socialisante. Jean-Dominique Comolli, alors Président du Comité Cuba du Medef, m'avait, quant à lui, reçue un matin dans son bureau envahi par la fumée bleu d'acier de ses cigares. Un de ses bras droits, Stéphane Witkowski*, devait, par la suite, me présenter la chercheuse et politologue Janette Habel, grande spécialiste de l'île. Bref, en prenant l'avion, j'avais l'arrogante impression de bien cerner l'exception cubaine et l'histoire de ce peuple aux ancêtres africains et espagnols bien sûr, mais aussi chinois, indiens, arabes, russes et même japonais ou suédois. Et je ne résistai pas à emporter avec moi *Le Néant quotidien de Zoé* Valdès, livre interdit par le régime.

Si, entre mythe et réalité, Cuba ne ressemblait en fait qu'à Cuba, le primo visiteur pouvait lui trouver des allures d'ancienne Europe de l'Est sous le soleil. Ainsi, La Havane me rappela fugitivement Tirana des années Enver Hoxha, brillante par une totale absence de publicité, de panneaux d'affichage, outre ceux à la gloire du régime, mélangé à un soupçon de Birmanie pour le manque de liberté et mâtiné à la sauce latine pour l'ingéniosité. *Hay que resolver*, « il faut se débrouiller », justifiait, aux yeux de nombreux Cubains, les malversations, les vols, la prostitution ou la corruption. La Havane, si charnelle, était pétrie de contradictions. Avec son soleil éclatant, ses cigares de légende, sa musique entraînante, ses amours tarifés, son excellent rhum et ses plages nacrées, cette île des Caraïbes procurait une émotion si particulière que, parfois, la terre semblait donner la main au ciel. Sur le Malecón, au coucher du soleil, un petit nuage rose poudré se défaisait alors dans la mer qui devenait coquelicot au milieu des parades des Buick, des Bel-Air et autres Oldmobile, vestiges aux carrosseries étincelantes et aux transistors d'époque. Les antiques Lada de l'ère soviétique, taxis rutilants, dansaient la salsa devant le touriste. Bizarrement, toute personne de passage pouvait se sentir fortement libre dans ce pays sans grande liberté. Les ceintures de sécurité n'existaient pas. Les billets du peso convertible, imprimés à Chamalières, dans le Puy-de-Dôme, ne servaient à rien, tout se réglant alors en dollars.

À l'Hôtel Nacional, le charme suranné opérait dès que nous empruntions l'antique ascenseur, nous plongeant délicieusement dans l'ambiance cubaine des années cinquante. Dans cet ancien palace juché sur une hauteur face à la mer, ma suite bénéficiait d'une double exposition, dévoilant d'un côté l'océan atlantique et, de l'autre, les grands jardins de l'hôtel où se dandinaient des paons. Peut-être Ava Gardner ou Frank Sinatra avaient-ils séjourné dans cette même chambre ? Ce voyage dans le temps m'épatait. Toutefois, une première déconvenue ne tarda pas. Lorsque je voulus faire couler l'eau dans le but de prendre un bain, je découvris que la baignoire ne comportait plus de bonde. Contre quelques dollars, le personnel m'en amena une qui disparut dès le lendemain. Lassée d'affronter la même situation les jours suivants, je pris l'habitude de placer dans mon sac à main le précieux bouchon. Le soir, je m'attelai à découvrir la télévision cubaine. En opposition avec les propos d'un Havanais qui m'avait confié la veille avec humour : « Le Cubain a trois problèmes quotidiens : le petit-déjeuner, le déjeuner et le dîner », le petit écran, chaque jour, louait en prime time les vertus du régime en exposant le total échec des pays capitalistes et en particulier des États-Unis, *El imperio*, formule reprise par la suite par Hugo Chavez. Le quotidien Granma, *Órgano oficial del Comité Central del Partido Comunista de Cuba*, indiquait en dessous de la date du jour, le nombre d'années depuis la révolution cubaine. Nous étions en 39.

Comme dans chaque diable coexistait un peu de dieu, je me précipitai dans les lieux mythiques tels *El Floridita* où Hemingway venait boire des daiquiris —sans sucre et avec double quantité de rhum—, un endroit de style Régence follement gai. L'écrivain qui termina *Pour qui sonne le glas* à deux cent mètres de là, arrivait chaque matin aux environs de dix heures et s'installait au coin du bar toujours sur le même tabouret. Ainsi, au-dessus du siège illustre trônait son buste en bronze, inauguré pour son prix Nobel de littérature en 1954. À *La Bodeguita del Medio,* son autre lieu de prédilection, où aurait été inventé le mojito, il convenait de jouer des coudes pour pouvoir commander un cocktail. Dans la partie restaurant, les photos des personnalités venues dans le lieu, de Brigitte Bardot à Pablo Neruda, s'affichaient. Sur les murs des graffitis, des signatures anonymes ou célèbres, comme cette inscription de l'ex-président chilien Salvador Allende : «Cuba libre, le Chili attend, 28 juin 1961». L'âme bohème et historique de l'endroit donnait l'illusion d'évoluer dans un décor de cinéma. «Mon mojito à la Bodeguita et mon daïquiri à La Floridita», revendiquait Ernest Hemingway. Peu importait que les mojitos fussent fabriqués quasiment à la chaîne, les sons des groupes de rue chantant comme si le monde entier les écoutait, résonnaient à la gloire du Che avec notamment *Hasta Siempre Commandante* de Carlos Puebla. Nul ne soulignera jamais assez l'importance des chants révolutionnaires dans la circulation des idées et l'union des peuples. Ni les bienfaits apaisants des clichés.

Un jour où mes rendez-vous professionnels s'étaient espacés, je m'installai à la terrasse d'un café, sous les arcades de la Plaza Vieja. Dans ce côté de la ville, les matinées paressaient. Je goûtai ainsi pendant des heures à la nonchalance des parties de dominos en croquant dans des churros, ces succulents beignets à la forme allongée tout saupoudrés de sucre. Le *Tropicola* remplaçait le Coca-cola avec, en fond, la Vieille Havane découvrant avec langueur ses édifices coloniaux espagnols, ses palais baroques et ses somptueux hôtels historiques. De nombreux immeubles s'ouvraient sur des halls décrépis avec de hauts plafonds ouvragés et de majestueux escaliers laissant entrevoir la splendeur d'antan. Les édifices du Centro Habana, souvent laissés à l'abandon, à moitié en ruine, étaient cependant habités. On y percevait les cris des écoliers rentrant en uniforme et, à n'importe quelle heure, des airs de salsa, de mambo, de rumba ou de cubaton, un mélange de reggae jamaïcain et de musique cubaine. Mélopées nostalgiques et multiples paradoxes, telle était l'Ile de Cuba.

Pour rien au monde, je n'aurais manqué un repas dans un des paladares, ces restaurants chez l'habitant, à l'époque interdits donc clandestins. Celui qu'un ami m'avait indiqué paraissait avoir élu domicile dans un bâtiment fort délabré, avec du linge suspendu à des balcons en fer forgé au milieu d'une courette où jouaient des enfants. Une gamine au ventre couvert de graisse et de chairs oubliées surveillait à la dérobée. Ses jambes paraissaient proportionnellement trop fines. Rien ne laissait présager qu'une des meilleures tables de la capitale cubaine se trouvait à l'étage. Après s'être assurée que je n'avais pas été suivie, une femme à la cinquantaine joyeuse me conduisit dans la salle à manger familiale pleine d'antiquités, d'azulejos de Castille, de cristal de Bohême, de piles de livres anciens et de photographies à la nostalgie sépia. Au plafond, un ventilateur fêtait ses noces de diamant. Sur la table, une belle porcelaine un peu ébréchée et une argenterie un tantinet ternie m'attendaient. Pas de menu, mais une bonne humeur contagieuse. Nul ne célébrera jamais assez la force du peuple cubain.

En amuse-bouche, de moelleuses *Papas rellenas*, de délicieuses petites boulettes réalisées à partir de purée de pommes de terre, roulées dans l'œuf et la chapelure, fourrées à la viande et aux poivrons avec juste un soupçon d'ail et d'oignons. Le plat du jour s'intitulait *Ropa vieja*, un plat généreux accompagné de haricots noirs, de riz, de bananes plantains frites et de salade. La viande de bœuf coupée en filaments puis longuement cuite dans un bouillon, se révélait toute fondante sous sa goûteuse sauce tomate. Un régal. Saviez-vous qu'originaires d'Amérique du Sud, les haricots noirs, véritables concentrés de bienfaits en tous genres, renfermaient quantité de minéraux tels le magnésium, le phosphore, le fer ou le manganèse, la vitamine B1, les folates et même les omégas 3 ? N'hésitons donc pas à en consommer. En touche finale, un succulent flan maison à l'ananas me fut servi. Voici un dessert occupant une place à part dans le paysage sucré. Il devait sa sensualité onctueuse à un véritable savoir-faire parvenant à ce qu'il soit légèrement tremblotant, moelleux et ferme à la fois. Fondant en bouche, il laissait alors un très subtil équilibre entre les différentes saveurs, lait, œufs, vanille. Le tout était, là, mêlé au croquant de morceaux d'ananas frais onctueusement caramélisés pour encore plus de gourmandise.

La fin de ce premier séjour fut épique, car l'ouragan Mitch, après avoir dévasté l'Amérique centrale, termina sa course au large de l'île. Son intensité avait certes énormément faibli, mais, de ma chambre située au 8ème étage, j'apercevais des vagues colossales se fracassant violemment contre la digue du Malécon, projetant par-dessus eau de mer et algues, jusqu'à étouffer la digue et engloutir le jardin à la vitesse de la foudre. De véritables murs d'eau en furie hachaient les nuages. Seul salut pour sortir, une serviette de bain sur les épaules et un sac plastique sur la tête... Remise de ce désagrément, je regagnais l'aéroport international José Martí situé à une quinzaine de kilomètres pour prendre un vol de la Cubana d'Aviación, compagnie aérienne propriété de l'État cubain. Je n'éprouvais jamais de crainte en avion, le sachant le moyen de transport le plus sûr au monde. Semblable en apparence à un Boeing 727, le Tupolev Tu-154 promettant de m'amener à Paris ne m'apparut toutefois pas être de première jeunesse, mais mon siège en Première me procurait une place appréciable pour affronter dix heures de vol et donc, une longue nuit. Et puis, cet aéronef robuste passait pour plutôt fiable, bien que privé d'équipements de guidage modernes.

Après le décollage, l'équipage nous offrit des mojitos puis un repas des plus corrects. Seule une délégation turque partageait la première classe avec moi et chaque membre la composant fumait consciencieusement. Je me demandais si j'arriverai à dormir dans un tel smog lorsque la cabine fut soudain plongée dans les ténèbres. Aucune lumière d'urgence, rien, le noir total juste ponctué par les points rouges des cigarettes ou des cigares des passagers. Le système d'éclairage de secours était visiblement défaillant. L'avion traversait la nuit et la rangée de hublots nus donnant sur un paysage ébène rendait tout passager fortement solitaire. Je savais fort bien que les avions de ligne volaient malgré un moteur en panne. Mais les deux ? Il me semblait ne plus entendre de bruit. Quelques turbulences nous secouèrent. Si l'aérodromophobie ne me touchait jamais en temps normal, là, je songeai à l'imminence de mes derniers instants ponctués par un funeste plongeon dans l'océan. L'exiguïté close de cette cabine enfumée devint fortement anxiogène. Je me sentis étouffer. Et puis, soudain, la porte de la cabine de pilotage s'ouvrit et un copilote tout galonné surgit. Derrière lui, la lueur des écrans du cockpit me sembla aussi accueillante qu'un feu de cheminée par grand froid. D'une manière totalement surréaliste, il tenait dans ses mains un gigantesque gâteau bleu ciel surplombé de bougies. Aussitôt, un Happy Birthday entonné en langue turque résonna. Ils célébraient juste l'anniversaire du ministre turc du commerce extérieur occupant le siège juste devant le mien. La lumière revînt. Une main me tendit une part de gâteau dégoulinant de crème azur. Je vous assure que nul dessert ne m'a jamais semblé aussi bon ! Je l'ai dévoré. Fumant ensuite de bon cœur avec mes nouveaux amis, je fus complimentée par un des conseillers du ministre : « vous fumez comme un Turc » ce qui signifiait de sa part, je pense, « beaucoup ». Je n'avais plus sommeil. J'appris par la suite que, dans le classement des crashes, la palme revenait au Boeing 707 et non à ce pauvre Tupolev.

La nuit suivante, bien au chaud chez-moi à Paris, mais pauvre insomniaque victime du décalage horaire —six heures tout de même— le hasard fit qu'en zappant, je tombai sur la diffusion de *Fresa y Chocolate*. Dans cette œuvre testamentaire, le cinéaste cubain Tomás Gutiérrez Alea, ardent défenseur de la Révolution, montrait que tout dialogue se fonde sur un double phénomène d'apprentissage, le seul apte à repenser l'identité cubaine à la fin du XXème siècle et à permettre la voie de la réconciliation. Ce film souhaitait restituer à l'être humain ce qui lui était ontologiquement propre, sa différence qui, si elle n'était pas vécue sur le mode du rejet, en fait sa profonde richesse. Sorti en 1993, le film tombait à pic pour expliquer un petit morceau du monde, un instant de l'Histoire. Castro ayant envoyé les homosexuels dans des camps, ce film aura eu peut-être un impact positif quant à une meilleure tolérance envers eux, mais ce n'était que le premier round du combat que les Cubains avaient à mener.

Cuba restait toujours un sujet fortement clivant. Fraise? Chocolat? Utopie? Dystopie? Difficile de deviner si le cap actuel d'une ouverture économique allait se poursuivre sans remettre en cause la révolution. À l'exception de la santé, de l'éducation et de la défense, tous les secteurs étaient désormais ouverts aux capitaux étrangers. Toutefois, l'embargo contre Cuba, dénoncé sans effet tous les ans par une quasi-unanimité des pays membres de l'ONU —dont la France— s'assimilait à une opération d'étranglement d'un peuple. Bouffre! L'Union européenne était-elle trop faible pour affronter le Congrès en ripostant face aux diverses sanctions extraterritoriales? Certes, Bruxelles travaillait à l'extension du dispositif mis en place sur l'Iran au profit de Cuba, mais c'était totalement insuffisant. Mariposa sur le gâteau, début 2021, l'ambassadeur de l'UE à Cuba, Alberto Navarro avait été rappelé par Bruxelles pour «faute grave». Le pauvre diplomate venait de signer une lettre ouverte au président Joe Biden lui demandant la levée de l'embargo. Il pouvait paraître regrettable d'avoir oublié l'aide médicale apportée par les Cubains, lors de la première vague de la pandémie, dans le monde entier, y compris dans les pays européens. Ce petit pays étranglé s'était octroyé le luxe de produire sa propre recherche biomédicale. Leur dernier challenge? Produire cent millions de doses de leur vaccin Soberana 2 —joliment appelé donc Souveraineté—soit cinq fois plus que nécessaire pour sa population. Avec son atmosphère intemporelle et ses plages paradisiaques, cette île envoûtante luttait pour sa survie.

Je garde toujours par-devers moi la bonde de la baignoire de l'hôtel Nacional comme souvenir.

*Stéphane Witkowski est actuellement Président de l'Institut des Hautes Études de l'Amérique latine (IHEAL)

À lire :

- Ruptures à Cuba, le castrisme en crise (1989) et La Pensée de Che Guevara de Janette Habel, éditions Syllepse, 1997

- La Guerre de Cuba et le destin de l'Amérique latine, José Marti, Éditions Aubier Montaigne, 2001 (Écrits du père de l'anti-impérialisme latino-américain qui, en luttant pour l'indépendance de Cuba, voulut engager l'avenir de tout le continent)

- Notre Agent à La Havane de Graham Greene, Robert Laffont, 1958

- Tous les livres de Zoé Valdés, romancière, poète et scénariste cubaine.

- Le vieil homme et la mer d'Ernest Hemingway, paru en France en 1952 chez Gallimard, traduit par Jean Dutourd, quelques mois à peine après sa sortie chez Scribner à New York. C'est toujours le livre le plus vendu de cet écrivain, et ce, dans toutes les langues.

Habanos, Cigarros y Puros

Cuba reste le producteur des marques de cigares les plus prestigieuses. Outre une activité extrêmement réglementée, le climat et la terre sont parmi les meilleurs au monde pour la culture du tabac.

La révolution a abouti à la création d'un monopole d'état avec *Tabacuba* et sa filiale commerciale *Habanos SA* commercialisant la totalité des marques cubaines dans le monde.

Saviez-vous que les ventes de Havanes avaient bondi de 12 % en 2017 pour atteindre un chiffre d'affaire record de 500 millions de dollars sous l'impulsion de la Chine, pays qui s'y entend pour stimuler le marché du luxe. L'Europe absorbe toutefois 54 % des exportations, mais, avec une progression du chiffre d'affaire de 24 %, la Chine se classe dorénavant au troisième rang des pays consommateurs, derrière les historiques que sont la France et l'Espagne.

« Pour moi, le havane évoque l'odeur de la feuille morte, de la terre de Cuba que j'affectionne particulièrement. » avouait Jérôme Savary. Ce metteur en scène qui a coloré le théâtre français aimait le son cubain, la rumba, la beauté des filles mulâtres et l'effluve des havanes. Retenez cependant que la très grande majorité des Cubains ne fument pas de cigares, mais de simples cigarettes.

J'irais un jour à Boukhara

L'amitié pourrait bien être l'état idéal de l'existence, un lien apaisant et généreux débarrassé des impuretés de la passion dévastatrice. Cette relation complice pouvait ainsi provenir d'une toute nouvelle rencontre. Lors de notre première entrevue, ce tout jeune conseiller de l'ambassade de Russie venait d'être nommé dans la capitale. Nous débordâmes rapidement du cadre professionnel. Un quart d'heure avait suffi à nous entretenir du projet éditorial axé sur nos relations bilatérales, objet initial de notre rendez-vous, alors que nous échangeâmes plus d'une heure sur l'Algérie où il avait occupé son premier poste. Les relations russo-algériennes s'étaient formées pendant la guerre de l'indépendance algérienne. Le premier ambassadeur d'URSS à Alger avait ainsi été nommé dès octobre 1962, six mois après les accords d'Évian. Le passé préparant l'avenir, il m'expliqua pourquoi l'Algérie comptait plus que jamais pour les Russes. Elle se trouvait exposée aux différentes stratégies occidentales, notamment gazière, or la Russie fournissait un tiers du gaz européen. Son analyse était construite et, après cette longue discussion, ce pays méditerranéen avait créé un lien entre nous qui s'était depuis renforcé. Vous remarquerez ce sentiment diffus, mais réel de reconnaissance que chacun éprouvait en découvrant des êtres qui lui correspondaient dans un monde qui ne lui correspondait plus.

Tenter de s'ouvrir intelligemment aux autres restait un credo que nous partagions. Pour un diplomate le plus difficile, mais le plus intéressant tenait effectivement à la communication avec autrui, parce qu'il devait, par essence, s'employer à trouver un langage commun et des compromis. Devenir diplomate était un processus sans fin. À l'heure actuelle, la pratique de deux ou trois langues étrangères paraissait indispensable comme celle du droit international, mais la base restait d'être cultivé. Une qualité devenue bien rare de nos jours. Or, comment construire une pensée lorsqu'on ne maîtrisait pas les fondamentaux de la culture d'un pays ? Mon jeune ami russe possédait notamment une connaissance surprenante de la filmographie française, car, à l'époque soviétique, les films avec Gérard Philippe, Jean-Paul Belmondo, Louis de Funès ou Pierre Richard faisaient florès. Dans son enfance, seules les cinémathèques française et italienne étaient autorisées. Maintenant, il était fier de me montrer sa photo avec Gérard Depardieu dont la popularité en Russie était réelle et immense. Il m'apprit que la plupart de ses compatriotes imaginaient le Français, petit, brun, élégant, séduisant et se pensant indéniablement être le meilleur, qu'il était ponctuel et très sociable et qu'il avait souvent un journal ou une baguette de pain sous le bras, mais aussi qu'il portait, bien sûr, le béret traditionnel. L'image du french-lover obsédé sexuel persistait. Les Russes considéraient les femmes françaises comme raffinées, élégantes et éduquées. Cela me convenait !

La Russie était l'Orient de l'Europe. Les philosophes français du XVIIIème siècle y portaient alors grand intérêt. Diderot, Grimm, d'Alembert, et surtout Voltaire avaient contribué à substituer une image de la vraie Russie face aux stéréotypes de l'époque. Si nous relisions Voltaire, peut-être comprendrions-nous mieux Poutine. La plupart de nos contemporains jugeaient cette civilisation sans analyser que ses racines culturelles fondamentales se trouvaient dans Byzance et non dans Rome. Ainsi, incapables de prendre en compte leur grand mépris du lendemain et leur sens inné de l'immédiat, nous ne savions pas aimer ce peuple slave. « Qu'on arrête de regarder les Russes de haut ! » conseillait Hélène Carrère d'Encausse que l'on ne pouvait soupçonner de fanatisme nationaliste soviétique. Mais surtout, on continuait à voler l'Histoire : le *plan Ost* d'Hitler prévoyait d'exterminer 40 % des Russes et l'URSS a perdu de fait vingt-cinq millions de ses concitoyens pendant la Seconde Guerre mondiale*. Les États-Unis apparaissaient dorénavant comme nos grands libérateurs avec soixante fois moins de victimes. La mémoire s'estompait devant le cinéma américain et la diabolisation de la Grande Russie. Oubliés, les propos d'Albert Einstein, lorsqu'il apprit la victoire de Stalingrad : « Sans la Russie, ces chiens sanguinaires allemands auraient atteint leur but ou, en tout cas, en seraient proches. (...) Nos enfants et nous avons une énorme dette de gratitude envers le peuple russe qui a enduré tant d'immenses pertes et de souffrances. »

Le français de mon nouvel ami était parfait, sans la moindre trace d'accent, et son vocabulaire choisi. Comme je lui faisais part de mon admiration quant aux langues étrangères qu'il parlait et écrivait couramment, le français, l'arabe, l'anglais, et lui demandai comment la décision d'épouser la carrière diplomatique lui était venue, il me confia que, dans son pays, aucun choix personnel n'existait, son père occupant un poste de haut fonctionnaire aux Affaires étrangères, sa voie se trouvait donc tracée. Mais, vous conviendrez qu'en France également, il n'était pas si facile de sortir de son milieu. Malgré une ouverture affichée, les familles de médecins, de polytechniciens ou d'enseignants n'étaient pas rares. La reproduction interne se retrouvait également chez des marchands de père en fils.

Il avait émis le souhait de m'inviter à dîner. Sur l'affirmation qu'aucun bon restaurant russe n'existait à Paris, ouzbek fut choisi et date fut arrêtée. Depuis l'effondrement de l'URSS, son pays et les pays d'Asie centrale avaient conservé de forts liens culturels. Pendant la Seconde Guerre mondiale, l'Ouzbékistan avait accueilli des centaines de milliers de familles soviétiques évacuées de l'ouest, accélérant la russification notamment de la capitale Tachkent. Le jour J, ma curiosité me poussa à jeter un coup d'œil sur Google. Cette recherche fit surtout ressortir les mises en garde contre l'huile de coton. Deuxième exportateur de coton au monde, ce pays produisait avec les graines une huile peu digeste pour nos petits estomacs occidentaux. Mais, si le gras ne m'effrayait point, encore fallait-il que j'eus faim. Et ce fut, ce jour-là, un peu loupé : alors que je m'étais extraite de la terrasse où j'avais déjeuné très tardivement, mon Russe préféré m'envoya un texto précisant qu'il passait me prendre à 18 heures par crainte des embouteillages. Pour se remettre à travailler, c'était court, pour l'appétit aussi. Dix minutes avant l'heure indiquée, la limousine de mon ami m'attendait en bas de chez moi. Quiconque se remémorait la scène de la course poursuite dans *Bullit* pouvait se faire une idée de la conduite de mon ami diplomate, et ce, avec la même face impassible de Steve McQueen au volant de sa Ford Mustang. Je devais tout de même reconnaître qu'il n'y avait eu ni dérapage incontrôlé ni marche arrière.

Avec cette téméraire vélocité, vingt petites minutes plus tard, nous étions arrivés au *Tchaikhana de Boukhara,* non loin de la place de la Bastille. La salle à la décoration intimiste, chaude, feutrée, ne comptait qu'une vingtaine de couverts. Une odeur suave d'épices nous enveloppa annonçant toutes les saveurs d'un autre monde. Vu l'heure, juste une table était occupée par un couple devant aimer se coucher tôt ou s'étant levé très tard. La voiture à plaque diplomatique empruntant les boulevards à vive allure et se garant pile-poil devant le restaurant où aucune place n'était autorisée, m'avait mis d'humeur joyeuse. Cela m'avait rajeunie, entendez par là que je gardais une certaine nostalgie du temps où l'on ne craignait pas à tout instant la fourrière parisienne. Et des interdits ! L'excès m'apaisait. Plus loin, plus vite, plus haut, plus fort. Peut-être parce que c'était la vraie vie. Vous ne manquerez pas de me faire remarquer mon irresponsabilité ou immaturité, et j'avouais bien volontiers une forme d'inconséquence, mais, lorsqu'une société tendait à protéger l'individu contre tout et notamment contre lui-même, n'était-il pas normal qu'il aille chercher des aventures que le quotidien ne lui donnait plus ?

Mon jeune ami diplomate choisit pour moi les plats et, rapidement, l'entrée s'avança : des feuilletés à la féta, à la citrouille et aux herbes. La douceur de la citrouille se mariait à merveille avec la saveur légèrement salée et piquante du fromage. La pâte comme la garniture était fine et le tout succulent. Avant le *plov,* plat national ouzbek, le serveur nous amena deux verres de vodka. Plus d'un siècle de domination russe laissait des traces. Un alcool produit maison dont la recette m'échappa mis à part la cardamone, peut être aussi une pointe de muscade. Une palette aromatique et digestive. J'avais lu une étude selon laquelle boire de la vodka améliorait l'association des mots et la créativité. Prendre un verre nous rendrait donc plus intelligents (un seul !). Dans les idées reçues, ne vous amusez pas à casser votre verre lors d'un repas chez des Russes après l'avoir vidé, vos hôtes vous prendront pour un fou ou pour un alcoolique. Quoiqu'il en fût, la vodka étant considérée comme un des plus grands plaisirs sur terre, j'avais retenu qu'en Russie, il convenait de boire d'un trait et de ne reposer son verre qu'une fois bu. À table, il restait inconvenant de porter un toast avec un verre vide, signe total de malchance. Dès qu'une bouteille était vide, il seyait de ne pas la reposer sur la table, mais sur le sol et, cela va sans dire, de la remplacer par une autre. Là, le problème ne se posa pas puisque le serveur ne nous la laissa pas à disposition.

À base de riz mijoté dans un riche bouillon garni de viande de mouton agrémenté d'oignons et d'épices, de cumin surtout, le *plov* s'avéra exceptionnel, merveilleusement parfumé, délicatement épicé. Cette recette emblématique s'était répandue dans toute l'Asie centrale bien avant les contes des Mille et une nuits. Le goût de ce riz coloré rappelait celui de la noisette. Sa texture suave lui permettait d'être imprégné de tous les parfums avec lesquels il avait été mijoté. Ce luxe du temps de cuisson rendait la viande fondante et les carottes toutes moelleuses explosaient de saveur. Un plat généreux, grimpant dans le calorique, fort roboratif. Le plaisir irrésistible du goût et de l'odeur du bon pain étant pour moi une composante à part entière d'une vie heureuse, je ne résistai pas à prendre une boule, toute croustillante, un pur délice. Cependant, j'eusse dû rester à la vodka, car le thé chaud à l'odeur de bois de santal — en d'autres moments certainement fabuleux— s'avéra, là, très lourd.

En conduisant si vite dans Paris, mon ami russe me laissa en bas de chez moi à 21 heures pétantes. Nous promîmes de nous revoir très vite. Je passai le porche. Coucou de la main. Mais, aussitôt, il m'apparut tout simplement impossible de rentrer. « Longtemps, je me suis couché de bonne heure », cet incipit du premier tome d'*À la recherche du temps perdu* de Marcel Proust, insomniaque par excellence, ramenait à ses soupers à des heures indues et aux visites que l'écrivain arrivait de faire tout aussi tardivement à certains de ses amis comme Paul Morand qu'il sortit du lit à une heure du matin pour lui demander un détail d'importance sur l'une des toilettes de son épouse, la princesse Soutzo. Je n'en étais certes pas là, mais il était décidément trop tôt. Car, et je reconnaissais volontiers que cela pouvait paraître étrange à certains, si je n'étais point sortie, j'eusse peut-être terminé de dîner à la maison et ce fut alors une heure correcte pour regarder un film, prendre un bain ou lire, mais, une fois dehors, nous voilà désemparés à l'idée de reprendre une vie dont le début nous a échappé. Nous avions quitté l'ambiance du nid, cette carapace nous isolant du monde extérieur. Nous nous étions faits à l'idée de ne rentrer que pour nous coucher. L'espace extérieur, dans ce moment précis, se trouvait menacé par la déstabilisation d'une fin non désirée et d'un futur immédiat incertain. Angoissés, acculés, fébriles, le dos au mur, nous avions perdu tout goût de vaquer dans nos logis. Je m'engouffrai dans le hall de l'immeuble, appelai l'ascenseur, mais pour me rendre dans mon parking. Une autre soirée commençait. Mais c'était promis, j'irais un jour à Boukhara, grande étape de la route de la soie où s'échangeaient épices rares et riz fins.

*Un sondage mené par l'IFOP en mai 1945, sur l'ensemble du territoire français, avait montré que 57 % des interviewés considéraient que l'URSS avait le plus contribué à la défaite allemande alors que les États-Unis et l'Angleterre ne recueillaient respectivement que 20 % et 12 %. Mais, dans deux sondages, réalisés respectivement en 2004 et en 2015, l'opinion publique s'inversait de manière spectaculaire. Le pouvoir de la propagande cinématographique !

Le Plov

Voici une recette pour un dimanche de grand froid quand la lumière commence à disparaître. Sachez qu'il y a autant de recettes que de cuisinières en Ouzbékistan. J'ai testé celle-ci qui est un pur délice. Mais faites-moi honneur : si vous n'êtes pas six, et s'il en reste, vous réchaufferez ce plat le lendemain. Le lundi est un jour déprimant, vous aurez forcément faim.

1 kg de bœuf avec un peu de gras (il se fait souvent avec de l'agneau, mais épargnons les bébés, on peut aussi le concocter avec du poulet)
30 ml huile d'olive
2 gros oignons coupés en rondelles
3 carottes coupées en julienne
1 kg de riz noir
1 litre d'eau bouillante
1 cuillère à soupe de cumin
2 pincées de safran ou curcuma
1 pincée de coriandre
1 cuillère à café de mélange d'épices (piment, épine-vinette, ajowan ou barberis)
1 boite de pois chiche (facultatif)
1 poignée de raisins secs (facultatif)
Sel

Faites revenir les oignons sur feu doux dans un récipient à fond épais.

Coupez le bœuf en cubes d'environ 1,5 cm puis saisissez-le avec les oignons et laissez cuire doucement à couvert jusqu'à ce que la viande soit cuite.

Vérifiez que cela n'attache pas au fond. Si besoin, versez un peu d'eau, mais jamais plus de 100 ml à la fois jusqu'à l'obtention d'une viande tendre et moelleuse. Salez. Égouttez et réservez au chaud.

Pendant ce temps, rincez le riz à plusieurs eaux pour le débarrasser au maximum de son amidon, le secret pour obtenir des grains bien détachés et un *plov* de belle texture sinon il deviendra tout collant.

Ajoutez les carottes coupées en rondelles au *zirvak* —nom donné au mélange huile-oignon-viande— et laissez cuire une dizaine de minutes.

Réduisez le feu au minimum, ajoutez le cumin et le mélange d'épices.

Prenez le temps d'humer ! Puis, faites bouillir 2 litres d'eau chaude. Mettez le riz dans un grand saladier et versez-y l'eau bouillante. Laissez-le gonfler 30 minutes.

Frottez-le dans vos mains toutes les 10 minutes pendant que la viande mijote à feu doux afin de faciliter encore l'extraction de l'amidon. Puis égouttez le riz et ajoutez-le. Surtout ne mélangez pas !

Décollez le riz des parois de la cocotte à l'aide de la spatule pour former un ensemble compact comme une boule. Assurez-vous que le riz ne colle pas sinon recommencez.

Ajoutez les autres épices puis les pois chiches. Les raisins secs sont réservés aux grandes occasions pour les *plovs* de mariage, mais cela peut tout autant convenir pour un divorce.

Poignardez (oui, oui, allez-y !) la boule en plusieurs endroits avec votre spatule pour permettre une évaporation optimale. Couvrez et mettez à feu très doux pendant 25 minutes.

Pour dresser le plov, servez-vous de bols. Récupérez dans le fond de votre marmite les morceaux de bœuf. Posez-les dans le fond de chaque bol. Ajoutez le riz par-dessus.

Retournez le bol dans chaque assiette avec quelques morceaux de tomates fraiches, de la salade coupée en lanières.

Effet et goût garantis ! Et vous pouvez laisser la bouteille de vodka sur la table…

Monsieur Paul

Depuis la naissance d'Antoine de Saint-Exupéry, en 1900, sept maires s'étaient succédé dans la capitale des Gaules, Édouard Herriot y demeurant, à lui seul, cinquante-deux ans. En un siècle, la croissance de la ville avait été deux fois plus rapide que celle du reste du pays. La construction du pont Winston Churchill et de la gare de Lyon-Part-Dieu, le développement du métro, le lancement d'Eurexpo, de la cité internationale et du palais des Congrès, l'installation du siège d'Interpol venaient achever sa transformation. Toute jeune journaliste, ma rédaction m'avait envoyée à Lyon pour interviewer deux personnalités politiques. À mon arrivée, j'avais flâné dans la vieille ville, au bord de la Saône, près de l'église Saint-Georges, puis je m'étais perdue dans les ruelles et les traboules du quartier Saint Jean. La découverte d'un passage insolite appelé la ruelle Punaise, servant au Moyen-âge également d'égout à ciel ouvert, m'avait amusée. Le soir, notre correspondant local m'accueillit dans un bouchon dont l'ambiance, le saucisson tout chaud et les andouillettes tirées à la ficelle me ravirent.

Le lendemain matin, un rendez-vous était programmé avec Charles Béraudier alors Président du Conseil régional. Cet ancien résistant avait participé activement au retour du général de Gaulle en 1958. Arrivée à Charbonnières, son secrétariat m'introduisit dans un vaste bureau aux boiseries impressionnantes. Assis derrière un bureau majestueux, le Président me reçut avec une grande cordialité. Fort corpulent, il avait une tête de grenouille sympathique. À cette époque, je n'étais pas encore systématiquement accompagnée d'un photographe lors de mes entretiens. Je ne l'avais exigé que quelque temps après, suite à une interview délicate où un homme politique fort connu se montra trop entreprenant. Seule face à ce personnage massif, flottant dans un fauteuil trop vaste, je me sentais minuscule. L'interview commença alertement, mais, à la troisième question, plus de réponse. Mon interlocuteur avait la tête penchée, les yeux clos. J'émis des sons, je toussai, j'interpellai. Le Président de la Région ne bougeait plus. Un bureau d'un mètre vingt de large nous séparait et le personnage me faisant face m'apparut soudain très lointain. Dans la pièce immense, les lourdes boiseries semblaient fondre sur moi, qui, tétanisée, ressemblais à une toute petite souris. Me lever et m'approcher m'apparaissaient impossible. Il était mort devant moi. Rivée à mon fauteuil, je regardai le magnétophone tournant à vide. Pourquoi avait-il choisi ce matin-là pour être son dernier? Au fond de la pièce, son loden pendait pathétiquement au portemanteau. Même la mouche posée sur l'encrier semblait inerte. En flash, j'essayai de me remémorer les morts incongrues de personnages célèbres : des présidents en épectase ou assassinés. Ne pas être là. Les lourdes portes derrière moi me semblaient aussi inaccessibles que l'Everest. Et s'il avait fermé à clef, devrais-je aller chercher celle-ci dans sa poche? Le spectacle présentait toutefois un certain lustre, le décor était grandiose et cet homme politique influent m'aurait apparu presque attendrissant si je ne lui en avais pas voulu de me laisser totalement désemparée. La scène macabre envahissait mon esprit et le rendait inerte. Figée comme un lapin, je mis bien deux longues minutes avant de pouvoir me lever pour aller chercher du secours.

Et là, miracle, l'œil s'ouvrit, les lèvres se serrèrent comme pour siffler et le président répondit, comme si de rien n'était, à ma question. Je me rassis lourdement. Je n'en menais pas large, mais nous fîmes, l'un et l'autre, comme si rien ne s'était passé. L'interview terminé, galamment, il me convia à déjeuner et son chauffeur nous amena chez Pierre Orsi. Au cœur de Lyon —il se murmurait que l'endroit avait abrité autrefois le siège d'une mystérieuse loge maçonnique— ce restaurant renommé célébrait le culte des produits nobles. La salle était de bon goût, très cosy, et sur chaque table, un petit carton indiquait : «Ici, les pervenches passent à 14 heures». Par métonymie, le mot désignait alors les contractuelles. L'attention se voulait délicate et la cuisine bourgeoise. Nous étions dans une sorte de chrysalide. Pas étonnant puisque «douceur, amour et tendresse» constituaient la devise de la maison. Un peu niais, mais vous vous laissiez envelopper par le bruissement des conversations chuchotées, les délicieux amuse-bouche tout chauds défilant harmonieusement, la courtoisie appuyée de l'épouse du chef. Ayant le culte de l'art de bien manger, mon hôte présentait un œil aussi pétillant que le champagne servi et je préférais le voir ainsi. Passionné par le devenir international de sa région, il me narra mille anecdotes sur les liens qu'il avait tissés avec les grandes régions de Barcelone, de Milan, mais aussi de Shanghai. Je dégustai les meilleures quenelles de ma vie servies avec une délicate sauce à la crème de homard puis arriva le plat emblématique du chef, les ravioles de foie gras de canard au jus de Porto et aux truffes. Chacune des saveurs nobles les composant émergeait avec un raffinement extrême. Nous parlâmes de Lucien Neuwirth, pionnier de la contraception et gaulliste historique, qui m'avait, un jour, présenté sa fille. Un homme politique dont le seul but consistait à faire avancer la société et à améliorer la qualité de vie des gens, n'était pas un modèle courant. Ayant apprécié avec gourmandise ce moment d'échanges sympathiques, nous quittâmes, rayonnants, le restaurant.

Comme je devais ensuite interviewer un de ses amis d'enfance, Francisque Collomb, alors maire de Lyon, son chauffeur me déposa gentiment à l'hôtel de ville situé à cinq minutes de là en traversant le pont Morand. Quelques instants plus tard, je pénétrai au premier étage dans le bureau de l'élu. Les murs étaient recouverts de soieries, de boiseries et d'emblèmes impériaux. Sous le remarquable plafond peint, le regard bleu perçant de Monsieur le Maire ne baissa jamais d'intensité durant l'entretien et je m'en félicitai. La richesse des mets du déjeuner m'enveloppait peu à peu et je craignis un instant de m'assoupir à mon tour. Je me mordis les lèvres pour ne pas dodeliner, mais l'entretien se déroula à merveille. Ayant eu mon quota d'émotions pour la journée, je rentrai épuisée à mon hôtel. Heureusement, la vue sur le quai du Docteur Gailleton apaisait remarquablement l'esprit. Après un long bain, des fruits servis en room service firent office de dîner. Une pause imposée, car le lendemain serait un jour forcément inoubliable. J'attendais avec une impatience palpable de rencontrer l'icône absolue de l'excellence gastronomique, Monsieur Paul, comme l'appelaient ses pairs avec respect. Sur cette pensée, je dormis comme un bébé.

L'ex-guinguette des rives de la Saône était devenue le conservatoire vivant de la grande cuisine française et, consécration ultime, les panneaux routiers se chargeaient d'indiquer la route par son nom et non par celui de son village natal. Lyon était la ville à côté de chez Bocuse, disait-on à l'étranger. Son site rappelait : « Comme la Tour Eiffel, Paul Bocuse est ouvert tous les jours sans exception », même le soir de Noël et le 25 décembre. Mon rendez-vous à Collonges avec le maître était fixé avant l'heure du service, à onze heures. Un peu en avance sur cet horaire, un taxi me déposa devant une grande auberge à la façade vert pistache et rose bonbon aux murs recouverts de fresques. De loin, la bâtisse pimpante me fit penser à un gigantesque gâteau à la framboise. De près, à un décor de théâtre ou au chapiteau d'un cirque. À Rome, le festin appelé *cena* possédait déjà une dimension spectaculaire. Avec la musique et la danse, son caractère théâtral était ponctué par un cérémonial dramatisé et par des plats inventés donc, par essence, surprenants. Paul Bocuse, empereur romain avec une toque pour couronne. L'approche de son temple baroque relevait du parcours initiatique. Appuyé à la balustrade d'une fenêtre en trompe-l'œil, encadrée de deux réverbères, l'image du grand chef en tenue dominait le parking où un groom en tenue rouge conduisait les clients à l'entrée du restaurant. Depuis, avec l'humour qui le caractérisait, il avait fait ajouter, dehors, sur un banc : «Espace fumeurs» en lettres peintes.

Les marches avalées, une fresque de quatre-vingts mètres de long, la rue des Chefs, rendait hommage aux plus grands cuisiniers : Carême, Fernand et Mado Point, la mère Brazier, Pic, Bise, Troisgros, Chapel et Raymond Oliver. Passé ce hors d'œuvre gastro-historique, une baie vitrée ouvrait sur la cuisine, dépourvue de malice, toute rutilante de cuivres, loin des laboratoires de dandy. L'entrée, quoique surchargée, restait accueillante. Un limonaire Fournier y trônait servant aux anniversaires. La salle à manger rose-orangée kitschissime crânait avec son papier peint d'un autre temps, ses lourds rideaux coupant les courants d'air, son argenterie rutilante, sa grande cheminée, ses natures mortes richement encadrées. L'ensemble relevait du menton avec le charme désuet des salons bourgeois de province. Quoiqu'atypique, rien n'était déroutant, ce chaleureux cocon suranné semblait vous couver. Malgré mon avance, Paul Bocuse m'attendait en majesté et m'accueillit les bras ouverts. Et me mit à l'aise en me proposant un café ou une coupe de champagne. «Recevoir quelqu'un, c'est se charger de son bonheur».

Le gardien du temple, dont un ancêtre cuisinier fut soldat de l'Empire, commença l'entretien par le début : l'exigence extrême portée aux produits, la rigueur et la simplicité de la cuisine. Avec une règle, mettre toujours du beurre, de la crème et du vin, les bases de la cuisine française, mais aussi, montrer les os et les arêtes, car tout plat devait être, à ses yeux, identifiable. À cette époque régnait la nouvelle cuisine où nous nous retrouvions devant d'immenses assiettes vides et une addition lourde. Une mode avant celle de la cuisine moléculaire et du fooding. Plein d'humour, Monsieur Paul compara ces élucubrations minimalistes à un radeau de kiwis heurtant une péniche de brocolis. Très cocorico, il avouait un coq gaulois tatoué sur l'épaule à qui il disait se confier. Les cuisiniers meilleurs ouvriers de France lui devaient la célèbre veste blanche au col bleu-blanc-rouge*. Doté d'un magnétisme incroyable, plus Monsieur Bocuse parlait, plus je ressentais l'impression de discuter avec une vieille connaissance. Nous avions l'amour des animaux en partage ce qui n'était pas rien. Lorsqu'un serveur m'amena une coupe avec les amuse-bouche, il me confia ne pas aimer les cocktails, goût que je partageais avec lui, du moins au restaurant. La chose qui m'enchantait dans cet art des mélanges restait les accessoires, passoire, pilon, doseur, zesteur, cuillère à mélange, shaker et, bien sûr, les barmen.

Interviewer le pape de la gastronomie relevait de la roue libre, il convenait de lui laisser mener la danse. L'homme qui proclamait ne dormir, depuis l'âge de quatorze ans, que trente-cinq heures par semaine, avait plein de projets dans les casseroles. Il dessinait à ses heures perdues et croquait volontiers son entourage. Avec son franc-parler, il critiquait vertement les exigences des auteurs de guides : « À croire que les gens viennent au restaurant pour manger les rideaux. » Quant à Gault & Millau qu'il surnommait « Chiot & Millau », il leur reprochait de chipoter. Beaux joueurs, ces derniers devaient par la suite le consacrer Cuisinier du Siècle. L'heure passait. Le chef triplement étoilé me convia à passer à table. Le dressage était classique, les rituels frémissants. Trois roses bien raides se tenaient au garde à vous dans leur petit vase en cristal. La nappe blanche accueillait des assiettes rondes en porcelaine au décor de chasse ou de pêche. L'assiette et le couteau à pain restaient dans le même style. Les couverts en argent, tout comme les verres en cristal, étaient siglés PB. Un inattendu rond de serviette composé d'un stick indiquait : « Paul Bocuse vous souhaite un bon appétit ». Délicat et simple.

J'avais confié au Maître le soin de choisir les plats de mon initiation. Je me sentais légèrement euphorique avec cette impression partagée dans les maisons les plus célèbres du monde, heureuse d'en être. J'attendis très peu de temps. La soupe aux truffes V.G.E. fit son entrée. Ce plat divin fut servi, pour la première fois, le 25 février 1975 à l'Élysée, à l'occasion de la remise de la Légion d'honneur au chef. Devant ce haut bol encrouté, le Président Valéry Giscard d'Estaing avait demandé ce qu'il convenait de faire. « Eh bien, on casse la croûte ! » lui avait répondu Paul Bocuse. Car, lorsqu'on fendait le dôme montgolfière, l'odorat captait la délicate alchimie et les papilles scintillaient. Cachées sous un chapeau architectural de pâte feuilletée toute gonflée, toute dorée, des lamelles de foie gras et de truffes noires batifolaient joliment dans un consommé de volaille mêlé à un Matignon composé de carottes, d'oignons, de céleri et de champignons étuvés au beurre. L'acmé des saveurs était atteinte. Cette cuisine rendait tout un chacun radieux.

Chez Bocuse, le service se faisait à la russe, comprenez que tout se passait à table : le poisson entier nageait jusqu'à vous et les serveurs le préparaient sous vos yeux écarquillés. De la même manière, le maître d'hôtel amena fort cérémonieusement ma volaille en tenue de soirée, gonflée dans son écrin nacré, tel un ballon prêt à imploser. Approchez Mesdames et Messieurs ! Le spectacle va commencer ! Ah ! La volaille de Bresse en vessie de la Mère Fillioux, truffée sous la peau, et cuite à l'étouffée dans cette vessie de porc. Très en vogue dans la région lyonnaise dans les années 30, Fernand Point en avait fait une des spécialités de son restaurant. Un grand art, car la cuisson devait être habile et le service immédiat : la vessie se dégonflant au bout d'une seule petite minute. Lorsque les serveurs apportèrent ce fascinant ballon gonflé à bloc, un silence parcourut la salle. Le service se faisait au guéridon, l'assiette donc dressée sur une desserte placée à côté de la table, ce qui permettait d'opérer devant le client esbaudi.

Découpée donc sous mes yeux, accompagnée d'un simple riz cuit au bouillon et de petits légumes frais, elle faisait la belle dans une onctueuse sauce suprême aux morilles épanouies. Elle vous arrivait par la droite, toute fière de la grandeur du service, succulente et grandiose. Et là, tous les parfums s'échappaient donnant un avant-goût du paradis et de la gourmandise du jus. À se damner! Des produits nobles, des cuissons millimétrées, des saveurs explosant en bouche. L'esprit Bocuse si bien résumé par ces mots : «la musique de la cuisine classique». Par magie, il rendait l'éphémère d'une ampleur intemporelle. L'excellence dans la simplicité avec des proportions dignes de la cuisine du XIXème siècle, celle qui allait de pair avec la littérature de Dumas — lui-même très fin gourmet — généreuse, dense, inventive et renforcée par l'Histoire. Les gastronomes avaient alors la goutte et savaient qu'ils la devaient à de somptueux menus longs comme le bras. Quant à moi, après ce festival dédié au bon et au beau, je ne pus faire honneur à la riche sélection de fromages affinés estampillés Mère Richard, mais je ne résistai pas à goûter les œufs à la neige nappés de crème anglaise, recette transmise par la grand-mère du chef, un rêve de gourmandise régressif à souhait. Un nuage aérien, l'enchantement de la vraie vanille, une crème séraphine comme un sourire délicat et fragile qui vous transportait vers l'enfance. Après cela, chacun pouvait partir avec des étoiles dans les yeux. Merci Monsieur Paul!

*Le besoin de transmission avait abouti à la création de l'institut Paul Bocuse permettant à 600 futurs chefs de découvrir, chaque année, l'excellence culinaire à la française, mais aussi à faire connaître la vraie gastronomie française à travers le monde.

Auberge de Collonges-au-Mont-d'Or
40, Quai de la Plage 69660 Collonges au Mont d'Or
Tél. : 04 72 42 90 90

Tout épicurien digne de ce nom, même s'il habite à l'autre bout du monde, doit se rendre un jour chez Paul Bocuse. Décédé le 20 janvier 2018, il est considéré comme le plus grand chef cuisinier du XXème siècle. Sous la houlette de son équipe, le restaurant avait gardé ses 3 étoiles dans l'édition 2019 du guide Michelin. Deux ans presque jour pour jour après la disparition de son fondateur, l'établissement des bords de Saône s'est vu retirer sa troisième étoile. L'information n'a pas manqué de faire réagir le milieu culinaire, alors que le Guide rouge avait déjà été au centre d'un bras de fer juridique avec le chef Marc Veyrat. Ne les écoutez pas, courez-y !

À lire :

– Paul Bocuse présente 365 nouvelles recettes des terroirs de France, Glénat, 2015

– Carte blanche à Paul Bocuse, J'ai lu, 2015

– Simple comme Bocuse de Paul Bocuse et Christophe Muller, Pocket, 2014

– Best of Paul Bocuse de Paul Bocuse, Éditions Alain Ducasse, 2013

– Mémoires de chefs, Prix du livre gourmand 2012, de Bertrand Richard, Alain Ducasse et Paul Bocuse, 2012

– Le nouvel Art culinaire français de Paul Bocuse, Flammarion, 2012

– Toute la cuisine de Paul Bocuse par Paul Bocuse, Flammarion, 2011

– Institut Paul Bocuse, l'école de l'excellence culinaire : 250 techniques de chef expliquées pas à pas en 1800 photos, Larousse, 2015

– L'art de recevoir à la française : tables, recettes, savoir-faire par l'Institut Paul Bocuse, Flammarion, 2011

– Monsieur Paul et les autres ; Bocuse et l'invention du chef d'aujourd'hui par Jean-François Mesplède avec Alain Vavro, Glénat, 2014

– Lyon capitale mondiale de la gastronomie de Curnonsky avec Marcel E. Grancher, éditions Lugdunum, Lyon, 1935

– Les Cerfs-Volants de Romain Gary (1980), où vous croiserez Marcellin Duprat, chef étoilé normand, incarnation de la résistance en France pendant la Seconde Guerre Mondiale. Un personnage inspiré de Paul Bocuse que l'auteur rencontra lors d'un séjour à l'Auberge du Pont de Collonges.

– Le Grand Dictionnaire de cuisine d'Alexandre Dumas, 1ère édition en 1873 ; préface de Daniel Zimmermann, éditions Phébus, 2000

La nostalgie des baguettes

Par une journée printanière de 1955, Hô Chi Minh prend la pause, assis, une cigarette pas encore allumée à la bouche et un briquet rouge dans les mains. La légende de la photographie indique qu'il goûte au repos au pied de l'arbre de pin à *Thái Nguyên*. Oncle Hô, qui ne paraît pas ses 65 ans, s'appuie sur un tronc, cadré sur la gauche, laissant apercevoir un horizon bleu layette dans la buée des nuages de nacre parsemant le ciel tiède. Son chapeau est posé au sol sur sa droite. Un an après la bataille de Diên Biên Phu, un camarade photographe l'a immortalisé ainsi avant de fixer par le sel d'argent ce moment sur le papier. L'image colorisée lui donne un petit côté irréel. Tout cliché provoque une planéité comme on le dit en peinture. Aussi, si nous rentrons facilement dans un roman, nous ne pénétrons jamais dans une photographie, nous en sommes définitivement exclus. À quoi pensait Nguyên Sinh Cung devant l'objectif? À la France où il avait vécue? Ce n'était qu'en 1941, après la défaite française face à l'Allemagne, qu'il gagna le Tonkin en prenant le nom de Hô Chi Minh, «Puits de lumière», pour fonder son propre parti et combattre à la fois les occupants japonais et les colonisateurs français. Depuis la réunification, Saïgon, devenue Hô-Chi-Minh-Ville, regorgeait de *bui-doi*, ces poussières de vie jetées par centaines de milliers dans les rues de l'ancienne capitale du sud après-guerre.

Quarante-deux ans après, les 12 et 13 novembre 1997, à la veille de l'ouverture du 7ème Sommet de la Francophonie à Hanoï, le Président Jacques Chirac effectuait une visite officielle au Vietnam. Accueillant près d'une cinquantaine de chefs d'État et de gouvernement du monde entier et quelque six cents journalistes, Hanoï se fit belle et une signalisation bilingue fleurit à tous les coins de rue. Si la présence de la langue française datait du XVIIIème siècle, lorsque des explorateurs et marchands français commencèrent à voyager au large de la côte de l'Indochine, l'organisation, à l'aube de l'an 2000, d'un sommet consacrant le Vietnam comme l'un des acteurs importants de la Francophonie* pouvait paraître totalement farfelu tant les subtilités de la langue de Molière échappaient ici à tous. Certes, les survivants de l'époque coloniale française devaient avoir en mémoire plusieurs strophes de Lamartine, mais celle-ci ayant pris fin en 1954, il était vain de demander quoi que ce soit en français à la Vietcombank ou même à la réception du Métropole, l'hôtel légendaire de la capitale. Cependant, certains mots, notamment dans le domaine culinaire, restaient copiés sur le français tels *su kem*, choux à la crème, *sot sô-cô-la*, sauce chocolat, *cà phê,* café.

Grâce à un partenariat avec la compagnie aérienne vietnamienne, mon assistante et moi-même prîmes l'avion en amont de la visite présidentielle avec l'idée de prolonger également, après les festivités officielles, notre premier séjour dans ce pays. Parties de Paris vers midi, notre arrivée à Hanoï s'effectuerait le lendemain au petit matin après une escale à Dubaï. Surclassées en Business Class pour ce long vol s'effectuant en grande partie de nuit, la distribution de petites serviettes chaudes annonça l'heure du menu gourmand avec, en apéritif, des petits fours accompagnés de champagne, puis de succulentes noix de Saint-Jacques, un tendre tournedos de bœuf, une variété de fromages, un opéra, le tout servi avec un choix de vins millésimés. Les agapes terminées, je décidai d'entamer une partie sur mon jeu d'échecs électronique. À la fin de la deuxième partie, un passager proposa de jouer avec moi. Patrick, un jeune ingénieur *vietkew* — comprenez vietnamien de la diaspora — avait déjà créé en France sa société. Les 300 000 Vietnamiens de France étaient connus pour leur intégration réussie. Avec mon nouveau compagnon de voyage, nous parlâmes et jouâmes jusqu'au petit-déjeuner. À l'atterrissage, nous avions conclu un pacte, je m'engageais à le faire accréditer au sommet et, en échange, il nous amènerait, mon assistante et moi-même, dans la région d'origine de sa famille.

Après cette nuit blanche, dès notre installation à l'hôtel, la commande d'un massage me parut nécessaire. Toutefois ce service fourni dans la chambre, qui, pour moi, devait être un soin réparateur, tourna au pur cauchemar. Le médecin local appelé, un homme tout sec, mais à la force colossale, m'avait pincée, tapée, cognée, frappée, boxée, puis écrasée de son poids corporel m'empêchant de fuir, bref, quasiment torturée pendant une heure. Lorsqu'il partit enfin, je restai comme un enfant à qui un méchant venait de crever son ballon et qui, sidéré, regardait fixement la ficelle restant dans sa main. Patrick m'expliqua par la suite que cette pratique ancestrale avait été mise au point par d'anciens experts en arts martiaux. Pour réconforter mon petit corps tout endolori et reprendre mes esprits, je m'immergeai dans un bain très chaud en fantasmant sur la promesse d'un délectable repas vietnamien. Mais, mise en retard par une trop longue stagnation dans la baignoire, je dus me contenter pour me sustenter d'un sandwich *bành mì*, une demi-baguette garnie de pâté asiatique, de crudités et de coriandre vendue moins d'un euro. Son nom venait de «pain de mie», mais n'y voyez pas une empreinte coloniale culinaire française, le *bành mì* semblait plutôt né de la rencontre fortuite entre une baguette et tout ce que la cuisine locale avait à lui offrir. Après un long cocktail offert par le Press club local, le dîner vietnamien tant attendu n'arriva pas. Sur invitation de l'ambassadeur de France, nous fûmes conviées, avec d'autres confrères, dans un restaurant français du Sud-ouest pour déguster un jambon cuit à l'os et un splendide cassoulet au confit d'oie. Une première journée très déroutante. Pour autant qu'il m'en souvienne, en guise de dessert, nous avons eu droit à une omelette norvégienne. «Rien n'est permanent sauf le changement», affirmait déjà Héraclite d'Ephèse.

Les rues de la capitale résonnaient de coups de klaxons et du vrombissement des milliers de cyclomoteurs grouillant dans la ville. Hanoï arrivait toutefois à conserver son authenticité, avec de grandes avenues ombragées, de nombreux lacs et des jardins soignés. Son autre charme s'exerçait au bout des baguettes. En cette terre portée par le croquant des légumes, la fraîcheur des compositions et les parfums incomparables des herbes aromatiques, la cuisine ancestrale de rue racontait un pays et une culture. À ciel ouvert, trois ou cinq petites tables basses en plastique et quelques tabourets posés à même le trottoir suffisaient pour se régaler de mets succulents. La soupe *phô* (prononcez feu), les nems, les rouleaux de printemps et le *bò bún* étaient certainement les plats vietnamiens les plus réputés dans le monde, mais bien d'autres saveurs coexistaient telles le *Bánh bèo Hué*, une délicieuse crêpe de riz translucide garnie de crevettes, d'oignons frits et de champignons noirs, cuite à la vapeur dans des coupelles, parsemée de cacahuètes pilées et de ciboule, accompagnée d'une sauce *nuoc màm* quasiment pure, servie salée, avec du piment. Le *Bun Cha*, du porc grillé avec des herbes et des nouilles, constituait un autre ravissement tout comme le savoureux *bún dau mam tôm,* le plus simple et le moins cher des plats de trottoir-food, tout en couleurs avec le blanc du vermicelle, le jaune du tofu frit et du citron, le violet de la pâte de crevette, le vert de la coriandre, de l'origan et du concombre, puis, le rouge du piment pour ébrouer nos sens. La grande spécialité du Nord restait la viande de chèvre cuite à la vapeur ou grillée, sautée, mijotée, et dégustée le plus souvent avec des feuilles de basilic, des lamelles de carambole, de banane et d'ananas, le tout trempé dans une sauce de soja assaisonnée d'un peu de sucre et de piment.

Beaucoup de voyageurs ignoraient que le Vietnam était le premier producteur mondial de robusta et le deuxième de café brut derrière le Brésil. Véritable boisson nationale, le café était ainsi indissociable de la culture des Vietnamiens qui, plein d'imagination, avait créé le café à l'œuf. Pour le réaliser, on battait des jaunes d'œufs et du lait concentré sucré jusqu'à l'obtention d'une mousse blanche aérienne sur laquelle était ajouté délicatement du café noir très chaud. La première chose de remarquable tenait à ce que le café vietnamien avait un goût différent du nôtre. Ce résultat était dû, non seulement aux types de grains de café, mais aussi à une méthode de brassage différente et aux additifs que nous ajoutions. Grâce à cette boisson revitalisante, j'eus assez d'énergie pour, la nuit venue, découvrir une boîte de nuit s'enflammant au rythme du tube Taxi Girl. Peut-être parce que Laurent Sinclair, l'ancien compositeur du groupe français, s'investissait alors dans l'avenir du rock vietnamien et avait formé, à Hô Chi Minh-Ville, son propre groupe, les *Gonzai Zebraz*, les zèbres de Saïgon.

Après que Jacques Chirac eut affirmé sa volonté de développer un partenariat privilégié entre nos deux pays, le Sommet de la Francophonie s'ouvrit. Dans ce pays à la population très jeune, desservi par une bureaucratie incorrigiblement méfiante, tatillonne et souvent corrompue, les réformes piétinaient et la francophonie ne servait qu'à œuvrer à un renforcement des flux d'investissement et de coopération entre les pays francophones, à un développement des échanges Sud-Sud ou encore à la défense de positions communes sur les problèmes internationaux. Notre président, grand connaisseur des arts asiatiques, avait visité avec gourmandise la citadelle sur les vestiges de la cité impériale de *Thang Long*, édifiée au XIème siècle. Le protocole, même organisé par un gouvernement communiste relativement divisé, l'obligea par la suite à honorer la soirée de gala à l'Opéra. Restauré pour l'occasion, le plus bel ouvrage architectural français de la capitale était une reproduction assez fantaisiste de l'Opéra Garnier de Paris. Le célèbre compositeur français d'origine vietnamienne, élève de Messiaen, Nguyen Thien Dao y exécuta ce soir-là deux œuvres. Peu accessible à la dimension universelle de la musique, et ayant déjà dû assister à un long spectacle de marionnettes sur l'eau, art folklorique des peuples du delta du Fleuve rouge, Chirac s'esquiva au bout de huit minutes. Est-ce là qu'il avait confié : «Je préfère un quart d'heure de mauvaise musique à deux heures de bonne»? Je ne saurais vous l'assurer.

Nous partîmes le lendemain matin dans la province de *Ninh Binh***, surnommée la Baie d'Along terrestre. Pourvue d'une végétation luxuriante, cette province du Tonkin se trouvait située à une petite centaine de kilomètres au sud d'Hanoï. Des hameaux, des rivières, des cultures vivrières s'étendant aux collines surgissaient d'un embrouillamini de pitons, d'une éruption de bourbillons calcaires en habits de forêt, d'un éparpillement de géants de pierre sous fond vert acide. Sur la route, lorsque nous traversions des villages, les curieuses façades toutes, étroites des maisons, s'étendant en profondeur à l'arrière et montant en hauteur, défilaient. Patrick nous indiqua que cette singularité était due à la taxe foncière s'appliquant en fonction de la largeur de la façade. Autre curiosité : le nombre insensé de billards de rue disséminés dans le moindre hameau. Arrivés à bon port, nous n'eûmes pas le temps de goûter au léger parfum montant des rizières en terrasse, car, à peine sortis de la voiture, des grappes d'enfants nous assaillirent. Les surprenants cheveux blonds de certains s'expliquaient assez facilement, plus d'un quart des enfants vietnamiens souffrant de malnutrition. Ils furent chassés sans frais par la police et un seul d'entre eux parvint à pénétrer dans le temple de *Thái Vi* avec nous. Il me fit immédiatement penser au plus jeune de mes fils, Louis-Swann, avec les mêmes mèches blondes et raides, les pommettes hautes et le regard en amande.

Une sérénité absolue se dégageait du sanctuaire surplombant la vallée où se trouvait le petit village de *Ninh Hai*. Une brume légère poudrait le décor le rendant délicatement onirique tel un paysage de Chang Dai-Chien où encre et aquarelle nous renvoyait le souffle d'un long voyage de brume colorée venant saupoudrer le grain du vélin. Nous entendions juste monter le murmure du village et bruire le léger pépiement des oiseaux. Mes deux acolytes émirent le désir de grimper plus haut. Sentant l'inutilité d'un tel acte, bien décidée à rester à l'élévation décidée par les moines, je m'assis sur le parapet tout en m'adossant à un des piliers du temple. En symétrie parfaite, l'enfant me fit face. Nous étions seuls au monde lorsqu'il entonna un chant inspiré du *Châu Van*, un art religieux invoquant les esprits durant le culte de la déesse-mère. Telle une voix de castrat, l'étendue de sa tessiture unique couvrit plus de trois octaves, les sons eurent dès lors un éclat d'une pureté et d'une beauté inégalée. Instrument suprême, sa voix soulevait le voile d'Isis. Les vocalises étaient celles d'un ange, cristallines et scintillantes comme les éclats étincelants du marbre. Rien ne pouvait être plus divin. Le regard du jeune chanteur me fixait avec la ferveur de l'éternité. Dans cette intimité quasi mystique, le timbre céleste me saisit, me transperça, s'engouffra, s'infiltra, coula en moi jusqu'à me submerger. Plus rien d'autre n'existait : le village en contrebas, les hommes, les animaux, les merveilleuses rizières en terrasses, les ondulations des collines. Plus rien. Que la pureté incomparable de ce moment inoublié. Je pense très souvent à cet être que je ne reverrais jamais, à cette rare communion d'âme, à sa grâce.

Je vous épargnerai le récit de notre voyage à la célèbre Baie d'Along, huitième merveille du monde. Certes, près de deux mille îles karstiques lui avaient valu d'être inscrite sur la liste du Patrimoine mondial de l'UNESCO trois ans auparavant, mais, outre que mon assistante, suivant les conseils avisés de l'épouse de notre ambassadeur, s'était ridiculement baladée en bus puis en bateau avec un oreiller emprunté à notre hôtel d'Hanoï, la baie était, ce jour-là, assourdie de brouillard, tel un tambour, et nous avons failli périr empoisonnées après l'absorption d'une vodka frelatée.

*En Asie, la Sorbonne a essaimé de purs produits francophones tel Pol Pot. Le dirigeant nord-coréen Kim Jong-un s'exprime aussi fort bien en français, mais c'est à la Suisse qu'on le doit. «Le français est langue de communication internationale et il nous offre, à la fois, clarté et richesse, précision et nuance... C'est donc en janvier 1944 et par la volonté de Charles de Gaulle que naquit, non seulement l'idée et la volonté, mais surtout la possibilité de la Francophonie» écrivait Léopold Sédar Senghor. Oh my god ! Pauvre Francophonie ! La pratique de la langue française dans les organisations internationales est en recul constant. Le français reste cependant la 6ème langue la plus utilisée dans le monde derrière le mandarin, l'anglais, l'hindi, l'espagnol et l'arabe.

**Ce même territoire qui abrita l'ancienne capitale royale de Hoa Lu, fut le berceau du catholicisme vietnamien.

Place de l'Étoile

Il existait des jours où notre existence se faisait plus légère. La veille au soir, une tristesse sépia m'avait envahie et, peu à peu, asphyxiée sous le poids de la nostalgie. Il pouvait subsister toutefois un bonheur à être triste, ne serait-ce que lorsque cet abandon mélancolique se terminait et, fort heureusement, le regret des temps passés ne me durait jamais longtemps, j'avais sans conteste un côté Ulysse. Là, je voguais légère dans Paris vers la place Charles de Gaulle que tout le monde connait sous le nom de place de l'Etoile et qu'on devait à ce cher Haussmann*. Cycliquement France Info égrenait ses flashs. L'information continue devenait une rengaine lassante, banalisée. Tout un chacun ingurgitait pêle-mêle un bouillonnement de faits névrotiques, une guerre par-ci, un meurtre par-là, un tremblement de terre plus loin ou une fermeture d'usine à côté, autant de faits vite oubliés devant l'ampleur qu'avait pris le sport, notamment le football. La majorité des gens se trouvait ainsi incapable de fixer dans leur mémoire les événements majeurs d'une année à l'autre. « Aucun journaliste ne sait plus ce qu'est une bonne nouvelle », affirmait le Dalaï-lama. Même la politique, happée par l'immédiateté, devenait de la « com », c'est-à-dire du vide. Une nouvelle mode hérétique de journalisme consistait à demander leur avis à des quidams dans la rue, et ce, pour des sujets fondamentaux. Certains confrères de la télévision apparaissaient avec la mention « en direct de » l'Élysée, du quai d'Orsay, etc., alors qu'ils se trouvaient sur le trottoir en face. La culture médiatique, par essence éphémère, était devenue approximative, sans recul ni analyse. Elle plongeait l'individu dans les tracas, l'agitation, le bruit, la surenchère. Ce bourrage de crâne pouvait expliquer pourquoi les Français achetaient des calmants comme des kilos de pommes de terre.

Plus de la moitié du bâti parisien avait été construit entre 1850 et 1914, en une soixantaine d'années, témoignant de l'importance d'Haussmann dans la capitale. Les façades de tous les hôtels particuliers implantés en U, autour de l'Arc de Triomphe, avaient été créées suivant un modèle totalement uniforme avec pour règle que ceux-ci ne devaient avoir aucune entrée sur la place même. Ainsi, on y pénétrait par la rue circulaire. À l'arrière, chaque jardin faisait face au monument inspiré des arcs antiques. Une fois à ses pieds, lorsque nous levions les yeux, la bâtisse impressionnait alors que nous étions passés mille fois devant en voiture sans la voir. La façade sur jardin présentait un bel ensemble d'éléments décoratifs avec frise, pilastres, corniche et balcons à balustres. Je me rendais dans l'un d'eux, au numéro 5 de la rue de Tilsitt. Un de mes amis tenait à me présenter une de ses connaissances et m'avait fait convier à déjeuner chez elle.

À l'heure convenue, je pénétrai dans une vaste entrée munie d'un magnifique miroir tout aussi immense au cadre en bronze forgé dont j'appris plus tard qu'il avait été offert au maître de séant par Mademoiselle Coco Chanel. Entrer dans cette demeure consistait à se mettre entre parenthèses, l'espace sublimé de cet hôtel particulier se révélait en finesse. Son éclat délicat donnait l'impression de se projeter dans un décor élaboré pour une scène de film. Ainsi, une fois l'escalier monumental gravi, pénétrant dans le grand salon, vous avanciez en travelling avec le cadrage parfait de l'Arc de Triomphe bien dessiné au milieu d'une des fenêtres ouvertes, la table ronde dressée pour quatre, habillée d'une nappe immaculée et d'argenterie rutilante. Les canapés moelleux, avec leurs coussins en velours bronze en harmonie avec les boiseries, tendaient leurs bras.

Dans un murmure de courant d'air, les orchidées blanches alanguies dans de grandes feuilles luxuriantes semblaient danser dans leur vase. Voilà une fleur à l'élégance délicate et précieuse qui devenait ridicule, seule en son pot, raide comme un fantassin à la garde. Les phalaenopsis ne se sublimaient que groupées et coupées. Mettez en trente dans de l'eau, elles seront admirables, sinon, oubliez, c'est trop affligeant.

Mais le spectaculaire côtoyait souvent le secret et l'intime. La présence de plusieurs chats de race, parfaitement identiques, déambulant mollement au milieu d'oiseaux en liberté virevoltant un coup dehors, un coup dedans, sous les hauts plafonds à moulure, procurait une ivresse enchantée. Au-dessous de cette volière pépiante et joyeuse, sur de somptueux tapis, les chats clignaient de contentement leurs yeux dorés, se pourléchant après le repas habituel fourni par leur maître, des crevettes fraîches. Avec son parquet d'époque, ses cheminées en marbre, nous étions dans le Paris glorieux. Saviez-vous que la rue de Tilsitt tout comme la rue de Presbourg qui entourait l'Arc de Triomphe dans un cercle parfait, célébrait une victoire de Napoléon ? Une réussite diplomatique française, car, au terme du second traité de Tilsit, ce pauvre royaume de Prusse perdit la moitié de son territoire comme de sa population et la ville du traité, devenue rue, y gagna fort bizarrement un t.

Il existait des lieux entre passé et présent. Avoir la vue sur un monument historique n'était pas anodin. De chez soi, se déroulait un véritable spectacle et on se savait aux premières loges. Le plus grand arc du monde sortait des arbres et rentrer à la maison, en faisait partie en quelque sorte. Le regard embrassait un spectacle architectural devenu un symbole de Paris. Le patrimoine national devenait privé. On observait son changement de ton selon l'heure du jour, le mois, la saison. On était rassuré par son rituel lorsque la flamme de la tombe du Soldat Inconnu était ravivée chaque soir à 18 heures 30, comme une horloge qui disait le temps long. Tous les 8 mai et les

11 novembre, une foule de hauts dignitaires se pressait à nos pieds. Et puis, comme les onze autres monumentaux hôtels particuliers dits des maréchaux, le 5 rue de Tilsitt, placé, selon la tradition, entre cour et jardin, restait emblématique du Second Empire, si fascinant encore pour nous, peut-être parce qu'il portait la semence de notre société actuelle, narcissique, éprise de modernité tout en étant férocement enracinée au passé.

Quoique de petite taille, notre hôte, Paul Albou, illuminait l'espace avec un détachement qui me sembla intéressant. Vous remarquerez que, souvent, ces personnes avaient une élégance et une souplesse de mouvement qui échappaient aux grands. Ce séducteur raffiné aux cheveux bruns coiffés en arrière s'habillait tout en blanc. Un être exquis, si charmant que son intelligence ne se dévoilait que peu à peu, pour exploser en final comme un feu d'artifice. Dans un cadre en argent, une photo en noir et blanc représentait son portrait à dix-huit ans en tenue d'aviateur. Très jeune, il s'était engagé dans le conflit de la seconde guerre mondiale comme pilote et avait connu Pierre Louis-Dreyfus, Romain Gary et Pierre Mendès France du groupe Lorraine. Sur ce dernier, Paul se plut à nous rappeler ce mot perfide du général de Gaulle : « J'ai connu Mendès aviateur. Très courageux, d'ailleurs. Mais enfin, sa spécialité, c'est le rase-mottes. »

Nous prenions place autour de la table pour déjeuner au bord d'une des fenêtres et la place de l'Étoile semblait, rêveuse, se contempler dans nos verres en cristal. Une carte postale. Curieusement, aucun bruit ne nous parvenait, peu audacieux ou intimidés, les sons de la ville devaient s'arrêter aux grands arbres. Devenu chirurgien-dentiste, pourvu d'un entregent assez exceptionnel, notre hôte avait eu notamment comme patients, puis comme amis, Coco Chanel et Pablo Picasso. Ainsi, le dieu vivant de l'art moderne, le génie du XXème siècle, dessinateur, peintre, sculpteur, graveur et céramiste, se rendait chez le dentiste. Fugitivement, cette révélation m'esbaudit tant les hommes de génie respiraient l'exception, bien loin des maux quotidiens de nous autres simples humains. Vous pouvez bien sûr objecter que cet étonnement vous semble surjoué. Il restait que côtoyer le maître incontesté de l'art moderne ne pouvait qu'exacerber un idéal de vie.

En entrée, nous dégustâmes une délicieuse salade, tout en fraîcheur et en légèreté. Des lamelles de saumon fumé, des dés de pommes acides, des fines rondelles de concombre, de l'aneth et du poivre rose servis sans abus avec une délicate crème fraîche. Les récits de Paul répondaient à mes enthousiasmes. Brigitte Bardot faisait partie de ses connaissances comme bien d'autres célébrités. Mais, ne vous y trompez pas, nous étions loin de tout blingbling et des modestes s'avérant souvent être de fieffés hypocrites. Le maître de maison gardait une forme d'élégance qui ne se prenait pas au sérieux, mais restait pleine d'érudition gourmande. Si le futile n'était jamais dérisoire, il s'agissait là plutôt de garder à l'esprit l'observation de Franz Kafka : «La fréquentation des hommes induit à s'observer soi-même». Peut-être voyait-on juste poindre un soupçon d'orgueil derrière une façade d'humilité chez celui qui avait atteint l'âge de préférer les ombres du passé.

Une sole grillée accompagnée de petites pommes de terre grenaille constituait le plat. La chair ferme et délicate était d'autant plus délectable lorsque, comme c'était ici le cas, ce poisson tout plat avait quelque épaisseur. Cette grande dame à l'ovale presque parfait aimait se prélasser au fond de la mer à même le sable. Elle aurait pu être dessinée par un peintre cubiste. D'un côté, elle présentait une peau blanc crème et son autre côté, tout brun, sa tête portait ses deux yeux. Cousine de la plie et de la limande, elle se plaisait à naviguer dans l'Atlantique, des côtes françaises jusqu'au Sénégal. Les petites pommes de terre nouvelles toutes fondantes et succulentes offraient de délicates notes sucrées se mariant à merveille au citron. Nul gastronome ne dira jamais assez ce qu'il doit à Monsieur Parmentier. Il a fallu à cet honnête homme plein de malice pour faire accepter ce nouveau légume aux Français qui, au départ, le refusèrent, persuadés qu'il amenait nombre de maladies et n'était bon que pour les cochons. Sa ruse consista à faire garder ostensiblement un grand champ de pommes de terre par des soldats. Les paysans se dirent alors que le tubercule devait être précieux pour mériter pareille attention et allèrent le voler, comme Parmentier l'avait prévu. Le roi en mangea officiellement devant la cour et ce légume devint l'orange royale et évita, avant de nous régaler, beaucoup de famines.

Paul, en artiste de la conversation, avait un don de l'échange construit. Il passait la main sur ses cheveux en ponctuant chaque phrase avec un phrasé fluide. Vous avez sans doute remarqué que le sujet le plus furieusement intéressant pour une personne n'était souvent qu'elle-même. Avec Paul, si j'en ai tant su, ce fut parce que je lui posais moult questions sur sa vie et qu'il me répondit volontiers. Nous avions quitté la sphère des illustres que la vie publique avait déjà largement scénarisée, le temps s'étant écoulé, nous échangions dorénavant tous les quatre des idées où tout trouvait place, un peu d'histoire, quelques réflexions philosophiques, un soupçon d'art, un rappel de sciences. Le café fut servi accompagné de macarons. Dans le mercato gastronomique, ce biscuit rond fourré à tout ce qui passait, fanfaronnait alors en tête, en nouveauté redécouverte et incontournable. Aucune fin de repas sans cette vieille gourmandise trop sucrée, déclinée sournoisement en d'infinies couleurs et parfums.

Ce n'était que le début des tendances. Nous allions vivre l'invasion des sushis (le saumon cru infecté par des vers parasites vivants provoquant une fourbe anisakiase), l'attaque sournoise de la verrine pour édentés (choisir impérativement entre son verre et l'objet couplé à une ridicule petite cuillère lors des cocktails), le déferlement des carpaccios (bœuf, thon, tomate, ananas, etc....), le raid de la cuisine moléculaire (l'agar agar en siphon), la propagation de la bistronomie (à prendre avec bonhomie), la guerre des burgers (des chefs étoilés tombés dans la *street food*) pour finir par se heurter au dictat du *vegan* (proscrire œuf et lait, denrées devenues hostiles au bien-être animal et se casser les dents sur des galettes de millet). Et maintenant, le gastronome subissait l'irruption de la cuisine « note à note » (sic) et des néobistrots où lui était servi du vin biodynamique au prix aussi fabuleux que son goût s'avérait infâme. Le ridicule régnait ainsi au fourneau, autant présent qu'en couture. Mais, d'aucuns diraient qu'en matière de mode, l'important consistait dans l'illusion qu'on en avait.

Si, de tout temps, il restait préférable de laisser aux hôtes nous recevant le privilège de mener la danse et d'orienter les sujets, la délicieuse conversation que nous partagions constituait à ce stade un véritable bonheur très éloigné de tout bavardage bourdonnant ou autre monologue éreintant. Nulle technique en cela, seuls la contrainte de la pertinence, l'évitement de tout sujet de conflit, le sens de l'écoute et le goût de l'échange pouvaient en faire un acte léger et dense par lequel naissait et renaissait l'esprit. L'art de l'instant pouvait ainsi transfigurer une simple conversation de repas vers « cet ailleurs, et ce hors du temps » dédié à la quête du beau que célébrait *Le Banquet* de Platon. Car si la vie s'apparente souvent à un spectacle encore fallait-il que le livret fût bon. « Du naturel, surtout du naturel ! », recommandait le prince de Ligne.

Je sortis de ce déjeuner si euphorique que je ne pus me rappeler où j'avais garé ma voiture. Ou tout du moins d'imaginer que, n'étant pas là où je pensais l'avoir laissée, elle ne pouvait que se trouver à la préfourrière. Depuis 1839, les heureux Franciliens souhaitant récupérer leur véhicule ou leurs animaux égarés devaient s'adresser à des établissements nommés ainsi. De nos jours, Paris ne comptait qu'une seule fourrière et six préfourrières terriblement efficaces. Les voitures enlevées étaient bien sûr acheminées aux frais du propriétaire et, au-delà de

48 heures, conduites en fourrière, où la note continuait de s'élever pour l'automobiliste fautif. J'aurais pu faire un guide de ces institutions parisiennes, aussi je savais que celle de l'avenue Foch se chargeait de l'enlèvement dans le quartier. Je m'y rendis et perdis ainsi une bonne heure dans les sous-sols, car une queue s'était formée. Un livreur rubicond criait qu'il livrait et obstruait le guichet. Derrière lui, un homme âgé, très seizième, visiblement marri, restait stoïque. Une fille aux cheveux de la couleur d'un camion de pompier et au teint de plum-pudding, fit également un scandale ce qui n'arrangea pas ma progression.

Après une longue attente et des recherches laborieuses, le verdict tomba : mon véhicule n'y était point. Il ne me restait plus qu'à tourner en rond. Pour comprendre cette quête en cercle pour l'étourdie que j'étais, il convenait de se souvenir qu'autour de l'Arc de Triomphe pas moins de douze avenues en forme d'étoile furent réalisées dont l'emblématique avenue des Champs-Élysées. Celle-ci se trouvant éliminée puisque nul ne pouvait s'y garer, il ne me restait plus qu'à arpenter les onze autres pour mettre la main sur ma voiture. Je ne la retrouvai qu'au bout d'une autre heure avec, en récompense, une contravention pour dépassement du temps de stationnement. Après cet événement qui avait subtilisé la grâce du déjeuner, je développai un syndrome, celui de noter scrupuleusement le nom et le numéro de la rue où ma voiture était garée. Je songeai que, pour chaque existence, il fallait se méfier de l'incapacité de se rendre du point A au point B. On pouvait dès lors se perdre et la vie qui aurait dû être nôtre n'était plus qu'un soupir évanescent.

Je devais revoir plusieurs fois Paul. Un an était passé depuis la mort de ma chatte Alinéa —qu'un ami chef d'orchestre surnommait méchamment Parenthèse— et je restais inconsolable. Paul m'avait plusieurs fois proposé d'adopter un autre félin par son intermédiaire. Je cédai et fis ainsi connaissance de Monsieur Mariage et de l'École des

Chats. Il faut avouer que Paul était farouchement contre la SPA sans trop que je ne comprisse jamais pourquoi. Rendez-vous fut pris lorsqu'un bébé chat fille fut trouvé dans un parc de la région parisienne. Lorsque j'arrivai rue de Tilsitt, accompagnée d'une amie et de mon fils aîné âgé alors de huit ans, Paul s'avoua fatigué ayant dû garder les chiens de son ex-femme** alors que cette dernière se rendait à l'étranger. Les oiseaux, les chats, les chiens, cela devait effectivement faire beaucoup autour des fragiles céramiques asiatiques. Une surprise nous attendait, il n'y avait pas un, mais deux petits matous. Un petit mâle avait été trouvé dans la nuit. Paul me lança des yeux de velours et Monsieur Mariage prit le petit air gêné de celui qui avait préparé un tour pendable en me les mettant dans les bras. Les petites boules de poil ronronnèrent instantanément. Impossible de n'en adopter qu'un. «Les chats c'est comme le papier, ça se froisse très vite» affirmait Guy de Maupassant. Ne voulant vexer ni les chatons, ni le maître des lieux, ni le bénévole de l'association, nous repartîmes bien sûr avec les deux. J'avais déjà des enfants jumeaux, fille et garçon. Le schéma se répéterait ainsi pour nos compagnons à quatre pattes.

*54 % des bâtiments parisiens ont été construits entre 1850 et 1914, c'est dire l'importance de l'haussmannien dans la capitale.

**Paul Albou et Arielle Dombasle se sont mariés en décembre 1976. Le couple avait divorcé neuf ans après, à une époque où nous ne nous connaissions pas. Toutefois, il me semble regrettable qu'Internet ne puisse recracher de cet homme à la vie si riche que son union avec une très jolie femme à la voix flutée telle une somptueuse griffure.

La Brabançonne

Bien que la Belgique ne soit qu'à quelque 260 kilomètres à vol d'oiseau de Paris, je dois avouer une connaissance fort tardive de ce pays à l'histoire complexe. Beaucoup n'imaginent pas combien les Belges, mêmes francophones, ne ressemblent pas aux Français, et combien les Bruxellois n'ont pas grand-chose à voir avec les Parisiens. D'aucuns affirment que c'est le seul pays au monde dont les habitants cultivent un véritable culte pour la modestie. Peut-être la jeunesse de cet État, datant de 1830, explique-t-il cette humilité. Toujours est-il que Francophones, Néerlandophones, Germanophones, tous Belges, ont une identité multiple. Être belge semblait impliquer d'accepter l'idée d'être pluriel. Amélie Nothomb résumait bien cela : «Je ne pourrais pas cesser d'être Belge. C'est une nationalité vague, une identité imprécise, mais ce vague et cette imprécision sont très particuliers : c'est une façon particulière d'être vague et imprécise. Elle m'est indispensable.» Personne mieux que le peintre surréaliste belge René Magritte pouvait mettre ainsi en évidence la difficulté à faire coïncider la réalité du monde avec nos images mentales. Je vais, quant à moi, essayer de partager avec vous mon inconditionnalité pour ce pays et ses habitants.

Cela va peut-être vous surprendre, mais mon appétence pour les Belges a commencé en Afrique, au pays des mille collines. J'étais arrivée à Kigali à la saison des pluies, au moment où un léger sfumato se collait sur les contours des monts et où l'humidité nous incitait à faire des feux de cheminée. Du haut de ses 1400 mètres, la capitale rwandaise connaissait des nuits fraîches justifiant des flambées de buches, un geste fort exotique dans un pays africain. Je devais y vivre deux ans et garder une affection profonde pour cette terre et son peuple si travailleur qui faisait un thé coté à Londres et des cigares à la fumée bleue d'acier. Bien après l'indépendance, le pays le plus densément peuplé du continent africain accueillait toujours de nombreux Belges malgré la dictature de Juvénal Habyarimana, un Hutu qui avait séduit les démocraties occidentales en faisant passer son pays pour la Suisse de l'Afrique. Mon mari m'ayant précédée, il s'était déjà lié d'amitié avec quelques personnes que je m'empressais à inviter pour un dîner.

Le jour dit, je donnai les instructions à Albert, un homme fantastique qui me commentait les informations de RFI chaque matin. Cet ancien cuisinier du Consul de France au Burundi voisin, lequel était Bourguignon et donc fervent amateur de bonne chère, faisait un canard aux olives et des soufflés mémorables tout comme une pâte feuilletée maison qui ne devait rien à celle de ma mère. Lorsque mon mari restait au bureau à midi, je déjeunais sur le pouce notamment lorsqu'une réception se profilait le soir. En cette fin de matinée, et alors que j'étais restée en pagne, comprenez en paréo, occupée à réaliser les bouquets de fleurs pour la maison, Albert vint me dire que des personnes me demandaient. Je ne pouvais remonter dans ma chambre sans passer par le hall d'entrée où un couple attendait, statique. Je me dirigeai donc vers eux, pieds nus, en ajustant tant bien que mal le tissu qui me servait de seul vêtement, une baguette chinoise maintenant un chignon distendu. Ce fut mon premier contact avec le Directeur général de la Belgolaise et son épouse. Ils m'assurèrent doctement que je les avais sonnés pour dîner. Mon désarroi fut total. D'abord, je n'avais pas l'habitude de sonner quiconque. Et un dîner était bien prévu, mais huit heures plus tard. Au vu de mon expression abattue, ils éclatèrent de rire et affirmèrent que je devais être Française. Fort de cette constatation, la femme du banquier m'embrassa comme du bon pain en ajoutant que ce n'était pas grave, qu'ils «sauraient venir souper». Je balbutiai un «ce soir?» timide auquel ils répondirent en chœur : «Ah ben non peut-être», et, ceci prononcé, ils tournèrent les talons en criant : «à tantôt!». Ce fut mon premier contact avec des Belges qui devaient devenir des amis chers à mon cœur. Vous savez, vous, que sonner c'est téléphoner, que notre dîner est leur déjeuner, que tantôt, c'est tout à l'heure, que savoir veut dire pouvoir, et que le «ah ben non peut-être» signifie oui?

Pendant ces années merveilleuses passées dans ce petit pays enclavé d'Afrique de l'Est, je me fis autant d'amis belges que rwandais. Concernant ces derniers, je dois vous confier ce qu'avait engendré la location de la case —la villa— d'Anastase Makuza, un des pères de la révolution de 1959. Cet Hutu, ancien ministre de la Justice et de l'Éducation, ex-président de l'Assemblée nationale du Rwanda, nous avait demandé de conserver sa bibliothèque. Au milieu des ouvrages dédicacés par le général de Gaulle, j'y avais trouvé, sidérée, des photos en noir et blanc du premier massacre important des Tutsis au Rwanda en décembre 1963. Plus de 10000 hommes, femmes et enfants avaient alors été massacrés. Neuf ans plus tard, au Burundi voisin, l'armée à majorité tutsi tuait plus de 100000 Hutus. Lorsque je vivais à Kigali, la carte d'identité ethnique, mise en place par l'administration belge en 1931, était toujours en vigueur. Mes amis rwandais étaient ainsi marqués selon leur groupe d'appartenance : tutsi, hutu ou twa. Un strict quota administratif limitait l'accès des Tutsis à tous les emplois. Avais-je conscience de vivre une période pré-génocidaire? Il m'est agréable de penser que non. L'expatrié était de passage, même conscient des aberrations des pays où il vivait. En 1994, en seulement trois mois —le génocide le plus rapide de l'histoire— presque un million de Rwandais, en majorité tutsi, perdront la vie grâce à la grande passivité de la communauté internationale. Sans rien oublier, le Président Paul Kagamé avait, depuis, conduit à un redressement spectaculaire du Rwanda.

Le pays des mille collines regorgeait de sites naturels d'une beauté à couper le souffle. Certains week-ends, nous partions avec nos amis près de la frontière tanzanienne, dans le magnifique Parc national de l'Akagera, vaste territoire pour éléphants, buffles, girafes, antilopes, cobes, zèbres, impalas, phacochères, lions, léopards et hippopotames sans compter les primates et les oiseaux. Cependant, le personnage le plus cocasse de cette époque de ma vie n'était pas Belge. Cet ami de mon mari était consul de France à Goma, une ville de l'Est de la République démocratique du Congo, située sur la rive nord du lac Kivu. En poste depuis deux décennies, la valise diplomatique lui servait à se faire livrer de France, des huîtres, du foie gras, des fromages et des vins millésimés forts estimables. «Le meilleur auxiliaire d'un diplomate est son cuisinier», assurait Talleyrand, alors ministre des Affaires étrangères de Napoléon. Le consul était tout autant à son affaire avec le concept de gastro-diplomatie. Sa table était réputée et nous prenions régulièrement un petit avion pour répondre à son invitation. Ce qui donna à mon passeport une multitude d'entrées dans ce pays voisin sans jamais aucun tampon de sortie, car, à l'heure tardive où nous sortions de table, les forces de police avaient déserté le poste de contrôle de l'aérodrome... Comme le diplomate adorait le goût acidulé du jus frais de maracuja, je lui ramenais ce nectar de chez des religieuses de Butare, une ville du sud. Riche en antioxydants, en potassium, en vitamine A et C et en flavonoïdes, le fruit de la passion servait peut-être à compenser ses abus de la table. À son sujet, mon mari se plaisait à parodier le poème *La Plata* d'Henry Jean-Marie Levet :

«Ni les attraits des plus aimables gamines,
Ni la richesse des gargantuesques repas,
N'ont le pouvoir de distraire de son spleen.
Le Consul général de France à Goma!»

De retour à Paris, mon travail m'amena à Bruxelles pour interviewer des personnalités de la Commission européenne. Par le Thalys, les deux capitales étaient reliées en une heure et demie. Pour mon premier voyage, je m'accordai du temps pour découvrir la capitale. Aussi, arrivée la veille de mes entretiens, je me mis à flâner sur la Grand-Place, la place centrale déclarée chef-d'œuvre mondial par l'Unesco. Ici, contrairement à Paris, tout le monde souriait et il régnait une atmosphère bon enfant épatante. C'est peut-être ce qui expliquait que Spirou était Belge tout comme Tintin, Blake et Mortimer, Lucky Luke, Buck Danny et, bien sûr, Le Chat dont le papa, Philippe Geluck affirmait que les Suisses et les Belges avaient un ADN commun : l'autodérision. Je dévalisai la maison Dandoy de spéculoos et de financiers. Puis, je me dirigeai vers la Place du Sablon, pour me ruiner en chocolats de la Maison Wittamer, fournisseur officiel de la Cour de Belgique. Bruxelles étant devenue la nouvelle Berlin en matière d'art contemporain, je me rendis ensuite à Ixelles arpenter les galeries d'art. Quoiqu'encombrée de tous mes paquets, je ne regrettais pas ma curiosité artistique tant Bruxelles s'imposait comme capitale culturelle accueillant à bras ouverts de nombreux créateurs d'avant-garde.

Je rentrai épuisée à l'hôtel, mais heureuse de mes flâneries. Le soir même, je me réjouissais de faire la connaissance du frère d'une amie belge vivant toujours au Rwanda. Elle m'avait confié qu'il appartenait depuis peu à la Marine bolivarienne vénézuélienne, *la Armada Bolivariana de Venezuela,* un choix de destin furieusement insolite à mes yeux. Rendez-vous fut pris dans un restaurant... italien. À l'heure dite, un taxi m'amena à proximité d'une rue piétonne au cœur de Bruxelles. Arrivée devant l'établissement, je ne pus manquer mon hôte qui se tenait droit comme un i devant la porte d'entrée, en uniforme d'officier de marine, composé d'un pantalon blanc, veste blanche avec deux poches plaquées et des boutons dorés, la poitrine décorée d'autant de décorations que le général de Gaulle —qui avait 93 décorations portées le plus souvent sous sa veste— galons sur les épaules, galons sur le bout des manches et rivées sur sa tête, une casquette de marin avec liseré doré. Il ne lui manquait que les gants blancs! Pour quiconque d'autre que lui, ce harnachement incongru eut semblé aussi encombrant qu'avait pu l'être une particule dans la France de 1789. Ayant pris place à une table, il ôta son couvre-chef découvrant des cheveux fins ressemblant à une tête-de-loup moutonnante. Vous saisissez l'image? Non, rien à voir avec un Canis lupus vivant en meute, imaginez juste ce balai dont l'extrémité est formée d'une brosse ronde servant à nettoyer les plafonds. Mais cet excentrique personnage était livresque, vite attachant et, grâce à un Barolo, un vin italien rapicolant, j'oubliai rapidement ses excès vestimentaires et le tutoiement vînt naturellement.

Nous prîmes la même chose : un délicieux carpaccio de coquilles Saint-Jacques suivi d'un Tajarin aux truffes, des Taglioni piémontaises exaltées par le parfum de ce tubercule poussant près des racines des arbres tout en devenant son parasite. Chaque variété de truffes avouait des préférences en matière d'arbres. La truffe noire du Périgord était ainsi fan des chênes pédonculés, des chênes verts ou pubescents, mais aussi du tilleul ou encore du noisetier. C'était d'importance, car sa couleur et ses arômes changeaient selon le feuillu auprès duquel elle se développait. Comme moi, vous avez dû vous poser la question pourquoi appliquer le nom de ce pauvre Vittore Carpaccio à une recette alors que le grand peintre de la Renaissance ne se souciait pas plus de la cuisine que de son premier pinceau. En fait, tout s'était joué en 1963 lors d'une exposition dédiée au maître à Venise. Au Harry's Bar, de fines tranches de bœuf cru accompagnées d'une garniture relevée furent servies à une cliente privilégiée, la comtesse Amalia Nani Mocenigo, chipotant sur la viande cuite pour cause de régime. Par contraste entre la couleur du bœuf cru et celle de la mayonnaise, ce plat fut nommé carpaccio en l'honneur du grand peintre humaniste vénitien puis, par extension, donné à tout ce qui était tranché finement.

Mon capitaine de vaisseau parla abondamment de Puerto Cabello, de Maracaibo, de Curaçao, d'Aruba et de bien d'autres ports aux noms enchanteurs, sans que je comprisse un seul instant ce qui l'avait amené à servir ce pays d'Amérique du Sud. Peut-être connaissait-il l'historien et économiste belge Éric Toussaint, proche du leader populiste à visage généreux, Hugo Chavez? Je n'en sus rien et lorsqu'arrivèrent nos deux Tiramisu aux spéculoos, seule concession à la gastronomie belge, il commanda une deuxième bouteille. Le délicieux dessert tout juste terminé, mon hôte se leva, les prunelles brillantes, tout digne, et entonna fièrement la Brabançonne. Tous les convives des tables encore occupées se tournèrent vers nous et je devins aussi rouge que la nappe. Un vibrant « O Belgique, ô mère chérie, A toi nos cœurs, à toi nos bras, A toi notre sang, ô Patrie ! Nous le jurons tous, tu vivras ! » résonna dans la salle. Que croyez-vous qu'il arriva ? Certains convives belges reprirent gaiement l'hymne national ! On l'applaudit même et il laissa un pourboire digne d'un maharaja. Je me demande encore si cet acte patriotique était une réponse à Yves Leterme, qui, en 2007, le jour de la fête nationale belge, et alors qu'il était donné probable futur premier ministre, avait entonné la Marseillaise alors qu'on l'interrogeait sur sa connaissance de l'hymne national... Nous prîmes congé après que mon militaire m'eut demandé : « Je peux te faire une baise ? », non, non, rien d'amoral, c'était juste une bise ! Epuisée, je le regardais fixement partir tel un navire s'éloigner à l'horizon.

Quelques années après, je me rendis à Liège, capitale économique de la Wallonie, pour rencontrer le gouverneur de la Province dans le cadre d'un numéro spécial devant paraître dans un grand quotidien français. Le palais du Gouverneur, ancien palais des Princes-évêques, d'inspiration néo-gothique, avait grande allure avec son décor de bas-reliefs représentant des événements importants de l'histoire de la ville, ses statues de grands personnages historiques liégeois, son hall d'entrée orné d'un harmonieux plafond à caissons et de peintures murales. Michel Foret*était un homme charmant qui nous reçut merveilleusement en s'empressant de faire servir un Diamant brut de chez Vrancken, un élégant champagne aux bulles d'une finesse appréciable. Nous apprîmes ainsi qu'un Liégeois, Paul-François Vranken, avait fondé et dirigeait toujours Vranken Pommery Monopole, le numéro deux mondial du Champagne. Sous les hauts plafonds d'un salon de réception à la décoration remarquable, cet homme passionné insista sur les grands liens d'amitié de sa province avec la France**. Celle appelée « La petite France des bords de Meuse » par Jules Michelet, ou encore « Un petit coin de France perdu en Belgique » par Alexandre Dumas, fut la première ville étrangère à recevoir notre Légion d'honneur.

En quelques heures, le gouverneur nous fit partager sa passion pour sa province. D'excellente facture, l'Orchestre philharmonique royal de Liège était la seule formation symphonique professionnelle de la Belgique francophone. Le prolifique écrivain Georges Simenon y était né tout comme la star des entarteurs, Noël Godin. Nous découvrîmes des pans de l'histoire de la cité ardente avant de nous rendre, à son invitation, au restaurant. Nul ne pouvait se rendre à Liège sans déguster un plat typique, les boulets à la liégeoise sauce lapin. Dès que j'entendis le vocable de lapin, je fis part de mon aversion. Cet animal avait trop de ressemblance avec les chats : très câlin, il ronronnait en grinçant des dents et en fermant les yeux, il était très joueur et, tout comme les chats, il dormait énormément pendant la journée. Bref, je ne mangerais jamais de lapinou ! Le gouverneur n'insista pas et tous se régalèrent avec ces délicieuses boulettes et une Curtius, une bière blonde du cru. Quant à moi, je me rabattis sur une fort bonne *al'djote*, une tarte au fromage et aux blettes accompagnée d'un cidre pétillant comme l'humeur du patron du restaurant. Ah ! mais il convenait de se méfier d'un peuple resté sans gouvernement 1 206 jours sur une décennie. En conséquence, il était, sous ces cieux, normal que le café liégeois ne fût, en aucun cas, une spécialité de la ville de Liège et que, comme ne l'indiquait pas plus son nom, la sauce lapin ne comportait aucun animal lagomorphe à longues oreilles. Je ne me rendis compte de ma boulette sur les boulets qu'une fois rentrée à Paris, en lisant la recette, parlant bien de viande hachée, mais de porc et de bœuf, sans nulle trace de lapin. J'avais loupé un savant mélange sucré-salé gourmand. «Liège est la ville la plus folle de Belgique» assurait Jacques Brel, en 1976, dans une interview à la RTB. À juste titre, vous me ferez remarquer que pour exécuter une sauce chasseur, le cuisinier n'utilisait nullement la dépouille d'un braconnier! Ne vous moquez pas de moi et dites-moi plutôt si vous connaissez la gaufre de Liège, cette incontournable tuerie à la cannelle et au sucre perlé. Une dernière spécialité, un petit verre de peket, une boisson alcoolisée aux baies de genévrier typique de la cité ardente, et nous reprenions le Thalys pour rentrer à Paris, enveloppés de cette chaleur humaine si propre à nos amis belges.

Mes pérégrinations m'amenèrent ensuite, à titre privé, à passer de nombreux week-ends à Bruges, capitale de charme de la Flandre-Occidentale. Ses canaux, ses rues pavées, ses bâtiments médiévaux étaient un réel enchantement. Nous prenions alors pension dans un ancien couvent des Chartreuses du XVème siècle transformé en maison d'hôte tenue par un couple raffiné. C'est là que j'ai appris l'art de mettre du lierre pour sublimer les bouquets. Si on mangeait bien partout en Belgique, Bruges pouvait se vanter d'abriter de nombreux restaurants gastronomiques. Je garde un souvenir merveilleux de l'anguille en sauce verte. Le poisson était mijoté dans un savant mélange d'herbes fraîches finement hachées, telles la sauge, l'origan, l'oseille, la mélisse citronnelle, le cerfeuil, le thym, le thym citron, la sarriette, le persil, l'ortie, la menthe verte, la pimprenelle, le cresson de fontaine, l'estragon, la ciboulette et le basilic. Les mœurs de l'anguille restaient partiellement inconnues ou inexpliquées. Selon les spécialistes, certaines anguilles remontaient loin dans les eaux douces pendant que d'autres se prélasseraient en mer. Ce poisson essentiellement nocturne s'enfouissait dans la vase durant la journée. Comme souvent chez les poissons, Madame anguille pouvait atteindre une taille maximale de 1 mètre 50 alors que Monsieur le mâle ne jouait pas les gros bras, ne dépassant jamais les 60 centimètres. Ce poisson, dit euryhalin, rejoignait la mer pour se reproduire pondant des millions d'œufs qui, en grandissant, deviendront des alevins, ces civelles fort prisées des gastronomes. En Belgique comme ailleurs, l'anguille figurait parmi les poissons les plus agiles et les plus insaisissables, mais, tout comme moi, les loutres, les cormorans et les hérons appréciaient sa chair grasse et dépourvue d'arêtes.

Les Belges ont beaucoup amené à l'humanité, tout d'abord l'atlas de Gérard Mercator, le premier à penser représenter la surface d'une boule dans un rectangle, le générateur électrique, le saxophone, les patins à roulettes, la bougie d'allumage, le char à voile, la théorie de l'atome primitif depuis appelé Big Bang, la bakélite, le goudron de nos routes. Les Belges sont également réputés bons vivants, mais leur gastronomie ne se limite pas au traditionnel moules-frites. Pour preuve, en 2021, 137 restaurants étaient étoilés en Belgique, pays ne comptant qu'environ onze millions d'habitants.

* Docteur en droit, Michel Foret, Gouverneur de la Province de Liège de 2004 à 2015, a joué un rôle international, en particulier dans le cadre de l'Association européenne des représentants territoriaux de l'État (AERTE). Depuis 2015, il est président d'un centre de réflexion et d'action, l'ASBL du Grand Liège.

**À Paris, une station de métro porte le nom de Liège en l'honneur de la résistance liégeoise lors de l'invasion allemande d'août 1914. Des fresques en céramiques de Welkenraedt représentent des lieux et monuments de la province, une décoration originale unique dans le métro parisien.

À Lire :

- Pour mieux saisir l'âme belge, Amélie Nothomb, mais aussi Maurice Maeterlinck, Georges Simenon et, bien sûr, Henri Michaux.

- Pour comprendre la tragédie du génocide des Tutsis du Rwanda, les six livres que l'ancien journaliste, Grand reporter et écrivain, Jean Hatzfeld, a consacré à ce sujet.

Parler belge

Si vous avez des velléités de parler belge, évitez de ponctuer chaque phrase par « une fois » — expression d'ailleurs très peu utilisée — si vous ne voulez pas passer pour un Frouze, un Français de manière péjorative. Bien plus subtil que cela, le phrasé belge apporte à la langue française des mots aux consonances exquises.

Une couque au chocolat : dans leur sagesse, les Belges ont signé le cessez-le-feu entre pain au chocolat et chocolatine ! En cuisine, nos amis belges nous compliquent sinon la vie : le **sucre impalpable** c'est du sucre glace ; **une Jatte** équivaut à une simple tasse de café si on ne précise pas de lait, de thé, etc.

C'est quoi ce Brol ? : c'est quoi ce bazar ! mais on l'utilise aussi pour désigner une brocante.

Une rawette : une portion supplémentaire, « juste une petite rawette pour la route ? » à ne pas confondre avec une plotche : un morceau. « Remets une **plotche** de beurre dans les pâtes ! »

Une arsouille : ce n'est pas quelqu'un d'aviné, mais quelqu'un d'espiègle et de malicieux.

Babeler : c'est bavarder beaucoup, beaucoup, beaucoup trop.

Faire caillant : faire très froid. L'inverse, c'est **faire stouff** : faire très chaud.

Il fait laid : il fait mauvais temps

Un pistolet : n'appelez pas la police ! c'est un petit pain rond. Pareil pour la mitraillette, simple sandwich composé d'une demi-baguette, de viande, de frites et d'une sauce. Attention cependant **Passer la nuit à l'amigo,** c'est la passer au poste de police ! Vous serez alors **en collocation**, c'est-à-dire en détention.

Ça te goûte ? : Ça te plait ?

Avoir dur : c'est être en difficulté pour telle ou telle chose.

À Hoût-si-plou : dans un trou perdu.

Un tchiniss : « Tu me feras le plaisir de ranger tout ton tchiniss ! » Vous l'avez deviné il s'agit du désordre, du bordel !

Un baraki : c'est une personne mal élevée, grossière.

À pouf : au hasard. C'est l'une de mes préférées : « Je l'ai croisé à pouf. »

Pesteller : trépigner d'impatience.

Avoir un œuf à peler : avoir un compte à régler avec quelqu'un.

Faire de son nez : rouspéter, se croire malin, causer de l'embarras.

À volle pétrol : veut dire à toute vitesse…

Quoi ça ? : intervient à la place de « pardon ? » et ce, quel que soit le milieu socioculturel.

La truite prend la mouche

Ce matin-là, le temps était flatteur. Le ciel dialoguait déjà avec le soleil naissant. En m'étirant, je songeais que le petit-déjeuner était sans conteste le meilleur moment de la journée. Nul n'accordait assez d'importance à cette parenthèse, entre le lit et la journée, où tout paraissait possible. Son meilleur compagnon restait le temps. Alors, le regard s'ouvrait tout en curiosité, l'œil se réhabituait peu à peu aux odeurs, aux goûts, aux textures de lumières. Chez soi, pour peu que l'on soit seul, on lisait la presse ou le courrier dans une extase composite. À la deuxième théière, les souvenirs, de simples panoramas d'images, se cristallisaient en idées. On était si bien que la douceur des légers nuages cotonneux entrait par la fenêtre pour nous envelopper. Je plaignais sincèrement les gens qui ne petit-déjeunaient pas et, d'ailleurs, Hippocrate mentionnait, déjà, l'importance de ce premier repas dans ses écrits. À cette heure matutinale, j'avais hâte de retrouver mon amie Katy Coucke chez elle, dans sa maison située sur une petite colline dominant Aurillac. Le salon était devenu atelier et la cuisine, œuvre d'art. Sur un fond jaune mimosa, la plus joyeuse des couleurs, Katy avait investi murs, meubles et même réfrigérateur, pour peindre moult entrelacs et motifs formidablement colorés. Dans cette pièce à la gaieté revigorante, nous attendions Noël Roch pour partager un petit-déjeuner.

Depuis leur rencontre en 1996, Katy et Noël peignaient ensemble. De cette complicité était né, neuf ans après, Couck&Roch, des toiles peintes à deux mains, chacun conservant ses différences et continuant parallèlement son œuvre personnelle. Sur la toile, l'univers de Katy, à la fois graphique et onirique, créait un paradoxe entre l'emboitement des formes et la liberté des couleurs. S'inscrivant dans le mouvement de la figuration libre, cette peinture franche s'appuyait sur une riche recherche graphique au service d'une matérialité signifiante. Instaurant un dialogue avec l'observateur éclairé, l'œuvre de Coucke se construisait sur un langage analogique, un réalisme facétieux. L'imagination rayonnante du peintre ne reniait pas des instincts primitifs soutenus par une volonté métaphorique s'imposant à travers icônes, symboles, figures emblématiques. Entre ses mains, de simples chaises devenaient de curieux animaux qui auraient enchanté Lewis Caroll. Grâce à un subtil glissement du réel au merveilleux, propre à l'artiste, apparaissaient ainsi des sculptures féériques. D'origine flamande, était-elle descendante de Bruegel pour porter, comme son lointain ancêtre, une œuvre inclassable et novatrice ?

Noël, grâce à un parcours contrarié, était devenu un excellent médecin alors que son souhait premier aurait été de suivre le cursus des Beaux-arts. Ce colosse féru d'histoire s'était bien rattrapé depuis en libérant un trait puissant à la Garouste, en réinterprétant l'objet, le quotidien, en matérialisant cette réalité comme pour mieux explorer l'intimité humaine. Dans sa peinture, la forme attirait le potentiel de la lumière en reflétant la beauté, la laideur, la vie en somme. Exigeant avec lui-même, doutant toujours, l'artiste Roch hantait la mémoire. Avec un appétit d'ogre, il avait cette capacité rare de capter le moment en cheminant avec bonheur vers l'universel à travers ses propres obsessions. En résultaient des tableaux où la force le disputait à la poésie. D'ailleurs, Noël appréciait les vers, mais ne lisait jamais aucun roman au prétexte que tous transcrivaient des menteries. Cela m'esbaudissait, car je n'avais jamais envisagé la littérature sous cet angle. De prime abord, il paraissait osé de mixer les styles si différents de ces deux peintres, et, pourtant, l'association

Couck&Roch fonctionnait à merveille. «Toute image est un reflet, le peintre n'est que miroir. Le reflet le plus terrible du miroir est préférable à ce miroir sans tain qui s'ouvre sur l'abîme de soi» écrivait joliment Katy.

Malgré nos opinions politiques diamétralement opposées, Katy s'avérait être mon âme sœur pour tous sujets d'ordre géopolitique. Nous partagions également l'amour des chats, ce qui n'était pas une mince affaire puisqu'elle en hébergeait alors sept. Les minets s'avéraient de bons compagnons pour les artistes, peut-être par leur façon d'être au monde, rebelles et anticonformistes. Je vous l'assure, vivre avec un chat élève moralement. À mon arrivée chez Katy, seul un énigmatique sachet de *Zaatar Baladi* était posé sur la table. Ce mélange de thym oriental, de soumac, de marjolaine et de graines de sésame grillées renfermait toute la saveur du Moyen-Orient. Il convenait de diluer les épices dans de l'huile d'olive et d'étaler ensuite la mixture sur des toasts grillés tout chauds. Un vrai délice. J'abordais, quant à moi, mon second petit déjeuner, une tradition en Bavière, en Pologne ou en Hongrie. Dans ces contrées rudes d'Europe centrale, avaler quatre à cinq repas par jour restait courant. Après une série de visites à domicile non prévues, certainement due à un surcroît d'égrotants locaux, le docteur Roch arriva enfin avec baguettes croustillantes et œufs de ferme.

Noël s'activa aussitôt. La préparation des œufs devint instantanément un enjeu civilisationnel. Tout d'abord, les mettre au réfrigérateur relevait de l'hérésie. Réfléchissez : dans les magasins, les œufs tous fiers dans leurs boîtes alvéolées, ou même, un peu paumés, en vrac, n'étaient jamais rangés dans des rayons réfrigérés. Depuis le lieu de production jusqu'à l'espace de vente, les voici dorlotés à température ambiante afin d'éviter des chocs thermiques susceptibles de diminuer la protection naturelle de leur coquille. Car, la poule, précautionneuse, enrobait, en pondant, chaque œuf d'un liquide empêchant les bactéries d'y pénétrer. Aussi, si vous laviez l'œuf, cette protection tombait à l'eau, le privant de sa cuticule, véritable barrière naturelle contre les microbes. La législation européenne interdisait ainsi leur lavage. Une exception, la coquille lavée, percée de millions de petits trous, restait un atout pour la confection d'une omelette aux truffes. Placez vos œufs ne serait-ce que quelques heures dans une boîte avec le réputé diamant noir et ils révéleront une saveur insoupçonnée. Le réfrigérateur détériorerait également leur goût. Bref, moins vous les garderez chez vous, mieux cela sera ! Après une cuisson chronométrée avec art par Noël, l'œuf procurait un plaisir tout particulier. Tac. Tac. On cassait la coquille par le gros bout à l'aide d'une petite cuillère*, on enlevait le chapeau blanc et on plongeait, avec délectation, les mouillettes, à peine beurrées, en alternant avec celles, délicatement imbibées d'huile d'olive et de *Zaatar Baladi*, dans le jaune tout chaud. On cueillait alors, avec délectation, le blanc tout juste ferme. Un chef-d'œuvre exquis à la simplicité conquise.

Katy et moi devions nous retrouver le soir même pour un dîner au château de Cols. Ne fantasmez pas, nous n'allions pas à Versailles, mais restions en Auvergne, où les châteaux font partie du patrimoine, au même titre que les vaches et les volcans. Il s'agissait là d'une grande demeure, sans pont-levis, mais avec une tour. Sa construction par le troubadour Pierre de Col était attestée dès le XIIIème siècle et sa reconstruction avait su sauvegarder une certaine authenticité. Propriété de mon meilleur ami, dit le Baron, un passionné d'art et de paysage, elle abritait des jardins suspendus dominés par un bois sauvage et d'impressionnants rochers verticaux illuminés la nuit venant. Des fondations de Sully donnaient la ravissante impression que la nature, par une diversité de visages, s'offrait à tous nos sens. La palette végétale aux couleurs variées attirait le regard vers un jardin à la française, puis vers un parterre d'eau magnifié sur son contour par de lascives plantes exotiques. Ce jardin de soleil, dominant la vallée, conçu dans un époustouflant entourage de verdure, abritait de grands arbres d'essence rare se jouant des sculptures d'art contemporain. Au milieu des fleurs vaporeuses, les feuillages ocre, émeraude, pourpres ou bronze témoignaient d'une passion que l'homme pratiquait depuis l'Antiquité.

Sur l'air de *Diva Casta* de Norma, ma voiture montait gaiement l'allée bordée de platanes serpentant jusqu'au château. Ce prélude magnifié par le chant éperdu de la flûte s'élevait dans un accompagnement élégiaque des cordes. Cette musique, l'une des plus célèbres du répertoire lyrique, avait la capacité de suspendre le temps. Katy et moi étions d'humeur joyeuse lorsque nous passâmes le perron. Après nous être débarrassées de nos manteaux, nous pénétrâmes dans le grand salon, où le directeur de cabinet du président du Conseil général et sa femme avaient déjà pris place ainsi que le notaire et son épouse. Je connaissais deux des invités. L'été d'avant, le « dircab », jeune énarque, m'avait alors affirmé sérieusement ne pas être en vacances alors qu'il se prélassait, un jour ouvrable et après un long déjeuner, autour de la piscine. L'officier ministériel, connu célibataire à l'adolescence, était un personnage tout rond de gentillesse. Nous avions salué la puissance invitante et accepté de bon cœur la coupe de champagne tendue lorsque surgirent deux petits chiens affublés de grands nœuds écossais sur leurs têtes. Malheureusement, *small* n'était pas toujours *beautiful.* Au bout de chaque laisse, apparut une femme arborant une coiffure à l'allure pâtissière, bien gonflée, dorée à souhait, arborant le même nœud en tartan rouge que ses toutous. La soirée s'avérait prometteuse.

Mahler avait dû composer son *Chant de la Terre*, cette espérance panthéiste, pour bouleverser l'apothéose tragique des dîners bourgeois provinciaux. Peut-être ceci expliquait pourquoi ce grand musicien voulait garder par-devers lui cette œuvre. Vous me croirez ou pas, mais, en province, le rang social semblait obliger à inviter chez soi des personnes pour lesquelles on n'éprouvait nul attrait. Ce qui habitait tout grand bourgeois n'était pas un dieu, mais la vertu de l'hypocrisie. Cela amusait mon ami qui se délectait dans cet exercice. Notables, députés, préfets, se succédaient à sa table, et, pour ne pas s'ennuyer à périr, il y ajoutait un soupçon d'amis de passage, le copain exilé à Marrakech, la propriétaire d'un domaine en Sologne, quelques Parisiens ou Cannois. Un ou deux artistes bien triés pouvaient agrémenter de façon flatteuse cette tablée vespérale.

À Cols, la cuisine, comme tout le reste, se mettait en scène. Les convives exerçaient surtout l'art de la prétérition avec la facilité des abeilles butinant les fleurs et en aspirant le nectar. Toute cette assemblée cancanait en biais, comprenez, jamais devant le sujet, objet de la conversation. Je raille la province, mais le microcosme parisien, tous des anciens provinciaux, n'était pas en reste dans les béances et les raréfactions du courage d'opinion. Le foie gras maison passa cependant sans mal, enfin pour nous, car la péronnelle servant d'épouse au notaire n'en mangeait pas et le fit savoir. Le gavage lui restait en travers de la gorge ce que je pouvais comprendre. Cette pratique, appliquée déjà sous la Rome antique, avait mauvaise presse. Le Baron argumenta : chez son petit producteur, les volatiles gambadaient dans des prairies, à l'air libre pendant près de quatre mois. Le gavage n'intervenait qu'en fin de circuit et n'avait rien à voir avec les cruelles méthodes industrielles. Des chasseurs auraient même rapporté des cas d'oies ou de canards sauvages présentant des foies naturellement gras. La dame aux chiens-chiens, peu convaincue par ces propos, enchaîna un refus de toucher au mets, suivie de la femme du directeur de cabinet. Le maître de maison, un peu lassé, leur fit servir du saumon fumé.

Ragaillardie par son rôle de meneuse, l'épouse du notable entama un monologue saugrenu sur le bien-être et les plantes. Elle se piquait d'être une herboriste en devenir. Les bienfaits des végétaux furent décortiqués. Lorsque le néophyte se faisait militant, l'exercice lassait vite. Et, si la nature pouvait nous apporter des solutions pour mieux vivre, là, elle nous empoisonnait sérieusement. Les yeux au plafond, je regardai l'immense lustre en verre de Murano, ses branches torsadées et colorées, puis je fixai une Katy se morfondant, en me disant que nous n'avions aucune appétence pour les péroreuses. Le Baron n'en avait cure, il terminait le foie gras. Il tenait pourtant l'intelligence en grande estime. Un autre détail importait : la voix, agaçante, nasillarde, mal équilibrée, balançant des phrases dénuées de ponctuation. Tant de vertus apaisantes, digestives, dermatologiques ou fortifiantes, arrivèrent à nous insupporter. Madame Nœudnœud opinait à ce discours et émit soudainement une sublime sentence : « Il ne fallait pas mettre la charrue avant les gueux ». À ce point d'érudition, il convenait de trouver une porte de sortie. En pouffant, Katy et moi, nous nous réfugiâmes dans la cuisine.

Il fut un temps où je bannissais la viande de mes repas. Aussi mon grand ami avait élégamment demandé en cuisine de préparer des truites. De cascades en torrents, de gaves en ruisseaux, la racée truite fario, était, dans le Cantal, souveraine. Les plus hardis la pêchaient à la main. Saviez-vous que ce top model des eaux vives adorait le fromage ? Voici un mystère dévoilé par un pêcheur, mais, rassurez-vous, elle mordait aussi bien aux pâtes chimiques des fabricants. En fait, tout lui faisait ventre. Avec son corps fusiforme, ses nageoires développées et sa gueule armée de nombreuses dents, ce salmonidé très combatif n'hésitait pas à pratiquer le cannibalisme, dévorant sauvagement ses propres œufs ou les truitelles évoluant dans les parages. D'ailleurs, le terme truite venait du grec *trôktês*, signifiant vorace. Dans l'assiette, la belle mouchetée faisait moins la fière et, pour se faire pardonner, fournissait une chair ferme et formidablement goûteuse. Les cèpes charnus, poêlés à merveille, dégageaient un délectable parfum boisé. Les pommes de terre vapeur amenaient un peu de paix au palais, laissant juste échapper un délicat goût de noisette.

Tout savoir-vivre semblant en voie de disparition, l'épouse du notaire, surnommée la Castafiore, avait mis, sur le côté de son assiette, les morceaux de poitrine fumée et les pommes de terre. Ce qui pouvait sembler injuste pour ces dernières, car sa ligne patatoïde devait tout au tubercule de Parmentier et les propriétés des plantes encensées avaient visiblement échoué sur sa peau au teint brouillé. Mon dieu que je plaignais son mari ! Un homme d'humeur toujours égale, bon vivant, souvent drôle, un saint, aurait dit ma grand-mère. Avec une attention tout à fait singulière, la bougresse essaya de prolonger sa litanie verte, mais, là, lui coupant la parole, j'orientai fermement la conversation du dîner vers l'art. Mal m'en prit. Le directeur de cabinet déclama comme siennes les pensées du dernier Télérama**. J'avais déjà subi ce phénomène moutonnier avec un ami parisien initiant les sujets de conversation et ses opinions d'après le dernier numéro de ce magazine culte. Cela aurait pu m'amuser s'il ne s'était agi d'un conseiller culturel du ministère des Affaires étrangères. Au milieu de quelques bons papiers, le désormais bien-pensant hebdomadaire se voulait trop l'arbitre des élégances pour que cela me satisfasse. À mes yeux, le métier de journaliste ne consistait pas à se poser en police de la pensée. Quant aux perroquets rapportant stricto sensu ce qu'ils avaient lu, je les renvoyais à Bergson : « Pour répéter, pour imiter, pour se fier, il suffit de se laisser aller ; c'est la critique qui exige un effort. »

Après les fromages, dont un Cantal de compétition, la tablée était apaisée. De sorte qu'en y réfléchissant, le dîner, eu égard aux convives, avait pris belle allure. En ce début de l'automne, l'air frisottait, anormalement doux. Ainsi, les dernières myrtilles sauvages se laissaient encore cueillir en montagne. Fraîche et gourmande, la tarte réalisée avec ces baies bleues procurait une explosion de jus en bouche et une langue toute violette. Si elle n'avait pas boudé, le Rossignol milanais aurait pu utilement dire que ce petit fruit, très léger en sucre et pauvre en calories, riche en fibres et en antioxydants, possédait des vertus coupe-faim, ce qui, à ce stade du dîner, s'avérait sans importance. Si vous en avez l'occasion, je vous conseille de participer, au moins une fois, à une cueillette de myrtilles sauvages. En automne, vous éviterez le ramassage après la pluie, car les fruits seraient gorgés d'eau et perdraient leur goût. Dans un lieu toujours tenu secret, armé d'un peigne, l'outil obligatoire, vous grimperez la montagne, prêt à vaillamment remplir des seaux et des seaux. Vous vivrez, ébahi, un moment d'initié fort vivifiant.

Lorsque ma voiture démarra, La Callas reprit *Norma* exactement là où on l'avait laissée. Pour me faire pardonner, j'avais décidé d'amener ma pauvre Katy au casino du village. Ce genre de dîner s'avérait une dure épreuve pour une artiste à la capacité de retrait facile. Quarante-cinq machines à sous nous attendaient. Elles prenaient les pièces de dix et vingt cents, et, au blackjack, la mise minimale montait à deux euros. Nous n'étions pas à Macao, mais, comme le furet de la comptine, le bonheur n'était jamais là où on l'attendait.

* Certains mets, tels l'œuf ou le caviar, ne doivent surtout pas être servis avec une cuillère en argent ou en métal provoquant une réaction et conférant alors un affreux goût métallique. Des couverts en matériaux naturels tels que l'ivoire ou, plus démocratiquement, la corne, la nacre, sont d'excellentes alternatives. Les cuillères en plastique répondent également à l'exercice, mais restent moches.

** Créé en 1947 pour réanimer les Éditions Témoignage chrétien, alors déclinantes, Radio-Loisirs, l'ancêtre de Télérama, se voulait le reflet de la nouvelle culture de l'après-guerre. Après avoir été un des fleurons du groupe de presse La Vie catholique, le titre se trouvait, depuis 2003, dans le giron du groupe Le Monde.

À Lire :

- Bien à vous, une délicieuse correspondance entre le peintre-médecin Noël Roch et Ghyslaine Leloup qui œuvrait dans le milieu artistique, notamment dans les domaines de la musique et des arts visuels. Éditions Unicité (2017).

Les œufs à la coque de Noël Roch

Sachez que cette appellation vient du latin coquus (cuisinier) ayant donné le terme coq désignant le cuisinier à bord des navires, un maître coq étant un excellent chef. Chez les anglophones, cela a donné naissance au mot cook (cuisinier), mais ceci n'a rien à voir avec mon amie, l'artiste Katy Coucke ! Voici quelques siècles, tout bon chef avait l'impérieuse nécessité de les réussir.

Œufs ultra-frais de poules qui courent (Code 0 = œuf bio)
Baguette
Beurre de baratte demi-sel de chez Bordier de préférence
Zaatar Baladi
Huile d'olive extra-vierge

Préparez les mouillettes en coupant la baguette en bâtonnets réguliers. Beurrez-les légèrement. Faites griller des toasts, coupez-les en long et badigeonnez-les du mélange Zaatar Baladi et huile d'olive.

L'œuf est une source de protéines d'excellente qualité possédant neuf acides aminés essentiels. La vérité universelle de l'œuf coque tient autant au temps de cuisson qu'à la fraîcheur des œufs, jamais de plus de neuf jours après la ponte.

Dans une casserole, mettez l'eau à chauffer. Et c'est là qu'il convient de rester vigilant : primo, le choc thermique peut provoquer une rupture de la coquille, le résultat sera alors désastreux ; secundo, la température excessive, sachant que l'œuf coagule dès 80°, provoquera une cuisson trop violente du blanc qui en tremblera de peur avant de trop durcir irrémédiablement.

Donc, mettez l'œuf dans l'eau à basse cuisson c'est-à-dire lorsque des petites bulles apparaissent, « entre yeux de crevettes et yeux de crabes », dixit mon ami Noël. À ce moment-là, et uniquement à ce moment-là, déposez délicatement l'œuf dans l'eau à l'aide d'une cuillère à soupe. Noël compte 4 minutes et 30 secondes à 672 mètres d'altitude précisément. Retirez les œufs à l'aide de la cuillère et placez-les délicatement dans les coquetiers.

À vos calculettes :

L'œuf cuit grâce aux échanges thermiques entre l'eau et lui-même. La température étant moins élevée (l'eau liquide ne dépassera pas sa température d'ébullition), la cuisson prend plus de temps. Il vous faudra plus ou moins de temps pour atteindre le stade « yeux de crevettes-yeux de crabes ».

Au niveau de la mer, l'eau bout à 100 °, mais, pour chaque tranche de 293 mètres d'élévation, la température d'ébullition diminue de 1°.

En faisant bien le calcul, vous trouverez la température exacte, là où vous habitez. Quand la pression baisse, la température d'ébullition de l'eau baisse aussi.

En haut du Mont Blanc, elle bout à 85° et en haut de l'Everest à 72°. Ceci dit, presque tous les aliments sont plus longs à cuire en altitude. Par exemple, pour cuire un œuf à la coque à 1 500 mètres d'altitude, comptez une minute supplémentaire, et trois minutes supplémentaires à 3000 mètres.

Mais je me demande bien pourquoi vous voulez grimper si haut pour prendre votre petit-déjeuner !

La Problématique des desserts

En 2015, dans une vente aux enchères, partit à 7 500 Euros une édition rare du plus fameux traité de cuisine du XVIIIème siècle Le *Cannameliste français*. L'auteur Sieur Joseph Gilliers*, Chef d'Office et Distillateur de Sa Majesté Stanislas, Roi de Pologne, Duc de Lorraine et de Bar, père de Marie l'épouse de Louis XV, montrait toutes les façons d'accommoder la cannamelle, comprenez la canne à sucre. Écrit en 1751, cet ouvrage présentait également le dressage et la décoration des tables, la touche ultime pour rendre inoubliable le dernier service d'un repas. La mode des desserts sucrés, apprêtés dans l'office par le maître cannaméliste, était née, alors que ceux-ci, restaient encore peu répandus en Europe moins d'un siècle auparavant. Ce dictionnaire époustouflant avec de magnifiques planches gravées par Dupuys montrait une réelle révolution des mœurs et du goût. Ici, il n'est que prétexte à introduction pour vous avouer mon incommensurable problème face aux douceurs. Je n'osais proclamer mon désamour des desserts. Un drame récurrent. Mon évitement en fin de repas, au restaurant ou bien dans des dîners bourgeois, tournait au pathétique. Ah ! La joie de finir sur un bon fromage. En fait, la problématique était faussée, mais il aura fallu un curieux concours de circonstances pour que je le découvrisse.

Nietzsche pensait que pour faire quelque chose, il fallait parfois passer la moitié du temps à ne rien faire. Fort de cette sérieuse référence sur l'oisiveté, j'avais passé deux jours recluse emplie de mes chats et de mes livres. Fuir la réalité sans besoin d'autrui, cet être vain et envahissant. Mais nous étions le six novembre, jour de la naissance d'une amie chère. Ce matin-là, un texto à son attention fut la seule parenthèse puis mon téléphone portable se reteignit pour me permettre de retourner à une solitude seyante au moment. Comme Cicéron, disposer d'un jardin et d'une bibliothèque pouvait suffire à mon bonheur. En cet automne parisien, quelques roses vaporeuses et un hortensia layette éclairaient encore ma terrasse. L'oubli du temps était doux, dissous dans de petites taches de lumière posées sur la page de mon livre. La lecture faisait de vrais miracles : un esprit rentrait dans le vôtre et vous vous appropriez les mots, les personnages, les situations, les paysages. Alors plus rien d'autre n'existait et, dès que vous vous aperceviez le peu de pages restant à lire, vous ralentissiez machinalement la lecture, ressentant la même mélancolie que lorsqu'un être cher allait prendre congé. Aussi, fuyez les maisons sans livre, elles sont pires que des demeures sans fenêtre.

Je m'étalais dans ce cocon nonchalant quand, soudain, les mouvements baroques du *Stabat Mater* de Pergolèse, si revigorant par leur beauté grave, furent assassinés par le carillon de la sonnette. L'amie dont c'était jour d'anniversaire se trouvait sur mon palier, encombrée de tournesols, fleurs moches, mais ô combien symboliques, et d'une multitude de sacs de course. Hors de question pour elle de célébrer ce jour sans moi et les nombreux paquets contenaient le nécessaire pour confectionner un gâteau, des agrumes, de la menthe fraîche et des cadeaux. Il était toujours avantageux de s'entourer de gens possédant la même intelligence que soi-même. Des ingrédients donc, pas un dessert de pâtissier qui m'aurait soulevé le cœur. Que des douceurs hypothétiques ! Or, l'hypothétique ne pouvait se refuser, tout miroitant de promesses et gorgé d'allégresse. Il vous donnait des bouffées d'espérance moussue.

Pour réaliser un bon dessert, il convenait de réunir du croquant, du moelleux, de la couleur, de l'amour et de la gourmandise. Vous conviendrez que cette dernière se rapporte en premier lieu à tout bec sucré, mais avez-vous remarqué la folle starisation des grands pâtissiers ? À Paris, certains présentaient même des collections sous le modèle des défilés de mode ! Mais, en pâtisserie comme en art, il convenait de se méfier du maniérisme au risque de donner des desserts autistes. Dans une enquête de ma consœur Camille Labro sur les dessous de cette pâtisserie de luxe, publiée en octobre 2016 dans le magazine M, le lecteur esbaudi découvrait que ces créateurs de bijoux comestibles se fichaient comme d'une guigne de toutes les problématiques alimentaires modernes, le bio, les produits de saison ou de terroir, bref, tout ce qui animait dorénavant le monde de la gastronomie ne les concernait pas. Ainsi, dans la zone industrielle d'Orly, une célèbre marque aux boutiques haute couture produisait en usine des centaines de pâtisseries et quelque trente mille macarons par jour pour la seule région parisienne. Les gogos dandys avalaient œufs en poudre, glucose, dextrose, sucres invertis, sorbitol, mannitol, du gras et du pâteux, des purées de fruits surgelées, mais aussi toutes sortes de colorants, texturants, épaississants, émulsifiants, gélatines animales, arômes artificiels et conservateurs. Seuls le visuel et le prix restaient chics.

Ma cuisine fut bientôt envahie de farine, de chocolat, d'œufs, de vanille, de crème fraîche, de sucre, de beurre, de miel, mais aussi de citrons, d'oranges et de menthe. La question maintenant était de savoir ce que l'on allait imaginer, enfin plutôt trouver, l'imagination ne se prêtant pas vraiment à l'exercice tant la pâtisserie exigeait un respect strict des recettes. Point de fantaisie donc, n'essayez jamais de remplacer un ingrédient par un autre ou d'ajouter un peu de ceci ou de cela sinon vous obtiendrez un fondant au cœur dur comme de la pierre, un cake en carton-pâte ou un gâteau tout raplapla. En pâtisserie, tout amateur éclairé devait suivre pas à pas un bon livre de recettes.

Ce paradigme fastidieux ajoutait une couche à mon rejet des desserts puisqu'en cuisine, mon grand plaisir restait d'inventer. Pour cueillir des idées, nous ouvrîmes un livre fort épais en n'oubliant pas de nous préparer une coupe de Mimosa, un cocktail revigorant composé principalement de champagne et de jus d'orange.

Une heure après, nous avions décidé de réaliser des petites tartelettes au citron couplées à un gros gâteau au chocolat incroyablement riche et onctueux. Fourré à la crème chantilly avec une note de vanille et recouvert d'une ganache composée de chocolat à 70 %, de crème fleurette, de miel et de beurre, il consistait en une délicieuse tuerie calorique. Comme vous l'aviez compris, pour réussir une pâtisserie, des ingrédients de première qualité ne sauraient suffire, les œufs devaient être à température ambiante, le beurre sorti avant pour être malléable, la balance au garde à vous à proximité pour les nombreuses pesées obligatoires, les récipients nécessaires sortis, le batteur électrique branché, le papier film ou aluminium, le papier essuie-tout, bref, à portée de main, il convenait de prévoir tout ce qui pouvait être utile. Ensuite, la recette devait être suivie dans l'ordre précis indiqué et le préchauffage du four s'avérait vital. Le temps de cuisson et la température, toujours donnés à titre indicatif, restaient des notions fourbes, car, selon les fours, ils pouvaient s'amuser à varier. Bref, la patience et une organisation quasi militaire étaient de rigueur.

Presser et râper des citrons ensemble, en bavardant de tout et de rien, constituèrent un moment si joyeux que nous prîmes des photographies de cette complicité culinaire. Une odeur citronnée embaumait la cuisine. Ce petit agrume possédait de puissants antioxydants et le jus d'un seul citron suffisait à couvrir plus d'un tiers de nos besoins quotidiens en vitamine C, à cela s'ajoutaient de nombreux minéraux et oligoéléments, du potassium, du magnésium, du cuivre, lui conférant notamment un fort pouvoir antiseptique. En cuisine, le citron, confit, pressé, zesté, pulpait un univers. Son jaune rayonnant évoquait celui du soleil, de la fête et de la joie. Alexandre Dumas lui avait d'ailleurs consacré pas moins de treize recettes dans son *Grand Dictionnaire de Cuisine*. Mais notre pari était pour l'heur de maîtriser à la perfection le juste équilibre entre l'acidité et le sucré pour nos tartelettes.

Deux heures et demie plus tard, ma cuisine, imprégnée de la délicieuse odeur oisive des desserts, était devenue un chantier innommable. Une quinzaine de plats, saladiers, bols et autres récipients se répandaient dans la pièce. Un chaos indescriptible régnait, style fatras, bazar, capharnaüm, souk. À quatre mains, une heure fut nécessaire au rangement de ce foutoir. Mais le résultat pâtissier était topissime. Plaçant fièrement au centre d'un immense plateau marocain notre gros gâteau au chocolat, nous disposâmes tout autour les barquettes citronnées en corolle. Nous avions réussi à réaliser une fleur de tournesol géante qui allait réjouir nos papilles et me faire succomber d'un bonheur guilleret, car nous organisions un goûter d'anniversaire pour adultes. Ce jour-là, je compris que si j'aimais les gâteaux posés sur la table de la cuisine à la sortie du four lorsque leurs odeurs flottaient et envahissaient l'espace, leur dégustation restait à jamais celle de l'heure du goûter — quand revenait un zeste d'appétit — le seul moment de la journée pour moi recommandable. Une dizaine d'amis nous rejoignirent vers dix-sept heures, nous servîmes un Earl Grey, divin classique anglais, ou, pour ceux qui préféraient, du thé à la menthe fraîche.

Notre composition artistique sucrée nous valut de chaudes félicitations. Claude Lévi-Strauss écrivait : «Il ne suffit pas qu'un aliment soit bon à manger, encore faut-il qu'il soit bon à penser». Vous connaissez bien sûr la série de tableaux *Les Tournesols* de Vincent Van Gogh. Avait-il vu le *Bouquet de soleils dans un vase* peint sept ans plus tôt par Monet? Avec le choix du même sujet ingrat de nature morte, tous deux avaient d'abord dû être confrontés à une difficulté que nous avons tous vécue face à d'immenses bouquets, consistant à chercher puis trouver un très grand vase. Van Gogh opta pour une poterie rustique vernie dans le même ton que la couleur des fleurs. Après avoir coupé, dans son jardin, à l'aide d'un couteau bien tranchant, quelques tournesols— une fleur qui savait comment se faire remarquer par sa taille pouvant atteindre quatre mètres de hauteur— Monet choisit un vase japonais en porcelaine bleue, une couleur complémentaire.

Imaginez maintenant nos peintres préparer chacun leur bouquet. Les tournesols restaient des fleurs rebelles, impossible à arranger. Or, chacun de ces trésors géants devait être orientés dans une direction différente. Chez Van Gogh comme chez Monet, elles n'en faisaient qu'à leur tête, leurs tiges pubescentes surgissant à différentes hauteurs, leurs grandes feuilles cordiformes assez rudes au toucher se plaçant dans tous les sens, leurs lourdes fleurs penchant du mauvais côté à la moindre occasion. Nos deux peintres devaient songer qu'il leur faudrait peindre vite, car ces fleurs se fanaient si rapidement. Auparavant, la tige des plus grandes fleurs devait rester longue, mais il convenait de veiller à la différence de hauteur afin de donner au bouquet un effet fourni. Lorsque ceci fut à peu près réussi, Monet s'attacha à travailler le fond en touches roses, mauves, violettes auxquelles se juxtaposèrent, dans une touche sophistiquée, les couleurs vives des fleurs soleil, des feuilles vertes, de la nappe rouge-orangé. La vigueur du dessin de Vincent Van Gogh, dans chacun de ses tableaux consacrés aux héliotropes, était servie par une large gamme de jaune sous fond bleu pâle ou jaune paille. Les rustiques fleurs aux pétales jaunes colza et au centre marron en bouton, épanouies, fanées ou en graines, formaient des têtes échevelées, un œil, une bouche, un cœur, personnifiant l'homme à tous les stades de son évolution. Une subtile métaphore du temps qui passait, de la vie à la mort, alors que Claude Monet brouillait les cartes du visuel, souhaitant juste oublier le temps qui s'écoulait.

Il convenait de différencier le temps intelligible, celui de la pensée, du temps sensible, celui des sentiments. Les souvenirs sucrés, ceux qui résistaient au temps, avaient un contenu émotionnel très fort. Ainsi, nous consolidions tout au long de notre vie l'idée de ces gâteaux, de ces crèmes, de ces entremets enfouis dans la mémoire des bonheurs de l'enfance avec leurs saveurs, leurs odeurs inoubliables. Véritable jardin des délices, ils représentaient la quête de l'éternelle enfance. Qui n'avait pas essayé de reproduire un dessert de sa grand-mère, souhaitant faire resurgir l'enfant qu'il était ? À tort, car, à travers cette mémoire d'instants singuliers, seul restait un geste d'amour enrobé d'une mélancolie incomparable. L'être disparu, le goût s'évanouissait, seule se fixait l'idée de sa saveur incomparable, intransmissible puisqu'à jamais perdue. Amarres au souvenir, les desserts ne devraient jamais quitter le parfum de notre enfance. Avec l'imagination matérielle chère à Bachelard en guise d'ancrage, il fallait juste fermer les yeux pour rêver à nos premiers bonheurs.

* Nombreux pâtissiers, amoureux des plaisirs de la table ou décorateurs, rendent toujours hommage à Gilliers, le « Le Nôtre » de la table. Avec art, il rendit impénétrable la frontière entre ce qui se mange et ce qui se voit : les ornements alternaient ainsi le sucre et la porcelaine, le plaisir s'adressant autant à l'œil qu'au palais pour un résultat proprement enchanteur.

« N'hésitez jamais à priver vos mômes de dessert, surtout s'il n'y en a pas beaucoup et que vous l'aimez ! » Frédéric Dard

Le Cocktail Mimosa

Le Mimosa a été créé vers 1925 à l'Hôtel Ritz de Paris par Frank Meier. Ce dernier s'inspira du Buck's Fizz créé à Londres quatre ans plus tôt. Son originalité tient dans l'inversion des proportions entre le jus d'orange et le champagne, et au remplacement de la grenadine par du triple sec.

10 cl de jus d'oranges pressées
Une larme de triple sec type Cointreau ou Grand Marnier
5 cl de champagne brut bien frais

Le Mimosa, cocktail chic et vintage, se concocte toujours au dernier moment directement dans une flûte ou, mieux encore, dans un verre tulipe.

Le jus d'orange est versé en premier avec le triple sec pour recevoir en douceur les bulles rafraîchissantes du champagne.

Pour plus de raffinement, filtrez la pulpe du jus et décorez les verres avec une rondelle d'orange.

Une boisson au dynamisme rafraichissant parfait pour le brunch et décomplexant puisque à 85 calories par verre, le Mimosa est le cocktail le moins calorique de tous!

À moi l'Angleterre !

Pour mes parents, la pratique et le perfectionnement d'une langue étrangère constituaient une compétence de base pour leur fille unique. Une autre époque où l'éducation nationale n'avait pas encore décrété qu'apprendre une langue étrangère consistait à « Aller de soi et de l'ici vers l'autre et l'ailleurs » (sic) ! Fort heureusement, je n'avais aucune conscience que les cours deviendraient plus tard, des formations en mode présentiel, ma réponse, une conceptualisation cognitive intuitive et, mon enthousiasme, une vision proactive. Aussi, lorsque maman lança l'idée d'un séjour linguistique, je n'y vis qu'une opportunité de liberté. Du haut de mes treize ans, je dois vous avouer qu'apprendre l'anglais ne revêtait pour moi strictement aucun intérêt, haïssant ces verbes irréguliers rébarbatifs à souhait et ce positionnement ridicule de la langue pour prononcer correctement le moindre mot. Faisant déjà un peu de théâtre, seul, le français me fascinait par sa richesse. Je ressentais chaque phrase comme une mélodie avec son rythme, ses durées, ses sonorités. J'adorais repérer dans le dictionnaire des mots rares tels « hypocorisme » ou « apophthegme ». Je voulais ignorer que les romans de Jules Verne étaient truffés de mots anglais, en vogue à son époque, toutefois disparus aujourd'hui. Bref, si j'acceptais l'idée de ce séjour avec joie, l'attrait de la langue anglaise n'y était pour rien.

Partie de Cherbourg, je vécus le voyage en ferry comme une merveilleuse aventure. À bord, le passager comprenait vite que le temps s'était comme libéré, s'accordant à être émerveillé par les côtes lointaines déchiquetées par les flots. Sur le pont, un vent Nordet voulait m'arracher mon manteau et des cheveux piquaient mes joues en virevoltant. La mer m'avait toujours ému, j'aimais son odeur salée, ses caprices, son soudain languissement et son prompt déchaînement. Lorsque vous étiez en symbiose avec elle, l'océan vous laissait comme un chef d'orchestre à la fin d'un concert, encore dans la musique avant d'appréhender la réalité. Nous voguions vers Southampton, une ville portuaire située sur la côte sud de l'Angleterre et, lorsque la terre apparut, j'étais tel Christophe Collomb découvrant le Nouveau Monde. Enfin, pas tout à fait, car je m'étais construite une solide image d'un pays assez farfelu à travers Lewis Carroll et Charles Dickens. Sur le bateau, Isabelle, une blonde aux cheveux longs délurée au possible, était déjà devenue une amie. À nous l'Angleterre !

Le programme précisait que tous les soirs et les week-ends, je serais dans une famille d'accueil rigoureusement sélectionnée et que je prendrais part, durant la semaine, à un programme linguistique composé de cours de langue et d'activités sportives. Les familles nous attendaient sur le quai. Lorsqu'on me présenta à Brittany et Connor, je fus tout de suite charmée par ce jeune couple moderne et souriant, propriétaire d'un véhicule étonnant : l'Austin Countryman. Comme son nom le suggèrait, la *Countryman*, lancée en 1961, se destinait aux gentlemen-farmers et aux urbains sophistiqués sensibles à la naturalité. De teinte verte avec un toit blanc cassé, assorti d'une belle sellerie en cuir *Almond Green*, ce séduisant break exprimait le raffinement automobile à l'anglaise avec ses flancs aux très jolis montants en bois vernis et sa moquette tapissant l'habitacle. Avec cet attelage, nous arrivâmes à destination vingt petites minutes plus tard.

Planté au milieu d'un parc luxuriant, leur cottage réinterprétait les codes de la maison anglaise : l'emploi de la brique, la toiture à forte pente recouverte de tuiles plates à la teinte similaire à la brique, les larges baies vitrées et le majestueux porche d'entrée. Sans oublier, bien sûr, les bow-windows, ces fenêtres en trois pans qui s'avançaient en arc de cercle vers l'extérieur, agrandissant la pièce et apportant une note définitivement british. Le vaste salon affichait des meubles modernes et colorés. De ma chambre, qui jouissait de sa propre salle de bain, je pouvais à loisir contempler le jardin. Des boutons-d'or tapissaient l'herbe tel du popcorn, des pivoines se paradaient, joufflues comme des choux, et, en parterre, des roses somptueuses comme des robes de bal se protégeaient du soleil sous les frondaisons d'arbres déployant des teintes vert citron, amande, opaline, en marqueterie de lumière. Dans ce cadre flamboyant, je me sentais prête pour une immersion totale dans l'intimité de ce cottage.

Après avoir rangé mes affaires, je découvris que le lavabo de ma salle de bain comportait des robinets individuels pour l'eau chaude et froide. Il n'y avait qu'au Royaume-Uni que vous trouviez cette fâcheuse absence de mitigeur. Résignée de me laver les mains à l'eau glacée ou brûlante, je descendis au salon où je remis à Brittany les cadeaux préparés par maman : un gros bloc de foie gras et une eau de toilette de chez Guerlain. Brittany me remercia chaleureusement et m'invita à m'asseoir à ses côtés. Sur ses genoux était posé un grand livre de cuisine avec des photos épatantes. À chaque page, elle accordait visiblement toute son attention à mes approbations qui se limitaient à : *I like it, I don't know et ok*. Avec *Thank you*, l'étendue de mon vocabulaire fut ainsi dévoilée dès le premier soir. Le temps de préparer le dîner, elle me laissa seule avec l'ouvrage dont les photos me donnèrent faim. *Dinner's ready!* Nous passâmes à table. Une soupière fumante était posée sur la table. Bon appétit semblait se dire pareil, enfin pas la prononciation, mais j'arrivai à saisir. Lorsque Connor me servit une soupe à la couleur caca d'oie, je compris instantanément que mon foie gras avait été cuit au bain-marie. «La cuisine de l'Angleterre est à son image : entourée d'eau.» écrivait l'écrivain et humoriste Pierre Daninos.

Les Anglais étaient définitivement des originaux patentés. Ainsi, le foie gras fondu et bouillant me fit voir dans mon hôtesse une héroïne d'Alice aux pays des merveilles avec le même univers féerique où le nonsense se devait d'occuper une place majeure. Je la regardais de l'autre côté de la table tandis qu'elle me souriait semblant guetter une approbation. *It's very good* mentais-je alors, en rougissant comme une ingénue. Chacun termina son assiette sans plus de commentaire. La suite, un rôti de bœuf en croûte — Filet de bœuf Wellington précisait le livre de cuisine — avec des petits pois vert acidulé, fut un délice. Le bouquet final fut la dégustation de ma première Jelly, une gelée fabriquée à base de fraises et de gélatine. Lorsqu'on voulait l'entamer avec une cuillère, elle tremblotait de manière rigolote. J'ai immédiatement adoré ce dessert ludique rouge fluo. Confortée par l'assurance que la cuisine anglaise ne se résumait donc pas au gigot à la menthe et que toute expérience s'avérait formatrice, je dormis ce soir-là comme un bébé.

Le lendemain matin, le petit-déjeuner me laissa sur un nuage. Avec un thé exquis, je dégustai l'une des meilleures marmelades d'orange, fraîche et gourmande, au bon goût d'agrumes acidulées. Le croquant des zestes, *fine cut*, était idéal pour le matin tout comme la confiture au gingembre confit. Je contemplai par-dessus le rebord de ma tasse les frondaisons du parc en me délectant d'une autre spécialité du Royaume-Uni : la crème de citron, appelée *lemon curd*, se savourant sur des tartines de pain frais ou des scones. J'accordais déjà beaucoup d'importance à la qualité du thé et au récipient qui l'accueillait. Avez-vous remarqué le monde se divisait en deux catégories? Ceux qui aimaient les bols et ceux qui préféraient les tasses. Le bol n'était pas vraiment ma tasse de thé, il renvoyait pour moi au riz ou, à la limite, au chocolat chaud dans un chalet de montagne. Ailleurs, son usage me semblait déplacé. Le mug était tout aussi grossier, ridicule sans sa soucoupe. La porcelaine fine était réservée à la tasse que l'on devait tenir selon des règles de bienséance précises. L'index devait passer à travers l'anse tandis que les trois autres doigts restaient fermement appuyés contre la paume. Ne pensez surtout pas à redresser le petit doigt : c'est du plus mauvais goût. Repue, je retrouvai Isabelle pour notre premier cours qui me sembla interminable. Elle était très déçue, car sa famille se résumait à une vieille fille acariâtre dans une maison délabrée avec un vilain jardin tout en longueur semblable à ceux des lotissements. En fait, ses parents avaient indiqué agriculteurs comme profession et les familles étaient sélectionné par rapport à une grille de classe sociale totalement indifférente au fait que ses parents étaient des gros propriétaires terriens en Beauce avec une fortune beaucoup plus conséquente que celle de mes parents. Je la consolai du mieux que je pus, en taisant notamment toute allusion à mon paradis. Pour améliorer notre anglais, nous devions nous adonner à un sport. Pourquoi choisissais-je le tennis ? Mystère. Pour une amblyope comme moi, c'était un sacré challenge puisque je ne pouvais attraper aucun objet en vol, balle y comprise. Peut-être parce que la tenue me semblait accorte. Toujours était-il que le professeur de tennis s'avéra être Italien et que, se rendant compte rapidement de mon handicap, ne me fit faire que des services durant ces quinze jours. Tutto bene !

Ce pays possédait la météo la plus capricieuse du monde. Vous quittiez la maison sous un soleil d'été puis attendiez l'autobus en pleine tempête automnale ; quelques heures plus tard, vous enduriez une pluie hivernale, avant de finalement pouvoir profiter d'un après-midi printanier. Aussi était-il impossible de ne pas être emporté par l'amour des Britanniques pour les belles journées. Ce dimanche-là, le soleil étant radieux, Brittany et Connor décidèrent d'organiser un barbecue. Ce fut fort joyeux. Je découvris les meilleures saucisses du monde, celles de Manchester, aux herbes contenant du clou de girofle, du gingembre, de la muscade, du macis et du poivre blanc. Saviez-vous que le Royaume-Uni compte environ quatre-cents variétés de saucisses ? Mon sentiment, si temporaire qu'il fût, était que toutes les cultures avaient développé une saucisse qui leur ressemblait. Ainsi, cette charcuterie rendait optimiste et, voir les choses du bon côté, restait certainement un des traits principaux du caractère british. Elles furent servies avec des *Yorkshire puddings*, des légumes, une sauce *gravy* et des pommes de terre au four. Sachez que la *gravy*, sauce brune à base d'oignons, d'herbes aromatiques et de jus de viande, accompagne absolument tout. Pour le Yorkshire pudding, vous aurez bien compris qu'il ne s'agissait nullement de transformer un canidé en dessert. Par ailleurs, ce n'était pas une pâtisserie, mais une sorte de brioche servant à éponger la sauce *gravy*. Le *Yorkies* se confectionnait avec de la farine, du lait et un œuf. Simple et efficace. Sous les rayons du soleil, l'estomac plein, je me sentais envahie de bonheur, à peine contrariée par le fait de ne pas pouvoir communiquer avec mes hôtes. Je les laissais me parler, quoique je ne comprisse absolument rien, hochant de temps en temps la tête. Manger m'évitait de répondre et, comme tout était délectable, je dévorai tout ce qui se présentait.

Le jour si attendu du voyage à Londres arriva. Nous commençâmes la visite par le Palais de Westminster et Big Ben, l'horloge la plus célèbre du monde, indifférente aux années et aux affres du temps. Westminster Abbey, abbaye vieille de sept siècles, la sépulture des rois, de reines, de gens d'église, de poètes, de soldats et d'autres inconnus, me parut beaucoup plus rébarbatif qu'être en haut d'un *Routemaster*, les fameux bus rouges à impériale à double étage. Firent également mon bonheur les emblématiques cabines téléphoniques vermillons, les *blacks cabs*, et surtout le bonnet en poil d'ours des *Welsh Guards* faisant le pied de grue devant Buckingham Palace et qui avaient fière allure dans leur tunique rouge. Depuis, j'ai appris que, pour les officiers, on utilisait des poils d'ourse, la fourrure des femelles étant plus douce et soyeuse. *So British* ! Après une petite pause sandwich dans St James's Park, le plus vieux parc de Londres, ancien terrain de chasse royale, nous avions visité au pas charge la *National Gallery*, musée incontournable renfermant une collection de tableaux européens du XIIIème au XIXème siècle. Je restai scotchée devant les œuvres de William Turner, le plus grand représentant de la vision intérieure. Le monde lui était prétexte à sublimer la lumière et la lumière seule. Le flux ininterrompu des ondes éblouissantes envahissait et submergeait l'air ; le ciel, l'eau se réfractaient, se brisant en mille nuances. Cela me sembla si admirable que le groupe dut patienter un peu. Or, toutes les filles n'attendaient qu'une chose, plus incontournable à leurs yeux que les sites les plus touristiques de Londres : Marks & Spencer! On nous donna deux heures et un point de ralliement. Alors que la plupart allait voler du maquillage — sport auquel je refusais de m'adonner, peut-être par simple crainte d'être surprise —, je commençai à acheter des sachets de Jelly avant de me diriger vers le rayon des vêtements. L'idée de cette première expérience de séparation avait rendu mes parents assez inquiets notamment pour la gestion de l'argent de poche. Et, évidemment, je vis une robe exceptionnelle. Son prix l'était tout autant. Je n'avais plus qu'un gros billet et je savais que mon pécule serait réduit à rien après cette emplette. Tant pis. Je passai à la caisse, pris la monnaie et courus retrouver les autres. Isabelle ne manqua pas de me féliciter pour mon achat inconsidéré.

De retour à Southampton, je commençai à songer comment j'allais prévenir mes parents de ma ruine lorsque je m'aperçus ébahie que la caissière m'avait rendue mon gros billet avec la monnaie. J'étais de fait plus riche qu'avant mon achat déraisonnable! Ce premier séjour fut en tout point mémorable. Il ne fallait cependant pas attendre de miracle, mes progrès concernant la langue de Shakespeare furent très médiocres, mais mon italien s'était amélioré sensiblement. J'avais également quelque peu grossi.

Le Yorkshire pudding

Voici une spécialité culinaire venue tout droit du Yorkshire, en français comté d'York, le plus vaste comté du Royaume-Uni qui également a donné le jour aux sœurs Brontë. Les Yorkies sont plutôt servis en accompagnement d'un plat. On tient de bonne source que le jus de viande est considéré par les Anglais comme son accompagnement idéal. Son cousin américain est le Popover.

2 œufs
100 g de farine
100 ml de lait
Fleur de sel
Muscade
Poivre
Huile végétale

Mélangez vigoureusement les œufs, la fleur de sel, le poivre, la muscade et le lait, et ajoutez-y la farine petit à petit pour obtenir une pâte uniforme. Fouettez les ingrédients. Laissez reposer 1 heure.

Puis préchauffer le four à 220°.

Prenez un moule à muffins dans lequel vous verserez de l'huile au fond des empreintes. Mettez au four pendant 10 minutes pour bien chauffer l'huile, seule manière à créer ensuite une réaction et faire gonfler les puddings. Attention le plus difficile reste de faire monter les Yorkies, sinon vous allez vous retrouver avec des sortes de crêpes flagada.

Versez l'appareil rapidement dans les moules très, très chauds. Attention à l'huile bouillante !

Faites cuire 12 à 15 minutes à 200°. Surtout, n'ouvrez pas la porte pendant la cuisson !

Voilà : sortez-les du four, si vos puddings sont bien dorés et ont quadruplé de volume, vous avez réussi la recette.

Servez chaud ou, au pire, tiède.

Mieux vaut l'abondance que le besoin

De tous les mensonges, le pire, restait le printemps. Nous autres Parisiens patientaient chaque année jusqu'au 20 mars, date écrite sur le calendrier comme celle du retour tant attendu du changement de saison et du passage à l'heure d'été, sensée nous offrir quelques heures d'ensoleillement en plus. Et que nenni ! La grisaille, la pluie, le vent, les températures fraîches, le temps n'était jamais à la fête. Cap donc au soleil. Après six heures de vol, la calandre à la statuette *Spirit of Ecstasy* traçait la voie sur une route serpentant jusqu'à la côte vers le seul hôtel autoproclamé 7 étoiles au monde. Tels deux séraphins, mon fils aîné, Charles, et moi-même, nous nous abandonnions au luxe d'un trajet sans obstacle. Situé sur une île artificielle, le bâtiment du *Burj Al Arab* sembla sortir des eaux tel un bateau dont la grande voile blanche serait gonflée par le vent du large.

Après avoir passé le contrôle à l'entrée du pont, la limousine nous déposa sur le perron entre ciel et marbre. Au milieu des palmiers éclairés, des jets d'eau féériques baissaient, s'élevaient, se rabaissaient dans une danse aquatique. Plus loin, des vasques lançaient par intermittence des flammes. Un défilé de domestiques, portiers, bagagistes, grooms, voituriers, s'affairèrent en s'effaçant pour nous laisser pénétrer dans l'atrium. Avec 180 mètres de hauteur, ce hall d'entrée d'hôtel revendiquait d'être le plus haut du monde. La *Rolls Royce Phantom* blanche nous attendant à l'aéroport de Dubaï produisait son petit effet, mais nous devions relativiser notre importance, les gens éminents se posant directement au 28ème étage où se trouvait l'héliport. Une piste ludique : en 2004, Tiger Woods y avait entamé une partie de golf et, l'année suivante, Roger Federer et André Agassi s'y étaient affrontés pour un match de tennis. En 2011, le golfeur professionnel Rory McIlroy avait joué un trou en un, puis, deux ans plus tard, le champion de Formule 1 David Coulthard y avait effectué des cercles au volant d'un bolide *Red Bull*. Ici, tout était profondément pensé pour que tout être humain reste constamment baba.

Dans l'atrium, au milieu des fontaines luxuriantes, d'imposantes colonnes dorées encadraient un aquarium de part et d'autre de deux escalators impressionnants. Luxe, démesure : le ton était donné. Le concierge du lobby nous fit accompagner par un liftier jusqu'à un des dix-huit ascenseurs, dont deux panoramiques, permettant d'accéder aux vingt-huit étages. Rouge pétant, doré éclatant, bleu vif, vous pouviez garder vos lunettes de soleil. Cet ascenseur plaqué or aux vitres sculptées nous amena vers notre suite où un majordome asiatique nous attendait. La myriade d'étoiles nécessitait que chaque appartement ait son propre *butler*, un majordome présent 24 heures sur 24, prêt à satisfaire tous vos désirs, très chic, mis à part que j'eusse aimé défaire moi-même mes valises dans le gigantesque dressing plus spacieux qu'une chambre d'hôtel ordinaire. Dire que notre suite était richement décorée relevait de l'euphémisme : du doré scintillant, des couleurs luxuriantes, de riches motifs orientaux, des coussins moelleux, des tissus soyeux, des tapis si épais que nos pieds s'y enfonçaient, conféraient au lieu une ambiance baroque des mille et une nuits. Nous n'étions pas dans la nuance. L'architecte britannique Tom Wright avait voulu créer, ici, l'emblème de Dubaï, telle la tour Eiffel à Paris, et si l'architecture innovante recélait des merveilles d'ingénierie, l'intérieur reflétait la plus folle des exubérances. Pas moins de trente sortes de marbres et des milliers de feuilles d'or avaient été nécessaires à la fioriture de l'établissement. Sa construction avait été si onéreuse qu'il se disait que quatre cents ans seraient nécessaires pour rentabiliser l'hôtel. Le Burj Al-Arab hissait haut la voile de l'ostentation pour devenir un voyage dans le voyage.

La suite en duplex, avec l'espace de vie parfaitement séparé du coin nuit, offrait une vue à tomber dans la mer. Nous pénétrâmes d'abord dans un immense salon au sol de marbre incrusté de mosaïques et rehaussé de tapis aux motifs or et bleu nuit. Tout débordait de magnificence. Sur une table basse, l'habituelle corbeille de fruits était bien posée à côté d'une bouteille de champagne dans son seau plein de glace, mais ce qui attira en premier notre regard fût un œuf. Un gigantesque, énorme, grandiose œuf en chocolat avec son nœud tout rouge était posé sur une console à côté d'un bouquet mêlant harmonieusement roses et orchidées. Certes, la période rimait avec les fêtes de Pâques qui poussaient à partir à la chasse aux œufs et à déguster des tonnes de chocolat. Là, nous n'avions rien à chercher. Ne fantasmez pas : à l'intérieur ni diamants, ni statuette de Cupidon comme celle offerte par Louis XV à Madame du Barry. Une fois cassé, l'œuf ne dévoila que quelques centaines d'autres chocolats. Le monde naquit d'un œuf. Déjà, les Égyptiens puis les Romains, après les avoir décorés, en déposaient aux pieds de leurs déesses au moment de l'équinoxe. Dans le judaïsme, l'œuf symbolisait le cycle de la vie. Dur, il représentait un des sacrifices offerts au Temple pour Pessah. Chez les Chrétiens enfin, il correspondait à la résurrection du Christ, symbole de joie et de lumière.

Dans le Golfe, seuls le Koweït et Bahreïn possédaient des nationaux de confession chrétienne. Pas les Émirats Arabes Unis. Mais plus de 85 % des habitants de la capitale mondiale du luxe et de la démesure se composant d'étrangers, aussi curieux que cela puisse paraître dans ce territoire de bédouins, le jour de Pâques à Dubaï des dizaines de messes se trouvaient programmées dans plusieurs lieux de culte : en anglais, arabe, philippin, cingalais, tamil, urdu, malais, konkani, français, italien, espagnol, polonais ou allemand. La plus ancienne paroisse de Dubaï, Sainte Marie, située dans le quartier d'Oud Metha, existait depuis 1967. Une église de 2500 places pour 400000 fidèles, qui disait mieux? Personne! À quelques portées de cantiques, Dubaï se positionnait également comme inégalée en accueillant la plus grande communauté paroissiale catholique au monde. Les messes y étaient célébrées non-stop de cinq à vingt-deux heures et un prêtre capucin du Liban y officiait. Des haut-parleurs et des écrans géants étaient installés sur le parvis pouvant accueillir jusqu'à 20000 personnes. Avec ces célébrations océaniques, la terre des Cheikhs légitimait le concept du *statio orbis*.

Un escalier marmoréen recouvert d'un tapis bleu roi orné de frises ocre menait aux chambres. Encore du marbre et du mobilier en acajou, un lit démesurément grand, recouvert de gros coussins colorés, un sofa adjacent dans les mêmes tons, une énième glace au cadre d'or dissimulant un écran plasma de 42 pouces, avec la vidéo sur demande, une station d'accueil *Bose* et des milliers de chaînes câblées, un autre minibar généreusement garni, et bien sûr, le contrôle des lumières, des rideaux et de la climatisation par pression d'une seule touche. Mais le clou du spectacle restait l'immense salle de bain de marbre blanc avec sa robinetterie en or massif, son immense bain bouillonnant, sa grande douche à jet avec un pommeau à effet pluie, ses peignoirs blancs tout douillets et ses produits Hermès à foison. *L'Eau des Merveilles* ruisselait ici de bonheur.

Nous redescendîmes au salon qui comprenait également un bureau muni d'un ordinateur portable dernier cri, un iMac, d'un iPad en or, d'une imprimante, d'une photocopieuse et d'un télécopieur privés. Une attention inégalée du détail afin d'offrir le summum de tout. Des baies vitrées, la mer immense nous tendait les bras. Après nous être changés, nous nous dirigeâmes vers la piscine extérieure bercée par le murmure des vagues. Nichée dans une cascade de jardins luxuriants, elle surplombait, avec son solarium, la plage privée du palace. Chaises longues, matelas, parasols, barmen aux petits soins nous attendaient en plein air. La structure de 321 mètres de haut avait été construite de façon à ce que son ombre ne recouvre jamais aucun mètre carré de la plage interminable. Le soleil chauffant à quarante degrés nous fit vite plonger dans une eau sans cesse rafraîchie afin d'être toujours à une exquise température. Au bord de la piscine, une énorme horloge en or signée *Rolex* nous couvait. Nous prîmes une légère collation puis retournâmes nous baigner. C'était délicieux. Nous nous abandonnâmes sur nos matelas. Des oiseaux ressemblant à nos moineaux pépiaient sur notre table basse. Nous fermions alors les yeux et le réel nous échappait.

Le lendemain, le loisir numéro un étant ici le shopping, nous nous rendîmes au centre commercial alors que je fuyais de tels lieux en France. Dubaï, ville de la démesure, offrait une oasis futuriste avec ses gratte-ciels aux portes du vaste désert d'Arabie. Mais, dès que nous eûmes quitté l'hôtel, la ville entière s'avéra être une autoroute, les gens doublaient par la gauche, par la droite, au milieu, les grosses cylindrées roulaient toutes à une allure excessive. La police ne s'en souciait pas, elle-même trop occupée à parader dans des Lamborghini rutilantes. Les plaques d'immatriculation servaient à repérer les membres de la famille royale : moins elles comportaient de chiffres, plus les propriétaires étaient importants. L'émir de Dubaï, Cheikh Mohammed ben Rachid Al Maktoum, collectionnait les superlatifs en battant des records pour avoir le sentiment d'exister. Dans son émirat, tout devait être plus grand, plus gros, plus haut, plus cher. *Mall of the Emirates* était alors le plus vaste centre commercial du monde*. Ses 223 000 m^2 sur trois étages, recouverts d'un immense dôme de verre, abritaient cinq cents magasins, allant des boutiques de luxe à des franchises moyenne-gamme. D'autres enseignes s'inventaient curieusement des noms farfelus à consonance française.

Mais la plus audacieuse des attractions restait le *snow park* avec ses télésièges et ses pistes bordées de sapins. Il permettait aux visiteurs de skier, de pratiquer le snowboard, de faire de la luge ou, tout simplement, de faire des batailles de boules de neige artificielle. Dans la station couverte, un chalet de montagne abritait un bar après-ski proposant de la raclette et du chocolat chaud. Les immenses vitres panoramiques offraient une vue surréaliste sur ce domaine blanc. Un décalage inouï en plein désert, mais une bonne compréhension des riches tant était vrai que lorsqu'ils se trouvaient à Saint-Barth, ils voulaient être à Gstaad et, quand ils étaient à Gstaad, ils rêvaient de New-York. Vous pouviez tout acquérir sans TVA, y compris un portefeuille incrusté de diamants, un téléphone portable en or 24 carats, une bouteille d'un litre de Chanel n° 5 ou une Porsche rose. Le parc de loisirs intérieur *Magic Planet* possédait deux étages de jeux vidéo, des manèges, une salle de disco bowling, ainsi qu'un théâtre et un méga cinéma. Soixante-dix restaurants, des spas, des piscines, un hôtel de luxe et deux mosquées complétaient le show. Le sol était bien sûr en marbre et l'air climatisé. Très climatisé. Trop climatisé. Nous avons dû acheter des pulls pour survivre.

Pour notre dernier soir, nous avions réservé une table dans le restaurant le plus mystérieux de notre palace. À l'heure dite, nous nous dirigeâmes vers l'ascenseur dédié au lieu où un capitaine à casquette et galons nous invita à nous asseoir dans un sous-marin. Mon fils aîné n'avait pas encore dix-huit ans et j'étais fière de le voir dans son premier costume. Le trajet vers le restaurant durait trois minutes ce qui permettait de juger la dextérité du commandant à se faufiler entre les récifs ou les gros poissons, provoquant secousses et vibrations dans toute la cabine et faisant bourdonner le moteur diesel. Nous admirions éblouis ce monde sous-marin merveilleux à travers l'un des sept hublots. Au cours du trajet, les changements de direction annoncés par les bruits du gouvernail furent nombreux, notre sous-marin longeant l'épave d'un navire, passant au travers d'un large banc de poissons ou évitant de justesse une collision avec une grande tortue marine. La vie végétale sous-marine multicolore ondoyait au gré du courant. Nous étions tellement bluffés que ce fut frustrant de s'apercevoir bien après qu'il s'agissait d'une simulation diablement bien réalisée par une société autrichienne pour nous donner l'illusion parfaite d'être immergés à vingt mille lieues sous les mers. Les rendus réalisés en 3D valaient des applaudissements. Le principal défi technique avait été la navigation du sous-marin dans un environnement subaquatique ininterrompu en offrant une vue à 360°, et ce, par n'importe lequel des hublots. En créant le sentiment d'une réalité palpable, la 3D s'imposait dorénavant un nouvel outil pour le cinéma, comme le furent, en leur temps, le son et la couleur. Mais elle annonçait aussi le début d'une fantastique révolution technologique dans bien d'autres domaines. Tant pis pour les misonéistes !

Nous arrivâmes dans une salle circulaire forcément spectaculaire avec son centre occupé du sol au plafond par un immense et très réel aquarium. Plus d'un million de litres d'eau de mer formait un tourbillon de bulles pailletées sous fond de grand bleu. L'ambiance de ce restaurant des abysses avec ses deux rangées de tables, contre ou face à l'aquarium, était feutrée. À notre table collée à la vitre, nous jouissions de la magie de la faune et de la flore des eaux du Golfe arabique où ondulaient de multiples poissons splendidement colorés, mais aussi des requins ou une murène géante. Un maître d'hôtel parlant parfaitement français nous présenta la carte et nous commandâmes une coupe. « Le champagne aide à l'émerveillement » affirmait George Sand. Le temps n'avait plus d'importance lorsque le carpaccio de thon bleu et jeunes légumes à l'huile de truffe arriva sous la belle lumière tamisée. Le thon frais restait à conseiller à tous ceux qui avaient la phobie des arrêtes. Ce grand voyageur, prédateur redoutable, pouvait nager à 90 km/heure pour avaler poissons et crustacés. Avec la raie et l'anchois, voici le poisson le plus riche en protéines. Sa couleur variait du rose pâle au rouge foncé en fonction des espèces. Saviez-vous que plus le thon était pâle, plus sa teneur se révélait faible en matières grasses ? Dans mon assiette, le thon bleu était rouge. Heureusement, les stocks de cette espèce s'avéraient être dorénavant quatre fois plus importants que quinze ans auparavant. Je pus ainsi goûter sans mauvaise conscience une recette fraîche et savoureuse, simple et délicieuse. Sa texture ultra fondante était juste relevée par un soupçon d'huile de truffe racée.

Puis le plat arriva : du homard. Un beau produit à la chair d'une fermeté et d'un goût incomparable à condition de savoir le choisir. Il ne devenait rouge orangé qu'après cuisson. À l'achat, le homard se présentait bien évidemment vivant. Sous sa carapace brillante, il devait avoir gardé ses dix pattes et toutes ses antennes. Il était important aussi de connaître le sexe de votre crustacé. Quoiqu'injuste, je me dois de vous avouer que les filles ont la chair la plus savoureuse. Le mâle, reconnaissable avec ses écailles en U, restait donc à proscrire. La femelle avait la poitrine moins bombée que lui et sa queue plus longue possédait en dessous des palmes destinées à recueillir les œufs en période de ponte. Vaillante, elle pouvait en pondre jusqu'à 100 000 au cours de sa vie. Mais, alors que son espérance de vie allait jusqu'à une cinquantaine d'années, elle était pêchée jeune et n'atteignait qu'un dixième de cette perspective. Plus le homard était petit, plus savoureux il serait, mais, attention, il ne devait cependant pas être maigrichon. Produit de luxe par excellence, le homard européen s'avérait meilleur au printemps. Là, il nous fut servi tiède avec sa purée de *Suquet tat soi*, des légumes asiatiques à la saveur douce peu épicée. À la carte, ce plat était proposé relevé par un nuage de truffe. J'avais heureusement demandé sans, car le goût prononcé du tubercule aurait gâché cette chair noble, dense, savoureuse et cuite à la perfection. Pour le dessert, un simple fondant au chocolat avec une ganache fouettée aux noisettes accompagnée d'un somptueux crumble de cookie. Des saveurs exceptionnelles, des produits de haute qualité, un service très attentif, un cadre aquatique magique.

Notre capacité d'adaptation restait une ressource éternelle. L'œil s'habituait curieusement à l'ostentatoire peut-être parce qu'il existait un lien ancestral avec le sacré et les forces invisibles notamment à travers les fêtes. Si vous êtes un doctorant en psychologie transculturelle, Dubaï constituait pour vous un passage obligé, toute considération financière mise à part. Il fut un temps lointain et révolu où l'argent empêchait la vulgarité. Le luxe sans pudeur et le penchant pour le *bling-bling* régnaient, ne serait-ce que parce qu'il existait des nouveaux riches confondant culture et argent. Dans le monde incroyable de l'art, la réalité du marché vivait en parallèle avec l'irrationalité des artistes et des hommes. Le pouvoir de l'argent reflétait notre humanité, dans toute son imperfection.

Quoi qu'il en soit, marqueur social et art de vivre, le luxe est une expansion narcissique auquel l'être humain cède facilement. Peut-être est-il possible de guérir d'être si prompt à s'abandonner... Moins aisé reste de perdre ce que l'on a cherché si ardemment. Miroir de nos sociétés, le luxe s'accorde avec une profusion si possible illimitée. Dubaï, adorant les excès, est à l'aise dans l'exercice. À l'approche de l'Exposition Universelle de 2020, reportée pour cause de pandémie en 2021, la ville s'était développée frénétiquement et à une vitesse phénoménale. Sous le thème : « Connecter les esprits, construire le futur », l'événement devrait contribuer à hauteur de 33,4 milliards de dollars —soit un peu plus de 30 milliards d'euros— à l'économie des Emirats. « Le luxe est une affaire d'argent. L'élégance est une question d'éducation » proclamait fort justement Sacha Guitry. Ici, votre cappuccino sera parsemé de poussière d'or.

*Aujourd'hui détrôné par le Dubai Mall : 1,1 million de mètres carrés consacrés au shopping, avec 1200 boutiques, la plus grande vitre d'aquarium au monde, le plus grand magasin de bonbons, le tout aux pieds de la plus grande tour du monde.

A lire :

– Comment devenir riche de Donald Trump, 2005, Bourin Editeur. (Cela ne s'invente pas!)

– Les 7 habitudes de ceux qui réalisent tout ce qu'ils entreprennent de Stephen Covey, 2005, First.

– Comment je suis devenue rentière en 4 ans d'Élise Franck, 2011.

– Réfléchissez et devenez riche de Napoléon Hill, 2012, Les Éditions de l'Homme.

– Tout le monde mérite d'être riche, ou tout ce que vous n'avez jamais appris à propos de votre argent d'Olivier Seban, 2007, Maxima.

– La semaine de 4 heures : Travaillez moins, gagnez plus et vivez mieux! de Timothy Ferriss, 2010, Pearson.

Je ne vous promets pas le résultat, mais mettez-y du vôtre, que diable! À Dubaï, nous étions, quant à nous, invités.

Roma

Certains enfants rêvaient de devenir pompier, médecin ou super-héros, d'autres encore chanteur ou astronaute. Moi, petite, je me rêvais archéologue. Aussi, l'idée de passer quelques heures sur la *Via Appia* me réjouissait même si le but de mon voyage à Rome était tout autre. Je devais me rendre dans la capitale italienne pour interviewer le *commissari capo*, commissaire principal de la ville éternelle, afin d'écrire un article sur le développement de la coopération policière européenne. Un photographe m'accompagnait et une voiture avait été louée par le journal à l'aéroport. En ce début octobre, la météo nous indiquait qu'en tout début de matinée, un ciel dégagé dévoilait un temps doux. À midi, heure de notre arrivée, une température de 24 °C était annoncé avec une prévision, en fin de journée, de seulement deux degrés de moins. Idyllique donc. Arrivés dans l'enceinte de l'aéroport, nous nous dirigeâmes confiants vers le service de location de voiture. Conduire en Italie restait un peu un rêve, le symbole de la Dolce Vita.

Une déconvenue nous attendait. Certes, un véhicule était bien réservé à nos noms, mais il présentait à mes yeux un inconvénient majeur : avoir un levier de vitesse manuel. Or, je n'avais jamais conduit que des boîtes automatiques et ils n'en avaient point. Une phrase de Guy Debord surgit instantanément dans mon esprit : « Je n'ai jamais cru que rien au monde avait été fait dans l'intention précise de me faire plaisir ». Je me tournai vers Paul, le photographe. Il n'avait pas de permis de conduire, mais m'assura qu'il savait passer les vitesses. Dans une inconscience totale, je signai le contrat. Une fois dans le véhicule, nous décidâmes qu'il passerait les vitesses et que, moi, j'appuierai, dans le même temps, sur l'embrayage. La pratique s'avéra plus complexe que la théorie. La petite Fiat rouge cala plusieurs fois avant de nous amener sur l'*autostrada,* l'autoroute donc. L'impression alors ressentie restait qu'aucun code de la route ne devait exister en Italie tant les automobilistes avaient une conduite quelque peu anarchique. Toutes les routes menant à Rome, nous arrivâmes à ses abords, déjà fort éprouvés. L'Italie était l'un des pays européens comptant le plus grand nombre de voitures par habitant. La capitale où circulaient 71 voitures pour 100 habitants et plus de 700 000 deux-roues ne faisait pas exception. La ville était encombrée au-delà de ce qui était imaginable. S'ajoutaient à l'indéniable caractère latin des automobilistes, quelques particularités liées au code, car, en fait, il en existait un : lorsque deux voitures voulaient tourner à gauche à une intersection, elles ne devaient pas se contourner, mais se croiser de front. Vous pouvez vérifier, c'est ainsi, et cela porte sournoisement le nom de croisement à l'indonésienne.

Dans un concert de klaxons, les véhicules nous collaient, semblant vouloir nous pousser. Les mobylettes avec des conducteurs, cheveux au vent et moustiques dans les yeux, déboulaient à droite, à gauche, devant, derrière. Le moindre camion faisait mine de vouloir nous écraser. Cette vision nécessaire à 360° m'épuisait. La voiture calait sans cesse. La tension montait entre Paul et moi. L'organisation résidant dans le fait de coordonner nos gestes échouait une fois sur trois. Il fallait tout d'abord lâcher la pédale d'accélération pour enfoncer celle de l'embrayage, puis à l'aide du boîtier de vitesse, rétrograder à la vitesse inférieure. Lorsque le changement était fait, il convenait ensuite de relâcher la pédale de l'embrayage pour réenclencher l'accélérateur. Tout cela, à deux pieds, les miens, et à deux mains, les siennes. Ne me demandez pas pourquoi il se servait de ses deux mains, je n'en sais rien. Je maudissais tous les fabricants de voitures non automatiques. Sur une place, énervée par le manque de coordination avec Paul, je voulus passer seule une vitesse et là, nous entendîmes un affreux bruit et le levier me resta dans la main. La voiture s'immobilisa. Les klaxons me figèrent. Les insultes pleuvaient, nos plaques romaines n'arrangeant rien à la situation. Qu'auriez-vous fait à ma place ? Je respirai un grand coup et sortis en brandissant le manche. Deux policiers de la *Polizia di Stato* vinrent heureusement à notre secours m'évitant de justesse un délit de fuite. Nos identités prises, nous les laissâmes appeler une dépanneuse. Croyez-moi : n'attendez pas d'être en voyage pour apprendre à conduire une voiture manuelle ou assurez-vous de louer une voiture à transmission automatique.

Un taxi nous déposa à l'hôtel. Après nous être rafraîchis, nous déjeunâmes sur le pouce. Cependant, en Italie, le *panino,* c'était du sérieux. Nous engloutîmes ces petits pains garnis devant nous d'olives, de bœuf fumé, de chou rouge, de *mozzarella de bufala* et *broccolini*. Une véritable expérience gustative. Repus, nous nous dirigeâmes vers le commissariat de police principal. La *Questura Di Roma* était située Via San Vitale entre l'église Saint-André du Quirinal et l'église San Paolo dentro le Mura. Rome était la ville où se trouvait le plus grand nombre d'églises au monde. En conséquence, vous étiez toujours non loin de l'une d'entre elles. Le *Commissari capo*, Francesco, nous accueillit avec bonhomie. Parfaitement bilingue, ce quadragénaire brun aux yeux verts ria beaucoup lorsque je lui narrai nos mésaventures. Le *questore*, une figure importante en Italie sans équivalent en France, nous rejoignit rapidement. Il était à la fois le responsable de la sécurité publique et le chef de la pour chaque province, une sorte de mixte hybride entre le préfet et le directeur départemental de la sécurité publique dans l'hexagone.

Depuis Maastricht en 1993, les traités européens successifs n'avaient eu de cesse d'inscrire la coopération en matière de sécurité intérieure comme élément primordial de l'intégration. La création des grandes agences européennes chargées de la coopération policière ou judiciaire, comme Europol, Frontex et Eurojust montrait qu'elle progressait également au plan opérationnel. La Gendarmerie française et l'Arme des Carabiniers italienne étaient très actives au sein de la FIEP, organisme mettant en place des réunions d'échanges techniques entre les forces équivalentes à notre gendarmerie du monde entier. La police italienne paraissait épatante par d'autres aspects. Elle s'était dotée de Lamborghini pouvant atteindre la vitesse de 300 km/h afin de permettre aux policiers d'être de taille lors des courses-poursuites. J'avais déjà vu, à Dubaï, la police s'afficher à bord de somptueux bolides de luxe. L'Italie possédait les mêmes à moindres frais, elle convertissait utilement des véhicules saisis comme cette Ferrari 458 Spider appartenant à un membre de la mafia. Les deux interviews étant réalisés, Paul suivit le *questore* pour aller photographier différents sites et le commissaire me convia à dîner.

Rendez-vous fut pris à la *Fiaschetteria Beltramme*, un restaurant familial ouvert en 1886 non loin de la Piazza Di Spagna et de la fontaine de Trevi, à deux pas de la villa Médicis. Ayant accueilli de nombreux écrivains et artistes, le lieu était placé par décret sous la protection du ministère de la Culture et de l'Environnement italien. Federico Fellini y avait eu, paraît-il, ses habitudes. Lorsque j'arrivai, Francesco était assis à une table et avait déjà commandé un vin capiteux au pourpre profond. L'Italie était entièrement couverte de vignobles, expliquant que le pays soit le plus grand producteur de vin au monde devant l'Espagne et la France. Avec son délicieux accent, il me précisa que, dans l'Antiquité, les Grecs avaient appris aux Etrusques l'art de la fermentation des raisins et que des poteaux de palissage ayant servi à faire pousser des vignes avaient été retrouvés dans les cendres de Pompéi. En dégustant une craquante bruschetta, je goûtais le Barolo, vin rappelant par certains aspects les bourgognes avec des arômes tendant vers des notes de café, de réglisse, d'épices et, en bouche, une puissance longue. L'endroit était petit, mais chaleureux, avec sa décoration surannée. Une quantité de dessins, de photographies et de peintures tapissait les murs. Au plafond, un ventilateur affichait des pâles fatiguées, définitivement statiques.

Gage de qualité, la carte comportait peu de plats, principalement de grands classiques romains. Le patron, Antonio, jovial et attentif, un sourire dans la voix, donnait l'impression avec une déférence admirable de ne s'occuper que de notre table. La musicalité de la langue italienne expliquait pourquoi elle restait la langue de l'opéra et de l'amour. Je commandai des artichauts à la romaine qui s'avérèrent divins. Ils se nommaient également *carciofo alla giudea*, artichauts à la juive. Surprenants et délicieux, ils étaient plongés, entiers, dans une eau citronnée puis frits avec de l'ail et du persil. Une découverte gustative à marquer d'une pierre blanche. Les Juifs étaient peut-être les seuls Romains pouvant se vanter d'une présence ininterrompue dans la ville depuis plus de deux mille ans. Vedette du ghetto de Rome, l'artichaut, servi à l'origine après Yom Kippour, considérée comme la fête la plus sainte de l'année juive, avait fait la une des médias lorsque le grand Rabbinat d'Israël avait subitement décrété que cette préparation n'était pas casher, suspectant des petits vers de rester sournoisement cachés entre les feuilles. Comme cela faisait près d'un siècle que les Juifs romains mangeaient ce plat, la riposte ne tarda pas : dans la vidéo des vœux à la communauté juive, tous avaient pu voir le grand rabbin Riccardo Di Segni et la présidente de ladite communauté s'appliquer à préparer eux-mêmes les artichauts à frire. Un acte aussi cool qu'une olive dans un verre de Martini ! Mais le thème central de Kippour n'était-il pas le pardon et la réconciliation ?

Le commissaire se régala des *melanzane alla parmigiana* à savoir un gratin d'aubergines, un des dix légumes les plus consommés par la majorité des humains. En plat, j'avais pris des *straccetti alla rucola,* du bœuf émincé sauté avec des feuilles de roquette, pignons et tomates cerises, une parfaite combinaison de saveurs. La roquette cuite s'avéra, à ma grande surprise, un délice. Végétarien, Francesco dégusta, dans le même temps, un risotto aux asperges et portobello farcis. Le plus gros de tous les champignons domestiques, le portobello, constituait un bon substitut à la viande. Il remplaçait aisément le steak dans un burger ! Mais à la différence de la viande, le gentil portobello ne contenait ni gras ni cholestérol. Ce champignon brun avec son grand chapeau de couleur marron clair avait une texture ferme, charnue et croquante. Nous terminâmes le repas avec un *tiramisù* à la pistache, une apothéose gourmande et éthérée faisant oublier les tiramisus français. Saviez-vous que la pistache, bourrée de fibres et de protéines, constituait un excellent anti-stress ? Avec sa saveur délicate, douce, mais très parfumée, et sa couleur d'un vert éclatant, elle se mariait parfaitement dans les recettes sucrées ou salées en apportant une délicate touche d'exotisme.

Ce succulent dessert une fois dégusté, je refusai prudemment un Limoncello, cette liqueur de citron typiquement italienne, car la soirée ne faisait que commencer puisque Francesco avait émis le désir de me faire découvrir une autre facette de Rome. Je compris immédiatement que je n'allais pas faire du tourisme, notion que mon fonctionnaire semblait détester « Rome est envahie, m'avait-il dit, par les touristes, les ordures et les rats ». Fort de cet amalgame calamiteux, il m'amena aux alentours de la gare Termini, un quartier de décrépitude urbaine où les épaves humaines et les détritus se disputaient le territoire. Là, se retrouvaient toxicomanes, clochards ivres et bandes de jeunes rebelles. N'étant pas d'un naturel peureux, encore moins accompagnée par un chef de la police, ma curiosité s'attisa. Par ailleurs, le rat, animal intelligent, devait certainement craindre les forces de l'ordre. Toutefois, si avec quatre millions de rats, Paris comptait presque deux rongeurs par habitant, Rome en comptait six millions. Heureusement, les chats avaient leur ville, éternelle, qui comptait sur ses 300 000 raminagrobis pour les occire, à vingt contre un. Je ne saurais vous dire si le candidat à la mairie de Rome qui avait proposé de doubler dans la ville le nombre de matous avait été élu. Un pourtant bien beau programme.

Dans une ruelle sombre, Francesco bifurqua à gauche et m'enjoignit à descendre quelques marches. Nous nous retrouvâmes dans un minuscule troquet en sous-sol. Dans une lumière crue, figée par la fumée du tabac, non loin des trois tabourets alignés le long du bar où trônait un néon rouge, six hommes jouaient à la scopa. Un été, en Corse, j'avais appris ce jeu de cartes comprenant coupes, épées, bâtons et deniers consistant à former des combinaisons. À l'autre table —il n'y en avait que deux— quatre hommes discutaient fort. Nous prîmes place sur les tabourets et le patron nous faisant face suscita tout de suite mon intérêt. Non que les monstres m'attirassent particulièrement, mais parce qu'à ce degré, cela relevait de l'art. Avec sa coiffure semblable à un bonnet de bain, au-dessus d'un visage cramoisi, des marbrures sur les joues, des doigts boudinés par de grosses bagues, il nous servit d'office de la grappa, une eau-de-vie de marc de raisin pouvant être plus ou moins affinée et dont la couleur évoluait du blanc au doré en fonction de son vieillissement. Là, je pouvais vous assurer qu'elle sortait de l'alambic. Servie chaude, claire comme de l'eau, laissant en bouche une sensation rude et puissante, ce digestif n'avait pas son pareil pour rincer le gosier après un repas à l'italienne. À la réflexion, je crois qu'il n'y avait, dans ce lieu insolite en diable, que cela à boire mise à part l'*Amarcord*, la bière artisanale la plus vendue en Italie.

Je rentrai à l'hôtel dans une douce torpeur. Dans mon lit, comme je repensais au bistroquet, je réalisai que je ne comprenais toujours pas pourquoi mon commissaire avait tenu à m'amener dans cet endroit. *Un enigma*. Mais les Romains étaient si vivants, s'émerveillant, complimentant, ripaillant, vitupérant joyeusement qu'on leur pardonnait tout. D'ailleurs n'étaient-ce pas les hommes les mieux habillés du monde? *Chi ben cena, ben dorme*, qui soupe bien, dort bien, proclamait un proverbe italien. Et ce fut le cas. J'avais pris la journée du lendemain pour flâner dans Rome. Paul était, quant à lui, reparti la veille en France. Après une grasse matinée, je pris un somptueux petit déjeuner dans ma chambre. Leur thé étant infâme, un cappuccino, véritable institution composée d'un café, forcément expresso, sur lequel était déposée une couche de mousse de lait. Sa texture, dense et onctueuse, était préparée avec du lait entier avec juste un soupçon de cacao amer saupoudré sur le dessus. J'avais eu droit à des *cornetti* — croissants à l'italienne très sucrés — dont la consistance se situait entre celle du croissant et de la brioche, les uns fourrés de confiture et les autres garnis de crème pâtissière. Sachez qu'en Italie, pour éviter de ressembler à un touriste de bas étage, la règle imposait de ne jamais demander de cappuccino après dix heures du matin. Vous apprendrez : Rome ne s'est pas faite en un jour.

Avant de me rendre sur la *Via Appia*, je fis un tour au quartier juif, situé en plein cœur du centre de Rome, qui, tout en respectant son passé, avait su réinventer un paysage grouillant de vie. Je passai pour y entrer dans une zone archéologique groupant quatre temples romains, une forêt de colonnes et de pins inaccessibles au public, à tout jamais domaine des chats qui y déambulaient calmement. Dans le dédale de rues et ruelles, de petites boutiques caractéristiques, la Grande Synagogue de Rome trônait, fière d'être l'une des plus grandes d'Europe. En suivant un subtil arôme de cannelle, je découvris une boulangerie casher, la *Pasticceria Boccione,* surnommée le *forno del ghetto*. Cette maison réputée faisait de savoureux biscotti aux amandes et cannelle. Mais sa spécialité restait incontestablement la *crostata*, une tourte gourmande à la ricotta parfumée à la cerise sauvage. La pointe d'acidité des griottes se mariait divinement aux épices, la pâte permettant d'équilibrer le sucre.

Dans la petite rue della Reginella, à deux pas de la Fontaine des Tortues du Bernin, se trouvait la librairie-galerie d'art de Giuseppe Casetti qu'il avait appelé en toute simplicité *Il Museo del Louvre,* un bon moyen me direz-vous d'attirer les flâneurs. À la fois artiste et galeriste, Giuseppe ne se contentait pas d'exposer des grands noms de la photographie, il classait inlassablement des photos d'amateurs. Ainsi, son album « Saut » recueillait des milliers d'instantanés d'hommes et de femmes bondissants, en plein saut donc. Mon préféré était celui intitulé « Sans tête ». Quelque 1 500 portraits au cadrage malheureux, ayant tous décapité leur modèle, étaient ainsi présentés. Épatant. Se déroulait ainsi un accéléré de nos sociétés occidentales depuis l'invention de la photographie et de ses ratées devenues de l'Art. Les grandes étagères débordaient de carnets, de dessins, de livres rares, de lettres, d'affiches, d'objets d'art et d'autres merveilles surprenantes, telles ces formes de chaussures nommées Simone Weil. J'avais certes aperçu des mocassins Socrate, alors que le créateur de la philosophie morale ne portait que des sandales quand il n'allait pas pieds nus. Et si nous connaissions les pages célèbres de Heidegger sur les souliers de Van Gogh, le rapport avec la philosophe m'échappa. Peu importait, cette galerie se visitait comme un véritable cabinet de curiosités, « de rencontre » préférait fièrement proclamer Giusepe. Vous compreniez alors pourquoi Jean Giono allait prendre en Italie des leçons de bonheur...

Lorsque j'arrivai à la Porte San Sebastino, au sud-est de Rome, le ciel avait cette couleur précieuse, faisant penser à celui du *Coucher de soleil sur Tivoli* de Claude Lorrain. La via Appia Antica commençait là et pouvait être suivie sur quelques kilomètres au milieu des pins et des cyprès. Une promenade paisible et bucolique dans la douce atmosphère de la campagne romaine. Sans le bruit insupportable des klaxons de la capitale qui n'arrêtait jamais, on vénérait, ici, une certaine nostalgie. En marchant le long de la reine des voies, construite au IVème siècle av. J.-C., je voguais au milieu de nombreux monuments aux morts, dont celui de Sénèque. Une joie légère de l'âme, si étrange à décrire, m'éloignait à chaque pas de la journée commencée. Un sentiment de sérénité me gagnait avec cette singularité que tout semblait bien en place et que cet irréel enchantement, par sa réalité spirituelle, donnait sens à la vie sans pouvoir donner un nom à cette émotion. Je passai de la villa dei Quintilli à la villa de l'empereur Maxence, du temple d'Hercule à l'église Quo Vadis, comme dans un conte de fée. Cette intense extase montrait combien échapper au temps restait une parenthèse.

A lire :

Il est impossible de citer tous les grands auteurs ayant écrit sur le sujet. Cependant, Stendhal tient une place à part : le voyageur est devenu le centre du récit, en lieu et place du voyage. Henri Beyle peut être ainsi considéré comme l'inventeur du guide touristique.

Voici une liste non exhaustive : Journal de voyage de Montaigne ; Les antiquités de Rome de Du Bellay ; Voyage en Italie de Goethe ; Voyage en Italie de Taine ; Voyages en Italie de Stendhal ; Chroniques italiennes de Stendhal ; Rome, Naples et Florence de Stendhal ; Promenades dans Rome de Stendhal ; Rome de Zola (Italien par son père) ; Autour des sept collines de Gracq ; Mémoires d'Hadrien de Yourcenar ; Terrasse à Rome de Quignard ; Rome de Suarès ; Le Voyage à Rome de Moravia, etc.

Quelques règles pour passer pour un vrai Italien

La famille, les arts, la gastronomie, le vin, ces éléments pourraient décrire en partie le mode de vie en Italie. Mais, attention, il y a quelques règles !

- Sachez tout d'abord qu'en matière de cuisine, les Italiens sont intraitables, je vous le redis : jamais de cappuccino après 10 heures !

- Tout bon Italien est convaincu que sa mère et sa grand-mère règnent sans partage sur le royaume de la gastronomie.

- Il est très mal vu de couper les spaghettis : le cuisinier pourrait croire que vous n'aimez pas son plat.

- Ne demandez jamais du parmesan pour accompagner des pâtes aux fruits de mer ou au poisson, c'est considéré comme une ignominie.

- Une bonne fois pour toute : il n'y a pas de crème fraîche dans la carbonara ! Pas plus que dans le *tiramisù* qui se fait avec du mascarpone.

- La pizza se mange avec les mains, après l'avoir coupée en parts, bien sûr !

- En matière de circulation routière, faites-moi confiance : vivre la Dolce Vita et conduire en Italie ne sont définitivement pas compatibles. Une seule méthode : mettez-vous dans la tête que vous faites partie d'une écurie de Formule 1 et que les autres pilotes ne sont que des obstacles à éliminer. Manifestez votre impatience, soyez discourtois, et surtout, ne levez pas le pied de l'accélérateur. Lorsque vous atteindrez la ligne d'arrivée, ne perdez pas votre temps à chercher une place pour vous garer, mettez-vous là où cela vous arrange.

- Toutefois, si les Italiens peuvent avoir une conduite quelque peu cavalière voire inconsciente envers les autres automobilistes, notez qu'ils sont respectueux envers les tramways et les véhicules de secours. Ainsi, il est strictement interdit de dépasser un tramway à l'arrêt si ses passagers n'ont pas d'abri.

- Et il est obligatoire d'allumer ses feux de croisement quand on circule sur l'autoroute même si le soleil brille de tous ses feux.

- Tout cela étant écrit, vous vous doutez que si vous devez traverser la rue en Italie, il vaut mieux être sûr de vous. L'idée reste de traverser avec un air de défi bien prononcé comme un matador dans l'arène. Entraînez-vous.

- Parlez avec les mains et essayez que diable d'avoir un accent chantant.

- Les Italiens ont ceci de commun avec les Français : ils adorent râler. Chaque sujet est potentiellement polémique, que ce soit la mafia, les politiciens corrompus ou encore le dernier potin local. Attention, un non-Italien critiquant les Italiens provoquera un étrange effet, appelé élan patriotique, chez ses auditeurs de souche. À éviter donc, mais vous pouvez toujours inventer chaque jour une nouvelle raison de vous plaindre, cela vous aidera à vous sentir Italien.

- Enfin, suivez la mode. Pour les Italiens, le bon goût vestimentaire est une question d'honneur.

« Je me sens peu sûr de ma vérité, même si j'y crois. » Umberto Eco

Une Américaine à Paris

Un pigeon biset me barrait l'entrée de l'Université américaine de Paris. Pourquoi ce volatile se sentait-il obligé de dodeliner disgracieusement de la tête avec d'horribles saccades lorsqu'il avançait ? Le mouvement se décomposait en deux temps. Sa tête, d'abord projetée rapidement vers l'avant, prenait de l'avance sur son corps, puis elle restait résolument immobile, tandis que son corps se déplaçait pour la rattraper. Il était à peine exagéré de dire que ces à-coups d'avant en arrière m'angoissaient, me rappelant les automates qu'enfant je détestais. La vie d'un pigeon n'avait définitivement rien de gratifiant. A contrario, peu consolée par l'arrivée des mouettes rieuse, je me lamentais de la disparition progressive des petits moineaux* à Paris, tellement plus gracieux. Ce jour-là, je devais interviewer Marcelo Fortaleza Flores, un ethnologue brésilien. Également écrivain, réalisateur et photographe, il avait réalisé un remarquable film hommage à Claude Lévi-Strauss et il me tardait de le revoir. Peut-être était-ce pour cela que j'étais arrivé en avance. Le pigeon étant parti, je pénétrai dans l'établissement et me fis annoncer. Pour patienter, je pris le seul ouvrage disponible, le Fusac, abrégé de *France USA Contacts*, un magazine de petites annonces destiné aux anglophones de Paris. Au même moment, mon rendez-vous me fit chercher et j'eus juste le réflexe de le mettre dans mon sac. Là, il est nécessaire que vous compreniez que mon attachement maladif pour l'écrit s'étendait même aux prospectus. Aussi, le soir même, je n'omis pas de le consulter. Les petites annonces s'employaient d'une manière délicieuse à donner un maximum d'informations en un minimum de mots. Vous souvenez-vous de celles écrites par Michel Butor? : *Recherche ange voyageur pour liaison stable* ou *Loue temps perdu* ou encore *Donne le la ?* Lire celles du Fusac s'avéra, certes, un exercice moins littéraire, mais fut fort distrayant notamment dans la compréhension des abréviations en anglais.

L'une d'entre elles retînt mon attention : un organisme recherchait des familles d'accueil pour héberger des étudiants américains à Paris. Or, j'avais une chambre de libre puisque Charles, mon fils aîné, venait tout juste de partir en Floride afin d'effectuer un stage. Jamais l'idée ne m'était venue d'héberger un inconnu. Toutefois, emplie de l'aptitude à m'ouvrir à l'univers de l'autre, le hasard des rencontres m'avait toujours enchanté par cette magie nous happant sans prévenir au détour d'une rue ou d'une aérogare. Dès le lendemain, j'envoyai un mail. Tout s'enchaîna très vite. Quinze jours plus tard, je signai un contrat avec la *Southern Methodist University* de Dallas. L'étudiante qui allait partager notre vie arriverait le 2 septembre. Un petit mot accompagnait les documents : *« Bonjour ! Je m'appelle Catherine. J'ai vingt ans. Je suis de Shreveport, Louisiane. J'aime sortir avec des amis, jouer au tennis et du shopping. J'adore le cinéma, l'art et les livres. J'ai étudié la Française dans l'école depuis trois ans. J'aime parler de français et veux améliorer ma française ! Cet automne sera mon premier voyage à Paris. Je suis très excitée ! Je suis très ravie rencontrer ton famille. Et étudier à Paris dans l'automne. »* Mes jumeaux, Élise et Louis-Swann, — qui avaient juste trois ans de moins qu'elle — et moi-même allâmes la chercher avec un réel enthousiasme dans le 6ème arrondissement où l'organisme avait prévu un cocktail d'accueil. Catherine nous plût instantanément. Jolie comme un cœur, elle respirait la vie saine et la bonne humeur. Ses bagages de fille, comprenez volumineux et multiples, rentrèrent tout juste dans la voiture. À sa décharge, il convenait de préciser qu'elle allait rester chez nous quatre mois.

Ne connaissant aucun de ses goûts culinaires, j'avais opté pour un premier dîner dans un restaurant de mon quartier. Installés à la terrasse, toutes nos appréhensions furent vite levées : non seulement elle était ravissante, mais elle faisait des études d'art, ma grande passion, et avoua aimer beaucoup le vin rouge. Elle avait d'excellentes manières et choisit les mêmes plats que nous. Ah ! Les préjugés tenaces qui voulaient que les Américains soient tous mal élevés, obèses, ne mangeant que dans des fastfoods avec du soda ! Son français était laborieux, mais puisqu'elle devait l'améliorer, nous décidâmes de ne pas parler anglais. Elle avait toujours vécu à Shreveport, lieu de tournage de plusieurs productions cinématographiques. De son université du Texas, elle nous narra avec humour le trafic des fausses cartes d'étudiants pour pouvoir consommer de l'alcool puisque la majorité était à vingt et un ans alors que le permis de conduire se passait à seize ans. Comme pour de nombreux étrangers, la France représentait pour elle le pays du romantisme, du luxe et de la mode. La Parisienne partait au bureau en avalant un croissant, marchant la tête haute sur les rues pavées, perchée sur ses talons aiguille, et passait beaucoup de temps à la terrasse des cafés, un livre dans une main et un verre de champagne dans l'autre. Nous rîmes beaucoup et cette première soirée se passa divinement dans l'air doux d'une nuit de fin d'été. Dès l'entrée de l'appartement franchie —où trônait un miroir au mercure dont j'aimais à penser qu'il ait reflété de multiples intrigues il y a quelque deux cents ans—, Catherine apprécia notre univers plein de tableaux, de fleurs et de vie. Elle s'incorpora à la famille d'une manière si naturelle que nous eûmes rapidement l'impression de l'avoir toujours eu parmi nous.

Le rythme se prit donc facilement. Elle ne dînait pas tous les soirs à la maison, adorant se rendre au restaurant et sortir, notamment chez Costes. *The French concept*, l'art de la table la ravissait. La plus gentille des Américaines amenait souvent une bonne bouteille pour les repas ou des fleurs, aussi je culpabilisais de percevoir de l'argent pour un tel bonheur. Côté cuisine, Catherine raffolait du fromage de chèvre chaud sur la salade et appréciait tous les plats proposés. Elle adorait nos musées, ainsi le merveilleux Musée Jacquemart-André l'avait littéralement enchanté avec ses salons sur fond de boiseries dorées, son délicieux petit jardin, sa peinture du XVIIIème siècle traduisant un monde à la fois sérieux et frivole, primesautier et raisonné. Le Café du musée faisait partie des plus beaux salons de thé de Paris, offrant de surcroît un large choix de pâtisseries raffinées.

Pour notre Américaine, le shopping paraissait être un passe-temps vital et, là aussi, nous étions à mille lieues des clichés du *casual wear*. Son style ne relevait point du port généralisé du jogging rentré dans des bottes fourrées, elle avait un goût sûr conforté par des moyens financiers non négligeables. Le meilleur compliment que l'on pouvait lui adresser? *Oh my God, you're so Parisian!* La journée, elle suivait des cours. Et, très rapidement, Catherine fut confrontée à une singularité : la dissertation à la française. Confite dans le moule cartésien introduction-développement-conclusion, ou dans sa variante du plan dialectique, hypothèse-thèse-antithèse-synthèse, elle lui donnait l'impression désagréable que la forme l'emportait sur le fond. Lui expliquer que ce modèle académique, l'affirmation, sa négation puis la synthèse, s'appuyait sur une méthode d'argumentation et de réfutation inventée par le philosophe grec Zénon d'Élée, reprise ensuite par Platon et Aristote, ne fut guère aisé. La stupeur la gagna lorsque je dévoilai que l'objectif était de confondre l'adversaire en pointant les contradictions de son discours.

En novembre, Catherine nous annonça la venue à Paris dans une quinzaine de jours, de son père pour une petite semaine. Il venait seul, sa maman étant décédée deux ans plus tôt d'un cancer. Je donnai aussitôt la consigne de lui transmettre une invitation à dîner un soir à sa convenance. Les habitants de Louisiane s'enorgueillissaient d'avoir la meilleure cuisine des États-Unis. En arrivant, Catherine m'avait offert un livre de recettes. La gastronomie louisianaise, loin du traditionnel hamburger-frites, était un festival de saveurs multiples apportées par les différentes communautés. Ainsi, le *Gumbo,* plat traditionnel, mariait les gombos africains, des épices créoles, une base de sauce très française, le roux, du riz et des fruits de mer, mais je connaissais l'engouement des Américains pour la cuisine française. La qualité de notre gastronomie s'entourait d'un mythe, celui du fameux *French paradox*, ou l'apparente contradiction entre la pratique alimentaire, réputée riche en beurre, et des Français sveltes et en forme, un vrai mythe donc. Ayant appris que notre invité était chasseur, j'eus l'idée de prendre attache avec un de mes amis ayant une chasse dans le Loiret. Outre l'approvisionnement en gibier, il ferait un convive merveilleux puisqu'il était parfaitement bilingue, apaisant par là-même mes craintes de ne comprendre qu'un mot sur deux si le papa de Catherine avait le même redoutable accent texan que sa fille. L'affaire fut conclue, il allait m'apporter un cuisseau de sanglier** et se chargerait des vins. Tout se présentait pour le mieux.

Cependant, vous remarquerez qu'alors même vous pensiez que tout allait bien, un élément sournois venait tout gâcher. Ainsi, une catastrophe arriva la veille : l'assise d'un de mes canapés Louis XVI céda sous le poids d'un ami dont le postérieur atteignit le sol telle une grosse patate. Du côté gauche, les sangles en jute s'étaient rompues, libérant des ressorts diaboliques et une masse de crin végétal répandu tout autour. Vous devez connaître cet instant furtif qui nous fait sentir totalement impuissant. Ce canapé souffrant d'une totale déficience structurelle rendait le salon décadent par sa seule présence. Le retirer paraissait impensable tant il restait vrai que s'asseoir directement à table ne convenait qu'aux restaurants. D'après les livres en vogue, le meilleur moment pour rester positif était précisément quand tout autour de vous n'était en rien positif. Il était cependant certain que si un incendie avait eu lieu dans l'appartement, la situation aurait été plus anxiogène. Fort heureusement, mon ami Daniel, bricoleur de génie, réussit le tour de force de réparer l'assisse le matin même du jour tant attendu. Je pus ensuite m'atteler sereinement à dresser une table princière avant de me mettre aux fourneaux.

Lorsque la sonnette retentit, le champagne était dans son seau, bien frappé, les bougies allumées, des pétales de roses recouvraient la nappe blanche, le foie gras attendait sagement le pain d'épice, bref, tout était parfait. En ouvrant la porte avec assurance et sourire, je me trouvai face à un homme élégant de haute taille portant une grosse valise. John, le père de Catherine, avait-il compris que je l'invitais à dormir chez moi ? Un instant, la panique me saisit. Après les présentations d'usage, nous nous installâmes au salon et je fus au moins rassurée par son accent qui n'avait rien de texan. Alors la valise me direz-vous ? Que croyez-vous ? Des cadeaux bien sûr ! Une attention assez déconcertante, quoique terriblement sympathique. Je me remémorai alors une étude sur la générosité des Américains bien supérieure à la nôtre***. Cela se confirmait donc ce soir. Certes, la surface financière de mon hôte devait être conséquente puisqu'il travaillait dans l'immobilier et le pétrole, mais je connaissais moult gens riches qui n'auraient jamais l'idée d'un tel geste. N'oubliez pas que j'étais rémunéré pour accueillir Catherine ! Cependant, je passai un moment fort divertissant à ouvrir les paquets. Un cadeau n'avait pas grand-chose à voir avec le besoin, les plaisirs ainsi offerts représentaient juste un moment particulier de bonheur, d'émotion, de découverte entre contenant et contenu, comme les pochettes surprises de l'enfance. Je redevins une petite fille en poussant des cris de joie, des oh, des ah, des *thank you* !

Après ce déballage joyeux, je plaçai mes convives à table et John attendit debout que je sois assise en avançant ma chaise. Gentleman. La conversation reprit après que j'eusse servi à l'assiette un foie gras d'oie entier mi-cuit accompagné au choix de toasts de pain Poilâne ou de pain d'épices juste passé au grill. Je savais que les Américains éduqués raffolaient de ce mets délicat. En Louisiane, ils consommaient le foie gras avec de la brioche tartinée de marmelade d'oignon à l'orange. Je proposais, quant à moi, un chutney maison de figues. Le monde culinaire américain était ainsi rempli de bizarreries semblant complètement folles pour ceux qui n'y étaient guère accoutumés. Ainsi, Catherine nous expliqua qu'ils faisaient aussi des *grilled cheese* au foie gras. Ce sandwich grassouillet, composé de beurre, de cheddar fondu et de pain de mie, grillé à la poêle, ne discriminait aucun ingrédient, du moment que la présence du fromage s'affirmait. Poivrons, oignons, bacon, jambon, pesto, tomates, tout était bienvenu, alors *why not* foie gras ? Attention, contrairement à notre croque-monsieur, il convenait de l'écraser fortement avec une spatule plate. Il me plaisait de croire que celui au foie gras ne subissait point un tel châtiment. Ce snack tant chéri outre-Atlantique, avait, paraît-il, un potentiel réconfortant hautement élevé. D'aucuns affirmaient qu'il se consommait trempé dans un bol de soupe à la *tomate campbell's*, dont la boîte avait été mondialement rendue célèbre grâce à Andy Warhol. Ce perfectionniste du pop'art avait mijoté les détails. Regardez *Campbell's Soup Cans* de loin et votre œil verra trente-deux boîtes de conserve identiques. Allez ! rapprochez-vous ! Voyez-vous comment l'artiste a malicieusement changé le goût de chacune d'entre elles ? *Beef, black bean, chicken noodle, onion* ... Warhol lui a apporté de nouvelles saveurs. Voilà comment une soupe industrielle était devenue un totem artistique.

Le cuissot de sanglier m'avait été livré bien en amont du repas afin que je puisse me concentrer sur la marinade. Une belle pièce de gibier, macérant dans du vin rouge bien tannique, des carottes, des oignons, des échalotes, de l'ail, du persil, mijotant doucement, devenait de facto un délice du terroir. Mais, marinant depuis deux jours, mon cuissot eût l'air de sortir d'un film d'épouvante, sa teinte oscillait entre le mauve bleuté et le violet fluorescent. Un grand moment de solitude m'habita en contemplant cette masse ressemblant à *Art* des Oozma Kappa, vous savez ce gentil monstre violacé disant des choses dénuées de sens. Ce que je fis en déclarant qu'au pire, je ferais brûler le tout et que nous finirions au restaurant. Je n'eus, cependant, point besoin de recourir à une telle extrémité, la cuisson lui ayant rendu, miraculeusement, une apparence normale.

Le plat, lorsqu'il arriva sur la table, embaumait. En dégustant la viande moelleuse avec ses petites pommes de terre grenaille, le sujet de conversation s'orienta naturellement sur la chasse. Catherine confia qu'elle avait reçu son premier fusil à six ans. John nous apprit qu'au Texas, les chasseurs pouvaient tirer les sangliers depuis des montgolfières, car ces derniers s'étaient dorénavant habitués aux hélicoptères. Le sanglier incarnait le grand gibier par excellence et se chassait de plusieurs manières : à courre, à l'affût ou en battue, cette dernière étant de loin la plus pratiquée. Persuadée que la chasse à courre n'existait qu'en Europe, j'appris que même Georges Washington possédait son propre équipage en Virginie. Le vocabulaire se rapportant au seul sanglier esbaudissait le quidam. Le mâle adulte était un verrat, sa femelle, une laie, et les petits, des marcassins. Sa tête était une hure, son museau, le boutoir et l'extrémité, où perçaient les narines, le groin. Les poils étaient des soies. Les jeunes bêtes étaient dites de compagnie. À deux ans, ils devenaient des ragots, ayant atteint trois ans, des tiers-ans, des quartaniers à cinq, grands vieux sangliers à six, solitaires à sept. Cette conversation m'ennuyant à périr, je me surpris à penser que, dans la mythologie grecque, Adonis, guide de chasse de Vénus, se faisait salement tuer par les crocs d'un sanglier dont nul ne précisait l'âge...

En Louisiane, ils pratiquaient également une autre chasse, fort exotique pour nous, celle à l'alligator. C'était l'état américain qui en comptait le plus avec, au bas mot, deux millions de ces bêtes. Certains alligators seraient de vraies mauviettes. Toutefois, si vous tombez nez à nez avec ce genre de crocodiliens, sachez que si le museau de l'animal qui vous fait face est en V, c'est plutôt un crocodile, mais si l'animal a le museau court, large et arrondi en U, vous avez affaire à un alligator. Toutefois, si la bête décide de vous dévorer, avant de vous faire digérer, ayez un dernier sursaut de curiosité, que diable ! Si une grande partie des dents de la mâchoire inférieure sont cachées dans sa gueule, vous faites le repas d'un alligator. Non ? Alors vous faites le bonheur d'un crocodile. Vous vous êtes fait simplement mordre ? Ayez toujours une bonne brosse à dents sur vous. Pas pour éviter les caries au crocodilien puisque ses dents se renouvellent une cinquantaine de fois dans sa vie, mais parce que sa gueule est infestée de bactéries s'avérant aussi dangereuses que la morsure elle-même. Juste avant de vous faire mordre, un petit coup de dentifrice sur la dentition du reptile et le tour était joué ! Bien sûr, cela vous demandera un peu de pratique, mais, si vous survivez à quelques morsures, je vous assure que cela deviendra naturel. Mais, revenons à Paris, où il était très exagéré de colporter qu'en nettoyant le siphon de votre baignoire, un alligator en était sorti.

Je ne négligeai pas le plateau de fromages. Les Américains avaient tendance à le déguster à l'apéritif, de sorte qu'après le plat principal et accompagné d'une salade verte, ce fut très français. Tous apprécièrent le Salers, le Comté et le Pouligny-Saint-Pierre. Au dessert —une simple tarte aux pommes tiède et sa boule de glace à la vanille—, mis en confiance par les vins délicats, John parla politique. Il était républicain, ce qui ne surprit personne, même s'il habitait un état sudiste qui, jusqu'en 1996, avait voté démocrate. Mais ces derniers étaient, eux-mêmes, en faveur du forage offshore. Beaucoup ignorait que la Louisiane vendue aux États-Unis par Napoléon pour quinze millions de dollars, ne correspondait en rien au territoire actuel de la Louisiane d'aujourd'hui, mais au tiers des États-Unis. Quant au français, cette langue mal aimée et même maltraitée, elle avait désormais le vent en poupe dans cet État. D'autres paradoxes subsistaient, de nombreux Louisianais descendants des Français se considéraient aujourd'hui comme Cadiens, un terme devenu l'identité des Blancs francophones, et même maintenant des Blancs anglophones affirmant ainsi un attachement identitaire. Aussi, le terme créole faisait aujourd'hui référence à la communauté noire américaine, alors qu'il désignait autrefois toutes les personnes nées en Louisiane. Cela ne m'apparaissait pas être un progrès. Quoiqu'il en fût, le père de Catherine prit congé en me félicitant pour la qualité du dîner.

La nuit qui suivit, le résultat de ce repas un peu lourd agrémenté de propos un tantinet trop cynégétiques, fut un cauchemar épouvantable où, de mon réfrigérateur, surgissaient un horrible alligator vert pomme luttant avec un affreux sanglier violet flashy.

* Oiseau emblématique de la capitale, le moineau est en voie de disparition à Paris. L'étude dévoilée en 2017 par le Corif (Centre ornithologique d'Ile-de-France) et la LPO (Ligue Pour les Oiseaux) est sans appel. Entre 2003 et 2016, trois moineaux sur quatre ont disparu soit plus de 73 % des moineaux qui nichaient intra-muros.

** Je n'ai aucune appétence pour la chasse. Mais, parcelles de maïs piétinées, récoltes dévorées, prairies ravagées, terrains de football retournés, selon les services préfectoraux, pour la saison 2016-2017, 1 225 hectares avaient été détruits par les sangliers dans le seul Loiret. Rien que pour le sanglier, 15 000 bêtes sont abattues chaque année dans ce département.

***Les gens vivant aux États-Unis sont si généreux que leurs dons volontaires représentent 10,2 % du produit intérieur brut. Les seuls autres pays atteignant à peine un peu plus de 5 % du PIB sont les Pays-Bas, le Canada et le Royaume-Uni. La plupart des États-providence, supposés compatissants, ont des niveaux de dons de bienfaisance bien tristounets. Ainsi, les dépenses sociales volontaires dans les principaux pays européens, comme la France, représentent en moyenne moins de 2 % du PIB.

Un 1er mai à Yaoundé

Pour d'aucuns, le bonheur n'était perçu que perdu alors que, pour moi, chaque instant claquant sa bannière restait inscrit à jamais dans ma mémoire. Ainsi ma vie au Cameroun. J'avais eu dans les années 80 une maison à Yaoundé, située juste au pied du Mont Fébé, voisin du palais présidentiel. Surplombant l'une des sept collines de la ville, à une altitude de près de mille mètres, ce site était entouré d'une végétation verdoyante et luxuriante, au nord-ouest de la capitale. Aux heures bleues —entendez au lever et au coucher du soleil— un paysage plein de poésie s'offrait à vous, laissant la brume enrober le sommet des collines tel un sfumato. La capitale du Cameroun jouissait d'un climat tropical. L'hiver se caractérisait uniquement par des pluies moins importantes qu'en été et l'altitude rendait la chaleur toujours supportable.

Au début de notre installation au Cameroun, je ne travaillais pas, mais je ne pensais en aucun cas pouvoir m'ennuyer, tant ce pays offrait des panoramas divers, tel un continent africain en miniature. Je découvris ainsi le nord, où, l'hiver, un vent du désert du Sahara, l'Harmatan, soufflait en soulevant la poussière, teintant d'or les molécules de l'air. Les nuits pouvaient y être fraîches, mais, à la saison sèche, les pics de chaleur pouvaient atteindre les 47 degrés. Garoua, située dans une cuvette, était entourée de reliefs à l'aspect véritablement lunaire. Dans le parc de la Bénoué, nous dormions dans des cases en boukarous. Cette construction traditionnelle ronde en dur, à toit de chaume conique, était fort appréciée pour sa fraîcheur. Cette région de peuples nomades proposait des plats le plus souvent à base de mil, de maïs et de sorgho, accompagnés de lait frais. Je gardais le souvenir délectable de la sauce aux graines de concombres, une spécialité de la région. A contrario, je n'avais pas d'appétence pour Douala, avec sa chaleur étouffante qui poissait les paupières, ses pluies diluviennes et son agitation insécure. Dès que nous le pouvions, nous partions sur la côte, à Kribi, une ville portuaire possédant un climat de savane. Cette station balnéaire avec ses plages de sable blanc venant mourir dans une mer turquoise, ses cocotiers s'inclinant vers les flots, n'était, à l'époque, pas encore prisée des touristes. Un paradis où nous dégustions des poissons, des gambas et autres fruits de mer tout juste pêchés. À moins de dix kilomètres de là, se trouvaient les chutes de la Lobé, un des rares endroits au monde où le fleuve tombait spectaculairement dans la mer en chutes. Il suffisait ensuite de remonter le fleuve Lobé pour s'enfoncer en forêt et pénétrer en terre pygmée.

À courte distance de la côte, nous découvrîmes le plus haut sommet du pays, le mont Cameroun, un volcan atteignant plus de 4000 mètres. Ses pentes, très pluvieuses, étaient joliment couvertes de forêts, mais, dès mi-parcours, il y faisait un froid polaire. Veste chaude, gants, écharpe, bonnet devenaient alors indispensables. Aller chercher des fraises à Dschang, en pays bamiléké, fut également une distraction du week-end, le climat équatorial de mousson de cette région étant une prédilection pour de nombreuses cultures. Nous y dégustions le Pilé de pommes de terre, délicieux mélange de haricots et de pommes de terre pilées, cuisiné à l'huile de palme rouge. Chacun de ces séjours avait représenté de merveilleux instants, volés à une désormais routine à Yaoundé.

Car notre vie dans la capitale avait rapidement pris ses marques. Les premiers mois, je menais une vie de maîtresse de maison assidue. Mon mari avait énormément de travail et je le secondais essentiellement en invitant ses interlocuteurs camerounais. Je pris ce rôle fort au sérieux. Dès le début, j'avais trouvé utile de remplir un petit carnet avec le nom de nos hôtes et, lorsque j'en étais informé, les interdits religieux, les régimes médicaux ou les simples aversions alimentaires y étaient consignés. Il convenait également de noter les menus afin d'éviter de resservir le même plat à la même personne trois mois après. Je rappelai au personnel les règles consistant à ne jamais servir les hommes en premier, mais les femmes en commençant par la plus âgée pour finir par la plus jeune, puis de procéder de la même manière pour les hommes. Une règle immuable aboutissant à ce qu'aucune femme ne mangeât jamais chaud. Une difficulté résidait également dans les plans de table : comment placer un ministre par rapport au sultan des Bamoun et le sultan par rapport à l'archevêque de Yaoundé ? Tout cela m'amusa un temps follement.

Ainsi de très longues semaines passèrent entre les réceptions, la décoration de la maison, la piscine, le coiffeur et le golf. Enfin, pour cette dernière activité, il s'agissait essentiellement du practice et du club-house tant je dois vous avouer mon peu d'appétence pour les sports faisant intervenir un référentiel bondissant pour reprendre le jargon cocasse de l'Éducation nationale française. Le cuisinier m'avait, de plus, convaincu de ne plus me rendre au marché avec lui, car ma seule présence faisait multiplier les prix des produits par vingt. Le temps se suspendait comme à cette heure floue où l'on n'avait pas encore bu sa tasse de thé. Une vacuité sans fin. Je dus mon salut à un jeune banquier camerounais, que nous avions reçu plusieurs fois à la maison et avec lequel je m'étais liée d'amitié. Philippe avait des traits volontaires, des manières assurées trahissant une bonne éducation et une ambition certaine. La presse étant le quatrième pouvoir, il possédait un magazine politique et économique et j'acceptai avec gratitude sa proposition d'y travailler. Lors d'une conférence de presse au Palais présidentiel, cela donna lieu à un léger incident. Après d'interminables conciliabules à la tribune, dans un froid glacial dû à une climatisation outrancière, un conseiller du Président me fit passer un mot indiquant que seuls les journalistes camerounais étaient admis. Alors, vous imaginez ma joie lorsque je lui remis, très fière, ma carte de presse camerounaise. Des décennies après, je gardais une certaine délectation de ces années passées au Cameroun.

Après avoir effectué des séjours dans d'autres contrées, une fois rentrée à Paris, j'avais, à de multiples reprises, tenté de reprendre attache avec Philippe, mais en vain. Nous étions fin avril 2016 lorsque je retrouvai sa trace à la présidence de la République. Mon désormais vieil ami m'invita à me rendre à Yaoundé dès le week-end du 1er mai. L'idée de nos retrouvailles m'émoustillait et tout se passa à la vitesse d'un éclair, visa de courtoisie, valise, vol. Un colonel m'attendait à l'aéroport de Yaoundé. Il s'occupa des formalités puis me conduisit à l'hôtel. La chambre était spacieuse et, une fois mes bagages défaits, je m'y morfondis une bonne heure dans l'attente de nouvelles de mon ami. Le téléphone sonna peu après 21 heures et les propos de Philippe furent fort surprenants puisque ses instructions consistaient à me diriger au niveau moins deux de l'hôtel, un quart d'heure plus tard. La réalité n'avait jamais besoin de notre imagination. Nos retrouvailles auraient ainsi lieu dans un parking. N'avez-vous jamais, vous qui lisez ces lignes, éprouvé ce sentiment diffus de déception alors que vous avez tellement fantasmé un moment trop longtemps attendu ? Je réalisai soudain que tant de temps était passé. Je ressentais une fatigue accablante en prenant l'ascenseur. Chercher l'interrupteur, ouvrir la porte. Une odeur d'essence agressa mes sens et mes talons résonnèrent sur le sol. Dans une lumière couleur de foie cru, Philippe se tenait devant une limousine noire. Ses cheveux avaient certes blanchi, mais restaient les battements confondus de la même émotion. L'amitié et l'attachement retrouvé, il m'amena au restaurant.

Situé dans un quartier excentré, l'endroit discret jouissait d'une terrasse abritée au cœur d'un jardin tropical. De multiples « Monsieur le Ministre », « Votre Excellence », saluèrent notre arrivée. Cette obséquiosité outrancière me fit immédiatement songer à de Funès dans le film *Le*

Grand restaurant où, jouant le patron d'un restaurant chic des Champs-Élysées, Septime ne reculait devant rien pour courtiser sa clientèle : baisemains, courbettes et veuleries en tous genres. Le manège dura tout le dîner. À Yaoundé, on ne badinait pas avec le protocole. Ainsi, l'horizon construisait l'homme. Malgré l'excessivité pesante du cérémonial entourant mon ami, l'environnement naturel luxuriant et le raffinement de la cuisine m'apaisèrent. Le Cameroun présentait une diversité culinaire unique. À la carte, était proposé le Poulet DG, un véritable délice, et oui, oui, DG voulait bien dire Directeur Général puisque ce plat se réservait aux personnalités. Sur ces dernières décennies, la consommation africaine de volaille avait été l'une des plus dynamiques au monde. Saviez-vous que la société des poules était très hiérarchisée ? Chaque volatile reconnaissait de facto les membres de son groupe et le statut social de chacun. Cet animal s'adoptait fort bien au demeurant. Délaissant le poulet, je choisis de déguster un bon ndolé aux crevettes, un plat faisant une danse tribale, chahutant dans tous les sens le palais. Le ndolé pouvait ressembler aux épinards à cause de sa couleur et de sa texture, mais la plante et sa préparation étaient, en fait, tout autre. Philippe et moi, nous remémorâmes les instants complices, nous rîmes beaucoup. Chaque détail constituait un univers.

Le lendemain se trouvait être le 1er mai. Mon copieux petit déjeuner fut agrémenté par un véritable spectacle. En effet, du balcon de ma chambre, je bénéficiai d'une vue épatante sur le défilé et je pus contempler la parade sonore et colorée des travailleurs. Les représentants les dix régions, arborant des polos aux couleurs nationales, vert, rouge et jaune, ouvraient la marche. En chantant et dans des mouvements saccadés, ils agitaient harmonieusement leurs drapeaux. À leur suite, formant une foule chamarrée, les personnels des entreprises, des administrations publiques, des associations et des syndicats défilaient. En tissu pagne ou en tee-shirt, l'imagination était au rendez-vous. Pris par des obligations liées à sa fonction, Philippe me confia un de ses chauffeurs pour la journée. L'hôtel se trouvant sur le boulevard inaccessible pour cause de festivités du 1er mai, je dus passer par l'office pour le retrouver. Avec ce charmant guide, je jouai au touriste dans une ville où j'avais certes vécu, mais où je ne reconnaissais presque plus rien. J'arpentai le marché artisanal, me rendis chez un disquaire, fis une excursion au Mont Fébé, visitai le club de tennis sans pouvoir saluer Zacharie Noah qui faisait sa sieste, pour enfin, allait boire un coca dans un bar d'un quartier populaire, au sol en terre battue et toit de tôle, où était bien indiqué au-dessus de la porte « Payez avant d'être servi. Pas de crédit », bref, de quoi réveiller la rétine.

Une fois rentrée à mon hôtel, devant repartir le lendemain soir, je m'inquiétais de ne pas avoir des nouvelles de Philippe. Ce ne fut qu'à dix heures du soir qu'un de ses secrétaires m'indiqua de m'habiller pour une soirée et de descendre dans vingt minutes à la salle de réception Bouma Hall, de 2631 mètres carrés, précisait la brochure du Hilton que j'avais eu largement le loisir de consulter. Dès que les portes de l'ascenseur s'ouvrirent, un majordome m'invita à le suivre. Je pénétrai à sa suite dans une immense salle où se trouvaient cinquante tables de douze personnes. Mon entrée se fit dans une intensité hypnotique puisque j'étais la seule blanche de toute l'assemblée et, qu'arrivée en dernier, tous ne virent que moi. Je fus placé à la table numéro un, en face de mon ami ministre, c'est à dire fort loin de lui. Un autre ministre à ma droite et un député à ma gauche. Tous les hommes étaient en smoking. Ce beau monde était convié aux soixante ans de mariage d'un couple certainement haut placé, en tout cas juché sur une estrade et assis à une table à la nappe dorée. À leur gauche se tenait un imposant orchestre. Au milieu des fleurs, sur chacune des tables cohabitaient champagne millésimé d'une grande marque, grand cru de vin français, Coca Cola, Fanta, eau Tanguy et bière Guinness. En y réfléchissant, je pense qu'il devait y avoir également une bouteille de whisky.

Un jeune Africain muni d'un micro ne tarda pas à se placer devant l'estrade —c'est-à-dire à deux pas de ma table— et commença à interpréter l'air de Chérubin, *Voi che sapete*.

Ce morceau des Noces de Figaro de Mozart faisait fondre tout un chacun tellement Cherubino, amoureux de la terre entière, était à la fois terrifié et tout excité de chanter sa chanson devant la fascinante comtesse Almaviva. Le ténor termina son récital par *La Donna è Mobile* de Rigoletto de Verdi, un air si entraînant, si joyeux, si italien. J'étais complètement subjuguée : le lieu, la puissance de cette voix, cet air si léger de cet opéra si tragique. Quel dommage que je n'eusse pas retenu le nom de cet interprète de si grand talent ! Il passa saluer de table en table et fut, en retour, inondé de billets. Mon ami ne fut pas en reste se montrant aux yeux de tous particulièrement généreux. Dans ce pays, arroser* signifiait simplement célébrer un succès.... Réflexe culturel, terreau de la corruption, l'argent liquide circulait à profusion au Cameroun.

L'orchestre enchaîna sur les premières mesures de la spectaculaire *Valse de l'Empereur*. Le couple qui s'était levé, était descendu de l'estrade, et, seuls au monde, se mit à valser sur cette musique de Strauss à la durée impressionnante, somptueuse et impériale. Ma coupe de champagne à la main, je regardai éberluée ces hôtes octogénaires tourbillonner dans une jubilation solipsiste créant, pour leurs noces de diamant, un climat si particulier que ni lieu ni temps ni public n'existait. Je ne vous narrerai pas le menu, totalement sorti de ma mémoire, de cet inouï dîner de gala mis à part le délicieux bar braisé servi avec une sauce *djansan* et une purée de piment, accompagné *de miondos*, féculent de manioc écrasé, cuit dans des feuilles de bananier et de plantain. Jusqu'à fort tard dans la nuit, robes de soirée, boubous affriolants et smokings s'agitèrent au rythme de la musique camerounaise, gaie comme un coloriage d'enfants.

*Au Cameroun, un cadeau qui peut aller de la gratification pour service rendu au pot-de-vin se dit bière. « Je reconnais que je n'ai pas tous mes papiers. Aussi prenez ceci. C'est votre bière ! »

Souper chez Ritz

Ce soir de fin d'automne ensoleillé, Marcel Proust avait exigé que nous nous retrouvions à l'hôtel Ritz où il avait toujours quelques habitudes. Céleste Albaret le poussait d'ailleurs à fréquenter l'endroit, n'aimant pas cuisiner. Le salon du premier étage, réservé à notre seule attention, présentait l'avantage d'être ouaté avec ses rideaux soyeux et ses tapis chamarrés de haute laine. Ne pas avoir froid restait la préoccupation constante de notre ami. Dans ce décor néo-antique de la fin du XVIIIème siècle, Marguerite Yourcenar, Jacqueline de Romilly, Oscar Wilde, Francis Bacon et moi-même l'attendions au milieu de superbes compositions florales et sous un ciel en trompe-l'œil. Il n'arriva qu'après 23 heures, enturbanné de lainages « comme un bibelot chinois », pourrais-je écrire en parodiant Alphonse Daudet. Après nous avoir salué chaleureusement, nous assurant de son plaisir d'être parmi nous, il narra avec fièvre son interview avec Élie Joseph Bois*, journaliste littéraire au Temps. L'affaire était sérieuse puisqu'il publiait son premier roman à compte d'auteur, son manuscrit ayant été refusé par toutes les grandes maisons d'édition**. Je ne pouvais m'empêcher de l'envier puisque mon œuvre, quoiqu'infiniment plus modeste, subissait le même sort, mais avec l'inconvénient que notre fortune n'était en rien comparable. De plus, Marcel Proust prit fort mal la suggestion de son éditeur, économiste de formation, de recourir à une souscription auprès du conseil municipal de Paris. Il préféra donc payer pour exister.

Avec sa bouche d'enfant aux lèvres molles, Wilde mélangeait avec opportunité, et dans un très bon français, l'esprit à l'insolence en fumant des cigarettes d'Égypte que je soupçonnais d'être préalablement trempées dans de l'opium. Quelque peu poseur, souvent insupportable, mais toujours amusant, nous le prenions avec ses excès, car il n'en était pas moins esthète, fin poète, écrivain fantastique et dramaturge talentueux. Les relations entre Marcel et Oscar avaient pris un mauvais départ, car leur premier échange n'excéda pas quelques mots***, mais le côté dandy de notre ami irlandais devait maintenant amuser quelque peu Proust quoique j'aie soupçonné qu'il arrivât toujours en retard pour ne pas paraître encore plus petit devant ce grand cheval fou. S'ils avaient en commun un père médecin réputé dont il faisait peu cas, ces deux-là se jaugeaient, chacun feignant de n'avoir pas vraiment lu l'autre. Oscar déclara ne vouloir boire que de l'absinthe, du cognac ou du champagne. Nous le convainquîmes de s'en tenir au divin breuvage à bulles. Marcel désira prendre du café et Francis commanda une bouteille de *sherry* qu'il adorait. Ce vin cuit d'origine espagnole, capable d'éveiller tous les sens, se trouvait très apprécié des Britanniques.

Autre Irlandais, mais seul peintre de la tablée, Francis Bacon avait des airs de notaire excentrique. Le cirage qu'il passait sur ses cheveux les rendait d'une couleur unique, un bordeaux indéfinissable. Il se tenait en retrait peut-être parce qu'aimant observer, l'univers des palaces l'avait toujours fasciné. Son œuvre violente et déchirante, triturant la figure humaine qu'il peignait sans relâche, plaisait-t-elle à Proust? Je pensai, en les regardant côte à côte, que, oui, car ils avaient en commun la mémoire involontaire. L'artiste admirait par ailleurs l'écrivain. À ses yeux, Proust avait su faire le pont entre tradition et modernité. Pour le maître de La recherche, l'art moderne allait de l'impressionnisme au cubisme transposant avec gourmandise le tout en étude sociologique. Quant à Bacon, l'impact de la littérature sur son œuvre était réel s'expliquant par la parenté avec un univers poétique et une certaine vision amoraliste du monde. Il était ainsi un lecteur boulimique d'Eschyle, Nietzsche, Georges Bataille, Joseph Conrad, T. S. Eliot et, bien sûr, de Michel Leiris. On tenait de bonnes sources que sa bibliothèque pléthorique abritait des ouvrages sur Vélasquez, l'un de ses idoles, mais également des livres sur les volatiles, la magie, les perversions ; elle comportait même, disait-on, plusieurs numéros de la revue *Le Crapouillot* et même le guide Michelin.

Ayant provoqué cette rencontre, je savourais l'atmosphère détendue lorsque les serveurs entrèrent amenant les boissons. Les éclairages indirects voulus par César Ritz avec leur ambiance pêche abricot donnaient bonne mine à Jacqueline et à Marguerite, deux femmes de lettres érudites, deux historiennes lucides et objectives, qui n'avaient en partage que la même passion pour la Grèce antique. Pour possiblement leur faire honneur, Wilde parla de son voyage en terre hellénique. La mer y avait, selon lui, la couleur du saphir et l'air du ciel brûlait comme une opale chauffée. Avec comme professeur John Ruskin, critique britannique estimant que l'art ne devait être que la recherche du Beau sans aucune préoccupation morale ou sociale, il nous expliqua combien ce voyage fut un choc esthétique. Marcel Proust, qui superposait la vie et l'art, s'anima, car, outre la place que tenait déjà l'art dans ses ouvrages, il avait entrepris la traduction des écrits esthétiques de Ruskin. Le génie des artistes résidait pour lui en une apparence avec laquelle ils nous charmaient et nous décevaient et au-delà de laquelle nous voudrions aller, un mirage arrêté sur une toile, une vision. Il convenait d'entendre la peinture pour qu'elle ne nous aveugle pas. Le menton relevé, tripotant d'une main une moitié de sa moustache brune, l'écrivain rappela doctement *La cosa mentale* de Léonard de Vinci, oui, comme toute œuvre d'art, la peinture ne pouvait être qu'une chose mentale. Puis, il appela Monsieur Dabescat, le maître d'hôtel de chez Ritz, son indéfectible complice, pour faire amener son manteau de fourrure —non qu'il voulût partir— mais par crainte de prendre froid, rappelant à tous sa terreur des courants d'air.

Le service, d'un raffinement extrême, se faisait à la Russe****, le chef Escoffier ayant aboli le service à la française. Les plats n'étaient, dès lors, plus servis en même temps, mais séquentiellement, les uns après les autres. Nous partageâmes un consommé de tortue au Madère, un potage de réconfort, petit miracle des soupières avec leur chaleur devenue saveur. Pour plat de résistance, Oscar Wilde choisit une brochette d'ortolans servie avec des cèpes sautés à la poêle, quelques dés de foie de canard, des crêtes de coq et des salsifis. Saviez-vous que la coiffe des gallinacées était autrefois considérée comme un mets très raffiné ? Entourée d'un mystère technique quasi-mystique, il était pourtant enfantin de préparer ces excroissances servant là d'accompagnement. Depuis le XVIIème siècle, l'ortolan, cet adorable oiselet de passage, au goût exceptionnel, était tenu pour un plat mythique. Tête, os et corps se dégustaient en une seule bouchée fumante, une longue serviette blanche sur la tête. Dans le silence, seul résonnait le craquement des osselets. Wilde proclama que ces brochettes étaient tellement divines avec leur goût subtil de noisettes que l'imagination du gastronome ne pouvait rien rêver de plus extraordinaire. Pourtant son appétit était faible, peut-être parce que, dans le même temps, il fumait des cigarettes ce qui visiblement exaspérait Marcel Proust et, davantage encore, Marguerite Yourcenar.

Francis, peintre autodidacte, « enregistrait », selon sa propre expression, toutes les perceptions que lui donnaient le monde et la vie des gens qui l'entouraient. Ces multiples souvenirs superposés de leur existence se trouvaient captés dans une peinture sans distance aucune. Il avala son verre d'un trait puis, baissant les sourcils, il nous expliqua peindre avec des pigments entremêlés, broyés, pétris, triturés, par des touches larges, sinueuses tout en mariant les couleurs crues. « J'aime les blessures, les accidents, les malaises, là où la réalité abandonne ses fantômes », avoua-t-il. Après avoir porté délicatement à ses lèvres une énième tasse de café, Marcel Proust émit la sentence que ce qu'il donnait à voir, était une poétique si violente de la représentation, qu'elle sautait au visage telle une expérience intérieure qui n'en finissait jamais d'affirmer sa présence. Bacon se tourna vers lui, levant un nouveau verre : « Connaissez-vous ces vers d'Eschyle tirés de l'*Orestie* : L'odeur du sang humain me sourit » en concluant sans attendre une réponse par un sonore *Clinical!* puis d'éclater de rire. Moi, j'aurais voulu vivre comme Bacon peignait. De sang et de chair. La peintre Isabel Rawsthorne, aussi british qu'un muffin, l'excusait en affirmant : « Francis a besoin de distiller son étouffement ». Cette femme libre fut la maîtresse, outre de Bacon, de Balthus, de Giacometti, et posa même pour Picasso. Avec son impertinence naturelle, Oscar Wilde, pétunant de plus belle, provoqua, comme à son habitude, en prônant que l'Art était tout à fait inutile. Monsieur, me permis-je de lui dire fermement, vous divaguez. Mais sa conception de l'art pour l'art était en fait très... artistique.

Cet érudit passionné leva son verre de sherry et changea de sujet pour rebondir sur *L'Orestie* d'Eschyle. Un de ses seuls regrets, confia-t-il à Jacqueline, était de n'avoir pas appris le grec classique. Question de rythme, d'énergie, d'immédiateté. Jacqueline de Romilly se mit à décrire le trésor de cette grande trilogie tragique marquant toute la civilisation occidentale. Elle s'adressait en effet aussi à notre époque où toutes les sortes de violences semblaient avoir pris une forme exacerbée et où nous cherchions désespérément un remède. Pour sonder la nature humaine et comprendre les motifs qui gouvernaient les hommes, il convenait de partir, selon Proust, de ces deux réalités : le vice instinctif et la méchanceté délibérée. « De profession à profession, on se devine, et de vice à vice aussi » conclut Proust.

La Grèce de Périclès représentait sans conteste la beauté. Derrière les belles choses se trouvaient le goût de l'éternel et le sens de la liberté intérieure. Jacqueline et Marguerite, deux esprits supérieurs qui déchiffraient à merveille le comportement des hommes, émirent le sentiment que celui-ci ne changeait guère au fil du temps. L'œuvre de Marguerite Yourcenar était obstinément dévolue à la célébration de l'âme et de l'éternité, ce qui plaisait bien à Proust imprégné de culture classique, notamment grecque, et ne cachant pas son admiration pour Homère. Marcel ne négligeait pas non plus l'ascendance aristocratique de Yourcenar, garante de la convenance attachée à l'ornement de la particule même si elle avait pris la liberté buissonnière de la supprimer de son pseudonyme. Cette voyageuse infatigable, mouvante dans sa vie comme dans son œuvre, ne goûtait pas les mondanités, mais célébrait à merveille la terre des hommes, le ciel de l'esprit et les racines, liant les premiers au second en échappant à toutes les conventions sociales ou littéraires.

L'atmosphère était exquise. Cette lumière sous cloche — belle comme un Bellini, cet exquis cocktail orangé — enrobait le souper. L'esprit affuté comme des lames, les idées apparaissant comme des vagues, par houle. Cela vous submergeait par inadvertance. Aussi, il ne me souvient plus qui lança : « Le bonheur était-il nécessairement une question importante ? » Marguerite affirma que, pour elle, le bonheur était le sous-produit d'un travail, d'une harmonie, en plantant la transparence de ses yeux bleus, hérités de ses ancêtres flamands, dans ceux, très sombres, de Marcel. Élégamment vêtue de noir et de blanc, elle parlait un français exquis, avec un ton imposant de ne pas être interrompu et un accent nettement patricien. Le bonheur appartenait, dans le code de Marguerite Yourcenar, au domaine de l'insupportable, de l'intolérable, il s'agissait de l'éviter comme d'autres, le malheur. Avec la manière excessive qu'il vouait à ses interlocuteurs et surtout à ses interlocutrices, Marcel Proust s'anima à cette sentence en proclamant joliment que le bonheur seul était salutaire pour le corps, mais que c'était le chagrin qui développait les forces de l'esprit, « il n'a presque qu'une seule utilité, rendre le malheur possible » conclut-il, non sans volupté. Première femme à avoir enseigné au Collège de France, Jacqueline de Romilly, énergique et drôle, surtout étrangère à toute désespérance, pensa qu'il s'agissait là de propos d'enfants gâtés : «Le bonheur ne rayonne jamais autant que lorsqu'il a échappé à la fuite des jours et à l'urgence de la vie réelle». L'illustre helléniste et humaniste nous rappela cependant que, parmi les adjectifs qui, dans la langue grecque, indiquaient le fait d'être heureux, il en est deux, *eudaimôn* et *eutukhês*, qui, s'ils semblaient synonymes, n'en impliquaient pas moins des conceptions distinctes du bonheur. Dans le premier, le bonheur gagnait une valeur morale.

Nous ne pûmes en savoir plus, car Oscar Wilde s'écria : «Pas le bonheur! Le plaisir!» en agitant les manches de sa veste pourpre doublée de satin lavande, et en se levant pour se resservir lui-même du champagne, ce qui, en ces lieux, était une faute plus que grossière. Le plaisir restait-il la seule chose qui vaille la peine de vivre? Cette formule était-elle imputable au cynisme désabusé de l'écrivain ou devait-elle nous servir de devise? Je songeai que rien ne vieillissait plus vite que le bonheur et je détournai la conversation sur un sujet sans danger : les merveilleux plats qui venaient d'être servis. Marguerite et Francis avaient commandé un mets iconique de la gastronomie française, le homard Thermidor. Ce plat très fin mariait allégrement le crustacé décapode avec de la moutarde, du poivre, du piment, de l'échalote, de la tomate, de la farine, du vin blanc sec, de l'estragon, du concentré de tomate, des oignons, de l'huile d'olive, du beurre, de l'ail, du sel, du cognac et du cèleri. Quoi de plus délectable qu'une sauce «à la française»? Même si le bon usage interdisait de saucer son assiette... Et puis, cette grande cuisine n'exposait pas les convives au casse-noix et à la longue fourchette à crustacés, instruments d'utilisation barbare. Bacon s'adressa en anglais à son compatriote Wilde pour lui demander s'il était vrai qu'il eût promené un homard en laisse sur les quais de la Tamise pour choquer les promeneurs. « On voit bien que vous ne le connaissez pas » prononça Marcel avec un rictus. Oscar Wilde répondit que tout être était capable de croire n'importe quoi, pourvu que ce fût complètement incroyable. Par cette pirouette, nous ne sûmes jamais si cette délicieuse histoire était vraie.

Jacqueline et moi-même avions choisi des cailles farcies au foie gras pochées dans un bouillon de poires puis mouillées au jus de truffe. Elles arrivèrent sur leur plat d'argent, toutes dodues de foie gras, avec des poires juste ébouillantées dans un subtil bouillon de volaille aromatisé aux truffes. Le jus avait ensuite été réduit et monté au beurre et, en accompagnement, nous était servi un écrasé de pommes de terre tout crémeux. Ce plat filait en bouche comme parfois les anges. Marcel avait juste désiré du poulet rôti qui lui fut servi avec une peau croustillante et des haricots verts tout frais, ruisselants de beurre. Une cuisine fixant le vital. Et, curieusement, ne prenant qu'un repas par jour, une peau bien dorée, une chair moelleuse et une odeur épicée suffisaient à envahir Proust d'une sensation si délicieuse que cette simple volaille devenait une clarté vivante, lui permettant d'associer au bonheur gustatif et olfactif, des visions, à mi-profondeur, dans la transparence de sa pensée. Ce qui se retrouvait dans ses œuvres, car la cuisine chez Proust devenait un paysage absolu. À côté de la célèbre madeleine « courte et dodue » de *Un amour de Swann*, apparaissaient les œufs brouillés au lard et le homard à l'américaine de *Jean Santeuil*, les haricots « verts et tendres » *de La Prisonnière*, la bouillabaisse de *Sodome et Gomorrhe*, le bœuf à la gelée de *À l'ombre des jeunes filles en fleurs*, la glace à la vanille des Guermantes, le riz à l'impératrice, les crèmes au chocolat, la « simple salade de pommes de terre » du *Temps retrouvé*, l'énigmatique salade japonaise dégustée par Odette de Crécy dans *Du côté de chez Swann*, les rougets et le risotto de *La Fugitive,* le « poisson cuit dans un court-bouillon apporté dans un long plat en terre » ou encore les « perdreaux exquis » dans *Le Côté de Guermantes*. In fine, l'art et la cuisine s'avéraient être des pièces essentielles de *La Recherche du Temps perdu*.

Jacqueline partageait avec Marcel des racines juives, mais peu leur chaut, elle l'admirait pour sa capacité prodigieuse, quasi phénoménologique, de la mémoire et, comme Proust ignorait sa préférence pour l'œuvre de Giraudoux, il appréciait ses aperçus d'une finesse divine. Elle croyait, sans réserve, en la littérature, aux joies et aux leçons qu'elle donnait, à l'aide qu'elle pouvait apporter dans les rapports entre les hommes et à l'importance qu'elle devait garder avec la culture — dont elle était partie prenante — dans toute société humaine. Lui faisant face, en robe de soie bleue myosotis, avec un joli collier de perles au cou, Romilly énonça à son attention et avec sa voix traînante : « Il reste que tout bon écrivain est un magicien et que sa magie nous ouvre un monde. » À ces mots qu'il prit pour lui, les joues de Marcel rosirent. L'art et la vie ne faisaient qu'un, écrire, peindre et exister restaient une seule et même démarche. « Le suprême effort de l'écrivain comme de l'artiste n'aboutit qu'à soulever partiellement pour nous le voile de laideur et d'insignifiance qui nous laisse incurieux devant l'univers », déclara Proust en portant à ses lèvres sa tasse de café.

Se levant de table et faisant courbettes et baise-main, Oscar se décida à remercier Yourcenar pour son article « Wilde rue des Beaux-Arts ». Amusée, Marguerite lui confia que son exemplaire du *De Profondis* se révélait particulièrement riche en marginalia, écrites de sa main. La comparaison entre le travail du peintre et celui de l'écrivain pouvait paraître un poncif éculé cependant le parallèle demeurait pertinent pour Marguerite Yourcenar, dont les ouvrages restituaient avec finesse des atmosphères éminemment picturales. Après s'être enquis de l'intérêt porté par Yourcenar aux peintres flamands, Bacon ne s'embarrassant pas de sa réponse lança, comme un cheveu sur la soupe, et fort ironiquement : « Picasso est le plus grand peintre surréaliste ». Ne faisant pas cas de ce qualificatif de la part de celui qui avait toujours confié avoir pris conscience de sa vocation de peintre grâce au maître espagnol, mais ne voulant pas être en reste, Proust se plût à souligner l'affinité entre les peintures rupestres et l'art du « grand » Picasso. « Si mes problèmes et mes rêves me cachent le monde alentour, ceux du peintre le reforment et lui donnent une nouvelle existence » déclara sobrement Jacqueline de Romilly. Quant à moi, si je savais que Cocteau avait demandé à Picasso de faire le portrait de Marcel, je me gardais bien d'en parler.

Chez Ritz, l'apéritif était délectable, les vins délicieux et les digestifs exceptionnels, mais ce n'était absolument pas une excuse pour en abuser, fit remarquer Marcel Proust à l'attention d'Oscar Wilde en bloquant le serveur dédié au service du champagne et en enjoignant le sien de lui présenter ce qui pouvait être une vingtième tasse de café. Dans ce lieu, Proust connaissait tous les serveurs. Armé d'une grande cafetière d'argent, ce dernier s'était employé, avec une régularité exemplaire, à le servir. Oscar prit mal la chose et quitta la table après un salut emphatique et quelques mouvements de manches. Marcel souriait comme s'il venait de mordre dans un citron : « Au Ritz, personne ne vous bouscule », murmura-t-il, puis, alors qu'il ne parlait pas vraiment anglais — contrairement à sa mère — il se mit à entrecouper le souper de mots *so british,* probablement pour ajouter au dialogue une note de modernité voire de snobisme, ou plus simplement comme des ornements musicaux. Le départ de Wilde s'avérant un moment désagréable pour nous tous, je me pris à penser, à l'opposé de cette scène, au vocable anglais *ritzy,* renvoyant symboliquement à l'élégance, au glamour, au luxe. Cette affectation anglophile amusait Francis Bacon qui, tout en se sentant comme un poisson dans l'eau à Paris, était plus anglais que personne et qui recourra, à plusieurs reprises, lors de ce souper, à sa langue maternelle afin d'affiner ses propos.

La place Vendôme entrevue à la croisée d'une fenêtre nous transposait à la fois au cœur de Paris tout en nous mettant entre parenthèses. Tripotant sa moustache, Marcel, à nul doute encore contrarié par la sortie théâtrale de Wilde, après s'être plaint d'être souffrant, daigna nous expliquer sa conception du roman. Ses yeux brûlants s'animèrent pour parler de sa prose construite sur une psychologie dans le temps, des impressions profondes, presque inconscientes, évanescentes, qu'il convenait de cueillir au vol. Analyser les moindres sentiments, décortiquer les moindres émotions, décrire les moindres atmosphères, tel était son but. Puis, soudain, il perdit les couleurs délicates de ses joues, quitta son manteau et se leva pour se rendre dans le boudoir adjacent afin d'y brûler de la poudre Legras, un concentré de datura, l'une des drogues les plus anciennement répertoriées, pour ses fumigations antiasthmatiques. Il revînt et quémanda un verre d'eau, non, plutôt une bière bien glacée, puis menaça d'aller se coucher. Mais lorsqu'arriva la bouteille brune embuée de fraîcheur providentielle, il retrouva sa bonne humeur et resta. Toutefois, ces incidents avaient provoqué une crise à Francis Bacon, qui, asthmatique chronique, exprima sa peur de mourir étouffé. Bon prince, Marcel Proust lui tendit la boîte de poudre qui, de toute manière, une fois touchée, était, à ses yeux, bonne à jeter et se concentra sur la dégustation méticuleuse de sa glace à la framboise. Pour nous autres convives, les pêches, pochées dans un sirop vanillé, s'avancèrent chapeautées d'une boule de glace à la vanille, d'un coulis de framboises avec des pétales de roses rouges et blancs et surmontées d'un voile de blondes volutes de sucre filé. L'ensemble était présenté dans un bloc de glace en forme de cygne. Auguste Escoffier avait inventé la pêche Melba pour le ravissement du palais et des yeux. Je ne saurais vous affirmer si c'était ce soir-là que Proust demanda au concierge du Ritz s'il pouvait lui emprunter 500 francs. À la réponse affirmative, l'écrivain aurait répliqué : « Gardez-les, c'était pour vous. »

* Élie-J. Bois (1878-1941) est né à Vichy pour mourir lors d'un bombardement allemand sur Londres. Il fut, au Petit Parisien, le rédacteur-en-chef d'Albert Londres.

** L'heure est à la concentration massive de l'édition mondiale, en particulier en France où, en 2017, deux grands groupes publient les deux tiers des livres.

*** Fin 1891, pénétrant dans l'appartement familial des Proust, Oscar Wilde (37 ans) critiqua l'ameublement en proclamant « Comme c'est laid chez vous ! », formule que Proust mettra plus tard dans la bouche de Charlus. Comme Marcel (vingt ans), était absent quand Oscar arriva, Wilde s'enferma dans la salle de bain pour attendre le jeune homme. Son hôte, arrivant en retard, s'empressa d'interroger son domestique sur la présence du « monsieur anglais ». Apprenant où Oscar se cachait, Marcel courut au bout du couloir et lui demanda à travers la porte s'il était souffrant. Wilde lui déclara : « Non, je croyais avoir le plaisir de dîner avec vous seul, mais j'ai vu que vos parents étaient au salon, et alors le courage m'a manqué, je n'ai pas pu y rester. Au revoir, cher Monsieur Proust ».

**** Sous l'Ancien Régime, les grandes maisons pratiquaient le service à la française qui s'apparentait à de gigantesques buffets. L'hôte se chargeait alors de découper les viandes. Mais en 1810, l'ambassadeur de Russie à Paris, blessé grièvement, passa l'été au château de Clichy. Comme il ne pouvait assurer lui-même la découpe, il fit servir les plats les uns après les autres. La mode du service à la russe était née.

N.B. : Vous le savez aussi bien que moi, certains disparus reviennent sans cesse à notre esprit, incapables de se détacher de nous, immortels en somme. Si le 18 mai 1922, Proust assista au Ritz à un souper en l'honneur de Stravinsky, auquel participèrent également Picasso, Joyce, Diaghilev, ce souper imaginaire et anachronique s'amuse à entremêler : Oscar Wilde né le 16 octobre 1854 ; Marcel Proust né le 10 juillet 1871 ; Marguerite Yourcenar née le 8 juin 1903 ; Francis Bacon né le 28 octobre 1909 ; Jacqueline de Romilly née le 26 mars 1913.

Je suis Charlie

La galette des rois dans le 16ème arrondissement de Paris était devenue un rituel. Chaque année, cet ami recevait ainsi chez lui un dimanche de janvier des amis pour un grand brunch. Nous étions le 11 janvier 2015 et, malgré des événements au-delà de l'indicible, cette sauterie ne fût pas décommandée. Au moment où un déroutant aréopage se formait boulevard Voltaire, non loin de la place de la République, je me garais dans une petite rue chic de l'ouest parisien. J'avais cru un temps qu'Hollande allait organiser une marche des 28 pays de l'Union européenne ce qui aurait eu du panache. Que nenni : 44 chefs d'État et de gouvernement, pas moins de quinze dirigeants d'organisations internationales et une trentaine de ministres étrangers avançaient au pas et, sans moi, car il me paraissait incongru de marcher derrière des personnalités hostiles à tout droit de l'homme.

Le sage Barack Obama se faisant porter pâle, aucun membre éminent de son administration ne fut dépêché et les États-Unis se retrouvèrent juste représentés par leur ambassadrice en poste en France, Jane Hartley. Dans sa version française, le magazine *Vanity Fair* dévoila, en mars 2015, ce que pensait le conseiller diplomatique de l'Élysée, Jacques Audibert, en charge de cette organisation : « S'il y avait trop de caricatures dans la manif, on perdait la moitié des pays du Golfe et le Maghreb. J'avais drôlement peur, mais c'est mon métier d'avoir peur. » Consternant ! Affligeant ! Ce n'était pas de cela qu'il fallait avoir peur, Monsieur le Sherpa ! Car, cerise sur la chicha, l'Algérie, la Tunisie, le Sénégal, les Émirats arabes unis et l'Arabie saoudite avaient posé leurs conditions : défendre la liberté d'expression, soit, mais tolérer le blasphème, pas question, même si ce délit était aboli en France depuis 1789. Deux jours auparavant, à Riyad, un blogueur militant pour la liberté religieuse avait été condamné à 1000 coups de fouets et à dix ans de prison. Les pays du Golfe appelés à la rescousse de la France pour défendre la liberté d'expression et la laïcité? Charlie ou Charlot? Riss écrivit le 25 février 2015 : «La foule soutient Charlie comme elle soutient le taureau dans l'arène. Car qui sait, un jour peut-être Charlie mourra, épuisé par les banderilles, sous les applaudissements admiratifs de la foule.» Olé!

En conséquence, ce fameux dimanche, une myriade de policiers en civil et d'agents du protocole durent s'assurer qu'aucune pancarte malvenue ne surgisse autour des illustres invités. Sous cette stricte condition, la plupart des États musulmans avaient consenti à dépêcher un émissaire, le plus souvent de second rang. Le ministre marocain des Affaires étrangères s'esquiva tout de même sous prétexte de dessins impies entraperçus dans la manifestation. Mais, en amont, le principal tracas de notre diplomatie avait tenu à la présence éventuelle des dirigeants israéliens et palestiniens. Mahmoud Abbas avait sagement hésité, redoutant que son apparition fût un sujet de discorde et prétexta que la neige tombée sur Ramallah empêchait son avion de décoller. Mais, entretemps, Benjamin Netanyahou s'invita. La présence d'Abbas devenait dès lors indispensable. Il ne manquait plus que le pape. Je me rappelais alors les propos prêtés à l'excellent François Bujon de l'Estang, conseiller diplomatique et de défense du Premier ministre Jacques Chirac de 1986 à 1988, paralysé lors de la cohabitation avec Mitterrand : «Sherpa à grand-chose». Cet ancien assistant du général de Gaulle à l'Élysée, outre d'être, lui, un grand diplomate, n'avait jamais considéré sa fonction de sherpa comme celle d'un trouillard et savait, de surcroit, manier l'humour.

Mes motivations pour me rendre à cette sauterie restaient floues. L'espoir d'une communion peut être, de la curiosité certainement. La maîtresse de maison porta mon manteau dans la chambre d'ami. Dans le vaste salon aux meubles au design épuré, des cerveaux hémiplégiques babillaient, la coupe de champagne à la main, au milieu des fleurs. J'avais dû faire un sale cauchemar : Charb, Cabu, Wolinski et les autres étaient en train de gueuletonner, l'hypercacher —nom improbable— n'existait pas et la jeune policière se trouvait en famille sous les palmiers pour les vacances de Noël. Pour une galette dite des rois, mon hôte avait convié les relations qui s'imposaient et dont ils s'entichaient depuis longtemps ne l'étant pas lui-même : des nobles. Certes, beaucoup n'étaient que d'Empire. Cela sentait tout de même le bridge, le golf, les bijoux sobres de bon ton. Étaient évoqués l'époque des rallyes, les week-ends à l'Ile de Ré et les dernières vacances à l'autre bout du monde.

Avec sa grande cuisine ouverte, le salon s'était consciencieusement préparé pour la fête. À côté de moult bouquets aux fleurs prétentieuses, deux plateaux géants accueillaient la charcuterie, deux autres le fromage, une montagne d'huîtres étaient disposées au milieu. Les meubles avaient été poussés pour accueillir la trentaine d'invités. J'en avais déjà rencontré certains qui vinrent à moi, le cheveu et le costume semblant sortir directement du pressing. Je leur fis face avec une voix d'horloge parlante. La vacuité occupait l'espace. Janvier était un sale mois : en janvier 2006, on avait déjà atteint l'indicible. Quelque part à Jérusalem, une pierre tombale rappelait : «Ilan Jacques Halimi, torturé et assassiné en France parce qu'il était juif à l'âge de 23 ans». Savoir que 24 personnes —24 exactement comme le nombre de jours du calvaire sordide et de la longue agonie d'Ilan— 24 avaient fait l'objet d'une condamnation pour cette mise à mort aurait dû alerter. Que nenni, de larvé, l'antisémitisme était devenu, en France, fort virulent et décomplexé. Ce que j'entendis, ce jour-là, sublimait cette vérité. Une totale, mais totale indifférence aux événements régnait. Aucun fantôme n'hantait ce brunch. Les galettes des rois virevoltaient et certains nobliaux s'étaient posé une couronne sur la tête.

Dans mon cerveau nauséeux, les images des chaînes d'info en continu revenaient dans le désordre en soudaines coulées. Deux jours après le massacre au siège de Charlie Hebdo, et le lendemain de l'assassinat d'une jeune policière municipale à Montrouge, une nouvelle attaque terroriste s'était ajoutée. Un tel acharnement frôlait l'indécence. Robert Badinter avait alors jugé que ces assassinats étaient « un crime antisémite pensé comme tel. Nous savons maintenant que c'était une école que le tueur de Vincennes voulait d'abord ensanglanter comme Merah » ajoutant : « on est au dernier degré de l'inhumanité quand on course, on poursuit un enfant juif, c'était pour Merah une petite fille juive, qu'on arrête par les cheveux et qu'on abat d'un coup de feu. Ça c'est le retour de ce qu'on a connu du temps des SS. Il y a une filiation directe pour moi entre ce qui est advenu dans l'hypermarché casher et la barbarie nazie ». Les Juifs qui formaient moins de 1 % de la population française constituaient, en ce début 2015, la cible de la moitié des actes racistes en France. Dès le lendemain de l'attentat contre Charlie, *Le Canard enchaîné* avait reçu des menaces, le journal satirique répondit par un numéro presque entièrement consacré à la tragédie avec un hommage à Cabu qui collaborait également au Canard.

Lorsque je pris la fuite, la sauterie pseudo-mondaine allait crescendo et notre hôte se lançait dans la préparation d'omelettes. Les noblaillons rieurs s'affairaient autour des buffets. Dix ans presque pile-poil après la mort du Professeur Choron, grand mécréant et provocateur de génie, Charlie, qu'il avait créé avec Cavanna, se trouvait décapité. Cela avait pris du temps. Début novembre 2011, le siège du journal satirique avait été détruit par un incendie criminel et, deux ans plus tard, la rédaction qui allait être bientôt décimée avait fait part de son « effarement » en découvrant les paroles d'une chanson du film *La Marche*, qui réclamait « un autodafé contre ces chiens de Charlie Hebdo». La chanson incriminée était composée et interprétée par une dizaine de rappeurs renommés. Merveilleux! «Pas de plainte ni de demande particulière. J'aimerais simplement que la production m'explique le rapport entre une marche antiraciste et fraternelle en 1983 et un chant religieux communautariste qui appelle à brûler un journal satirique antiraciste en 2013», avait simplement déclaré, magnanime, le discret Charb. «Dans le cul» auraient pensé Maurice et Patapon.

Je me sentais comme une survivante d'une catastrophe aérienne. Était-ce pour cela que j'avais décidé de me rendre à la grande synagogue de la Victoire? Elle n'avait pas porté bonheur au colonel Dreyfus qui s'y était marié quelques années avant le déclenchement de son affaire. Ce dimanche, les policiers foisonnaient. Je frissonnais de froid, de chagrin et de colère. Se trouver là me sembla également quelque peu inadapté. Quatre victimes certes étaient nées juives sur les dix-sept, mais j'eusse pu parier que les neuf qui travaillaient à Charlie se seraient bien foutus que toutes les confessions fussent, à cet instant, représentées. Mais personne ne leur avait demandé leur avis. Toutefois, les chants couplés à l'allumage des dix-sept bougies m'émurent. Enfin, plus que d'entendre, un an et 130 morts après, Johnny Hallyday chanter à la mémoire des victimes des djihadistes. Le dessinateur Siné, ancien de Charlie Hebdo, fondateur de Siné Mensuel, publiait aussitôt un billet au vitriol intitulé «Jusqu'où iront-ils dans l'ignominie» sur son site, pour exprimer son indignation quant à ce choix funeste venant de la maire de Paris, Anne Hidalgo. «Charb détestait Johnny Hallyday et c'est précisément à lui que nos autorités ont fait appel pour pousser la chansonnette en son honneur», ajoutait-il furax. Cabu non plus n'était pas fan du rockeur : «50 ans qu'il nous vérole les tympans!», comme le rappelait le Canard enchaîné. Sentiment que je partageai, si variété il fallait, —ce qui pouvait tout de même paraître une idée décalée— j'eusse conseillé la voix de Joséphine Baker, immigrée aimant tant la France au point d'être devenue résistante pendant la seconde Guerre mondiale : « Paris chéri, pour toujours, c'est toi mon amour. » La vie était provisoire et le destin aléatoire, comme en témoignait le monument édifié en mémoire des victimes de l'Holocauste sous le porche d'entrée de la synagogue. Dans cet édifice symbolique, allions-nous trouver un chemin, une voie, une lueur ? Car une question demeurait : que souhaitions-nous ?

L'Islam de France ? Ridicule. Sur notre sol, cohabitaient des sunnites, des chiites, des adeptes des Frères musulmans ou encore des salafistes. La communauté musulmane en France, même si une grande majorité venait du Maghreb, comptait quelque 123 nationalités d'origine différentes. Il n'existait pas de catholicisme, ni de protestantisme, ni de judaïsme « de France » (même si Napoléon avait essayé), alors pourquoi exiger ceci de l'islam qui ne constituait en rien un bloc homogène. Comment pouvait-on s'étonner que la multiplication des librairies islamiques, des boucheries halal, des mosquées, du port du voile, ait attisé les méfiances ? Pourquoi cette religion était apparue comme l'incarnation d'une forme de dangerosité sociale ? Parce qu'on tolérait les niqabs dans nos facultés ? « Le fanatisme est un monstre qui ose se dire le fils de la religion », écrivait déjà Voltaire. La différence n'était pas une valeur en soi. Déjà, en 1989, Alain Finkielkraut, Élisabeth Badinter, Régis Debray et d'autres philosophes dénonçaient le port du foulard islamique à l'école de la République. Depuis, ce déguisement avait proliféré dans nos rues. Quand allait-il y avoir une objection dirimante au port de la burqa et d'autres accoutrements similaires sur le territoire français ? Pourquoi mes amis arabes étaient-ils les premiers ulcérés du laxisme de nos politiques ? Il fallait avouer que ces derniers avaient d'autres chevaux de bataille : changer le nom du parvis Georges-Marchais à Villejuif, déchoir de leur nationalité des barbares qui brûlaient leur passeport, supprimer le latin pour gommer les différences, construire des méga-régions pour accroître le nombre d'agents territoriaux, s'amuser à exiger des paquets de cigarettes neutres avec des photos obscènes, modifier durablement le climat sur terre en une conférence et ignorer la catastrophe humanitaire se jouant à Calais ou en Méditerranée. Il convenait de se révolter —et non de s'indigner—, de prôner l'insolence en réponse à l'indolence.

Vivre ensemble? Fumisterie et carambouille! Les faux bons sentiments avaient tué le social. La France en crevait. Les Français vivaient ensemble avec leur alter ego. Pas de mélange. Le communautarisme régnait de tout côté. Il n'y avait que peu de lieux où des Blancs étaient invités chez des Noirs, des ouvriers conviés chez des bourgeois ou l'inverse. Archéo-républicaine, je m'opposais à l'enfermement identitaire. Pour construire une société plus juste et plus humaine, il fallait arrêter les positions d'estrade et imposer fermement les bases laïques de notre république en rappelant que l'insolence de la satire faisait partie intégrante de la culture française. Quand l'optimisme devenait-il une grave erreur de jugement? Lorsqu'on confondait racisme et tolérance de religions intolérantes! Pourquoi l'écrivain Kamel Daoud n'était-il pas entendu? Dans un rapport remis en juillet 2015 au Premier ministre, l'ancien président de SOS-Racisme, Malek Boutih, analysait avec courage : « Il ne s'agit pas seulement de prévenir la dérive de quelques individus marginalisés; il faut plutôt s'interroger sur le fait qu'une grande partie de la jeunesse se détourne de notre modèle de société» et ajoutait « La notion de République est inintelligible, comme diluée dans le libéralisme et la modernité, et le sentiment d'appartenance à une communauté nationale est très affaibli. Or une partie de la jeunesse refuse ces valeurs trop molles et cherche à se distinguer.» Se distinguer restait un doux euphémisme et question mollesse, la presse n'était pas en reste, en inventant une nouvelle sorte de religieux tout mou : le musulman « modéré ». Calquée sur le modèle du racisme, l'islamophobie était une machine de guerre destinée à museler tout esprit critique. Ce terme avait surgi contre les personnes qui défendaient, au nom de la liberté d'expression, l'écrivain Salman Rushdie, victime d'une fatwa. Depuis, le succès de cette notion d'islamophobie tenait à la peur, maquillée en respect d'une religion. Encore inconnu, le merveilleux Tariq Ramadan ne manqua pas de s'en servir dès ses premières interventions, soutenu par l'orwellien Plenel, cofondateur de Mediapart. Une immense partie de la gauche française suivit. Par un tour de passe-passe, critiquer l'islamisme est devenu ainsi, en France, un acte raciste.

Or, la laïcité n'est pas une croyance, mais un principe. Des idéologies fascisantes proliféraient grâce à notre manque de courage et de fermeté. «Il y a potentiellement quelque chose d'intolérant dans la conviction», écrivait Paul Ricœur. Certes, mais ne pas combattre fermement l'islamisme, ferme ennemi de la tolérance, relevait de l'inconséquence. Or, des instances collabo jouaient avec le feu : en 2011, le scandale de l'agenda distribué dans les établissements scolaires de l'Union européenne où figuraient toutes les fêtes religieuses à la remarquable exception des fêtes chrétiennes, a été oublié. Le défi de l'intégration ne pouvait réussir sans mettre l'accent sur les obligations. L'intrication des valeurs et des mœurs fondait une civilisation. Avec une argumentation très semblable à celle de Michel Houellebecq dans *Soumission*, Michel Onfray analysait le renoncement européen à ses propres valeurs. Alain Finkielkraut en appelait au patriotisme de compassion. Mais nos politiques, pour la plupart acculturés, avaient-ils lu Simone Weill? Nous pouvions en douter quand, summum de l'incompétence et de l'arrogance politique, Najat Vallaud-Belkacem, alors ministre en charge de l'Éducation avait, en avril 2015, qualifié de «pseudo-z'intellectuels» (liaison innovante!) sous l'affirmation qu'ils n'auraient pas la rigueur d'aller vérifier de quoi ils parlaient, Régis Debray, Luc Ferry, Pascal Bruckner, Jean-Claude Michéa, Marc Fumaroli ou encore Michel Zink : tous des Trissotins! Pour aimer la France, il ne suffisait pas d'agiter son drapeau, il convenait de chérir sa culture et de respecter ses penseurs. L'urgence consistait à réhabiliter un projet politique républicain.

Marek Halter s'étonnait, quant à lui, du dictat du respect des religions et s'interrogeait : « En quoi étaient-elles respectables ? » L'aveuglement restait notre faiblesse. La lutte contre l'anti-islamisme avait conduit à la cécité. Pourquoi personne ne donnait la parole à des Français issus de famille musulmane et qui étaient athées ? Or, ils existaient et devaient se sentir bien seuls. Pourquoi ne parlait-on plus d'humanisme? Il fallait certes réapprendre la fraternité, mais en défendant nos valeurs. Moi, je souhaitais « vivre ensemble » avec nos agriculteurs oubliés, nos enseignants malmenés, nos retraités au minimum vieillesse, contraints à faire les poubelles, nos policiers risquant leur vie pour un salaire de misère, mais certainement pas avec mon voisin habillé comme Ben Laden qui faisait porter le voile à sa fille de dix ans. L'anthropologue et ethnologue Marc Augé recommandait de faire l'expérience d'un monde sans dieu, supprimant ainsi les atrocités faites en son nom, en affirmant que « franchement, on a beaucoup perdu avec la fin du paganisme. »

Je rentrai par les extérieurs, passai devant l'imposante ambassade de Russie. Dans ce bas seizième, loin de toute agitation républicaine, les automobilistes n'émettaient aucune impatience. Pourquoi pensais-je, en cet instant, à Anselm Kiefer? Peut-être parce que cet immense artiste allemand représentait pour moi le symbole de la solitude éternelle. Une résilience d'une amplitude grandiloquente. Et que la culture représentait le seul rempart contre l'obscurantisme. En levant les yeux, je pouvais scruter les fenêtres allumées des immeubles, imaginer les gens chez eux. Je captais une lampe, un tableau, une ombre. J'imaginais une famille unie bien au chaud. La vie continuait revêtant une multitude de formes sans correspondance entre elles.

Du verbe suivre, je suis Charlie. Au jour le jour pour toujours, pour Frédéric Boisseau, Franck Brinsolaro, Cabu, Elsa Cayat, Charb, Honoré, Bernard Maris, Mustapha Ourrad, Michel Renaud, Tignous et Georges Wolinski. Mais saviez-vous qu'en anglais, le terme charlie désigne la cocaïne? Addictif, donc.

A lire :

– L'Enracinement de Simone Weil, Gallimard, 1949, réédition 2014.

– Ce que nous voile le voile : la République et le sacré de Régis Debray, Gallimard, 2004.

– La religion contre l'humanité. Apologie du blasphème de Jean-Paul Gouteux, Materiologiques, 2011.

– Les Frontières de l'identité nationale d'Abellali Hajjat, La Découverte, 2012.

– L'Identité malheureuse d'Alain Finkielkraut, Stock, 2013.

– Dessinateurs de presse : entretiens avec Cabu, Charb, Kroll, Luz, Pétillon, Siné, Willem et Wolinski de Numa Sadoul, Glénat, 2014.

– France-Islam, le choc des préjugés, notre histoire, des croisades à nos jours de Malik Bezouh, Plon, 2015.

– Lettre ouverte aux escrocs de l'islamophobie qui font le jeu des racistes, livre posthume de Charb, Les échappés, 2015.

– Génie du paganisme, Gallimard, 1982, La sacrée semaine qui changea la face du monde, Odile Jacob, 2016, de Marc Augé.

– Un silence religieux, La gauche face au djihadisme de Jean Birnbaum, Le Seuil, 2016.

– Penser l'islam de Michel Onfray, Grasset, 2016.

– Détruire le fascisme islamique de Zineb El Rhazoui, Ring, 2016

– Une minute quarante-neuf secondes de Riss, Actes Sud coédition Les Éditions Rotative

– Le lambeau de Philippe Lançon, Gallimard, 2020

– Racée de Rachel Khan, Éditions de l'Observatoire, 2021

– Les nostalgériades : nostalgie, Algérie, jérémiades de Fatiha Agag-Boudjahlat, Éditions du Cerf 2021

– Insoumission française de Sonia Mabrouk, Éditions de l'Observatoire, 2021

– Mon islam, ma liberté de Kahina Bahloul, Albin Michel, 2021

– Les Fossoyeurs de la République, Islamo-gauchisme : l'enquête inédite de Mohamed Sifaoui, Editions de l'Observatoire, 2021

La galette des rois (de la satire)

Lors des Saturnales, afin de déjouer les jours néfastes, les Romains réalisaient un banquet pendant lequel une fève placée dans un gâteau servait à désigner, parmi les esclaves, un roi d'un jour qui pouvait, dès lors, exaucer tous ses désirs pendant cette journée avant d'être mis à mort ou de retourner à sa vie servile. Sur Wikipédia, on lit : « Depuis 2010, en invoquant le principe de laïcité, Saïd Khelif, directeur du groupe scolaire Mobailly de Coquelles (Pas-de-Calais) a décidé la suppression de la galette des rois, décision regrettée par le maire de la commune. » Au secours, on est devenu fou !

2 pâtes feuilletées
150 g de poudre d'amandes
100 g de sucre roux
2 œufs + 1 jaune d'œuf pour dorer
100 g de beurre mou
Quelques gouttes d'extrait d'amande amère
1 fève (voir sa fabrication ci-après)

Dans un saladier, mélangez le beurre mou coupé en morceaux avec le sucre en poudre et la poudre d'amande. Ajoutez les deux œufs l'un après l'autre, bien incorporer à chaque fois puis quelques gouttes d'extrait d'amande amère.

Déroulez une des deux pâtes feuilletées sur une plaque recouverte de papier sulfurisé. À l'aide d'un pinceau, humidifiez les bords de la pâte sans déborder vers l'extérieur.

Etaler la préparation sur la pâte en laissant un bord d'un centimètre tout autour puis placez-y mettre la fève.

Refermez la galette avec la seconde pâte et bien souder les bords.

Avec la pointe d'un couteau, dessinez des diagonales sur la galette, des diagonales ai-je dit, pas des croix, des croissants ou des étoiles !

Dorez au jaune d'œuf. Enfournez à 240° pendant 10 minutes, puis baissez la température à 180° pour les 20 dernières minutes de cuisson.

Servez tiède et dégustez en bonne compagnie.

Souriez : la laïcité est plus importante que d'être roi ou reine....

Confectionner une bonne fève républicaine

Jusqu'au 18ème siècle, la fève était une grosse graine. Vous êtes autorisés à faire de même, mais si vous vous sentez une âme d'artiste, prenez :

Deux mesures de farine
Une mesure de sel
Une mesure d'eau

Bien malléable, la pâte à sel est facile à modeler. Cependant, prenez-vous-y en avance —c'est-à-dire avant de faire la galette— car elle doit cuire au moins une heure au four à 100°. Pour trouver de belles couleurs, utilisez des colorants alimentaires : rouge, bleu, jaune, vert, rose. Une petite goutte de colorant dans la pâte à sel suffit pour obtenir une couleur dense. Pour avoir un grand éventail de couleurs, mélangez les colorants entre eux.

N'oubliez pas d'en garder de couleur naturelle si vous vous lancez dans la confection d'un drapeau bleu, blanc, rouge.

Si vous êtes amoureux, faites-la en forme de cœur.

Si vous êtes écolo, dessinez une fleur.

Si vous vous sentez cool, réalisez une fève ronde et dessinez ceci sur le dessus : ☮

Si vous vous avez l'âme capitaliste et européenne, inscrivez sur le dessus : **€**

Si vous êtes minutieux, écrivez délicatement «A Charlie». Utilisez, s'il vous plait, de préférence des couleurs gaies.

Si vous êtes barrés, appliquez-vous à dessiner :  . Mais attention, la République défend de mettre des graines dans la galette !

Allez, bonne imagination !

Et vive la création républicaine !

La Riviera

Prenez un drink et asseyez-vous confortablement. Je vous amène sur la Riviera, cette région côtière de la mer Méditerranée, s'étendant de la Côte d'Azur jusqu'au-delà de la province italienne de La Spezia, en vous proposant un voyage dans le temps. Nous sommes en 1924, Scott et Zelda Fitzgerald s'installent à Saint-Raphaël et vont retrouver, à l'heure du bain, sur la plage de la Garoupe de Juan-les-Pins, leurs amis John Dos Passos, Ernest Hemingway, Gertrude Stein, Igor Stravinski, Fernand Léger, Serge de Diaghilev et Rudolph Valentino. Avant eux, la Côte d'Azur n'existait pas. Les hivernants anglais et russes qui avaient fait la fortune de la French Riviera préféraient mourir que d'être vus à Cannes ou à Nice passer le mois de mai. Sept ans après, en 1931, se faisant passer pour des jumeaux, Klaus et Erika Mann, enfants du grand Thomas, Nobel de littérature du 1905, investissent à leur tour la Côte d'Azur pour rédiger un guide de voyage* anticonformiste. Elle voulait être actrice, lui, écrivain. Elle écrira également, une malédiction de la famille, dira son frère. A respectivement 25 et 26 ans, ils notent leurs impressions facétieuses du littoral avec un ton effronté, lucide et exalté. Dans ce livre, ils écrivent : « Il est de plus en plus courant de descendre sur la Riviera pour travailler. C'est d'ailleurs ce que l'on peut y faire de mieux. » Uniquement occupés à vivre, côtoyant palaces ou hôtels miteux, selon les rentrées d'argent, ils excellent à peindre l'originalité des atmosphères dans une marginalité excitante.

Cannes est alors un monde d'hermine, de femmes de chambre, de cocktails sophistiqués et de sports élégants. Les aristocrates sont excentriques, les intellectuels suffisants, les hommes du monde courtisans, tout cela sous fond de mer bleue et ensoleillée. Klaus et Erika revendiquent d'être des connaisseurs mondains. La vitesse est leur mode de vie et Erika conduit leur Ford le long du littoral avec une passion folle en passant par Marseille, Sanary, Cannes, Nice et Monte-Carlo. Ils découvrent des points de vue incroyables. À Cannes, ils aiment se rendre au Carlton, au cœur de la baie, sur la Croisette. Cet hôtel de luxe à la blancheur et à l'architecture pâtissières affiche colonnades, plafonds peints, ornementations en staff, dorures, corniches ouvragées, lourds lustres de cristal, jeux de glaces, plantes géantes, ferronneries. Dès son entrée, protégée par un porche aux massives colonnes de marbre, se forme un ballet de concierges, femmes de chambre, maîtres d'hôtel et hommes de salle. Saviez-vous que le nom Carlton, d'origine scandinave, signifie «ville de l'homme libre»? Un beau symbole pour ces deux-là. Un an auparavant était née la mythique plage de ce palace et 1931 fut la première année où la fréquentation en août dépassa celle du mois de février. La French Riviera était alors un endroit délicieux où il faisait définitivement bon être. Klaus et Erika y passent des moments festifs, cultivés, fragiles. Un espace de liberté s'offre alors à eux accompagné de l'occasion si précieuse d'y inscrire leurs rêves. Dandy, Klaus affiche son homosexualité et se livre aux vertiges de psychotropes et de drogue. Peu importe, entre luxe et vie de bohème, cafés et casinos, le frère et la sœur sont libres. Ce voyage plein de fantaisie fut, pour eux, le temps de l'insouciance. Elle prendra brutalement fin avec l'avènement du nazisme.

Peu de lieu dans le monde ont attiré autant de célébrités que la Riviera. Quant à moi, ma vraie rencontre avec la Côte d'Azur a tenu à celui qui allait devenir mon premier mari, Jacques, un ancien golden boy Cannois. De treize ans mon aîné, il arborait une moustache à la Errol Flynn, des yeux verts et un humour so british. Dans les années soixante, son oncle, Pierre Canto, avait créé le premier port privé d'Europe établi sur le domaine public et fonctionnant en copropriété. Le port éponyme pouvait accueillir plus de 500 bateaux de plaisance. Malgré le fait d'avoir hérité, à l'âge de dix-huit ans, d'une fortune maternelle considérable, il était définitivement ruiné au moment de notre rencontre. Fini le yacht, terminé les voitures de luxe. Ne lui restait que des amis fidèles et turbulents ainsi que des bagages faits sur mesure par Hermès pour la Jaguar d'antan, valises totalement inadaptées à tout autre coffre de voiture. J'avais vingt ans et celui qui allait m'amener vivre dans la brousse africaine, me fit découvrir un monde captivant. Perdue, décadente, insolente, la jeunesse dorée de Cannes avait tous ces adjectifs agglutinés contre elle. Mais n'était-ce pas simplement la vie après laquelle tous couraient comme un trésor qui allait disparaître ? J'aimais déjà l'excès. Tout me fascina. Je plongeais dans un mythe gorgé de soleil où la lumière tendait les nerfs comme des cordes, un monde excentrique où les heures orangées se succédaient donnant une note citronnée au bleu de la Méditerranée.

La vie alors consistait à nous rendre chez Tétou, une institution proposant la bouillabaisse la plus réputée de la côte et où nous étions reçus comme des membres de la famille. Sur la baie de Golfe-Juan, tout juste à six kilomètres de Cannes, s'étalaient une plage privée de sable fin et la mer à perte de vue. Avec sa déco marine, façon yacht des belles années, ce restaurant accueillait, depuis les années 20, les visiteurs en quête d'authenticité et de poissons frais. Approvisionné chaque jour par les pêcheurs des îles de Lérins, le fils d'Ernest Cirios, fondateur du lieu et ancien cuisinier d'un amiral, déclinait à la perfection ses bonnes vieilles recettes de famille. En résultaient une rouille aérienne, des poissons de la Méditerranée servis sans aucune arrête, le tout composant une bouillabaisse divine, ultra parfumée. « Quand ça bouille, tu baisses ! » le feu de cuisson... De cette expression provençale était né le nom de bouillabaisse, à l'origine un modeste plat des pêcheurs des calanques entre Marseille et Toulon. Chez Tétou, cette soupe de poisson à déguster, les pieds dans l'eau, avec des croûtons aillés et de la rouille légèrement safranée, était suivie de quatre poissons entiers pêchés du matin, servis en filets découpés devant vous, à la cuisson parfaite. Des pommes de terre fondantes complétaient ce bonheur. La langouste était servie en option pour les hérétiques. Chez Tétou, il y avait également cette crème parfumée à la vanille, qui accompagnait divinement les desserts. Bien que cela soit inavouable, je dois vous confier que, pour Jacques et ses amis, ladite crème servait aussi à faire des batailles mémorables lors du jour de fermeture annuelle du restaurant qui, chaque année, se repeignait de neuf. Tétou n'avait jamais accepté les cartes de crédit même si ses prix restaient à la hauteur de la réputation de la Riviera. Tout le Gotha international s'y pressait. *« The best bouillabaisse in the world. No other bouillabaisse restaurants on Cote d'Azur can compare to the bouillabaisse in this legendary restaurant on the beach of Golfe Juan »* proclamait les meilleurs guides américains. Kennedy, Hemingway, Sidney Bechet, Robert de Niro étaient clients. Et lorsque Pablo Picasso quitta, en 1961, sa villa cannoise du quartier de la Californie pour s'installer à Mougins, il continua de se rendre pour dîner chez Tétou.

Lorsque le jour se paraît de nuit, dès que l'orangé sanguin remplaçait enfin tout le bleu, donnant cette lueur qui rendait curieusement vivant, nous nous dispersions dans les établissements de nuit à la mode, au Whisky à Gogo à la pointe de la Croisette, une l'institution légendaire créée par un pape de la nuit, Paul Pacini, reprise à l'époque par William Goldstein, avec à ses côtés Bob, tour à tour, réceptionniste, videur, serveur et bras droit du patron. Ou encore à la Siesta à Antibes où se retrouvait la gentry azuréenne au bord de la plage, à ciel ouvert, ce qui rendait l'endroit tout simplement propice à la fête. Figés dans le temps, les levers de soleil sur l'Estérel étaient inoubliables. Nous avions l'humeur héliotrope, indexée aux couleurs du ciel avec une préférence pour ceux sans nuages. Cette agitation frénétique nocturne était peuplée de rencontres insolites. La plus surprenante fut celle de Christian R., un ami d'enfance de Jacques. Ils avaient tous deux appris à jouer au bridge à dix ans et, six années après, les deux compères se faisaient de l'argent de poche complémentaire au poker. Platon proclamait : «On peut en savoir plus sur quelqu'un en une heure de jeu qu'en une année de conversation.» Devenu joueur professionnel, Christian gagnait sa vie exclusivement grâce à cette activité ludique. Le poker était à ses yeux le jeu le plus rationnel du monde. Il suffisait juste de parier sur l'incapacité des adversaires à résister aux limites de leur raison. Ce métier lui permettait de vivre plus que confortablement puisque, comme Napoléon ou le roi Hassan II, il ne mettait jamais deux fois le même vêtement. Ainsi, Christian faisait confectionner ses chemises sur mesure et les jetait dès qu'il les avait portées, ce qui, vous l'avouerez, n'est pas à la portée de tout un chacun et m'avait laissé baba.

Autre lieu de légende : l'Hôtel du Cap-Eden-Roc. Idéal pour des journées d'insouciance, entre bleu méditerranéen et forêt de pins verdoyante. Édifiée en 1870, l'ancienne «Villa Soleil», dont la vocation première était d'accueillir des écrivains en quête d'inspiration, devînt un hôtel haut de gamme, érigé au rang de palace en 2016 et comptant jusqu'à 340 salariés en haute saison. La piscine chauffée d'eau de mer, creusée dans les rochers, est restée iconique de la Côte d'Azur, tout comme la trentaine de cabanons louables à la journée pour s'isoler et profiter d'un accès direct à la mer. Outre les courts de tennis à l'ombre des pins d'Alep, la magnifique roseraie et le service de bateaux, vous trouviez là un étonnant cimetière pour chiens. Ici, la vie ne saurait être ordinaire. Tout était extravagance. Ainsi, ce qui m'avait, à l'époque, le plus esbaudi était la facturation des glaçons dans les seaux à glace. Les anecdotes sur ce lieu pullulaient : ainsi un des concierges me narra le caprice d'une cliente ayant émis le souhait d'adopter un hippocampe. Pas de problème : ce fut fait dans l'heure grâce au musée océanique de Monaco, où — le croirez-vous ? — il était possible d'adopter toutes sortes d'espèces. L'adoptante, qui avait même reçu un certificat, s'empressa donner un prénom à son hippocampe. Un client exigea seize oreillers, un autre des menus insensés pour son yorkshire. Rien ici n'était comme ailleurs. Même les services de l'État avaient consenti à une exception pour le sentier du littoral en acceptant — moyennant tout de même 1,2 million d'euros — que celui-ci contourne le palace afin que nul manant ne vienne troubler la tranquillité des personnalités en leur éden. Car le luxe à la française, l'élégance et le raffinement avec une vue à 360 degrés avait toujours attiré du beau monde dans cet hôtel immortalisé dans *Tendre est la nuit* de Scott Fitzgerald. C'était à l'Eden-Roc qu'Ali Khan, s'ennuyant à sa table, invita, par l'entremise du directeur de salle, une jeune actrice qui, elle aussi, se trouvait seule. L'histoire commença ainsi entre le roi et Rita Hayworth pour se conclure par un mariage. Pablo Picasso dessina le menu du restaurant et Marc Chagall y passa tous ses mois d'août pendant quinze ans. Jacques Chirac, qui y séjournait régulièrement dans les années 80-90, laissait, après chaque séjour, une lettre de remerciement à Jeannot, le garçon de plage. Nul doute qu'il devait apprécier la cuisine méditerranéenne du restaurant installé entre ciel et mer. Quant à moi, j'ai encore la nostalgie de leur emblématique loup de mer sauvage grillé au fenouil**. Prédateur particulièrement vorace, le bar vivait en banc et chassait de jour comme de nuit ce qui lui avait valu, en Provence, son surnom de loup. Sa chair fine et ferme en faisait un des poissons les plus estimés des gourmets. Il était ici chez lui. Niché au cœur d'une somptueuse terrasse panoramique, l'Eden-Roc avait créé, en 2013, un bar à champagne proposant les bulles champenoises les plus prestigieuses. Depuis, on y buvait les étoiles.

Un autre endroit incontournable était alors le Blue bar, au 42, boulevard de La Croisette, rendez-vous de la jet set et des festivaliers. J'y fis la découverte du *Drambuie.* Vous connaissez ? Ne mentez pas ! Les origines de cette liqueur de whisky remonteraient au XVIIIème siècle. Son nom, dérivé du gaélique *An Dram buiadch*, signifie littéralement « la boisson qui satisfait ». Ce fut mon cas, et gustativement, et intellectuellement. Car, combien était-ce amusant de commander avec aplomb cet extraordinaire mélange de vieux whisky écossais, de miel de bruyère, d'épices et d'herbes dans des lieux fort éloignés de la sophistication cannoise. Croyez-moi, cela m'avait valu un petit succès dans les bars ou cafés du monde entier alors imaginez dans mon Cantal natal ! D'une couleur dorée, sa saveur offrait une sensation de goût kaléidoscopique, un arrangement complexe de notes herbacées, épicées, sucrées et miellées. Ce breuvage voluptueux, suave, fruité et corsé accordait à tout bon buveur une expérience gustative extraordinaire. Je ne saurais que vous conseiller cette initiation qui vous permettra d'être original dans maints endroits. Car le *Drambuie* restait une liqueur raffinée que tout barman digne de ce nom se devait de connaître.

J'avoue, de fait, une véritable dilection pour les grands barmen, car ils contribuent à la création d'une atmosphère et vous entraînent dans un monde à part. Le bar est alors une scène où se réalise un spectacle. La passion doit animer le professionnel tout comme un côté créatif, une belle prestance, un attrait certain pour le théâtre et une bonne connaissance des produits. L'importance de la gestuelle, l'écoute des attentes du client, un grand soin à la présentation sont également nécessaires, car la confection d'un bon cocktail ne doit rien au hasard, la partition doit être parfaite et le résultat, vivant comme une fête foraine. Tout grand barman se devait d'être également physionomiste sinon c'était gâché. William Oliveri, chef barman à l'hôtel Meurice, déclarait : « Le vrai secret d'un bar de palace, c'est que les personnalités aiment y venir pour passer inaperçues, et les autres apprécient qu'on les traite comme des personnalités ! » Pendant la Seconde Guerre mondiale, Frank Meier, barman légendaire du Ritz, ne jouait pas que du shaker derrière le zinc. Dans ce palace — devenu siège de la Luftwaffe —, il transmettait de faux papiers aux clients juifs et avait servi de boîte aux lettres pour les officiers allemands qui projetaient d'assassiner Hitler. Quant à la

Côte d'Azur, elle fut occupée à partir de novembre 1942 par l'armée italienne, puis, en 43-44, par l'armée allemande, avec des exactions contre les résistants et les Juifs. Klaus Mann ne se remit jamais de cette période : le 21 mai 1949, jour de pluie, il s'éteignit à Cannes dans une chambre de la pension de famille nommée « Pavillon de Madrid », après avoir absorbé une forte dose de somnifères. À quarante-deux ans, il venait de terminer la version allemande de son chef-d'œuvre autobiographique, *Le Tournant*. Le fils fragile du Magicien n'aura pas oublié de vivre avant de mourir, plein de tendresse pour sa sœur Erika, torturé par l'ombre du père, résolument engagé contre Hitler et européen convaincu.

Installé sur des rochers en bord de mer un siècle avant la loi littoral et avant même l'existence de la plage, Tétou a été détruit, victime des arrêtés municipaux concernant les terrasses des restaurants de plage. Un bulldozer a fait tomber le Whisky à gogo, laissant place à un immeuble de six appartements. L'image et l'attractivité des palaces de Cannes se sont modifiées dès que l'ancien palais a été supplanté par le nouveau, édifié à la place de l'ancien théâtre 1900. L'aura du mythique Carlton s'est estompée. Le Miramar n'est plus un palace, mais une résidence. Le légendaire Blue Bar a disparu, cédant place à une énième boutique de fringues de luxe. Les écrivains étrangers ont déserté. Sur la Riviera, la nostalgie parfume désormais les murs et le tourisme de masse y éclot avec les moustiques.

* Le livre « Das Buch von der Riviera » (Le livre sur la Rivera ou Ce qui n'est pas dans le Baedeker) de Klaus et Erika Mann sur les stations huppées de l'époque, St-Raphaël, Antibes, St-Tropez, etc., fut publié avec des photos magnifiques et a été lu jusqu'aux États-Unis... Les quinze nouvelles des années 30 de Klaus Mann mettent en scène des couples déchirés et des exclus de la société bien-pensante. En 1931, Klaus Man entretenant une correspondance avec Stephan Zweig regrettait que ce dernier ait quitté le Cap d'Antibes et lui faisait part de ses impressions en notant : « Bandol-Sanary sont des petits patelins tout à fait cocasses. » En fait, Klaus a beaucoup plus séjourné à Sanary qu'à Cannes.

** Le chef de cuisine, Arnaud Poette, a publié, avec la complicité de son chef pâtissier Lilian Bonnefoi, un livre de recettes « Cuisines & Gourmandises de Stars » (Éditions Assouline), écrit par l'excellent critique gastronomique François Simon, qui liste les plats préférés des stars habituées de l'Eden Roc.

Cocktail Dolce Vita

Comme avec la plupart des liqueurs, le Drambuie est idéal pour réaliser des cocktails. Ce célèbre apéritif le combine avec du champagne ou du Canti Prosecco Brut.

Dans une flûte à champagne, ajoutez ¼ de Drambuie, puis ¾ de champagne.

Ajoutez une pointe de cannelle.
Facile, non ? Détendez-vous...
La Dolce Vita, vous dis-je...

Cocktail Adam & Eve

Beaucoup d'autres cocktails avec des ingrédients totalement différents portent le même nom, mais je vous assure que celui-ci est le meilleur. À déguster en bonne compagnie été comme hiver !

15 ml de Dry Gin
15 ml de Drambuie
15 ml d'Amaretto
60 ml de jus d'orange
8 ml de jus de citron vert
30 ml de sirop de grenadine

Dans un shaker, versez le Dry Gin, le Drambuie, cette liqueur raffinée que tout un chacun gagne à connaître, l'Amaretto, le jus d'orange, le jus de citron vert et ajoutez quelques glaçons. Mélangez vigoureusement. Les contraires s'attirent comme Adam et Ève au jardin d'Éden.

Dans un verre à cocktail, versez le sirop de grenadine au fond du verre.

En penchant délicatement le verre, versez lentement le contenu du shaker, sans le mélanger avec la grenadine. Ajoutez de la glace pilée.

Servez avec le sourire.

Remerciements

A l'écrivain Samuel Brussell, fondateur des éditions Anatolia, qui m'a permis de découvrir la grande femme de lettres américaine, M.F.K. Fisher notamment à travers sa sublime « Biographie sentimentale de l'huître » et à mon âme soeur Nadine Berrebi qui me l'a présenté,

A Lucienne Hubert-Rodier, ma première rédactrice-en-chef,

A Katy Coucke, artiste plasticienne, pour m'avoir autorisé à mettre un de ses tableaux en couverture,

A Claudine Couppé pour son aide active,

A mes amies Raymonde Massabie et Maud Perdriel-Vaissière qui m'ont encouragé dans la rédaction de ces chroniques,

A mon éditeur Antonio Cardoso qui m'accueille parmi ses auteurs,

A la vie qui m'a tant apporté.

Sommaire

Imprimé en France
FRHW011454280521
PP6744800001B/1

9 782492 381669